Frauen · Gesellschaft · Kritik
Band 11

GETRENNT VEREINT –
VEREINT GETRENNT

Sexualität und Symbiose
in lesbischen Beziehungen

Gabriela Husmann

2. Auflage 1998

Centaurus-Verlagsgesellschaft
Pfaffenweiler 1998

Umschlagabbildung: FIERCE PUSSY : »we just really enjoy each other«, 1992, mit freundlicher Genehmigung der Gruppe FIERCE PUSSY

Zur Autorin: *Dr. Gabriela Husmann* studierte Soziologie, Philosophie und Sozialwissenschaften in Hannover. Gegenwärtig ist sie in der Erwachsenenbildung tätig. Publikationen zum Thema ›Lesben‹ und ›sexueller Mißbrauch‹.

Die Deutsche Bibliothek – CIP-Einheitsaufnahme

Husmann, Gabriela:
Getrennt vereint – vereint getrennt : Sexualität und Symbiose in lesbischen Beziehungen / Gabriela Husmann. – Pfaffenweiler : Centaurus-Verl.-Ges., 1995
  (Frauen, Gesellschaft, Kritik ; 11)
  Zugl.: Hannover, Univ., Diss., 1993
  ISBN 3-89085-822-8
NE: GT

2. Auflage 1998

ISSN 0939-4540

Satz: Vorlage der Autorin
Druck: Weihert-Druck, Darmstadt

Vorwort

Mein Dank gilt drei Menschen, die zur vorliegenden Fassung der Arbeit beigetragen haben: Lutz Hieber und Regina Becker-Schmidt für ihre konstruktive Betreuung und bisweilen kontroverse Diskussionen sowie meiner Lebensgefährtin Katarina. Sie hat mir nicht nur manches seelische und geistige Tief überwinden helfen, das sich beim Schreiben ergab. Ihre kritischen und kreativen Fragen, Bemerkungen und Anregungen haben mir nicht selten eine andere Sicht der Dinge eröffnet und zur Klarheit in der Formulierung beigetragen. Und sie hat die leidige Arbeit übernommen, das Manuskript auf Rechtschreibung, Tippfehler und Zeichensetzung hin zu korrigieren.

INHALT

1. Einleitung

"Und da ich sie im Kopf so sehr liebte, stürzte ich mich körperlich auf sie mit einer (mir selbst und ihr vorgespielten) Intensität, die sogar anfangs zu drei Brüchen zwischen uns führte. Nach diesen drei Brüchen war unsere Beziehung dann gefestigt, zementiert möchte man fast sagen, aber meine sexuellen Bedürfnisse waren geschwunden oder im Schwinden" (Offenbach 1981; 17). - "Wir gaben uns wohl nur den Gewohnheits-Gutenachtkuß. Ich hatte noch viel Zärtlichkeit für Sonja in der Zeit, Gefühle der Fürsorge und des Beschützens, aber von Begierde war keine Spur mehr" (Offenbach 1981; 17) - "In Büsum hatten wir das ersehnte Doppelbett, aber wir liebten uns kein einziges Mal. Unser Zusammengehörigkeitsgefühl war stark und absolut, aber die körperliche Liebe zwischen uns war eingeschlafen. Ich frage mich so oft, wie es dazu gekommen ist" (Offenbach 1981; 16).

Was ihre Liebesbeziehungen betrifft, so scheinen viele Lesben über zweierlei zu lamentieren: einerseits über das schnelle Absterben der Sexualität und andererseits über die große Verschmelzungs-/Symbiosegefahr.

Mary Lee Sargent beispielsweise stellt über die sexuelle Entwicklung innerhalb einer lesbischen Beziehung pointiert fest: "A typical pattern of lesbian sexuality is to have a passionate beginning followed by decreased love making until we arrive at a point of almost total sexual abstinence..." (Sargent 1988; 19; vgl. hierzu auch z.B. Eden et al. 1990; 24; Lindenbaum 1989; 122f, 128; Green 1988; 12; Clunis et al. 1988; 72). Bestätigt wird diese Aussage unter anderem durch die von Blumstein/Schwartz durchgeführte, groß angelegte empirische Studie über "American Couples" (1985): "Lesbians have sex less frequently by far than any other type of couple ... at every stage of lesbians' relationships ..." (Blumstein et al. 1985; 195)

Bezüglich der Symbiosegefahr konstatieren etwa Eichenbaum/Orbach, daß bei Frauen in einer Liebesbeziehung "... die Neigung, in einer Verschmelzung aufzugehen . überspitzt" (Eichenbaum et al. 1989; 174) ausgeprägt sei. Und Monica Streit geht davon aus, "... daß Beziehungen zwischen Frauen besonders symbiosegefährdet sind ..." (Streit 1989; 156; vgl. auch Fritz et al. 1979; 329f, 334; Clunis et al. 1988; 31ff; Akkermann et al. 1989a; 115; Woltereck 1990; 86f; Streit 1992). Dies äußere sich, ihr zufolge, nicht nur in der Nivellierung von Unterschieden (Streit 1989; 157), der Ausrichtung auf die Gefühle der Partnerin (Streit 1989; 158f) und dem Vermeiden offener Aggressionen (Streit 1989; 160), sondern auch im 'Verschwinden' der Sexualität (Streit 1989; 159).

Zu dem Schluß, daß die sich in einer Beziehung durchsetzenden Symbiosetendenzen der Sexualität abträglich seien, kommen beispielsweise ebenfalls Lindenbaum (1989), Huber et al. (1989; 206), Kornfeld (1990; 168) und Fritz et al. (1979; 337, 339). Abgestützt wird dies außerdem durch lesbische Belletristik, die sich im allgemeinen zwar im Zustandekommen und der Anfangsphase einer lesbischen Beziehung erschöpft (vgl. z.b. Sperr 1983, Foster 1988), in Ausnahmefällen aber auch eine langandauernde Bindung thematisiert, die nicht selten charakterisiert ist durch symbiotische Verstrickungen bei gleichzeitig weitgehender sexueller Abstinenz (vgl. z.b. Offenbach 1981, Alther 1988)[1].

In lesbischen Beziehungen scheinen sich demnach schnelles Absterben der Sexualität und große Symbiosegefahr wechselseitig zu bedingen - dies ist mein Ausgangspunkt. Herauszufinden, welche besonderen gesellschaftlichen Bedingungen in lesbischen Beziehungen welches Verhältnis von Sexualität und Symbiose hervorbringen bzw. begünstigen und wie es sich im einzelnen ausgestaltet, ist wiederum Ziel der vorliegenden Arbeit.

Forschungsleitfragen waren dabei:
- Gab es Sexualität zwischen Frauen und Symbiose in unserer Kultur schon immer so, wie wir es heute erleben? Oder ist dies auf die Moderne beschränkt und damit an besondere gesellschaftliche Bedingungen gekoppelt?
- Gilt das Absterben der Sexualität und die Symbiosegefahr in der Tendenz unterschiedslos für alle gegenwärtigen lesbischen Beziehungen? Oder lassen sich wesentliche (schichtspezifische) Unterschiede benennen?
- Hat der Minderheitenstatus von Lesben Einfluß auf das Verhältnis von Sexualität und Symbiose in ihren Beziehungen? Wenn ja, welchen - und wovon hängt er ab?
- Was passiert im einzelnen in und zwischen zwei Geliebten, wenn ihre Sexualität abstirbt und sie (psychisch) miteinander verschmelzen?

Zum Zweck der Analyse bot es sich an, das Verhältnis von Sexualität und Symbiose in lesbischen Beziehungen in einzelne Dimensionen aufzuspalten, wie sie die Forschungsleitfragen nahelegen, und jede dieser Dimensionen gesondert zu untersuchen - obgleich sie realiter verschränkt ineinander wirken. Als Dimensionen ergaben sich entsprechend: die historische, die (klassen- und) schichtspezifische, die minderheitenspezifische und die psychoanalytische.

---

[1] Von diesem Muster lassen sich allerdings Ausnahmen benennen, die jedoch oft durch eine besondere Faktorenkonstellation gekennzeichnet sind, die Symbioseneigungen möglicherweise entgegenwirken. In "Loving her" von Ann Shockley (1982) etwa unterscheiden sich die Partnerinnen durch zwei essentielle soziale Merkmale, die ihnen auch die psychische Differenzierung zwischen Ich und Du erleichtern dürften: die eine ist weiß und der Oberschicht zugehörig, die andere schwarz und entstammt der Unterschicht.

Zum inhaltlichen Aufbau der Arbeit im einzelnen: Im ersten Kapitel werden die drei zentralen Begriffe der Arbeit: 'lesbisch', 'Sexualität' und 'Symbiose' näher bestimmt. Ausführlich beschäftigen werde ich mich insbesondere damit, inwieweit Sexualität im Zusammenhang dieser Arbeit bestimmend für die Definition von 'lesbisch' ist, und dabei stellvertretend konträre Auffassungen thematisieren, die sich durch die Über- bzw. Unterbewertung von Sexualität auszeichnen.

Das zweite Kapitel, die historische Dimension, zerfällt in zwei Teile: Im ersten untersuche ich für die traditionelle und die moderne Gesellschaft die Bedingungen der Möglichkeit lesbischer Beziehungen. Da die wenigen vormodernen Dokumente lesbischer Sexualität, die ich eingangs zusammenstelle und diskutiere, nur unzureichende Aussagen erlauben, greife ich auf allgemeine gesellschaftliche Bedingungen zurück, aus denen ich versuche, die jeweilige Möglichkeit lesbischer Beziehungen abzuleiten. Meine These dabei ist, daß die Möglichkeit lesbischer Bindungen entscheidend von den Faktoren ökonomische Unabhängigkeit und Befreiung von (äußerer) sozialer Kontrolle abhängt, die sich für Frauen zunehmend im Zuge der sich konstituierenden modernen Gesellschaft herstellten. Ob und inwieweit Frauen wirtschaftliche Autonomie erlangen konnten und dabei zugleich unbeeinträchtigt von (äußerer) sozialer Kontrolle blieben, wird für einzelne gesellschaftliche Schichten auf der Basis ihrer jeweiligen sozio-ökonomischen Situation analysiert und bis in die Gegenwart weiter verfolgt. Für die vormoderne Gesellschaft waren dies: der Adel, das BäuerInnentum, die Handwerkerklasse - für die moderne Gesellschaft: der Übergangstypus der Hausindustriellen, die ArbeiterInnenklasse sowie das BürgerInnentum.

Im zweiten Teil der historischen Dimension untersuche ich die besonderen gesellschaftlichen Bedingungen des Phänomens 'Symbiose'. Dabei arbeite ich zunächst heraus, welche besonderen Voraussetzungen 'Symbiose' überhaupt entstehen lassen und wie sie, gerade psychisch, reproduziert werden. Als entscheidend für beides erweist sich eine spezifische Form der Mutter-Kind-Beziehung, die einerseits durch die stete Verfügbarkeit der Mutter, andererseits durch die weitgehende soziale Isolation der Mutter-Kind-Dyade gekennzeichnet - und zudem geschlechtsspezifisch ausdifferenziert - ist. Auf dieser Grundlage können dann die jeweiligen sozio-ökonomischen Lebensbedingungen der oben bereits aufgeführten Schichten daraufhin abgeklopft werden, ob und inwiefern sie die Existenz einer solch spezifischen Form der Mutter-Kind-Beziehung begünstigen oder hemmen.

Im dritten Kapitel, der (klassen- und) schichtspezifischen Dimension, setze ich, nach einer ausführlichen Diskussion der Begriffe '(soziale) Klasse' und '(soziale) Schicht', für drei Schichten die wesentlich in der modernen Gesellschaft vorzufindenden Phänomene 'lesbische Beziehungen' und 'Symbiose' in Beziehung zueinander. Ziel ist es, das für jede Schicht spezifische Verhältnis von Sexualität und Symbiose in lesbischen Beziehungen herauszuarbeiten, das ihrerseits bestimmt ist durch

11

die je besondere sozio-ökonomische Situation der jeweiligen Schicht. Die Analyse erfolgt zunächst - mit Hilfe prägnanter Beispiele - für die Zeit um die letzte Jahrhundertwende, da Schichtdifferenzen damals eindeutiger als heute akzentuiert waren. Dabei greife ich immer wieder auf die Ergebnisse des vorangegangenen Kapitels zurück. Das zu untersuchende Verhältnis erweist sich besonders für die Mittelschicht als problematisch (viel Symbiose - wenig Sex), weniger für die Ober- und Unterschicht. Die zunehmende Angleichung beider Schichten an die Mittelschicht, die sich bereits um die Jahrhundertwende andeutet, wird anschließend für die Gegenwart überprüft - und es wird das heutige mittelschichtspezifische Verhältnis von Sexualität und Symbiose in lesbischen Beziehungen anhand einiger exemplarischer Texte des vorherrschenden lesbisch-feministischen Diskurses verdeutlicht. Der abschließende Ausflug in die vom SINUS-Institut entwickelte Milieukonzeption dokumentiert, daß die je konkrete Ausgestaltung dieses Verhältnisses gegenwärtig immer weniger in der sozio-ökonomischen Bestimmtheit aufgeht.

Für die minderheitenspezifische Dimension, dem vierten Kapitel, nehme ich als zentrales Moment die Diskriminierung von Lesben seitens der (heterosexuellen) Gesellschaft und ihre jeweilige Bewältigung durch die einzelne Frau an. Wie das Ausmaß von Diskriminierungen gegenwärtig einzuschätzen ist, diskutiere ich eingangs. Dabei ergibt sich, daß diese Einschätzung je nach Gesellschaftsbild der beurteilenden Frau variiert. Über die Auseinandersetzung mit den Aspekten: antizipierte/reale Diskriminierung, Offenheit/Geheimhaltung, Leben in der Provinz/Leben in der Stadt sowie Subkultur arbeite ich dann allmählich heraus, daß die minderheitenspezifische Dimension des Verhältnisses von Sexualität und Symbiose in lesbischen Beziehungen entscheidend vom Gesellschaftsbild (statisch/dynamisch) einer Lesbe geprägt ist, das wiederum ihren Ausdruck in einer wider- bzw. eigenständig konstituierten lesbischen Identität findet. Davon, inwieweit sich lesbische Identität angesichts (noch) bestehender gesellschaftlicher Diskriminierung von Lesben als wider- oder eigenständige konstituiert hat, hängt wesentlich ab, ob und inwieweit der Minderheitenstatus Einfluß auf das Verhältnis von Sexualität und Symbiose zwischen Frauen nimmt.

Im fünften Kapitel schließlich, der psychoanalytischen Dimension, untersuche ich das psychodynamische Verhältnis von Sexualität und Symbiose in lesbischen Beziehungen. Um Anhaltspunkte für eine detaillierte Analyse zu gewinnen, leite ich eingangs aus psychoanalytischen Aussagen einige Hypothesen über das prinzipielle Verhältnis von Sexualität und Symbiose ab. Bei der Geburt als Triebbeginn ansetzend, arbeite ich anschließend für jede Libidophase (oral, anal, klitoral) die besondere Gestalt des frühkindlichen weiblichen Konflikts zwischen Sexualität und Autonomie einerseits, Symbiose andererseits heraus sowie die sukzessive Entscheidung des Mädchens zugunsten der Symbiose und zuungunsten der Sexualität. Ein zwischen die orale und die anale Stufe eingeschobener Exkurs thematisiert die dem

Mädchen vorerst noch äußerlichen psychoanalyserelevanten Entstehungsursachen dieses weiblichen Konflikts, die eine Reproduktionsdynamik zwischen den Frauengenerationen bedingen. Mit der Entscheidung für Sexualiät bzw. Symbiose, einen der beiden Pole des von ihnen aufgespannten Kontinuums, und der gleichzeitigen Abspaltung des jeweils anderen ins Unbewußte verzweigt sich die weibliche Entwicklung unter dem Vorzeichen homosexueller und heterosexueller Objektwahl - in diesem Zusammenhang diskutiere ich kurz mögliche Entstehungsbedingungen lesbischer Objektwahl. Die Analyse, wie erwachsene Frauen ihren frühkindlichen Konflikt zwischen Sexualität und Symbiose sowie dessen Lösung in einer lesbischen Beziehung reproduzieren, bildet den Abschluß der psychoanalytischen Dimension. Dabei werden die theoretischen Aussagen - alternierend - durch Auszüge eines literarisch umgesetzten Beispiels illustriert.

Skizzen möglicher Konfliktlösungswege - präventiver und kurativer Art - beenden die Arbeit.

Üblicherweise folgen dem inhaltlichen Überblick Bemerkungen über methodische Aspekte und Besonderheiten der jeweiligen Arbeit. Ich habe mich allerdings für ein anderes Vorgehen entschieden. Statt eines gleichsam im Vorgriff präsentierten, relevante Gesichtspunkte summarisch auflistenden Methodenteils finden sich methodische Ausführungen verstreut über die ganze Arbeit: zu Beginn jeder untersuchten Dimension sowie an methodisch prekären Punkten. So wird einerseits gewährleistet, daß der methodische Hintergrund genau an der Stelle präsent ist, wo er unmittelbar für die inhaltliche Erörterung von Bedeutung ist. Andererseits differieren die untersuchten Dimensionen sowohl inhaltlich als auch methodisch, so daß einzelne methodische Aussagen nicht für die gesamte Arbeit Geltung beanspruchen können, sondern vornehmlich spezifisch für die jeweilige Dimension. Diesen beiden Umständen trägt das von mir gewählte Vorgehen Rechnung.

Eine Bemerkung sei mir jedoch vorab noch erlaubt: Wenn von 'der Frau', 'der Lesbe', 'der Bürgerin' etc. die Rede ist, dann ist damit nicht jede reale, unter die jeweilige Kategorie subsumierbare Person gemeint. Vielmehr handelt es sich bei diesen Kategorien um idealtypische, denen konkret lebende Menschen mit ihrer komplexen Lebenspraxis, in diesem oder jenem Moment, mehr oder weniger ausgeprägt entsprechen können - und die letztlich der (wissenschaftlichen) Orientierung und Verortung dienen (vgl. hierzu die methodische Aussage auf S. 114).

Sprachregelung: Entgegen der allgemein üblichen Praxis - Ausnahmen bilden bisweilen lediglich manche, sich als feministisch verstehende Texte (vgl. z.B. Weiher 1991) -, eine gemischtgeschlechtliche Personengruppe bloß mit dem vermeintlich hinreichenden männlichen Begriff zu bezeichnen, der Frauen allenfalls 'mitmeint', verwende ich den weiblichen Begriff, der auf der Wortebene den männlichen tatsächlich einschließt. Zur Kennzeichnung der Gemischtgeschlechtlichkeit wird die weibliche Endung 'In' oder 'Innen' groß geschrieben. Werden diese Endungen klein geschrieben, handelt es sich bei den Bezeichneten ausschließlich um Frauen. Analoges gilt, wenn der männliche Begriff benutzt wird. Diese Sprachregelung führt konsequenterweise auch zu Begriffen, die zunächst merkwürdig anmuten mögen, wie beispielsweise BürgerInnentum und ArbeiterInnenklasse, und die eine Gleichheit der Geschlechter nahezulegen scheinen, die historisch nicht existiert hat. Dennoch erweist sich meines Erachtens eine solche Sprachregelung als sinnvoll und notwendig, um die Unsichtbarkeit von Frauen in der Sprache - und im Denken - aufzuheben.

2. Definitionen

Jede sich nur annähernd als wissenschaftlich begreifende Arbeit muß zu Beginn - implizit oder explizit - ihren Untersuchungsgegenstand definieren. Von diesem Prinzip bildet auch die vorliegende Arbeit keine Ausnahme. Der für diese Arbeit zu klärende Untersuchungsgegenstand wird durch die quasi ein Dreieck aufspannenden Begriffe 'lesbisch', 'Sexualität' und 'Symbiose' bestimmt. Im folgenden werde ich also zunächst den Inhalt dieser drei Begriffe nacheinander soweit bestimmen, wie es für diese Arbeit erforderlich ist.

2.1 Was heißt hier lesbisch? Zur inhaltlichen Problematik einer Etikettierung

Die erst allmählich im 19. Jahrhundert allgemein gebräuchlich gewordene Etikettierung 'lesbisch' wurde im Zuge der Zweiten Frauenbewegung und der mit ihr verwobenen Lesbenbewegung in den 70er Jahren dieses Jahrhunderts in besonderer Weise problematisiert. Galt vordem meist eine Frau als lesbisch, wenn sie ausschließlich oder bevorzugt sexuelle Liebesbeziehungen zu Frauen einging, so wurde innerhalb der sich zunehmend seit den frühen 70er Jahren radikalisierenden und separierenden Lesbenfraktion in der Frauenbewegung Lesbischsein zum politischen Bekenntnis, geriet das Coming Out zur politischen Tat. Lesbischsein bedeutete nunmehr, daß inzwischen als frauenidentifiziert geltende Frauen sich, um das Patriarchat zu zerschlagen, in ihrer gesamten Lebenspraxis ausschließlich auf Frauen beziehen, daß sie alle ihre Anstrengungen und Energien ausschließlich Frauen zukommen lassen sollten, was gleichzeitig implizierte, alle Anstrengungen und Energien von den unterschiedslos als Feinden ausgemachten Männern abziehen zu müssen. Diese Haltung schloß nicht notwendigerweise Sex mit einer Frau ein, in jedem Fall aber Sex mit einem Mann aus (vgl. z.B. Johnston 1977[2]; Bunch et al. 1981[4]; Radicalesbians 1981[4]); galt doch gerade die individuelle heterosexuelle Beziehung als der Ort, an dem sich die in allen übrigen Lebensbereichen gleichfalls stattfindende Unterdrückung der Frau durch den Mann in ihrer reinsten Form ausdrückte, was sie wiederum zum Hauptschlachtfeld des Geschlechterkampfes prädestinierte. Die damals geprägten Begriffe 'Traditionslesbe' und 'Bewegungslesbe' spiegelten die Spaltung[1] zwischen den Lesben wider, deren lesbische Identität sich

---

[1] In der Realität war diese Spaltung oftmals nicht so kraß, wie meine Formulierung es andeuten mag. So fühlten sich beispielsweise einige Hauptvertreterinnen des politischen Lesbianismus, wie etwa Jill Johnston, zu Frauen emotional, erotisch und sexuell hingezogen - und lebten dies auch -, lange bevor sie dies als politisch begriffen. Auch kann davon ausgegangen werden, daß

vorrangig, wenn nicht ausschließlich über die sexuelle Dimension konstituierte, und jenen, deren lesbische Identität im wesentlichen auf einer bewußt getroffenen politischen Entscheidung basierte, alle Lebensbereiche umfassend für Frauen und gegen Männer.

Man könnte meinen, daß eine solche Position, wie die des politischen Lesbianismus, deren Anhängerin sich auch als feministische Lesbe bezeichnet, längst überholt ist angesichts von geschichtlichen Entwicklungen, deren Ergebnisse ich kurz umreißen möchte. Zum einen kommt es zum gegenwärtigen Zeitpunkt schlichtweg einem Anachronismus gleich zu behaupten, es gäbe eine Frauen- und/oder Lesbenbewegung. Gerburg Treusch-Dieter beispielsweise konstatiert für die alte Bundesrepublik den Beginn des Niedergangs der Frauenbewegung 1976 und ihr Ende 1979 (Treusch-Dieter 1985; 345). Zum anderen sind die politischen Ziele der feministischen Lesben, die sich als Avantgarde der Frauenbewegung verstanden, getreu der von Ti-Grace Atkinson ausgegebenen Parole "Feminismus ist die Theorie, Lesbianismus die Praxis", nicht auch nur annähernd erreicht worden. Weder haben Frauen, geschweige denn feministische Lesben, die nach Auffassung des politischen Lesbianismus ja eigentlich dazu prädestiniert gewesen wären, solche umfassende politische Macht erlangt, "... um unsere Gesellschaft neu zu organisieren und die Herrschaft von Geschlecht, Rasse, Klasse und Nation abzuschaffen" (Bunch et al. 1981[4]; 130), noch kam es zum "... sofortigen revolutionären Rückzug der Frauen vom Mann oder System ..." (Johnston 1977[2]; 123). Und auch die anfangs mit lesbischen Beziehungen verknüpften Erwartungen, sie alleine ermöglichten die Beziehung zwischen Gleichen und seien damit frei von den heterosexuelle Bindungen bestimmenden Schwierigkeiten, Problemen und Konflikten, stellten sich mit der Zeit als überzogen und unrealistisch heraus, was viele vordem heterosexuell orientierte Feministinnen zu Männern zurückkehren ließ (vgl. Wilson 1983; 192f).

Doch entgegen der Vermutung, die geschichtliche Entwicklung habe den politischen Lesbianismus überholt und ihm als vorübergehende Erscheinung einen historischen Platz zugewiesen, gibt es heute noch feministische Lesben, die seine Auffassungen, wenn auch von lesbischer Seite nicht unwidersprochen (vgl. z. B. Jacoby 1985/86; Wilson 1983), vertreten. So weist sich als seine Verfechterin etwa Lillian Faderman durch ihren 1985 erschienenen Aufsatz "The 'New Gay' Lesbians" aus, ebenso wie Celia Kitzinger durch ihre 1987 herausgebrachte Arbeit "The Social Construction of Lesbianism". Und auch in der alten Bundesrepublik lassen sich feministische Lesben finden, die diesen Positionen das Wort reden, so beispielsweise auf den ersten drei Berliner Lesbenwochen (vgl. z.B. Samasow 1986, 1989; Janz 1989; Marx 1989).

---

sich eine Reihe von Traditionslesben durchaus der politischen Implikationen ihrer sexuellen Orientierung bewußt war, ohne sie deshalb als hierfür entscheidend zu betrachten.

Da somit derzeit trotz jahrelanger Diskussionen der Inhalt dessen, was lesbisch heißt, nicht verbindlich geklärt ist und auch nicht geklärt werden kann, da die jeweilige Definition von 'lesbisch' die ihr zugrundeliegende geschichtlich-gesellschaftlich bedingte konkrete Lebenserfahrung und -praxis sowie daraus resultierende konkrete Interessen widerspiegelt, ist es erforderlich, einen für diese Arbeit angemessenen Begriff von lesbisch zu gewinnen. Versuchen möchte ich dies über die stellenweise vielleicht polemisch zugespitzte Auseinandersetzung mit einigen ausgewählten Lesben betreffenden Positionen, die stellvertretend für andere stehen.

Seit Jahren wird von lesbischer Seite zu Recht die seit dem 19. Jahrhundert bis in die jetzige Zeit hinein verbreitete Auffassung scharf kritisiert, einzig ihre Sexualität bestimme die lesbische Frau, durchdringe alle ihre Verhaltensweisen und manifestiere sich in ihnen, so als seien alle ihre Lebensäußerungen nichts weiter als Funktionen ihrer Sexualität. Und da ihre Sexualität den ApologetInnen dieser Haltung als abnorm gilt, ist es für sie ausgemacht, daß Lesben umfassend schlimmstenfalls als pervers, bestenfalls als krank zu betrachten sind.

Im folgenden möchte ich kurz eine gemäßigte Vertreterin dieser Auffassung kommentiert zu Worte kommen lassen, die nicht ohne weiteres auf den ersten Blick als solche zu erkennen ist. Es handelt sich dabei um die Psychoanalytikerin Joyce McDougall. Ihre bereits 1964 in Frankreich und erst 1974 in der alten Bundesrepublik herausgebrachte Arbeit "Über die weibliche Homosexualität" mag vielleicht veraltet erscheinen, nichtsdestotrotz wird sie auch heute noch von einschlägigen Kreisen als zutreffend zitiert (vgl. Zagermann 1988; 371f, 383), was es rechtfertigt, sie an dieser Stelle heranzuziehen[2].

Bei der Arbeit Joyce McDougalls handelt es sich um eine klinische Untersuchung, die sich in erster Linie mit 'ausagierter', manifester weiblicher Homosexualität und ihrer besonderen ödipalen Lösung auseinandersetzt. Ohne in diesem Zusammenhang näher auf die Inhalte dieser Arbeit einzugehen, wende ich meine Aufmerksamkeit denjenigen Äußerungen der Autorin zu, in denen ihre von wissenschaftlichen Formulierungen verdeckte Auffassung, Lesben seien umfassend als krank zu bezeichnen, zum Ausdruck kommt.

Bereits in der Einleitung wundert sich die Autorin darüber, daß das berufliche oder soziale Leben der manifest Homosexuellen "... trotz einer gewissen Unfähigkeit zur heterosexuellen Liebe ... " (MCDougall 1974; 234) unbelastet zu sein scheint, so als wäre es etwas nennenswert Besonderes, das wahrzunehmen sie erstaunt, und als ginge ein unbelastetes Leben automatisch mit einer gewissen Fähig-

---

[2] Auf dieser Arbeit McDougalls baut auch ihre neuere über weibliche Homosexualität (1989) auf, die daher im Hinblick auf die Bewertung von Lesben als pathologisch keine wesentliche Änderung bringt (vgl. z.B. McDougall 1989; 87, 132f, 135), wenngleich sie insgesamt noch moderater klingt.

keit zur heterosexuellen Liebe einher, die hierfür sozusagen als Voraussetzung fungiere. Eine Auffassung, der nebenbei bemerkt schon durch die vielfach von Männern an Frauen verübte Gewalt in der Ehe die Grundlage entzogen ist - oder soll man diesen Männern die 'gewisse Fähigkeit' im Sinne McDougalls absprechen? Zum Schluß der Einleitung wird McDougall dann deutlicher, wenn sie vergleicht, was mit der homosexuellen Libido bei der heterosexuellen im Unterschied zur homosexuellen Frau geschieht. Während ihrer Meinung nach ". im heterosexuellen Leben gewöhnlich die Freundschaft, die Mutterschaft und die Arbeit mit der homosexuellen Libido besetzt werden, ... konnte die homosexuelle Frau die Integration ihrer Homosexualität nicht realisieren. Dieser Lücke entsprechen die Störung des Identitätsgefühls, die Ängste in der Beziehung zum Anderen und die schweren Hemmungen der Sublimierungsfähigkeit" (McDougall 1974; 237f). Im Klartext bedeutet diese zunächst hypothetische Aussage, Lesben hätten massive Beziehungs- und Identitätsprobleme und seien weitgehend unfähig zu Mutterschaft und kreativer, schöpferischer Arbeit. Eine solche die folgende Untersuchung leitende Hypothese ist besonders dann problematisch, wenn die für die Symptome verantwortlich zu machenden Ursachen allein in der psychischen Struktur der Betroffenen gesucht werden, ohne gleichzeitig den diese psychische Struktur maßgeblich hervorbringenden sozialen Kontext mit zureflektieren.

Es ist durchaus vorstellbar, daß eine Reihe von Lesben, die Anfang der 60er Jahre noch weitgehend sozial isoliert und diskriminiert gelebt haben, gerade aufgrund dieser Lebenssituation derartige Probleme hatten, wie sie McDougall als typisch für die homosexuelle Frau beschreibt. Abgesehen also davon, daß viele dieser Probleme maßgeblich durch die soziale Umwelt der Lesben verursacht wurden und werden, sind zwei weitere relativierende Aspekte in diesem Zusammenhang bedeutsam - den ersten der beiden stellt die Autorin auch explizit zu Beginn ihrer Untersuchung in Rechnung, allerdings wird er bei ihren späteren Aussagen und Formulierungen nicht weiter berücksichtigt. Zum einen suchen erfahrungsgemäß lediglich solche Lesben eine psychoanalytische Behandlung auf, die mit den von McDougall genannten Problemen in besonderem Maße zu kämpfen haben; alle anderen sind anscheinend nicht einem derartigen Leidensdruck ausgesetzt, der sie zu einem solchen Schritt veranlaßte. Dies hat zur Folge, daß sich nur von Lesben mit massiven Problemlagen klinische Daten gewinnen lassen, welche jedoch die Grundlage von Erkenntnissen bilden, die unzulässigerweise unvorsichtig, dann alle Lesben betreffend, generalisiert werden - es sei denn, man nehme mit Freud an, daß sich aus der Untersuchung des 'Pathologischen' verallgemeinerbare Erkenntnisse über das 'Normale' ableiten lassen. Doch das, was McDougall zu beschreiben beabsichtigt, ist nicht das 'Pathologische', sondern eher das 'zusammengebrochene Normale', da sie Fälle von Neurosen und Psychosen, die im Zusammenhang mit homosexuellen Strebungen stehen, ausdrücklich von ihrer Untersuchung ausnimmt.

Zum anderen neigen PsychoanalytikerInnen unweigerlich dazu, das von ihren PatientInnen produzierte Material entsprechend der theoretischen Richtung, der sie jeweils anhängen, zu interpretieren. Damit werden klinische Daten zur Bestätigung eben jener theoretischen Orientierung herangezogen, die diese erst maßgeblich hervorbringt (vgl. Eagle 1988; 202ff).

Mögen solche diskriminierenden Äußerungen in der Einleitung noch wohlwollenderweise den Vorurteilen der Autorin angelastet werden, die im Verlauf der Untersuchung eine Revidierung erfahren, so sind auch gegen Ende und am Schluß der Arbeit keine vom Beginn abweichenden Töne zu vernehmen. Für McDougall scheint es "... nur einen einzigen Ausweg für die Verkümmerung des emotionalen Lebens, diese Verkrüppelung des Körperbildes, für die verqueren Strebungen der Libido zu geben, einen Ausweg, der eine Entfaltung des sozialen Lebens erlaubt: die homosexuelle Beziehung" (McDougall 1974; 283). Und am Ende gelangt die Autorin zu dem Resümee: "So teuer sie sein mag, so kann die Identifikation mit dem Phallus weder das Ich und seine Funktionen voll erfüllen, noch das Schicksal als Frau realisieren. Der Pakt, den die homosexuelle Frau mit ihren Eltern-Imagines geschlossen hat, besiegelt ihre eigene Kastration" (McDougall 1974; 291). Was dabei unter der Kastration der Frau zu verstehen ist, hat die Autorin kurz zuvor erläutert; diese sei der Verzicht darauf, jemals begehrtes Objekt eines Mannes zu werden.

Ganz abgesehen davon, daß Erkenntnisse aufgrund der oben erläuterten beschränkten Datenbasis nur mit Vorsicht generalisiert werden sollten und solche dennoch verallgemeinerten Äußerungen eine ganze Bevölkerungsgruppe diskriminieren, deren einziges gemeinsames Merkmal in ihrem Lesbischsein besteht, bleibt darüber hinaus offen, ob es nicht gleichfalls heterosexuelle Frauen gibt, die ähnliche Symptome mit entsprechend zugrundeliegenden unbewußten Konflikten aufweisen, wie die von McDougall behandelten lesbischen Frauen. Wäre dem so, dann hängen derartige Symptome nicht kausal mit der homosexuellen Orientierung der Frauen zusammen. Über ihre diesbezüglichen klinischen Erfahrungen gibt die Autorin keine Auskunft; hingegen scheint es für sie ausgemacht, daß die Homosexualität einer Frau zwar nicht als solche pathologisch zu nennen ist, sie aber als hervorstechendes Symptom einer durchaus als pathologisch zu bezeichnenden unbewußten Konfliktstruktur betrachtet werden muß, die sich bis in das berufliche und soziale Leben hinein auswirkt. Und diese Konfliktstruktur erschließt sich McDougall zufolge, indem die zum Ausgangspunkt genommene alles entscheidende weibliche Homosexualität zu ihren Ursprüngen zurückverfolgt wird; sich diese Konfliktstruktur ausschließlich entlang der Sexualität der lesbischen Frau entfaltet. In diesem Sinne durchdringt die Sexualität der Lesbe auch bei McDougall all ihre Lebensäußerungen.

Eine der Position Joyce McDougalls diametral entgegengesetzte Ansicht vertritt Adrienne Rich in ihrem Aufsatz "Zwangsheterosexualität und lesbische Existenz". Nicht nur, daß sie im Unterschied zu McDougall lesbisches Dasein, lesbische Existenz als für alle Frauen erstrebenswert, wenn nicht gar als der Frau wesensgemäß betrachtet (vgl. Rich 1989; 266). Auch weist sie der Sexualität der lesbischen Frau einen ganz anderen Stellenwert zu als McDougall.

Zwar spricht auch Rich davon, daß erotische Sinnlichkeit "... für die lesbische Existenz von zentraler Bedeutung ..." (Rich 1989; 269) sei, doch was unter erotischer Sinnlichkeit in diesem Zusammenhang zu verstehen ist, und ob diese Sex einschließt, bleibt fraglich; insbesondere, wenn man berücksichtigt, daß die Autorin Erotik, die weiblichen Maßstäben entspricht, "... als etwas (betrachtet, G.H.), das auf keinen einzelnen Körperteil und nicht einmal auf den Körper als solchen beschränkt ist; als eine nicht nur diffuse, sondern ... allgegenwärtige Energie ...; als machtverleihende Freude ..." (Rich 1989; 266). Von Sex ist in dieser Definition weiblicher Erotik keine Rede.

Spielt die Autorin die Bedeutung von Sex für das, was Lesbischsein ausmacht, bereits in ihren oben ausgeführten Formulierungen herunter, so weist sie dem Sex innerhalb dessen, was sie als lesbisches Kontinuum begreift, eine marginale Rolle zu. "Der Begriff lesbisches Kontinuum umschließt für mich eine ganze Skala frauenbezogener Erfahrungen, quer durch das Leben jeder einzelnen Frau und quer durch die Geschichte hindurch - und nicht einfach die Tatsache, daß eine Frau genitale Sexualität mit einer anderen Frau erlebt hat oder sich bewußt wünscht. Wenn wir den Begriff weiter fassen und auf viel mehr Formen primärer Intensität zwischen Frauen ausdehnen, unter anderem darauf, daß Frauen ein reiches Innenleben miteinander teilen, sich gegen die Männertyrannei verbinden und sich gegenseitig praktisch und politisch unterstützen ..." (Rich 1989; 264), dann wird zweierlei klar.

Zum einen dehnt Rich den Begriff 'lesbisch' - möglicherweise als Resultat einer Verwechslung von 'homosexuell' und 'homosozial' - auf alle Beziehungen zwischen Frauen unabhängig von ihrer jeweiligen Qualität aus, wobei negative Beziehungsaspekte wie Rollenzwänge und Gewalttätigkeiten impliziert sind - der Autorin zufolge wenigstens solange, wie Lesben von der Gesellschaft als Außenseiterinnen gebrandmarkt werden. Indem Rich derart unmäßig und unterschiedslos den Begriffsumfang von 'lesbisch' auf eine allgemeine Affirmation weiblicher, vom Mann unabhängiger Lebensäußerungen ausweitet (vgl. Wilson 1983; 187f), raubt sie diesem Begriff seinen spezifischen konkreten Inhalt, läßt ihn zu einer inhaltslosen Worthülse werden, die nichts bezeichnet, indem sie alles bezeichnet. Damit würde dieser Begriff auch nicht länger als Unterscheidungsmerkmal innerhalb der heterogenen Masse 'Frau' dienen, der konkret solche Frauen bezeichnet, die spezielle, nämlich sexuelle Beziehungen zu Frauen eingehen. Die wesentliche Differenz zwischen lesbischen und heterosexuellen Frauen besteht meines Erachtens gerade im

Unterschied des jeweils von ihnen sexuell begehrten Geschlechts und nicht etwa, wie dies beispielsweise von Charlotte Wolff (1973) behauptet wird, im Vorhandenbzw. Nichtvorhandensein einer intensiven emotionalen Bindung an eine Frau; eine solche gehen vielfach auch Frauen ein, die sich sexuell ausschließlich zu Männern hingezogen fühlen (vgl. Huber et al. 1989).

Zum anderen gerät Rich, wie der Titel des Aufsatzes schon andeutet, Lesbischsein zur Gegenwelt der (Zwangs-)Heterosexualität. Lesbischsein wird damit nicht als eine sexuelle Orientierung um ihrer selbst willen bejaht, deren entscheidendes Merkmal das sexuelle Begehren von Frauen ist, sondern negativ durch Ablehnung der Heterosexualität bestimmt (vgl. Segal 1989; 129). Belegen läßt sich dies an Formulierungen, in denen Rich lesbische Existenz als "... Ablehnung einer erzwungenen Lebensweise, ... als Form der Patriarchatsverweigerung, als Akt des Widerstands ..." (Rich 1989; 264f) bezeichnet, oder wenn sie davon spricht, daß "... der institutionalisierten Heterosexualität zum Trotz eine Frau als Geliebte oder Lebensgefährtin ..." (Rich 1989; 273) gewählt werden sollte.

Zusammenfassend kann festgehalten werden: Während die VertreterInnen der einen Position, wie McDougall, die Sexualität der lesbischen Frau überbewerten, indem sie meinen, diese durchdringe jede ihrer Lebensäußerungen, spielen sie die Vertreterinnen der anderen Auffassung, wie Rich, herunter, indem sie dem Sex innerhalb des Konzepts 'lesbisch' eine unerhebliche Rolle zuweisen. Dabei verkennen beide Positionen gleichermaßen, wenn auch auf ihre je spezielle Art und Weise, daß Lesbischsein ein wesentlicher, aber dennoch nur ein Bestandteil einer ganzheitlichen weiblichen Persönlichkeit sein kann, neben anderen bedeutsamen, wie Rassen-, Religions- und Schichtzugehörigkeit, beruflicher Habitus, Muttersein etc., und daß sich Lesbischsein ganz entscheidend um die tatsächliche oder gewünschte sexuelle Beziehung zu einer Frau herum konstituiert; unabhängig davon, aus welchen Gründen eine solche Beziehung gewollt und/oder eingegangen wird.

Abschließend ist es für die Klärung dessen, was hier lesbisch heißen soll, erforderlich, sich kurz mit einer dritten Position auseinanderzusetzen, die einigen empirischen Untersuchungen zugrundeliegt, wie beispielsweise der von Susanne v. Paczensky oder der von Celia Kitzinger. Die angesprochenen Arbeiten gehen davon aus, daß eine Frau dann als lesbisch zu betrachten ist, wenn sie sich dafür hält, wenn sie über eine lesbische Identität verfügt (vgl. Paczensky 1984; 55f; Kitzinger 1987; 71, 90). Abgesehen davon, daß die Möglichkeit, eine solche Identität auszubilden, Ergebnis historischer Entwicklungen ist (vgl. z.B. Foucault 1983) - vor Mitte des 19. Jahrhunderts wären mit dem heute üblichen Begriff 'lesbisch', so er damals bereits gebräuchlich gewesen wäre, nicht spezielle Personen, sondern sexuelle Handlungen gemeint gewesen -, ist eine solche Definition von lesbisch dem jeweiligen Untersuchungsgegenstand der beiden genannten Arbeiten durchaus angemessen.

Paczensky etwa wollte Erkenntnisse gewinnen über Stigmamanagement von Lesben und seine Auswirkungen auf ihr soziales Leben anhand der Kriterien 'Offenheit/Geheimhaltung'. Dazu war unabdingbare Voraussetzung, daß sich die befragten Frauen ihres 'Stigmas' bewußt waren, sich als Lesben identifizierten, damit sie überhaupt entsprechende Bewältigungstechniken entwickeln konnten. Und dies ist unabhängig davon, ob sie Sex mit einer Frau bereits gehabt hatten, was, von zwei Ausnahmen abgesehen, bei allen Frauen der Stichprobe der Fall war (vgl. Paczensky 1984; 65), oder nicht. Auch für die von Kitzinger durchgeführte Untersuchung war wesentliche Bedingung, daß sich die interviewten Frauen selbst als Lesben bezeichneten, da geklärt werden sollte, wie ihre diesbezüglichen Erfahrungen von ihnen konstruiert, bewältigt und gedeutet wurden - und dies setzte als entsprechendes inneres Organisationsprinzip voraus, sich selbst als lesbisch wahrzunehmen.

Im Rahmen dieser Arbeit kann allerdings die von Paczensky und Kitzinger benutzte Definition von lesbisch nicht verwendet werden. Dies liegt darin begründet, daß Untersuchungsgegenstand nicht die lesbische Frau, sondern lesbische Beziehungen sind, und daß die beschreibenden Adjektive 'lesbisch' in diesen beiden Fällen nicht kongruent sind. So mag es eine ganze Reihe sich selbst als lesbisch identifizierender Frauen geben, die noch nie eine sexuelle, also lesbische Beziehung zu einer Frau hatten, und umgekehrt mag es eine diverse Anzahl Frauen geben, die sich zwar nicht als lesbisch bezeichnen, aber in einer solchen Beziehung leben; egal, ob für diese Frauen die Andere die große Ausnahme darstellt, da sie sich ansonsten bislang sexuell von Männern angezogen fühlten, oder nicht. In diesem Sinne kann die von Paczensky und Kitzinger vorgeschlagene Definition von lesbisch für meine Zwecke als einerseits zu weit und andererseits zu eng gefaßt betrachtet werden. Denn unabhängig von so etwas wie lesbischer Identität, werden letztlich alle Frauen, die - und soweit sie - sexuelle Beziehungen zu Frauen eingehen, mit spezifischen grundlegenden Chancen, Potentialen, Problemen und Risiken sie selbst und diese Beziehung betreffend konfrontiert, die sich allein aus der Tatsache ergeben, daß es sich bei den beiden Beteiligten um Frauen handelt, die in einer geschlechtsspezifisch geprägten und prägenden Gesellschaft aufgewachsen sind und leben.

Ausdrücklich von der vorliegenden Arbeit ausnehmen möchte ich allerdings solche sexuellen Beziehungen zwischen Frauen, die nicht von diesen angesichts von Wahlmöglichkeiten gewünscht und gewollt eingegangen wurden, sondern lediglich als Reaktion auf widrige äußere Umstände zustande kamen, die den sexuellen Kontakt zu Männern, wenn nicht unmöglich machten, so doch dermaßen erschwerten, daß der sexuelle Kontakt zu anderen Frauen als Notlösung gesucht wurde. Als Beispiele für solche widrigen äußeren Umstände lassen sich das frühere Haremswesen des orientalisch-arabischen Kulturkreises nennen, ebenso wie heute die Frauengefängnisse. Dennoch mag es auch unter diesen Voraussetzungen bewußt gewünschte lesbische Beziehungen gegeben haben, die sich nicht als bloße Reaktion auf die Widrigkeit der Bedingungen erklären lassen.

Als den sexuellen Kontakt von Frauen und Männern erschwerend könnte auch das - schon früher - prekäre Geschlechterverhältnis betrachtet werden, zumal heute in den westlichen Industriegesellschaften die vorhandenen sozio-ökonomischen Bedingungen vielen Frauen eine vom Mann unabhängige Existenz erlauben, so daß die sich aus der Problematik dieses Verhältnisses ergebenden Konflikte offen zutage treten und ausgetragen werden können - die anhaltend hohe Scheidungsrate belegt dies. Eine definitive Aussage darüber, ob das schwierige Geschlechterverhältnis Frauen indirekt dazu 'zwingt', lesbische Beziehungen einzugehen, erscheint mir jedoch äußerst problematisch. Nicht nur, daß Frauen, die sich gegen sexuelle Beziehungen zu Männern entscheiden, nicht notwendigerweise automatisch solche zu Frauen eingehen; auch müßte bei jeder in einer lesbischen Beziehung lebenden Frau individuell analysiert werden, ob sie diese nicht, wenn auch unbewußt, 'zwangsweise gewählt' habe - was nebenbei bemerkt den interpretatorischen Verrenkungen derjenigen Tür und Tor öffnete, die die These vom Männerhaß lesbischer Frauen verfechten. Aus diesen Überlegungen heraus gehe ich davon aus, daß lesbische Beziehungen, soweit nicht konkret sichtbare äußere Umstände sie zur Notlösung werden lassen können, von Frauen freiwillig gewählt werden.

Von einer lesbischen Beziehung kann im Unterschied zu einmalig und sporadisch ausgeführten lesbischen Handlungen dann gesprochen werden, wenn die Bindung zweier Frauen, deren - wenigstens ursprünglich - entscheidendes Antriebsmoment die wechselseitig sexuelle Attraktion, das wechselseitige sexuelle Begehren ist, zumindest der Intention nach auf Dauer angelegt ist; unabhängig davon, wie lange sie dann tatsächlich dauern mag. Nur unter dieser Bedingung weisen sich die Frauen gegenseitig eine derartige Bedeutung zu, daß sie sich für die Dauer der Beziehung in wesentlichen Bereichen ihres Lebens aufeinander beziehen werden; erst dann ist auch die Möglichkeit von Symbiose gegeben.

Zur Diskussion und Untersuchung steht in diesen auf Dauer angelegten sexuellen Bindungen zweier Frauen das Verhältnis von Sexualität und Symbiose - gleichsam als entgegengesetzte Pole eines Kontinuums, zwischen denen sich das vielgestaltige Potential solcher Beziehungen, ihre Chancen und Risiken entfalten. Dieses Bild der Pole, in dem ein Mehr des einen ein Weniger des anderen bedeutet, unterstellt implizit einen nicht auflösbaren Antagonismus zwischen Sexualität und Symbiose, was an entsprechender Stelle noch näher zu erläutern sein wird.

2.2 Sexualität

Ähnlich, wie der Begriff 'lesbisch', ist auch der Ausdruck 'Sexualität' neueren Datums. Er taucht zu Beginn des 19. Jahrhunderts auf und bezeichnet Foucault zufolge einen Erkenntnisbereich, der sich durch die Suche nach der Wahrheit des 'Sexes' konstituiert. Des 'Sexes', von dem - für diesen Erkenntnisbereich unerläßlich - angenommen wird, er sei das jedem Individuum eingeschriebene omnipräsente Geheimnis, das den Universalschlüssel zu unserem Selbst darstelle; des 'Sexes', der sich einer doppelten Nachfrage nach Wissen ausgesetzt sieht, "... weil wir wissen wollen, was mit ihm los ist, während er verdächtigt wird zu wissen, was mit uns los ist" (Foucault 1983; 98).

Wie Foucault im einzelnen nachweist, wird der 'Sex' entgegen der Repressionshypothese weder von der Macht unterdrückt, noch ist er dementsprechend das der Macht Äußerliche, das ihr Widersprechende, das sie Herausfordernde und Unterminierende. Vielmehr wurde jene Macht, deren typisches Kennzeichen das Recht über Leben und Tod war, seit dem 17. Jahrhundert von der "Macht zum Leben" abgelöst; einer Macht, die das Leben normieren, sichern, beherrschen, verwalten, regulieren, kontrollieren, modifizieren und bewirtschaften will und sich zu diesem Zweck um die Disziplinierungen und Disziplinen des Körpers und die Regulierungen der Bevölkerung herum anordnet, deren Scharnier der 'Sex' darstellt als dasjenige, das sowohl den Zugang zum individuellen wie zum Gattungskörper erschließt (Foucault 1983; 174).

Wesentliches Mittel zur Entfaltung dieser Bio-Macht war und ist der geregelte vielerorts und vielgestaltig sich geltend machende Anreiz zum Diskurs über den 'Sex', der die Individuen zu Subjekten einer 'Sexualität' bestimmt. Der solcherart beständig sich verlagernde und ausdehnende Erkenntnisbereich 'Sexualität' legt darüber hinaus fest, was ein Individuum als jeweils zu seiner 'Sexualität' gehörig zu betrachten hat und wie dies zu bewerten und erforderlichenfalls zu verändern sei. Diskurse über den 'Sex', insbesondere die institutionalisierten, wie der pädagogische, der psychiatrische oder der psychoanalytische, prägen daher maßgeblich individuelle Erfahrungen von 'Sexualität' bis hinein in das Erleben von Lust und Befriedigung[3] - und vielleicht noch entscheidender Reflexionen über diese Erfahrun-

---

[3] Seit beispielsweise der Orgasmus für beide Geschlechter, spätestens durch die Untersuchungen und Arbeiten von Masters und Johnson, zum wesentlichen Indikator 'sexueller Gesundheit' erhoben und über die Massenmedien vermittelt wurde, spielt er im sexuellen Erleben von hetero- und homosexuellen Paaren als wechselseitige Orgasmuspflicht eine, wenn nicht die entscheidende Rolle, was verbreitet zu Leistungsängsten führt, die wiederum die Orgasmusfähigkeit blockieren können. Damit haben die SexologInnen maßgeblich "... zur Entstehung der Störungen beigetragen, die zu kurieren sie sich dann zur Aufgabe machen" (Béjin 1984[2]; 258).

gen, die sich entlang der in den als Anreiz fungierenden Diskursen enthaltenen Vorgaben entfalten.

Auch meine Überlegungen, Gedanken und Reflexionen zum Verhältnis von Sexualität und Symbiose in lesbischen Beziehungen werden sich dem nicht entziehen können - vielleicht sind sie vielmehr Ausdruck des Zwanges, vom 'Sex' zu reden, dem auch ich als Mitglied einer Gesellschaft, die den 'Sex' als den "Begehrens-Wert" konstituiert hat, unterliege, und den ich womöglich über diese Arbeit reproduziere, indem und soweit ich hierdurch andere zu einem Diskurs anreize, der die ausgeführten Inhalte zu übertragen, zu belegen, zu präzisieren und zu konkretisieren sucht, womit ich letztlich im Sinne Foucaults an 'Machtwissen' teilhätte. Darüber hinaus wird es erforderlich sein, auf Teilbereiche des im Erkenntnisbereich 'Sexualität' akkumulierten Wissens zurückzugreifen, beispielsweise auf die Psychoanalyse. Aus diesen Gründen sollte der hier kurz umrissene Zusammenhang beim Lesen der Arbeit stets mitgedacht werden, so als wäre er eine nicht direkt für das menschliche Ohr wahrnehmbare, aber dennoch vorhandene Schwingung, die das Gehörte erheblich mitprägt.

Allerdings wird im folgenden - soweit überhaupt derart analytisch getrennt werden kann - mit Sexualität nicht der Erkenntnisbereich bezeichnet, sondern Körper und Lüste sowie damit zusammenhängende und darum rankende Empfindungen, soweit sie die Geschlechtlichkeit des Menschen, hier der Frau betreffen. Dies schließt genitale Lust und Befriedigung als wesentliche Aspekte ein, wobei letzteres nicht notwendigerweise Orgasmus bedeuten muß, aber kann - dies wird von Frau zu Frau und von Situation zu Situation variieren (vgl. Egidi et al. 1981; 129ff).

Entschieden abgrenzen möchte ich mich daher von der nicht nur von einer Reihe von Männern, sondern auch von einigen Frauen und Lesben vertretenen Auffassung, lesbische Sexualität sei wesentlich weniger genital orientiert, da sie quasi von Natur aus, sozusagen ihrem Wesen nach sanfter, zärtlicher, emotionaler, romantischer und harmonischer sei als heterosexueller oder schwuler Sex. Denn der in dieser Meinung offen oder versteckt geäußerte Essentialismus, der der weiblichen/lesbischen Sexualität spezifische Qualitäten als ihr naturgemäß oder wesenhaft zuschreibt und dem infolgedessen konsequent zuende gedacht eine ahistorische Perspektive inhärent ist, erscheint mir äußerst problematisch und fragwürdig, um nicht zu sagen falsch.

Aussagen wie die von de Beauvoir über lesbische Sexualität: "Zwischen Frauen ist die Liebe mehr beschaulicher Art" (Beauvoir 1989; 392) oder: "Der Charakter ihrer Wollust ist weniger blitzartig, schwindelerregend als zwischen Mann und Frau ..." (Beauvoir 1989; 395) oder die von einer Autorinnengruppe über weibliche Sexualität gemachte, die geradewegs auf das Wie lesbischer Sexualität verweist: "Ursprünglich . lernen Frauen eine zärtlichere, romantischere Sexualität"

(Autorinnengruppe 1982; 59), deuten keine Reflexion über die eine solche Sexualität, so sie tatsächlich existiert, hervorbringenden gesellschaftlichen Bedingungen an. Die Autorinnen können daher auch nicht beantworten, warum sie so und nicht anders entstanden ist und weiterhin entsteht - und sie stellen sich diese Frage anscheinend auch gar nicht erst.

Die essentialistische Position vernachlässigt und mißachtet demnach die überaus große Form- und Prägbarkeit von Sexualität und negiert damit implizit die in der Soziologie inzwischen als Gemeinplatz geltende Auffassung, daß die jeweils vorgefundenen konkreten sexuellen Verhaltensweisen von Individuen - die üblicherweise angewandten sexuellen Techniken, die als sozial zulässig geltenden potentiellen Sexualobjekte, der Anbahnungsmodus sexueller Begegnungen und Beziehungen; allgemein die Organisation der Sexualität, der ihr zugewiesene Raum, die ihr zugesprochene Bedeutung - historisch-gesellschaftlich bedingt sowie innerhalb dieser vorgegebenen Rahmenbedingungen schicht- und geschlechtsspezifisch modelliert sind; eine Aussage, die durch vielfältige Untersuchungen untermauert wird (vgl. z.B. Foucault 1983, 1989a, 1989b; Ariès et al. 1984; Fuchs 1985), in die sich auch diese Arbeit einreiht.

2.3 Symbiose

Der Begriff 'Symbiose' entstammt der Biologie und bezeichnet in diesem Bereich das dauernde oder zeitweilige Zusammenleben von Organismen verschiedener Art, das in der Regel beiden PartnerInnen Vorteile bringt. Dabei reicht die Spannbreite von ausgeglichenen Symbiosen bis zu solchen, die durch die überwiegende oder vollkommen einseitige Ausnutzung einer der PartnerInnen charakterisiert sind (vgl. Knodel et al. 1983[19]; 143).

Auf den Menschen bezogen findet der Ausdruck 'Symbiose' in der Psychologie Anwendung. Seine psychologische Bedeutung hat insbesondere die Psychoanalytikerin Margret S. Mahler in ihren Untersuchungen zur psychischen Entwicklung des Kindes maßgeblich geprägt (Mahler 1986[4] und 1988). Dabei mußte sie, um über diese Aussagen machen zu können, von beobachtbarem äußerem Verhalten auf unbeobachtbares inneres Erleben schließen (vgl. Mahler 1988; 28f, 38). Entsprechend korrespondiert der Loslösung des Kindes von der Mutter[4] außen seine Individuation innen. Innerhalb des so herausgearbeiteten, auf die normale kindliche Ent-

---

[4] Im folgenden wird zur Bezeichnung der ersten Bezugsperson des Kleinkindes der Ausdruck 'Mutter' benutzt, obwohl es sich dabei weder um die leibliche Mutter noch um eine Frau handeln muß. Allerdings ist in den westlichen Industriegesellschaften derzeit in der überwiegenden Mehrzahl der Fälle die leibliche Mutter oder zumindest eine Frau die erste Bezugsperson. Demgegenüber stellen männliche 'Mütter' noch eine verschwindend geringe Minderheit dar, die entsprechend unberücksichtigt bleibt.

26

wicklung bezogenen Phasenmodells dient Mahler der Begriff der Symbiose als Metapher, um das frühkindliche intrapsychische Stadium zu bezeichnen, das eingebettet ist zwischen der unmittelbar auf die Geburt folgenden autistischen Phase und dem beginnenden Loslösungs- und Individuationsprozeß, an dessen Ende die Differenzierung von der Mutter und das selbständige, unabhängige Funktionieren stehen.

Diese intrapsychische Entwicklungsperiode ist laut Mahler durch das verschwommene Gewahrwerden der Mutter als bedürfnisbefriedigendes Objekt gekennzeichnet. Das Kleinkind befindet sich in dieser Phase in einem "... Zustand der Undifferenziertheit, der Fusion mit der Mutter, in dem das 'Ich' noch nicht vom 'Nicht-Ich' unterschieden ist ... . Das wesentliche Merkmal der Symbiose ist die halluzinatorisch-illusorische somatopsychisch omnipotente Fusion mit der Mutter und insbesondere die illusorische Vorstellung einer gemeinsamen Grenze ..." (Mahler et al. 1988; 63f). Darüber hinaus spricht Mahler bei kindlichen Psychosen vom symbiotisch-psychotischen Syndrom, um die pathologische Regression auf das als symbiotisch bezeichnete normale frühkindliche Entwicklungsstadium auch sprachlich zu kennzeichnen (vgl. Mahler 1986[4]; 229).

Die empirische Kleinkindforschung hat inzwischen jedoch hinreichend belegt, daß selbst Neugeborene schon über Fähigkeiten verfügen, wenn auch nur rudimentär, zwischen Selbst und Objekt differenzieren zu können (vgl. Eagle 1988; 29f), was die Annahme einer normalen symbiotischen Entwicklungsphase im strengen Mahlerschen Sinne der Selbst- und Objektdiffusion nicht mehr aufrechtzuerhalten erlaubt. Folgerichtig redet beispielsweise Zagermann im Zusammenhang mit der Verschmelzung von Subjekt und Befriedigungsobjekt nicht von Symbiose, sondern von Fusion, da die bei schwersten psychischen Störungen auftretende Verschmelzung von Subjekt und Objekt weder Regression auf noch Fixierung an ein tatsächliches Entwicklungsstadium sei, sondern es sich dabei um besondere pathologische Produktionen handele (vgl. Zagermann 1988; 97).

Entsprechend dient im Rahmen dieser Arbeit der Begriff 'Symbiose' nicht zur Beschreibung und Kennzeichnung pathologischer Fälle, wie Psychosen oder Borderline-Störungen. Vielmehr soll mit Symbiose ein spezifisches Bindungsverhalten von Personen bezeichnet werden, das die frühe Mutter-Kind-Beziehung wiederzubeleben und -herzustellen sucht und grundlegend gekennzeichnet ist durch die Vorstellung, nur durch, mit und für die Andere existieren zu können. Eine Vorstellung, die symbiosefördernde Mechanismen in Gang setzt, wie zu versuchen, mittels Anpassung und Freundlichkeit die Bindung zu erhalten und zu stabilisieren; die Bedürfnisse der Anderen über die eigenen zu stellen; das Selbst und damit die Autonomie zugunsten eines Wir aufzugeben, in dem Alter und Ego verschwinden; das Ich um die Andere zu erweitern bzw. Teil des Ichs der Anderen zu werden; eine gemeinsame Wir-Grenze gegenüber dem Außen, das Nicht-Ich und Nicht-Du ist, auszubilden; jeglich sich andeutender und -bahnender Distanz zwischen Alter und Ego entgegenzuwirken, indem Unterschiede und Differenzen zwischen beiden eingeebnet und nivelliert werden.

Dieser schlaglichtartige Überblick darüber, was im Rahmen dieser Arbeit unter Symbiose zu verstehen ist, soll vorläufig genügen. Konkretisiert wird der Symbiosebegriff ohnehin dann, wenn es für das Verständnis erforderlich ist; beispielsweise, wenn anhand psychoanalytischer Theorien das psychodynamische Verhältnis von Sexualität und Symbiose untersucht wird.

3. Die historische Dimension

In diesem Kapitel soll die historische Dimension des Untersuchungsgegenstandes ausgeleuchtet werden, was seiner geschichtlichen Einordnung gleichkommt. Unerläßlich scheint mir dies aus zweierlei Gründen zu sein. Zum einen spiegelt jedes Thema die geschichtlichen und gesellschaftlichen Bedingungen wider, aus denen heraus es gewählt wurde und an die es infolgedessen gebunden bleibt. Eine intendierte umfassende und tendenziell erschöpfende Behandlung des jeweiligen Untersuchungsgegenstandes muß deshalb die es hervorbringenden besonderen gesellschaftlichen Voraussetzungen als gewordene begreifen, indem ihr Entstehungsprozeß nachvollzogen wird. Zum anderen taucht selbst in einem Buch wie dem von Ute Frevert (1986), das sich erklärtermaßen mit der vergangenen zweihundertjährigen Geschichte der Frauen in Deutschland auseinandersetzt, an keiner Stelle der Ausdruck 'Lesbe' auf, nicht einmal im Zusammenhang mit der Neuen Frauenbewegung. Damit wird - wenigstens für das 20. Jahrhundert - eine bedeutsame Alternative zum vorherrschenden bürgerlichen Modell von Weiblichkeit, dem die heterosexuelle Orientierung inhärent ist, ob bewußt oder unbewußt, ausgeklammert.

Die aus diesen Gründen erforderliche geschichtliche Verortung des Themas erfolgt in zwei Schritten. Im ersten werde ich die historisch-gesellschaftlichen Bedingungen der Möglichkeit sexueller Beziehungen zwischen Frauen darstellen. Im zweiten werde ich dann die historisch-gesellschaftliche Bedingtheit des für diese Arbeit essentiellen Aspektes 'Symbiose' untersuchen. Diese Zweiteilung basiert auf der zu überprüfenden Vermutung, daß die Bedingungen der Möglichkeit einerseits sexueller, andererseits symbiotischer Beziehungen zwischen Frauen, obgleich ein und derselben geschichtlichen Entwicklung entspringend und daher wahrscheinlich eng miteinander verflochten, nicht notwendigerweise identisch und dementsprechend gesondert abzuhandeln sind.

Um die geschichtliche Verortung vom Umfang her nicht ins Uferlose auszuweiten, muß sie auf einen bestimmten Kultur- und Zeitraum beschränkt werden. Bei dem für die gesamte Arbeit gültigen Kulturkreis handelt es sich um die westeuropäischen Industriegesellschaften, da ihre Entstehungsgeschichten und ihre derzeitigen gesellschaftlichen Bedingungen und Verhältnisse im großen und ganzen trotz vieler Unterschiede im Detail vergleichbar sind, sowie für die jüngere Vergangenheit um die USA[1]. Dabei liegt das Hauptaugenmerk zweifelsohne wegen meiner

---

[1] Japan als moderne Industriegesellschaft bleibt unberücksichtigt, da sie trotz einer allmählich sich manifestierenden Europäisierung und Amerikanisierung noch weitgehend ihrer fernöstlichen Kulturtradition verhaftet ist, die somit das gegenwärtige Antlitz Japans entscheidend mitprägt und einen bruchlosen Vergleich mit Westeuropa und den USA nicht erlaubt (vgl. z.B. Nakane

'altbundesrepublikanischen' Nationalität auf dem vergangenen Deutschland und der jetzigen alten Bundesrepublik[2], ergänzt durch wichtige Informationen aus den übrigen Ländern.

Auf die Artikulation und Untersuchung thematisch relevanter ethniespezifischer Unterschiede und Gesichtspunkte, die beispielsweise für die USA und Großbritannien bedeutsam sind, werde ich aufgrund ihrer (vermuteten) Marginalität in der alten Bundesrepublik verzichten. Nicht eingehen werde ich ebenfalls auf religionsspezifische Aspekte, insbesondere hinsichtlich der jüdischen Religionszugehörigkeit, da ich hierfür weder über ausreichende persönliche noch angelesene Erfahrungen und Erkenntnisse verfüge.

Der zeitliche Rahmen dieses Kapitels wird einerseits durch die Gegenwart abgesteckt und reicht andererseits bis in die Zeit vor der als Renaissance bezeichneten kulturellen Epoche. Damit blende ich sowohl die griechische als auch die römische Antike aus, obwohl sie als Geburtsstätten des Abendlandes gelten können. Kultur- und Zeitraum nunmehr eingegrenzt, möchte ich einige grundsätzliche methodische Bemerkungen, die Untersuchung der historischen Dimension des Themas betreffend, voranschicken.

3.1 Methodische Vorbemerkungen

Wie Devereux in "Angst und Methode in den Verhaltenswissenschaften" (1976) ausführlich dargelegt und begründet hat, besitzt das Forschungssubjekt einen fundamentalen Einfluß auf Forschungsobjekt und -prozeß und damit auf die wissenschaftlich gewonnenen Erkenntnisse. Dies wird seit Einstein und Heisenberg inzwischen selbst von den ursprünglich als 'objektiv' - 'vom Objekt her bestimmten' - geltenden klassischen Naturwissenschaften reklamiert. Es gilt indessen in noch ungleich höherem Maße für die wissenschaftlichen Disziplinen, die sich mit menschlichem Verhalten, egal welcher Art, beschäftigen - und dabei wiederum in besonderem Maße für ethnologische und kulturvergleichende Studien. Denn gerade in den verhaltenswissenschaftlichen Disziplinen jeglicher Couleur kommt den internalisierten kultur-, rassen-, ethnie-, schicht- und geschlechtsspezifischen Haltungen, Normen und Wertmaßstäben des Forschungssubjekts bei der Produktion von Wissen eine enorme Bedeutung zu.

1985).

[2] Als 'alte' Bundesbürgerin auf thematische Aussagen über die neuen Bundesländer zu verzichten, entspricht der Auffassung der 'neuen' Bundesbürgerin Christina Schenk, "... daß es nur ehemaligen DDR-Bürgerinnen mit ihrer 'Empathie und Authentizität' möglich sei, sinnvoll über die Situation von Lesben in der Ex-DDR zu forschen" (Göttert 1992; 154).

Die geschichtliche Untersuchung fügt diesem Umstand ein spezifisches Moment hinzu. Prospektiv scheiterten die Sozialwissenschaften mit ihren Prognosen bezüglich gesellschaftlicher Entwicklungen bislang zweifellos ziemlich kläglich in dem Sinne, daß die tatsächliche soziale Wirklichkeit selten, wenn überhaupt mit der sie vorwegzunehmen trachtenden Prognose übereinstimmte - man schaue sich nur die von renommierten Institutionen getroffenen Vorhersagen über die wirtschaftliche Entwicklung der Bundesrepublik an und vergleiche sie mit der tatsächlichen. Kontrastierend hierzu erscheinen den Sozialwissenschaften retrospektiv oftmals gegenwärtige gesellschaftliche Bedingungen und Verhältnisse als kontinuierlich, widerspruchsfrei und kausal aus der Vergangenheit hervorgehend, so als wäre der jetzige Zustand innerhalb eines teleologischen Universums der vor jeder Geschichte vorhandene Endzweck, dem alle historischen Prozesse logisch aufeinander aufbauend zustrebten.

Ein solcher Eindruck entsteht, weil die gegenwärtige, soziale Phänomene, Voraussetzungen und Verhältnisse verursachende Kausalkette der Vergangenheit erst rekonstruierend erschlossen werden muß - und diese Rekonstruktion kann immer nur im Hinblick auf eine als vorläufiger Endpunkt der Geschichte gedachte Gegenwart erfolgen. Infolgedessen kann "... die Vergangenheitsrekonstruktion . nur aus gegenwärtigem Material ermittelt, auf gegenwärtige Probleme bezogen und an gegenwärtigen Erfahrungen überprüft werden" (Joas 1980; 175). Und dementsprechend rekonstruiert jede neu entstandene und entstehende Gegenwart ihre je eigene Vergangenheit.

So gilt es also trotz der unvermeidlichen Projektion derzeit vorhandener Vorstellungen, Einschätzungen, Beurteilungen und Empfindungen auf die Vergangenheit - wie es ansatzweise bereits durch Definitionen geschehen ist, die heutiges lesbisches Selbstbewußtsein widerspiegeln -, sich davor zu hüten, die heutige Sichtweise der Vergangenheit mit der sie meinenden tatsächlichen vergangenen Gegenwart zu verwechseln; beispielsweise, indem den damals handelnden Personen den heutigen weitgehend ähnliche, wenn nicht gar identische Motive, Empfindungen und Gefühle unterstellt werden. Was gegenwärtig im allgemeinen unter Beziehung und im besonderen unter lesbischer Beziehung verstanden und mit ihr assoziiert wird, mag den damaligen ZeitgenossInnen, falls es etwas Vergleichbares damals gab, in einem vollends anderen Licht erschienen sein. Deshalb werde ich mich möglichst zu enthalten versuchen, über das Innenleben vergangener Frauengenerationen mehr als Mutmaßungen anzustellen.

Eine diesbezügliche Einschätzung betreffend kommt erschwerend die überaus desolate Materialsituation hinzu. Es fehlen einerseits weitestgehend authentische Zeugnisse von damals lebenden Frauen, insbesondere von solchen, die heute als lesbisch zu bezeichnen wären - und auch der Einfachheit und Zweckmäßigkeit halber im folgenden so bezeichnet werden -, womit diese Materiallage der sehr nahekommt, auf der die Untersuchung der als Hexen denunzierten, gefolterten, verurteilten und verbrannten Frauen basiert (vgl. Honegger 1978a; 15). Dieses Schweigen der Frauen als geschichtliche Subjekte ist im übrigen prägnanter Ausdruck einer männlichen Geschichtsschreibung, die Frauen a priori zur Unsichtbarkeit verdammt. Andererseits kann die Menge der von Männern stammenden juristischen, theologischen und literarischen Dokumente, die sich mit verbreitet als unaussprechlich geltenden lesbischen Handlungen oder Beziehungen beschäftigten, bis zum Beginn ihrer sexualwissenschaftlichen Behandlung nicht gerade als reichhaltig und vielfältig betrachtet werden. Demnach werden die nachfolgenden Aussagen über die historische Möglichkeit lesbischer Beziehungen, da sie nur selten durch geschichtliches Material direkt belegbar sind und deshalb vielmehr aus den damaligen allgemeinen gesellschaftlichen Bedingungen und Verhältnissen abgeleitet werden müssen, zwangsläufig tendenziell spekulativen Charakter aufweisen.

Zur Vorgehensweise ist ferner hinzuzufügen, daß im Rahmen dieser Arbeit aus Kapazitätsgründen darauf verzichtet werden mußte, primäre geschichtliche Quellen heranzuziehen. Demzufolge fußen die Schlußfolgerungen, die die historische Dimension des Untersuchungsgegenstandes betreffen, auf Sekundärliteratur und übernehmen damit notgedrungen die Mängel und Fehler, die diese bereits enthalten. Weiterhin konnten wegen ihrer Vielfalt nicht alle möglichen gesellschaftlichen Erscheinungen und Phänomene der damaligen Zeit auf die Möglichkeit lesbischer Beziehungen untersucht werden, so daß ich mich gezwungenermaßen auf die wesentlichsten konzentrieren und beschränken mußte - und selbst bei denen war es nur möglich, ihren Entstehungszusammenhang kurz anzudeuten.

3.2 Zur historischen Möglichkeit lesbischer Beziehungen

Die Ausführungen dieses Kapitels basieren auf zwei grundlegenden Arbeitshypothesen. Zum einen gehe ich davon aus, daß es lesbische Handlungen in jeder Gesellschaft und zu jeder Zeit gab und gibt, daß allerdings die Möglichkeiten hinsichtlich ihres zahlenmäßigen Vorkommens und ihrer Dauerhaftigkeit unterschiedlich sind in Abhängigkeit von den konkreten historisch-gesellschaftlichen Bedingungen, mit denen sie sich konfrontiert sehen. Zum anderen schätze ich die strukturelle Möglichkeit lesbischer Beziehungen in der abendländischen Gesellschaft, die diesen weitgehend ablehnend, intolerant und vorzugsweise ignorant gegenübersteht, während des ausgehenden Mittelalters und der frühen Neuzeit als verhältnismäßig gering ein. Erst im Zuge der Industrialisierung, die eine eigenständige ökonomische weibliche Existenz losgelöst von den traditionellen Versorgungsinstanzen wie Mann und Familie - schichtspezifisch noch differenzierungsbedürftig - zunehmend ermöglichte, und der mit ihr forcierten Urbanisierung, die auch Frauen zusehends die Chance bot, sich von traditionellen Bindungen zu befreien und sich damit der durch diese ausgeübten umfassenden sozialen Kontrolle zu entziehen, steigt die strukturelle Möglichkeit lesbischer Beziehungen, insbesondere hinsichtlich ihres zahlenmäßigen Vorkommens und ihrer Dauerhaftigkeit.

3.2.1 Bestandsaufnahme und Diskussion dokumentierter vormoderner Belege

Eduard Fuchs erwähnt in der gekürzten Ausgabe seiner anschaulichen und ausführlichen "Illustrierten Sittengeschichte", die die Renaissance, die Galante Zeit sowie das Bürgerliche Zeitalter bis zum Beginn des 20. Jahrhunderts umfaßt, lediglich an zwei Stellen lesbische Aktivitäten - zum einen im Zusammenhang mit der allgemeinen Sittenlosigkeit der Kirche (vgl. Fuchs 1985 Band 2; 28f), die ausgehend vom Mittelalter bis in die Renaissance fortdauerte, und zum anderen als eines der herausragenden Indizien für den generellen Sittenverfall der bürgerlichen Welt (vgl. Fuchs 1985 Band 6; 84f). Daß Fuchs Lesben innerhalb seines umfangreichen Werkes eine derart geringe Beachtung schenkt, mag als Ausdruck männlicher Ignoranz und männlichen Chauvinismus gelten - es kann indessen eher als Zeichen seines heterosexuellen Chauvinismus gewertet werden, da er ebensowenig schwule Lebensäußerungen berücksichtigt. Wesentlicher allerdings scheint mir zu sein, daß an diesen Orten und zu diesen Zeiten lesbische Handlungen anscheinend dermaßen unübersehbar gewesen sein müssen, sozusagen förmlich ins Auge springend, daß selbst Fuchs trotz seiner nahezu ausschließlichen Ausrichtung auf heterosexuelles Verhalten nicht umhin kam, sie - wenn auch nur in wenigen Sätzen - kurz zu erwähnen.

Als Belege für lesbische Aktivitäten von Nonnen zieht Fuchs, ähnlich wie Shahar (vgl. Shahar 1985; 61), ausnahmslos von Kirchen- und Ordensseite ausgesprochene Verbote und Vorschriften heran, welche für sich genommen noch nicht faktische Handlungen beweisen; beispielsweise die auf dem Pariser Konzil von 1212 erlassene Verfügung, "... daß Nonnen nicht zusammen im Bett liegen dürfen ..." (Fuchs 1985 Band 2; 29). Aber von konkreten Vorfällen dieser Art wissen beide anscheinend nichts zu berichten. Und doch hat es sie gegeben, wie einerseits die Lebenserinnerungen des Giacomo Casanova nahelegen, die von einer jungen Nonne berichten, welche von einer älteren in die 'Geheimnisse der sapphischen Liebe' eingeweiht worden sei (vgl. Faderman 1981; 26), und wie andererseits das bislang einzigartig ausführlich dokumentierte Beispiel der Benedetta Carlini, einer lesbischen italienischen Nonne zur Zeit der Renaissance (vgl. Brown 1988), zeigt.

Benedetta Carlini (ca. 1590 - 1661) war Äbtissin des Theatinerinnenklosters des toskanischen Städtchens Pescia. In einer zwischen August 1622 und März 1623 durchgeführten kirchlichen Untersuchung stellte sich durch die Vernehmung der

Bartolomea Crivelli, der Benedetta beigegebenen Gefährtin und Zellengenossin, überraschender- und skandalöserweise folgendes heraus: "Diese Schwester Benedetta . pflegte zwei Jahre lang, mindestens dreimal die Woche abends, nachdem sie sich entkleidet hatte und zu Bett gegangen war, zu warten, bis ihre Gefährtin sich fürs Bett ausgezogen hatte, und sie dann unter dem Vorwand, daß sie sie brauche, zu rufen. Wenn dann Bartolomea kam, ergriff Benedetta sie und warf sie gewaltsam aufs Bett. Sie umarmte sie und legte sie unter sich, und sie wie ein Mann küssend, sprach sie Liebesworte zu ihr. Und dann bewegte sie sich so sehr auf ihr, daß beide sich selbst entehrten. Und so hielt sie sie gewaltsam manchmal eine, manchmal zwei und manchmal drei Stunden ..." (Brown 1988; 131f). Dabei habe sich Benedetta ihr, Bartolomea gegenüber als Engel Splenditello ausgegeben, um sie besser verführen und täuschen zu können.

Dieser Aussage nach zu urteilen, handelte es sich um sexuelle Nötigung, deren hilfloses Opfer Bartolomea geworden war. An dieser Version sind allerdings Zweifel erlaubt, hatte das 'Opfer' doch guten Grund, sich vor einem Tribunal durch eine solche Darstellung vor möglicher schwerer Bestrafung zu schützen. Außerdem mag, aus heutiger Sicht betrachtet, ihr Verhältnis mit Benedetta ein Bedürfnis nach körperlicher Nähe, Wärme und Geborgenheit mit einer bewunderten mächtigen und gebildeten Frau befriedigt haben trotz womöglich gleichzeitig empfundener Angst und Scham.

Im Gegensatz zu ihrer Gefährtin schwieg Benedetta während der gesamten Untersuchung und weigerte sich zuzugeben, irgendwelche Kenntnis von der sexuellen Beziehung zu besitzen - eine verständliche Haltung angesichts der Selbstschutzfunktion, die sie erfüllte. So ist nicht entscheidbar, ob die Äbtissin eine sehr gute Schauspielerin oder ob sie nicht selbst Teil des Publikums war, dem die Inszenierung des Splenditello galt - letzteres diagnostizierte man heute als multiple Persönlichkeit. Wie dem auch sei, die Gestalt eines männlichen Engels erlaubte Benedetta, sich sexuell und emotional ihrer Gefährtin ohne Sünde und geschlechtlich rollenkonform zu nähern (vgl. Brown 1988; 142).

Bemerkenswert ist dieser Fall einer lesbischen Beziehung unter Nonnen nicht nur als solcher, sondern gerade auch im Hinblick auf die Umstände, die ihn offensichtlich erst ermöglichten. So teilten die beiden Nonnen auf Anweisung der Oberen eine Zelle miteinander, damit Bartolomea Benedetta hilfreich beistehen könnte bei den in ihren Visionen mit dem Teufel ausgetragenen Kämpfen, was zumindest in diesem Fall die Bedingung der Möglichkeit einer lesbischen Beziehung zwischen den beiden Frauen bedeutete. Dieser Tatbestand war überdies äußerst ungewöhnlich in Anbetracht von Ordensregeln, die seit dem 13. Jahrhundert im allgemeinen, um unausgesprochen solche Bindungen zu verhüten und zu vereiteln, verboten, daß Nonnen sich einander in ihren Zellen besuchten, daß sie ihre Türen verschlossen und innerhalb des Klosters engere Freundschaften miteinander eingingen (vgl. Brown 1988; 13). Ort ihrer sexuellen Beziehung war aber nicht nur die gemeinsame Zelle; tagsüber bot sich ihnen die Gelegenheit, in Benedettas Studierzimmer sexuell miteinander zu verkehren, ohne verdächtigt zu werden, da offizieller Anlaß für das Aufsuchen dieses Raumes der Schreib- und Leseunterrricht war, den Benedetta Bartolomea erteilen sollte (vgl. Brown 1988; 135). Solche Voraussetzungen, wie sie das Verhältnis dieser beiden Nonnen besaß, dürften überaus selten gewesen sein - und stellten sie damals die Bedingung der Möglichkeit lesbischer Beziehungen in Nonnenklöstern dar, so kann mit hoher Wahrscheinlichkeit davon ausgegangen werden, daß derartige Bindungen eine Rarität waren.

Als damals möglich können daneben immerhin lesbische Beziehungen angenommen werden, deren sexuelle Begegnungen in Gestalt gelegentlicher kurzer, hastiger Intermezzi in - auch konkret räumlich zu verstehende - enge dunkle Nischen des klösterlichen Lebens abgedrängt wurden und die daher potentiell häufiger Entdeckung und damit Bestrafung ausgesetzt waren. Über konkrete Beispiele solcher Beziehungen ist bislang nichts bekannt.

Daß überhaupt damals sexuelle Kontakte und Beziehungen zwischen Frauen im Rahmen des offiziell asketisch intendierten Klosterlebens dessenungeachtet virulent waren, wozu es Nonnen augenscheinlich nicht an Phantasie mangelte (vgl. Barz et al. 1987; 158ff), indiziert unter anderem der das gesamte Mittelalter während Kampf der Kirche für das Zölibat und gegen die sexuellen Ausschweifungen von Nonnen und Mönchen (vgl. z.B. Fuchs 1985; Band 2, 28f, 34ff). Diese verwundern indessen kaum, führt man sich vor Augen, daß die überwiegende Mehrheit der Nonnen aus anderen als religiösen Motiven ins Kloster eingetreten war und sich infolgedessen innerlich kaum dem Zölibatsgebot verpflichtet fühlte. Denn die Nonnenklöster übernahmen zunehmend seit dem 11. Jahrhundert als Alternative zur Ehe den Charakter und die Funktion einer Versorgungsinstitution für ledige Frauen aus dem Adel und später auch aus dem BürgerInnentum, denen hauptsächlich wegen des damals herrschenden Männermangels und ökonomischer Erwägungen seitens der Herkunftsfamilie - in erster Linie die Mitgift betreffend - Heirat und Ehe verwehrt geblieben waren. Auch mögen sich viele dieser Frauen bewußt und freiwillig für diese Lebensform entschieden haben, da sie damals einerseits eine der wenigen, wenn nicht die einzige Chance bot, sich als Frau umfassend zu bilden, und andererseits die Befreiung von unerfreulichen und hinderlichen Ehe- und Familienpflichten bedeutete, so daß demgegenüber innerhalb des Klosterrahmens ein verhältnismäßig unabhängiges Leben unter Gleichgesinnten geführt werden konnte (vgl. Becker et al. 1977; 67f).

Darüber hinaus galt nach damals herrschender kirchlicher Lehrmeinung "als Ideal . die freiwillige Jungfräulichkeit, der aufgrund von 2. Korinther 11,2 ... der Status einer Brautschaft mit Christus verliehen wird" (vgl. Becker et al. 1977; 18) und die als Symbol sexueller Reinheit Ehe und Mutterschaft gegenüber als weitaus überlegen erachtet wurde - wahrscheinlich ein weiterer Grund für einige Frauen, dem Klosterleben den Vorzug zu geben. Doch auch diesen Nonnen - von den anderen ganz zu schweigen, die ausschließlich aus profanen Motiven ins Kloster gekommen waren - mag es unter Umständen überaus schwer gefallen sein, das der Jungfräulichkeit inhärente Gebot, auf leibliche Genüsse und körperliche Lüste zu verzichten, konsequent einzuhalten; lebten sie doch in einer Zeit, in der noch weitgehend naturwüchsig mit Körperlichkeit und Lust als integralen Bestandteilen des täglichen Lebens umgegangen wurde, sie sozusagen am Anfang des 'Prozesses der Zivilisation' standen und infolgedessen erst über Ansätze von Affektkontrolle und Triebaufschub verfügten. Dementsprechend wird das sexuelle Ausleben manchmal, besonders im Hinblick auf den als sozial inakzeptabel und religiös verdammenswert[3] geltenden lesbischen Sex, nicht ohne heftige innere Konflikte bewältigt worden sein, die im Falle von Benedetta möglicherweise eine Persönlichkeitsspaltung provozierten. Vielleicht bereitete es Nonnen allerdings auch nicht übermäßig große Schwierigkeiten, sexuellen Aktivitäten zu entsagen, konnte der damals gar nicht so selten zu beobachtende, den Lebenszusammenhang widerspiegelnd, meist schnell und grob vollzogene heterosexuelle Geschlechtsverkehr doch als äußerst brutal[4] und verletzend, jedenfalls nicht als wünschenswert erscheinen. Überdies waren viele der Nonnen bereits als kleine Mädchen in das jeweilige Kloster eingetreten und wuchsen daher in einer zumindest tendenziell von Sex bereinigten, diesen kanalisierenden und sublimierenden Atmosphäre auf, so daß sie den religiös adäquaten Umgang mit Sexualität über Jahre hinweg mehr oder minder erfolgreich einüben konnten.

Kein Wunder, daß Nonnen angesichts dieser äußeren und inneren Hemmnisse ihr Bedürfnis nach Sex oftmals nicht direkt auslebten. Stattdessen äußerte es sich häufig in Form hysterischer Krämpfe, koitale Bewegungen nachahmend und ausführend. Gordon Rattray Taylor zufolge suchten während des gesamten Mittelalters wahre "Epidemien solcher Krämpfe" besonders die Nonnenklöster heim (vgl. Taylor 1977; 39ff). Auch die Selbstgeißelung, Flagellation, ja jede Art masochistischer Handlung, die unter Nonnen wie Mönchen damals gleichermaßen verbreitet waren, führt Taylor auf unterdrückte und umgelenkte sexuelle Bedürfnisse zurück[5] (vgl. Taylor 1977; 43ff).

---

[3] Exemplarisch sei hier der für die diesbezügliche kirchliche Haltung prägende Thomas von Aquin angeführt, der in seiner "Summa theologiae" zu den vier Arten widernatürlicher Laster den Geschlechtsverkehr mit einem Mitglied des unpassenden, weil gleichen Geschlechts rechnet (vgl. Brown 1988; 11).

[4] Daß Frauen im Mittelalter heterosexuellen Geschlechtsverkehr als grob und brutal empfanden, kann eine, damalige Realität verzerrende Projektion bürgerlicher Standards sein. Denn damals waren viele Verhaltensweisen 'gröber' als heute, wo sie durch Triebaufschub und Affektkontrolle modelliert werden (vgl. z.B. Elias 1976a; LXIff, 182ff).

[5] Dies, beispielsweise die Flagellation als Sexualunterdrückung zu betrachten, mag ebenfalls - wie

Zieht man zu diesen angeführten Einschränkungen noch die im Zusammenhang mit Benedetta und Bartolomea erwähnten Ordensregeln hinzu, so erscheint die Möglichkeit lesbischer Beziehungen - nicht vereinzelter lesbischer Handlungen, die wegen ihres sporadischen Charakters voraussichtlich zahlreicher vorgekommen sein mögen - in Nonnenklöstern zur damaligen Zeit vergleichsweise gering, wenngleich sie nicht vollkommen von der Hand zu weisen ist; gerade dann, wenn ungewöhnlich begünstigende Umstände hinzutraten, wie im Fall von Benedetta und Bartolomea, und wenn man bedenkt, daß sich einige Frauen vielleicht gerade deswegen für das Klosterleben entschieden hatten, weil es am ehesten versprach, ein von Männern unabhängiges (sexuelles) Leben mit anderen Frauen führen zu können[6]. Diese Einschätzung wird zudem noch dadurch unterstützt, daß sexuelle Beziehungen zwischen Frauen weitestgehend den Status einer Notlösung entbehrten, angesichts der für Nonnen oft vorhandenen, falls gewünschten Gelegenheit, sexuell mit Männern, Geistlichen oder Laien zu verkehren - schwangere Nonnen bewiesen dies nachträglich augenfällig.

Daß die mutmaßlich wenigen realisierten sexuellen Beziehungen zwischen Frauen dennoch unerkannt blieben, dafür spricht, daß sie verbreitet als unbenennbare und unaussprechliche Sünde wider die Natur galten, die vermutlich beabsichtigt weitestgehend ignoriert wurden. Diese Mißachtung basierte bei den Männern höchstwahrscheinlich auf ihrem männlich-phallozentrischen Chauvinismus, der sich aus der damaligen, sich in allen Lebensbereichen manifestierenden allgemeinen Anschauung von der Überlegenheit des Mannes und der Minderwertigkeit der Frau speiste und folglich die Vorstellung ernstzunehmenden, lustvollen und 'vollkommenen' Sexes zwischen Frauen ohne - gegebenenfalls künstliche - phallische Beteiligung nicht erlaubte und demgemäß für unmöglich erklärte. Hingegen wurden lesbische Aktivitäten von Frauen/Nonnen eventuell aus Unwissenheit, Solidarität oder aus Angst, ihrerseits wegen anderweitiger Verfehlungen beschuldigt zu werden, nicht zur Kenntnis genommen. Gerade diese Ignoranz, vielleicht verstärkt durch eine Lebenswelt, die Körperlichkeit als natürliche Gegebenheit affirmativ und lustbetont in das tägliche Leben integrierte, mag dazu geführt haben, daß Sexualität zwischen Frauen umfangreicher praktiziert wurde und werden konnte als es heute wahrscheinlich erscheint. Ich bin mir des offensichtlichen Widerspruchs

---

in der vorherigen Fußnote angeführt - eine unzulässige Übertragung bürgerlicher Konventionen auf die mittelalterliche Gesellschaft sein, die noch sehr stark körperlich orientiert war.

[6] Ähnlich wird auch die Möglichkeit lesbischer Beziehungen in Beginenhäuser einzuschätzen sein, die im Spätmittelalter außerhalb der kirchlichen Institutionen als Ergänzung zu den Nonnenklöstern aufkamen. In ihnen sollte ebenfalls ein asketisches, gottgeweihtes Leben geführt werden, das meist eine strenge, rigide Haussatzung regelte, die in größeren Beginenklöstern auch so etwas wie interne Gefängnisstrafen vorsah (vgl. Becker et al. 1977; 72ff). Im übrigen wurden auch Beginen, die nicht fest in speziellen Häusern lebten, unter anderem lesbische Aktivitäten unterstellt und vorgeworfen (vgl. Shahar 1985; 67).

dieser Aussage zu meiner vorher getroffenen Einschätzung, lesbische Beziehungen seien in Nonnenklöstern kaum möglich gewesen resp. selten verwirklicht worden, durchaus bewußt - und meine ihn aus wissenschaftlicher Redlichkeit auch nicht der Einfachheit und Stringenz halber trügerisch vertuschend auflösen zu können. Denn dieser Widerspruch ist einer unvermeidlichen Unschärfe geschuldet, die den mangels historischer Dokumente angestellten Spekulationen immanent ist. Gegen das Unerkanntbleiben lesbischer Beziehungen spricht allerdings, daß Frauen während des gesamten Mittelalters und der frühen Neuzeit als wollüstiger und für sexuelle Orgien empfänglicher galten als Männer - worauf letztlich die Hexenverfolgung der Neuzeit aufbaute -, dem lesbischer Sex, gleichsam erwartungsgemäß, lediglich eine weitere verabscheuungswürdige und verfolgenswerte sexuelle Variante hinzugefügt hätte, und daß Sodomie, worunter man vermutlich im allgemeinen Analverkehr verstand (vgl. Brown 1988; 19ff), auch zwischen Frauen unter Zuhilfenahme von Gegenständen möglich war und eine derart schwere Sünde darstellte, "... daß es den Bischöfen (in vielen katholischen Gegenden, G.H.) vorbehalten war, über Buße und Absolution zu befinden" (Brown 1988; 24) - was die Verpflichtung, ein solches Vergehen nicht zu ignorieren und stattdessen zu melden, nahelegt, aber eine entsprechende Umsetzung noch nicht verbürgt.

Letztlich ist es angesichts der bereits erwähnten Materiallage unmöglich, solche wie die hier getroffenen Aussagen zu verifizieren oder zu falszifizieren; sie können lediglich aus Gründen der Plausibilität als wahrscheinlich die damalige Realität angemessen widerspiegelnd gelten - etwas, das auch für die folgenden Ausführungen gilt.

Auf der Suche nach möglichen geschichtlichen Zeugnissen lesbischen Lebens stößt man leicht auf die maßgeblich im Zuge von Reformation und Gegenreformation eskalierenden (vgl. Honegger 1978b; 87f; Trevor-Roper 1978; 201f) neuzeitlichen Hexenprogrome; wurden diese doch von ihren Initiatoren und Verfechtern argumentativ gerade mit der 'ausschweifenden', 'unersättlichen' und 'abnormen', den Mann und die herrschende gesellschaftliche Ordnung bedrohenden Sexualität der Frauen legitimiert - was läge da näher, als hinter dieser Argumentation insbesondere die Angst vor lesbischem Sex zu vermuten. Infolgedessen werden gelegentlich solchen Sex praktizierende oder derartiger Handlungen verdächtigte Frauen direkt in entsprechend enge Verbindung mit dem vom Hexenwahn betroffenen weiblichen Personenkreis gebracht und daraufhin konsequenterweise auf ihre Verfolgung, Folterung und Vernichtung geschlossen (vgl. Hänsch 1989; 11f; Brenner et al. 1977; 230). Die Autorinnen können jedoch keine konkreten Beispiele von Frauen nennen, die explizit aufgrund lesbischer Handlungen als Hexen denunziert, verurteilt und verbrannt worden wären - und dies scheint auch überaus selten gewesen zu sein, wenn es überhaupt je vorkam.

38

Für diese zunächst erstaunlich anmutende historische Tatsache, wäre da nicht die eine anscheinend undurchdringliche Mauer des Schweigens aufbauende allumfassende Ignoranz lesbischen Sex betreffend, bietet Faderman als Erklärung die Angst der Hexenverfolger an, die mutmaßlich sexuell mit dem Teufel verkehrenden Frauen könnten von diesem geschwängert werden und 'Kinder des Teufels' in die bislang von 'göttlichen Geschöpfen' bevölkerte und beherrschte Welt setzen, worüber sich Satan diese untertan machen könnte - etwas, das lesbischer Sex nicht ermöglichte, weswegen er auch nicht als entsprechend bedrohlich und verfolgenswert betrachtet worden sei (vgl. Faderman 1981; 423 Anm.7).

Ein anderer Grund scheint mir genauso, wenn nicht noch plausibler. Nach damals herrschender Auffassung konnte der unmittelbare Widersacher des als männlich gedachten Gottes schlecht eine ihm trotzende Frau, sondern mußte a priori ebenfalls ein männliches Wesen sein. Damit war einer explizit hauptsächlich auf lesbische Aktivitäten bezogenen, die Überführung als Hexe rechtfertigenden und hierfür ausreichenden Anschuldigung quasi automatisch von vorne herein der Boden entzogen. Dies ist allerdings kein genügender Beweis dafür, daß nicht dennoch gleichgeschlechtliche sexuelle Handlungen begehende Frauen der Hexenverfolgung und damit dem Feuer zum Opfer fielen, indem sie stattdessen der in diesem Zusammenhang allgemein üblichen Verfehlungen wie Unfruchtbarkeit, Impotenz, schlechte Ernte, im Prinzip jede Art von Unglück verursachend beschuldigt wurden - galt doch die Hexendenunziation ohnehin vielfach als probates Mittel, persönliche und private Abrechnungen zu begleichen (vgl. Thomas 1978; 264), worunter dann auch Fälle gewesen sein mögen, in denen Männer, die von lesbischen Sex bevorzugenden Frauen sexuell zurückgewiesen wurden, diese der Hexerei bezichtigten. Demzufolge werden voraussichtlich auch gleichgeschlechtlichen Sex praktizierende Frauen gleichermaßen wie andere Angehörige ihres Geschlechts zu den wahrscheinlich Hunderttausenden zählenden Opfern des Hexenwahns gehört haben; doch endeten sie dann meines Erachtens nicht vorrangig und per definitionem als Lesben auf dem Scheiterhaufen, sondern als Frauen. So kann beispielsweise aus einer Perspektive, die Körperlichkeit und Leiblichkeit als zentral betont, die Hexenverfolgung als allmählich durchgesetzte brachiale Unterdrückung weiblicher Sinnlichkeit und Sexualität im allgemeinen begriffen werden, gegen den sich vorübergehend mehr oder minder latenter Widerstand regte und formierte, etwa in Gestalt gnostischer Sekten, der Tanzwut und des Hexensabbats (vgl. Brenner et al. 1977; 198ff, 212ff). Im Rahmen der sich dabei unter Umständen hochschaukelnden Exzesse waren lesbische Aktivitäten meines Erachtens durchaus integrale ekstatische Bestandteile. Jedoch zu unterstellen, homosexuelle Akte vollziehende Frauen seien eine der von den Hexenjägern intendierten Hauptzielgruppe der Progrome gewesen, überdehnt angesichts des fehlenden historischen Materials den zulässigen Interpretationsspielraum und bleibt reine Gedankenakrobatik.

Lassen sich aus den Dokumenten der Hexenverfolgung keine Hinweise auf die damalige Existenz lesbischer Beziehungen erschließen, so finden sich solche im Zusammenhang mit jenem, gleichermaßen zwischen Eheleuten wie zwischen Personen des gleichen Geschlechts als Sünde par excellence wider die Natur geltenden (vgl. Flandrin 1984[2]; 154) und bis ins 18. Jahrhundert hinein hart, häufig mit dem Feuertod bestraften Vergehen, das als Sodomie bezeichnet wurde. Was konkret darunter zu verstehen sei, darüber stritten sich feinsinnig kirchliche und weltliche Gelehrte, doch meinten sie offenbar, wie bereits erwähnt, Analverkehr damit (vgl. Brown 1988; 19ff) - und dieser läßt sich zwischen Frauen bekanntlich bloß mit Hilfe von Gegenständen ausführen, so "... daß die Vollbringung des sodomitischen Aktes beim homosexuellen Verkehr zwischen Frauen nur dann als gesichert betrachtet werden dürfe, sofern die Benutzung gewisser 'priapischer Instrumente' erwiesen sei, auf welche die Ermittlungen sich daher zu konzentrieren hätten. Wurden solche künstlichen Hilfsmittel nicht festgestellt, galt dies nicht nur als Milderungsgrund, sondern später auch als Grund für die Einstellung des Verfahrens; praktisch müssen solche Fälle sehr selten gewesen sein" (Bleibtreu-Ehrenberg 1981; 313).

Daß diese letzte Einschätzung von Bleibtreu-Ehrenberg zutrifft, läßt sich anhand der überaus wenigen bekannten Fälle strafrechtlich verfolgter weiblicher Sodomie belegen, die fast ausnahmslos 'passing women' betreffen - Frauen, die damals innerhalb der heterosexuell und patriarchalisch organisierten Welt eine 'männliche' Identität annahmen, indem sie sich wie Männer kleideten und verhielten und darüber sowohl Männer als auch Frauen über ihre 'wahre' Geschlechtsidentität täuschten[7]. In immerhin vier von neun derartigen Fällen, die Lillian Faderman berichtet (vgl. Faderman 1981; 51ff; 55ff), in denen das 'Passing' aufgedeckt wurde - erfolgreiches 'Passing' ist als solches nicht erkennbar -, benutzten die 'weiblichen Männer' einen Dildo als Phallusersatz beim sexuellen Verkehr - Bedingung der Möglichkeit von Sodomie. Drei dieser Frauen wurden maßgeblich aufgrunddessen auf unterschiedliche Weise hingerichtet. In einem weiteren der neun Fälle besaß die Transvestitin eine vergrößerte Klitoris, die etwa für den im 18. Jahrhundert lebenden italienischen Geistlichen Sinistrori die unerläßliche Voraussetzung dafür darstellte, den sodomitischen Akt vollziehen zu können (vgl. Brown 1988; 24f).

Diese angeblich sodomitischen 'passing women' ebenso wie die anderen fünf unterhielten ohne Ausnahme sexuelle Beziehungen zu Frauen, seien sie mit diesen verheiratet oder ledigleich liiert gewesen - und die heterosexuelle Maske dieser Bindungen ließ sie bis zu ihrer Entdeckung unbehelligt und verschonte sie von gesellschaftlichen Sanktionen; etwas, das in diesen Beziehungen die Möglichkeit von

---

[7] Die relative Leichtigkeit einer solchen Täuschung beruhte insbesondere auf der damaligen Funktion der Kleidung, direkt, unmittelbar und unhinterfragt Geschlecht und sozialen Status der Trägerln anzuzeigen (vgl. Sennett 1985[3]; 85ff; Faderman 1981; 48).

Dauer gewährleistete. Wahrscheinlich waren damals umfassende und dauerhafte lesbische Beziehungen, aufgrund der sozio-ökonomischen Situation der vornehmlich aus den Unterschichten stammenden Frauen (vgl. Dekker et al. 1990; 23, 48, 102), im allgemeinen nur unter der Bedingung möglich, daß sie sich heterosexuell kostümierten. Diese Vermutung wird durch die Ausführungen des nächsten Unterkapitels erhärtet.

Hauptmotiv vieler Transvestitinnen, sich eine 'männliche Identität' anzueignen und darüber in der damaligen Gesellschaft normalerweise strikt Männern vorbehaltene und Frauen vorenthaltene Privilegien und Vorrechte in Anspruch zu nehmen, waren jedoch nicht derartige sexuelle Kontakte und Beziehungen, sondern die Befreiung von einer allein aufgrund der anatomischen Ausstattung gesellschaftlich zugewiesenen restriktiven weiblichen Geschlechterrolle, die nur wenig Bewegungsfreiheit und Spielraum erlaubte und kaum die Verwirklichung unterschiedlichster Lebensmöglichkeiten und -perspektiven zuließ. Unter dieses Hauptmotiv lassen sich im übrigen auch die von Dekker et al. für niederländische Transvestitinnen angeführten Motive subsumieren: "... Begleitung von Verwandten oder Geliebten, Vaterlandsliebe und Armut" (Dekker et al. 1990; 1990; 43).

Wie entscheidend gerade die mit der 'männlichen Rolle' quasi automatisch einhergehenden vielgestaltigen Entfaltungsmöglichkeiten für das Transvestieren waren, dokumentiert beispielsweise der Fall jener jungen Frau, die im späten 16. Jahrhundert im östlichen Frankreich zum Tode durch den Strang verurteilt wurde und diese Strafe eher erduldete, als von der ihr anscheinend angebotenen Möglichkeit, ihre 'ursprüngliche' geschlechtliche Identität wieder anzunehmen, Gebrauch zu machen (vgl. Brown 1988; 204). Dieser Fall indiziert gleichfalls, daß die damalige Gesellschaft nicht so sehr lesbischen Sex als solchen für ihren Bestand als bedrohlich und damit bestrafenswert ansah wie dann, wenn er in Verbindung mit der die starre Geschlechterhierarchie tangierenden Übernahme männlicher Vorrechte durch Frauen auftrat (vgl. Dekker et al. 1990; 98ff), die sich bis in die Sexualität hinein durch Verwendung eines Dildos fortsetzen konnte und dergestalt die 'Nachahmung des Männlichen' perfektionierte - dann war im allgemeinen die männliche Ignoranz und Milde zwecks Erhaltung der bestehenden geschlechtlichen Machtverhältnisse wie weggefegt.

Demgegenüber scheint offensichtlich das sexuelle Interesse an Frauen als Auslöser und Motiv für das 'Passing' meist nachgeordnet, zweitrangig und häufig zu Beginn bloß potentiell vorhanden gewesen zu sein, so daß "those interests developed as their male roles developed ..." (Faderman 1981; 54). Eventuell betrachteten die Transvestitinnen es auch zu ihrer 'männlichen' Rolle gehörig oder ihre Maskierung unterstützend und verstärkend, eine sexuelle Beziehung zu einer Frau einzugehen, oder sie hatten eine solche einfach, um keinen Verdacht hinsichtlich ihrer 'männlichen Identität' aufkommen zu lassen. Oder vielleicht konnten sich damals viele Frauen eine sexuelle Beziehung nur zwischen einem Mann und einer Frau vorstellen, ähnlich wie es Brown auch Benedetta Carlini, die diesbezüglich die Identität eines männlichen Engels annahm (vgl. Brown 1988; 142), unterstellt, so daß eine der beteiligten Frauen häufig (vorab) 'männlich' sein mußte, damit es überhaupt zu sexuellen Kontakten zwischen den Frauen kam. Hierfür spricht auch die relativ häufige Verwendung eines Dildos beim geschlechtlichen Verkehr.

Dieses Argument eröffnet jedoch ebenso die Möglichkeit entgegengesetzter Interpretation, daß nämlich das Transvestieren Frauen die Chance bot, "... ihre sexuellen Neigungen zu anderen Frauen zum Ausdruck zu bringen. Dadurch, daß eine Frau sich in einen Mann verwandelte, bekamen ihre Gefühle für andere Frauen einen allgemein (und von ihr selbst, G.H.) akzeptierten Rahmen" (Dekker et al. 1990; 78)[8]. In einem solchen Fall wären homosexuelle Neigungen das Primäre, 'Passing' das Sekundäre.

Wenngleich sich so zwar konstatieren läßt, Transvestieren und lesbischer Sex korrelierten in hohem Maße, kann daraus jedoch nicht geschlußfolgert werden, alle 'passing women' wären zwangsläufig lesbische Beziehungen eingegangen. Dem widersprechen schlicht jene Transvestitinnen, die keinerlei sexuelle Beziehungen (vgl. Dekker et al. 1990; 62ff oder solche zu Männern besaßen. Letzteres indiziert eines der von Dekker et al. für das 'Passing' als entscheidend angeführten Motive - die Begleitung von Geliebten (Dekker et al. 1990; 43ff).

Um noch einmal zur Frage der Motive zurückzukehren: Es gab einen weiteren Umstand, der die Interpretation, lesbische Motive seien bei der Entscheidung für das 'Passing' häufig zweitrangig gewesen, unterstützen kann. Gleichgeschlechtlichen Sex zu praktizieren, war, wie die vergleichsweise überaus milde Bestrafung zeigt (vgl. Faderman 1981; 50f, 53; Brown 1988; 149; Dekker et al. 1990; 98ff), für Frauen verhältnismäßig ungefährlich, die ansonsten ihre 'weibliche' Geschlechtsidentität über entsprechende Kleidung und Verhaltensweisen sicht- und spürbar beibehielten und dadurch nicht die rigide Geschlechterhierarchie, auf der damals die Gesellschaft fußte, in Frage stellten und bedrohten. Möglicherweise waren aber diese Beziehungen nicht so umfassend und dauerhaft, da sie - ebenfalls unerwünscht - keine heterosexuelle Maskerade vor schneller Entdeckung schützte. Allerdings wurden sie andererseits voraussichtlich weit stärker ignoriert, da sie keine Gefährdung des patriarchalen sozialen Gefüges bedeuteten. Demgegenüber war gerade das die geschlechtlichen Machtverhältnisse unmittelbar tangierende, mit lesbischem Sex verbundene 'Passing' in Anbetracht der dafür vorgesehenen harten Strafen, obwohl sie wegen der wenigen diesbezüglichen Verurteilungen kaum

---

[8] Ross kommt aufgrund interkultureller Vergleiche zu einem ähnlichen Schluß: "Where society is both highly sex-role differentiated and anti-homosexual, people who wish to relate sexually with a member of the same sex may feel they contain some attributes of, or may consider themselves to be partly, members of the opposite sex" (Ross 1983; 28).

praktische Relevanz besessen haben mögen, weit eher gefährlich und erforderte demnach einiges an Mut und Risikobereitschaft. Warum sollten sich somit homosexuelle Akte bevorzugende Frauen dem gefahrvollen 'Passing' aussetzen, wenn für sie keine weiteren, darüber hinausgehenden Motive, wie die Befreiung von einer restriktiven weiblichen Geschlechterrolle, von wesentlicher Bedeutung waren? Vielleicht, weil ihre sexuellen Neigungen zu anderen Frauen ihnen nicht anders als so erklär-, vorstell- und umsetzbar waren.

Ferner erforderte auf dauerhaften Erfolg angelegtes 'Passing' voraussichtlich noch andere, teils mimetisch angeeignete Fähigkeiten, wie beispielsweise Körperkraft, Robustheit, Trinkfestigkeit und vor allen Dingen, später in Fleisch und Blut übergehendes, schauspielerisches Talent, um die 'männliche Rolle' in Gestus und Habitus überzeugend ausfüllen zu können (vgl. Dekker et al. 1990; 30), so daß nicht anzunehmen ist, diese Möglichkeit sei für eine übermäßig große Anzahl von Frauen in Betracht gekommen. Die geringe Zahl bekanntgewordener Fälle stützt diese Vermutung, obwohl relativierend nochmals angemerkt sei, daß erfolgreiches 'Passing' als solches nicht zu erkennen ist, wie etwa der spektakuläre Fall der James Miranda Stuart Barry (1795 - 1865) dokumentiert, einer englischen Ärztin, deren weibliche Geschlechtsidentität erst bei ihrem Tode entdeckt und die amtlich noch nachträglich als 'Mann' behandelt wurde (vgl. Alic 1987; 122f).

Darüber hinaus war für das 'Passing' unerläßliche Bedingung, daß die Umwelt die Frauen und damit ihre 'wahre' Geschlechtsidentität nicht kannten (vgl. Dekker et al. 1990; 25). Das bedeutete, die Transvestitinnen mußten in den überwiegenden Fällen ihren angestammten Heimatort verlassen (haben), um so der dort ausgeübten wirksamen sozialen Kontrolle zu entgehen - wenigstens vorübergehend, um dann als 'Mann' zurückkehren zu können. Eine solche Rückkehr dürfte allerdings, zumindest was dörfliche Gemeinschaften betrifft, nicht gerade leicht gewesen sein, da diese relativ abgeschlossen nach außen waren und deshalb auf 'Fremde' wohl zunächst mit Mißtrauen reagiert haben werden (vgl. Rosenbaum 1982; 95). Nicht umsonst war es dort unter anderem üblich, quasi 'über den Zaun hinweg' zu heiraten. Infolgedessen verwundert es wenig, daß "sehr viele Frauen, die in ziviler Verkleidung gingen, . keinen festen Beruf (hatten, G.H.). Sie führten eine Existenz am Rande der Gesellschaft, bettelten, stahlen und betrogen" (Dekker et al. 1990; 22) - nicht gerade günstige Bedingungen für dauerhafte sexuelle Beziehungen zwischen Frauen, so daß die wenigsten Transvestitinnen solche geführt haben dürften.

Ebenso notwendig war es für das 'Passing', daß die Frauen ökonomisch unabhängig waren, eigenständig ihren Lebensunterhalt bestritten, was im allgemeinen mit dem Transvestieren automatisch einherging und bei nicht wenigen Frauen das entscheidende Motiv hierfür abgab - entstammten sie in der Regel doch den armen Unterschichten. Denn als 'Männer' standen ihnen trotz der durch die ständische Gesellschaft eingeschränkten sozialen Mobilität eine breite Palette von Verdienstmöglichkeiten offen, angefangen vom Abenteurer und Soldaten bis hin zum Handwerker, Kaufmann und Priester.

Um etwaigen Mißverständnissen vorzubeugen, sei darauf hingewiesen, daß das 'Passing' von Frauen nicht auf die traditionelle Gesellschaft beschränkt war; es findet sich vielmehr bis zur Schwelle ins 20. Jahrhundert hinein (vgl. Hacker 1987; 56f, 140ff). Doch wie sahen nun für 'normale' Frauen die Chancen aus, eine dauerhafte lesbische Beziehung führen zu können?

3.2.2 Ableitung der historischen Möglichkeit lesbischer Beziehungen aus allgemeinen gesellschaftlichen Bedingungen

Wie für die 'passing women' war auch für die breite Masse der 'normalen' Frauen die Möglichkeit lesbischer Beziehungen in einer Gesellschaft, die diese im großen und ganzen ablehnte, verurteilte und vorzugsweise ignorierte, an die Erfüllung zweier Voraussetzungen geknüpft, an denen es in der vormodernen abendländischen Gesellschaft weitgehend fehlte: der ökonomisch unabhängigen, eigenständigen Existenz und der Befreiung von umfassender effektiver sozialer Kontrolle. In dem Maße, in dem beides durch entsprechende gesellschaftliche Entwicklungen - konkret der Industrialisierung und der damit eng zusammenhängenden Urbanisierung - für eine immer größere Zahl von Frauen in den Bereich des Realisierbaren rückte, in dem Maße wurden auch lesbische Beziehungen trotz eines sozialen Klimas der Intoleranz wahrscheinlicher.

Die Überprüfung dieser These erfolgt anhand der Beantwortung dreier in diesem Zusammenhang wesentlicher Fragen: Welchen Freiraum besaßen Frauen innerhalb der Ehe, um anderweitigen sexuellen Begegnungen nachgehen zu können? Wo verblieben ledige Frauen, gerade im Hinblick auf die Möglichkeit ökonomischer Unabhängigkeit? Und wie weitreichend und wirksam konnte die Gemeinschaft ledige und verheiratete Frauen zwecks Einhaltung diesbezüglich ökonomisch, familial und moralisch relevanter Wert- und Verhaltensmaßstäbe kontrollieren und entsprechendes Fehlverhalten sanktionieren? Dabei wird im wesentlichen hinsichtlich der vorindustriellen Gesellschaft zwischen Adel, BäuerInnen und Handwerkern differenziert und bezüglich der sich etablierenden industriellen Gesellschaft zwischen BürgerInnen, ArbeiterInnen und Hausindustriellen. Bei der Darstellung kann allerdings im Rahmen dieser Arbeit nicht auf die innerhalb der jeweiligen Klasse vorfindbaren, teils erheblichen Variationen und Unterschiede eingegangen werden, wie es eigentlich sinnvoll und angemessen wäre. Beschränken muß ich mich daher auf die tendenziell alle Gruppierungen einer Klasse umfassenden grundlegenden und damit die bunte und farbenprächtige Vielfalt des Lebens nivellierenden Gemeinsamkeiten, soweit sie thematisch von Bedeutung sind.

Der standesgemäße Verbleib nicht für die Ehe vorgesehener lediger Frauen, die dem Adel entstammten, wurde schon angedeutet; sie wurden nahezu vollständig in Nonnenklöster abgeschoben (vgl. Schenk 1988[2]; 67; Frevert 1986; 32; Fuchs 1985; Band 2, 20), in denen die bereits erörterte Möglichkeit lesbischer Beziehungen als vergleichsweise gering zu veranschlagen ist. Von einem solchen Klosterschicksal betroffen war nicht etwa eine unbedeutende Minderheit, sondern die Mehrzahl aristokratischer Töchter; in Westfalen beispielsweise, wo in der Regel lediglich der Älteste als zukünftiger Stammherr heiratete, waren dies immerhin zwei Drittel (vgl. Frevert 1986; 32).

Hauptursache dafür, daß vielen aristokratischen Frauen die Ehe verwehrt wurde und dies als wünschenswert und sinnvoll erschien, waren die der jeweiligen Eheschließung zugrundeliegenden und sie bestimmenden Familieninteressen der herrschenden Klasse. Weit davon entfernt, ihr Entstehen der persönlichen Neigung der PartnerInnen zu verdanken, kam die Ehe in adligen Kreisen vorrangig und hauptsächlich als Vertrag zwischen zwei Familiengeschlechtern zustande, die die Heirat als Instrument nutzten, politische Allianzen und Koalitionen zu schließen, den eigenen Macht- und Einflußbereich zu sichern und zu vergrößern, Erbschaftsstreitigkeiten unkriegerisch zu regeln sowie politische Ämter, Privilegien und Ländereien anzuhäufen. Konsequenterweise durfte demgemäß, um einer Zerstückelung des Erbes und darüber einer Einbuße an Macht und Reichtum entgegenzuwirken, nur einer Minderheit der Nachkommen erlaubt werden zu heiraten. Zugleich mußte durch eine ausreichende Reserve an ledigen Töchtern und Söhnen dafür gesorgt werden, daß selbst im Krisenfall, der durch hohe Sterblichkeit, Seuchen, Krankheiten, Kriege und Kinderlosigkeit eintreten konnte, das Weiterbestehen des Familienverbandes gewährleistet war (vgl. Ariès 1984[2]; 180; Frevert 1986; 32).

Dem politischen und strategischen Kalkül unterworfen, spielte individuelle Sympathie bei der von den Eltern und Verwandten getroffenen Wahl der geeigneten EhepartnerInnen eine untergeordnete, wenn überhaupt eine Rolle. So war es nicht außergewöhnlich, daß sich seit ihrer Kindheit versprochene Eheleute beim Heiratszeremoniell zum ersten Mal sahen und kennenlernten. Fremdheit, Kühle und Distanz bestimmten und durchzogen auch weiterhin die so geschlossenen, überdies stark formalisierten und ritualisierten Ehen. Häufig begegnete man sich ausschließlich zur Erfüllung der Zwecke, zu denen die Ehe verpflichtete und aus denen heraus sich allein ihre Daseinsberechtigung ableitete: die 'Produktion' legitimer Nachkommen sowie das Absolvieren gemeinsamer Repräsentationsaufgaben. Ansonsten ging man einander meist aus dem Weg und beschritt eigene. Von Vorteil waren hierbei die sich kaum überschneidenden, weitgehend separierten Verkehrskreise ebenso wie die wohnräumlich weitläufigen Gegebenheiten adliger Stammsitze, die eine allgemein als obligatorisch geltende Trennung der Privatgemächer und Schlafräume ohne Schwierigkeiten erlaubten.

Unter diesen Bedingungen nimmt es nicht Wunder, daß die ehelichen und als Komplement und Kompensation hierzu fungierenden außer- und nebenehelichen Beziehungen sozial akzeptiert nebeneinander existierten. Speziell die Männer hielten sich durch Mätressen, in denen die außereheliche Bindung ihre institutionalisierte Form fand, für das Desinteresse, die Freud- und Leidenschaftslosigkeit ihrer Ehen schadlos. Doch auch der verheirateten aristokratischen Frau, die im allgemeinen von Arbeit und Kindererziehung verschont blieb, war es ohne Ehrverlust zugestandenermaßen möglich, die jenseits von Ehe und Fruchtbarkeit liegende Kunst der 'amour passion' zu praktizieren und, verfeinert durch weibliche erotischverführerische Raffinesse, zu vervollkommnen. Diese Freiheit galt allerdings ausnahmslos bloß für die verheiratete Frau, der, da sie ihre Pflicht gegenüber Herkunfts- und angeheiratetem Familienverband bereits erfüllt hatte, ein derartiger Raum zuerkannt werden konnte. Erst mit der Ehe begann für die adlige Frau das 'Reich der Freiheit' (vgl. Luhmann 1988[4]; 60).

In diesem Freiraum konnte auch lesbischer Sex eine Nische finden, der sich, wie beispielsweise Brantome für das Frankreich des späten 16. Jahrhundert berichtete, aus Italien kommend, gerade in der Aristokratie offenbar einer breiten modischen Beliebtheit erfreute (vgl. Brown 1988; 16). Dabei konnte, Brantome zufolge, die Frau oftmals mit der Toleranz des Ehemannes rechnen, da diese Art körperlicher Lust einerseits nicht die beim heterosexuellen Akt potentielle Konsequenz illegitimer Nachkommen in sich trug. Andererseits konnten Männer damals wegen ihrer phallozentrischen Sichtweise, auf der ihr Selbstvertrauen und -bewußtsein gründete, Sex zwischen Frauen ohnehin nicht als wirklich ernsthafte Konkurrenz zum 'wahrhaft befriedigenden' heterosexuellen Verkehr denken und vorstellen. So tat die männliche Anschauung im allgemeinen gleichgeschlechtliche Handlungen zwischen Frauen entweder als bloß der Imitation und Überbrückung von Mangelsituationen und Notlagen dienende harmlose Spielereien ab, die endeten, sobald die Frauen in den Armen von Männern 'volle' sexuelle Befriedigung erfahren konnten, oder sie betrachteten lesbische Aktivitäten als lediglich auf die heterosexuelle Lust bezogene Aphrodisiaka (vgl. Brown 1988; 16; Faderman 1981; 24, 26f). Dennoch galt es für die verheiratete Frau als unangemessen, lesbischen Sex zu praktizieren, stand doch einer außerehelichen Liason mit einem Mann gewissermaßen nichts im Wege, dem nach herrschender Meinung sowieso eindeutig der Vorzug gegenüber einer Frau gebührte. Diese Haltung klingt bei Brantome an, wenn er insbesondere Witwen und ledige Frauen, nicht aber Ehefrauen, die diesen 'leeren und frivolen' Vergnügungen nachgingen, entschuldigen zu können glaubte.

So mögen wahrscheinlich lesbische Handlungen eher bei den nicht besonders zahlreichen ledigen adligen Töchtern, die zur Heirat bestimmt und deswegen noch nicht ins Kloster abgeschoben worden waren, zwar nicht gern gesehen, aber vorübergehend geduldet worden sein, gleichsam als eine das spätere heterosexuelle

Raffinement zusätzlich steigernde und vervollkommnende Lehrzeit, wie es auch von Brantome dargestellt wird. Dabei dürfte diesen Handlungen außerdem, wenn praktiziert, häufig eine unerwünschte Folgen vermeidende Ersatzfunktion zugekommen sein. Ansonsten wurden nämlich "unverheiratete Töchter . gegen (heterosexuelle, G.H.) Verführung ziemlich wirksam geschützt" (Luhmann 1988[4]; 60), um unliebsamen und schädlichen Mesalliancen vorzubeugen. Garantiert wurde dies im wesentlichen durch ein gleichermaßen Bedienstete, Verwandte, Vertraute und Besucher umfassendes weitreichendes soziales Beziehungsgeflecht, in das die Einzelne eingebettet war und dem sie sich kaum entziehen konnte.

Der schillernde und pompöse Höhepunkt der solchermaßen bis in den letzten Winkel hinein sozialer Kontrolle ausgesetzten und unterworfenen Lebensäußerungen wurde mit der Verhöflichung des Feudaladels (vgl. Elias 1976b; 351ff) in der galanten Zeit des Absolutismus erreicht, in der die Höfe der absoluten MonarchInnen, insbesondere ihre luxuriöse Ausstattung und die dort üblichen zivilisierten, distinguierten Umgangsformen einer Vielzahl kleinerer Höfe als nachahmenswertes Vorbild galten. Hervorstechendes Charakteristikum des sozialen höfischen Lebens war auf der einen Seite die Ausschaltung jeglicher Intimsphäre und damit folgerichtig auf der anderen Seite die Stilisierung jedweder Handlung zum öffentlichen Akt. Beispielhaft verdeutlicht diese durchgängige Öffentlichkeit am Hof die Institution des Lever, die die damals zeitaufwendige und umständliche tägliche Toilette zur "... offiziellen Besuchs- und Empfangsstunde der vornehmen Dame" (Fuchs 1985; Band 4, 52) erhob und umfunktionierte. Oder die stilisierte Verkehrsform der Galanterie, die sich in dieser Atmosphäre als gesellschaftlich angemessen vorübergehend etablieren konnte. Möglicherweise punktuelle, wiewohl durchaus sozial kontrollierte Intimität und Liebe intendierend und verheißend, erlaubte die Galanterie die unverbindliche Werbung in Gegenwart Dritter, ohne sich zu demaskieren (vgl. Luhmann 1988[4]; 97ff).

Vor dem Hintergrund dieser allgegenwärtigen öffentlichen Durchdringung des höfischen Lebens dürften lesbische Handlungen kaum verborgen geblieben sein. Dessenungeachtet ist darüber so gut wie nichts bekannt; entweder, weil sie überaus selten waren, oder weil sie - mal wieder - aufgrund männlicher Ignoranz nicht als sonderlich erwähnenswert galten. Unter gewissen Umständen wurde diese mutmaßliche Mißachtung allerdings aufgehoben, wie beispielsweise die gegen Marie-Antoinette im Vorfeld der Französischen Revolution gerichteten Pamphlete dokumentieren, die sich speziell mit den angeblich homosexuellen Aktivitäten der Königin befaßten. Unabhängig davon, ob mit diesen Schriften die Diffamierung und Diskreditierung einer politisch machtvollen Frau intendiert wurde oder sie hierdurch lediglich der Lächerlichkeit preisgegeben werden sollte, allein schon die Tatsache, daß der gerechtfertigte oder ungerechtfertigte Vorwurf, lesbischen Sex zu praktizieren, als Mittel für Bloßstellungszwecke in Frage kam, läßt nicht auf ein diesbezüglich tolerantes Klima schließen. Es mag daher für viele aristokratische Frauen ratsam gewesen sein, um nicht an Prestige zu verlieren und nicht für etwaige Hofintrigen überflüssigerweise zusätzliche Angriffsfläche zu bieten, sich im Ausüben gleichgeschlechtlicher Akte zu beschränken oder sich dieser gänzlich zu enthalten - was kaum zu dauerhaften lesbischen Beziehungen führen konnte. Ohnehin galt damals in der Liebe als oberstes Gebot die Abwechslung (vgl. Fuchs 1985; Band 4, 90).

Bei der Begrenzung oder Enthaltung lesbischer Kontakte war sicherlich das jahrelange Einüben von Verhaltensweisen und Umgangsformen hilfreich, die der stark ritualisierten, häufig starren Etikette unterworfen waren, die unter anderem forderte, in jeder Lebenssituation Kontenance zu bewahren. Abgewichen werden konnte hiervon nur um den Preis mißliebiger, das adelige Selbstbewußtsein tangierender und in seinen Grundfesten erschütternder Kompromittierungen. Solche zu vermeiden, beförderte und verankerte erste manifeste Anzeichen von Triebaufschub und Affektkontrolle; waren doch gerade die stilisierten und verfeinerten Verkehrsformen das aristokratische Mittel, sich gegenüber dem aufstrebenden BürgerInnentum abzugrenzen (vgl. Elias 1976b; 415). Zusammenfassend kann daher festgehalten werden, daß aristokratische Frauen durchaus über einen, wenn auch eingeschränkten Freiraum für lesbische Begegnungen verfügten, diese jedoch kaum aus den angeführten Gründen in dauerhafte Beziehungen mündeten.

Die zahlenmäßig größte Bevölkerungsgruppe der vorindustriellen Gesellschaft stellten die in der Landwirtschaft Beschäftigten. So waren vom Hochmittelalter bis zum ausgehenden 18. Jahrhundert verhältnismäßig konstant etwa 80 % der mittel- und westeuropäischen Bevölkerung in der agrarischen Produktion tätig (vgl. Sieder 1987; 19), und noch 1875 betrug ihr Anteil an der Gesamtbevölkerung in Deutschland 63,9 % (vgl. Verley 1974; 77).

Ähnlich wie in der Aristokratie leitete sich auch in den bäuerlichen Schichten die Wahl der EhepartnerInnen nicht von individuellen, persönlichen Neigungen ab, sondern von sozio-ökonomischen Erwägungen, die den konkreten Lebensbedingungen und der spezifischen Exi-stenzgrundlage der BäuerInnenklasse entstammten. Existenzielles Fundament allen bäuerlichen Daseins und damit Zentrum allen bäuerlichen Denkens und Handelns war das Land, das gegenüber seinen wechselnden NutznießerInnen, die es nur vorübergehend bearbeiteten, als das Beständige galt, das zu erhalten und zu vermehren alle Beziehungen und Lebensbereiche unterworfen waren (vgl. Rosenbaum 1982; 56). Heirat war insofern untrennbar an den Besitz von Grund und Boden als Ernährungsquelle gekoppelt und diente demzufolge hauptsächlich dazu, "... die Kontinuität des Besitzes zu sichern, Arbeitskräfte heranzuziehen und durch die Ergänzung von männlicher und weiblicher Arbeitskraft die Wirtschaft führen zu können" (Rosenbaum 1982; 73). Bei der meist sozial endogam orientierten und die nähere Region berücksichtigenden PartnerInnenwahl gaben demnach von männlicher Seite aus betrachtet[9] die Kriterien: Mitgift, Arbeitsfähigkeit und Gesundheit der Frau generell den Ausschlag, obwohl ihnen je nach bäuerlicher Schicht unterschiedliche Bedeutung zukam. So war in klein- und unterbäuerlichen Schichten die Mitgift wegen ihrer Geringfügigkeit weniger maßgeblich, demgegenüber die Arbeitskraft und -fähigkeit der Frau eine weitaus entscheidendere Rolle spielte. Dies galt in besonderem Maße für die die unterbäuerliche Schicht repräsentierenden InwohnerInnen und HäuslerInnen, die ihren Lebensunterhalt häufig durch eine Kombination aus Tagelohnarbeit mit gewerblichen Beschäftigungen, Gemeindediensten oder später Heimarbeit bestreiten mußten (vgl. Sieder 1987; 63) und hierzu der tatkräftigen Unterstützung einer Frau bedurften.

Infolgedessen handelte es sich bei der Ehe der BäuerInnenklasse im wesentlichen um eine wechselseitig aufeinander bezogene, sich gegenseitig ergänzende Arbeitsbeziehung. Dabei oblagen der Frau entsprechend der damals üblichen traditionellen geschlechtsspezifischen Arbeitsteilung prinzipiell alle im oder in der Nähe des Hauses zu verrichtenden Tätigkeiten[10]. Hierzu gehörten Kleinviehhaltung, Milchwirtschaft und Gartenarbeit ebenso wie die Fertigstellung von Kleidungs- und Wäschestücken - und natürlich zum Tagesausklang die Hausarbeit im engeren heutigen Sinne wie Kochen, Nähen und Flicken. Darüber hinaus mußte die Frau in Erntezeiten und Notsituationen bei der Feldarbeit helfen. Bei den KleinbäuerInnen stellte ihr gesamtes Dasein eine einzige, dies erfordernde Notlage dar. So kann zweifellos davon ausgegangen werden, daß der Großteil der Bäuerinnen, ständiger Überlastung ausgesetzt, unentwegt und rastlos, gewissermaßen bis zum Umfallen arbeitete. Erschwerend traten noch, häufig durch Frühgeburten vorzeitig beendete, anstrengende Schwangerschaften und Geburten hinzu.

Der gerade für die Frau lange und harte bäuerliche Arbeitstag blieb nicht ohne Wirkung auf die Qualität der sexuellen ehelichen Beziehung. Diese, überwiegend vom Mann initiiert und bestimmt, erschöpfte sich in der geradlinigen, unmittelbaren, schnellen und gelegentlich brutalen Befriedigung männlich genitaler Lust, die weiblicher Befriedigung gegenüber gleichgültig blieb (vgl. Rosenbaum 1982; 86f).

---

[9] Daß ich mich bisweilen im Hinblick auf ehestiftende Motive ausschließlich auf die männliche Perspektive beschränke, resultiert daraus, daß ihre Erwägungen für das Zustandekommen der je konkreten Ehe, maßgeblich aufgrund der patrilinearen Erbfolge, ausschlaggebend waren.

[10] Auf die Bedeutung der erst im Zuge der Bauernbefreiung abgeschafften feudalen Lasten für das bäuerliche Leben wird nicht näher eingegangen, da für die mittel- und westeuropäische Region, im Unterschied zu den Gebieten östlich der Elbe, die Grundherrschaft für die Agrarverfassung typisch war. Diese Form der feudalen Abhängigkeit erlegte den BäuerInnen hauptsächlich Lasten in Gestalt von Natural- und Geldabgaben auf, weniger in der Ableistung von Diensten, so daß Lebensgestaltung und -rhythmus bäuerlichen Daseins hiervon vergleichsweise unberührt blieben (vgl. Rosenbaum 1982; 54f; Geiss 1983; 354).

Kein Wunder, daß die Frau oftmals versuchte, sich solchem Geschlechtsverkehr zu entziehen und zu verweigern. Derart unbefriedigende und negative Erfahrungen mit 'männlicher' Sexualität mögen kaum dazu beigetragen haben, daß die Bäuerin Ausschau nach anderweitigen heterosexuellen Alternativen hielt - eher schon nach lesbischen. Allerdings dürfte ihr wegen ihres beständigen Tätigseins und des rein zeitlich mangelnden Freiraums hierzu weitestgehend die Gelegenheit gefehlt haben. Erschwerend trat ferner der Intimität verhindernde Umstand hinzu, daß das Gesinde umfassend in den Haushalt integriert war - was die Sozialform des 'ganzen Hauses' entscheidend charakterisierte - und unter anderem ihren Ausdruck in Wohnverhältnissen fand, die eine Abkapselung von den übrigen Haushaltsmitgliedern nicht zuließen (vgl. Rosenbaum 1982; 106ff).

Ferner war der öffentliche Raum fast ausschließlich den Männern vorbehalten, da er gleichsam symbolisch als Gegengewicht zu den innerhäuslichen Machtabtretungen und -relativierungen fungierte, die der Mann tagtäglich den Kompetenzen und Arbeitsleistungen seiner Frau zu entrichten hatte (vgl. Heintz et al. 1984; 15; Sieder 1987; 37). Damit war die Bäuerin in ganz umfassender Weise an das Haus als Lebensort gebunden. Diese Bindung wurde im allgemeinen nur durch gelegentliche Feste durchbrochen, zu denen Hochzeiten, Taufen oder Beerdigungen den Anlaß gaben, sowie durch den Besuch der Spinnstube, in der vorwiegend der Winterabend gleichermaßen arbeitsam und gesellig verbracht wurde (vgl. Fuchs 1985; Band 2, 133ff; Rosenbaum 1982; 111). Für soziale und potentielle sexuelle Kontakte war die Bauersfrau demgemäß im wesentlichen auf die engere NachbarInnenschaft verwiesen - und die Wahrscheinlichkeit, daß sich gerade in ihr eine möglicherweise ebenfalls lesbischem Sex zugeneigte Frau fand, ist meines Erachtens äußerst gering. Diese Einschätzung gilt im großen und ganzen auch dann, wenn man den vergleichsweise kleinen und überschaubaren dörflichen Rahmen im Blick hat. Und Kontakte zu Bewohnerinnen anderer Dörfer waren wegen der damals mit hohem Aufwand verbundenen und beschwerlichen Mobilität sowieso überaus selten.

Im wesentlichen lebten die ledigen Töchter der BäuerInnenklasse unter den gleichen Bedingungen wie ihre Mütter. Sie waren in der Regel in einen Haushalt integriert, entweder als Töchter oder als Gesinde, wenn sie unterbäuerlichen Schichten entstammten, zu den weichenden ErbInnen gehörten oder ihre Arbeitskraft auf dem elterlichen Hof nicht benötigt wurde (vgl. Rosenbaum 1982; 102). Dort unterstanden sie direkt der Hausmutter und halfen ihr bei der Verrichtung der in ihrem Tätigkeitsbereich anfallenden Arbeiten. Demzufolge war das weibliche Gesinde einerseits der gleichen Arbeitsbelastung wie die Bäuerin ausgesetzt und entsprechend fortwährend ohne Unterlaß tätig. Andererseits war es ebenfalls wie diese in umfassender Weise an das Haus gebunden und demnach für soziale und potentiell lesbische Kontakte auf die näheren Nachbarinnen angewiesen. Wie eng die Bindung des weiblichen Gesindes an das Haus war, dokumentiert beispielsweise das damals weit verbreitete, die Ehe einleitende Brauchtum des Kiltganges oder der Nacht-freierei, bei dem, von der dörflichen Burschenschaft zur Vermeidung unerwünsch-ter Verbindungen streng kontrolliert, junge Männer des Nachts heiratsfähige Mäd-chen besuchen konnten. Bemerkenswert ist dabei das Grundmuster, nach dem die-ser oder ähnliche Bräuche abliefen: "Die Burschen bewegten sich kollektiv und 'öf-fentlich' auf der Gasse, die Mädchen erwarteten ihren Besuch im Haus" (Sieder 1987; 48). Wurde eine solcherart eingeleitete Ehe realisiert, so verloren beide Ehe-leute ihren Gesindestatus und wechselten meist in den HäuslerInnen- oder Inwoh-nerInnenstatus über. Denn der Gesindestatus war kein lebenslanger, sondern auf eine meist zwei Jahrzehnte währende Lebensphase beschränkt, die dem Lernen diente, häufig schon mit dem 10. Lebensjahr begann und mit der Heirat endete.

Für ledige BäuerInnentöchter gab es außerhalb des zeitlich begrenzten Gesinde-status in der dörflichen Gemeinschaft kaum andere soziale und ökonomische Exi-stenzmöglichkeiten, so daß Heirat und Ehe gleichsam zu Notwendigkeiten gerie-ten. Eine Ausnahme war etwa die Tochter, die zur Versorgung des auf das Alten-teil gesetzten elterlichen BäuerInnenpaares ausersehen und zu diesem Zweck syste-matisch verdummt, wie die schwäbischen DorfbewohnerInnen sagten, 'dubbelig gemacht' worden war (vgl. Sieder 1987; 45). Weitere Ausnahmen stellten ledige Frauen - Mägde, Verwandte, Schwestern - dar, denen wegen ihres Alters der In-wohnerinnenstatus zukam. Die Arbeitsbelastung dieser beiden Personengruppen war der von Bäuerin und weiblichem Gesinde vergleichbar und ihr Lebensraum als Frauen ebenfalls auf den Hof beschränkt.

Angesichts dessen, daß es den Frauen der BäuerInnenklasse aufgrund ständiger Arbeitsüberlastung im wesentlichen an Zeit und Motivation sowie darüber hinaus wegen der engen Anbindung ans Haus im allgemeinen an einer Partnerin für ho-mosexuelle Handlungen gefehlt haben dürfte, kann gefolgert werden, daß die strukturellen bäuerlichen Bedingungen geradezu lesbische Beziehungen vereitelten. Dies verwundert indessen kaum, galt doch bereits für die legitimen Bindungen der dörflichen Umgebung "... daß infolge des geringen Standes der Arbeitstechnik die tägliche Arbeitsbelastung sehr groß war und dermaßen viel Zeit und Energie ver-langte, daß für die Pflege personaler Beziehungen nicht sehr viel davon übrig blieb" (Rosenbaum 1982; 106). Dieser Schluß unterstützt die im Zusammenhang mit dem 'Passing' geäußerte Vermutung, damals wären lesbische Beziehungen im allgemeinen nur mittels heterosexueller Maskerade möglich gewesen.

Zusätzlich zu diesen strukturellen Bedingungen mag in die gleiche Richtung die Angst vor der weitreichenden, effektiven sozialen Kontrolle des Dorfes gewirkt haben - eine Angst, die im bäuerlichen Milieu sowieso gewissermaßen die einzige, unmittelbar konkrete äußere Umstände berücksichtigende Hemmung darstellte, die der Praktizierung lesbischen Sexes entgegenstand; im Unterschied etwa zu einem Teil der Nonnen, bei denen religiöse Gründe und Motive diesbezüglich innere Barrieren errichteten. Ausgeübt wurde die soziale Kontrolle von Einzelpersonen, wie dem Pfarrer, von einzelnen dörflichen Gruppen, etwa der der jungen Männer, oder von der gesamten Dorfgemeinschaft (vgl. Rosenbaum 1982; 79, 113; Sieder 1987; 46ff). Während sich ihre Reichweite, ihr Zugriff bis ins Haus hinein aus der Ungeschiedenheit von 'Privat'- und Arbeitssphäre erklärte, bestand ihre Wirksamkeit "... darin, als verwerflich geltende Verhaltensweisen öffentlich zu machen und die beteiligten Personen zu brandmarken" (Rosenbaum 1982; 113). Hierzu bediente man sich vielfältiger ritualisierter Formen, die sich im Laufe der Zeit entwickelt hatten, etwa des Haberfeldtreibens. Bei diesem wurde beispielsweise vor dem Haus der MissetäterIn stundenlang gelärmt und randaliert, bis man das Opfer packte und durch die Straßen trieb (vgl. Shorter 1983; 249). Derart geahndet wurden offensichtlich hauptsächlich sexuelle Verfehlungen und nonkonformes Geschlechtsrollenverhalten. Als Verstöße im sexuellen Bereich galten vor allem sozial unkontrollierter vorehelicher Geschlechtsverkehr und Ehebruch; bezüglich der Geschlechterrollen hingegen betrafen diese in erster Linie die Vertauschung von männlicher und weiblicher Rolle im Haus, die sich augenfällig darin demonstrierte, daß sich der Mann von seiner Frau schlagen ließ.

Überlieferungen darüber, daß ebenfalls lesbische Aktivitäten Zielscheibe öffentlicher Demütigungen waren, von denen auf ihre Existenz zurückgeschlossen werden könnte, liegen erwartungsgemäß derzeit nicht vor. Im übrigen wird die soziale Kontrolle des Dorfes aufgrund der bereits im Zusammenhang mit den Nonnenklöstern erörterten Ignoranz kaum praktische Relevanz für lesbische Handlungen ausführende Frauen - so es sie gab - besessen haben - trotz ihrer eventuell vorhandenen Angst vor Sanktionen. Vermutlich war die Mißachtung auf dem Lande noch stärker ausgeprägt. Daß die Beobachtung geschlechtlicher Dinge speziell bei Tieren zur lebensweltlichen Erfahrung der bäuerlichen Klasse gehörte und in dieser außerdem weder eine Unterdrückung körperlicher Lüste wie in den Klöstern noch eine Stilisierung derselben wie im Adel aus religiösen oder sozialen Motiven heraus erforderlich schien, trug dazu bei, Körperlichkeit und Sexualität einen natürlichen, selbstverständlichen Charakter zu verleihen. Ferner war Sex weitgehend auf heterosexuellen Geschlechtsverkehr verengt, der starker sozialer Kontrolle unterworfen war und, falls unerwünscht, scharf sanktioniert wurde, so daß man demgegenüber anderweitige sexuelle Körperlüste als harmlos und nicht das soziale Gefüge bedrohend empfand. Darüber hinaus dürfte die geistige Begrenztheit des bäuerlichen Horizonts auf das Land und seine Erfordernisse zur Unwissenheit über die sowieso unglaubliche Existenz lesbischer Handlungen geführt haben, die ja selbst bei kirchlichen und weltlichen Gelehrten keineswegs im Brennpunkt des Interesses standen - ganz im Gegenteil. Infolgedessen kann davon ausgegangen werden, daß die dörflichen Kontrollinstanzen im Hinblick auf gleichgeschlechtlichen Sex zwischen Frauen vielfach nicht wußten, vielleicht bloß dunkel ahnten, was überhaupt zu ahnden sei. Beides zusammengenommen, die noch weitgehend 'naturwüchsige' Sexualität sowie die stark ausgeprägte Ignoranz, führt wiederum zu dem, bereits im Zusammenhang mit den Nonnenklöstern nicht weiter auflösbaren Widerspruch, daß hierdurch damals vielleicht mehr lesbische Akte tatsächlich vollzogen wurden als es die vergangenen sozio-ökonomischen Bedingungen heute schlußfolgernd nahelegen.

Die bisherigen Ausführungen über das bäuerliche Leben sind im Hinblick auf das Thema der vorliegenden Arbeit noch um einen Aspekt ergänzungsbedürftig. Darzulegen bleibt, wo die Frauen hauptsächlich blieben, die im Dorf, aber auch in der Stadt kein Auskommen fanden - und dies waren zu Zeiten wirtschaftlicher Not viele. Im Hoch- und Spätmittelalter gesellten sie sich teilweise zu den Fahrenden und AbenteurerInnen, die schlicht zu dem Bild, das Deutschland damals abgab, gehörten. "Die fahrenden Frauen verdingten sich oft als Tänzerinnen, Gauklerinnen, Spielweiber, Leier- und Harfenmädchen auf Jahrmärkten oder anderen Volksbelustigungen ..." (Becker et al. 1977; 76). Dieses im großen und ganzen von sozialer Kontrolle befreite, unstete und mit häufigem Ortswechsel verbundene Leben bot kaum Möglichkeiten für lesbische Beziehungen, wohl aber für singuläre, temporäre gleichgeschlechtliche Akte, deren Vollzug angesichts der naturwüchsigen und affirmativen Einstellung zu körperlichen und sexuellen Lüsten keine inneren Barrieren verhindert haben dürften.

Dieses wird kaum in ähnlicher Weise für die Soldatendirnen gegolten haben, die bis weit ins 18. Jahrhundert hinein, die Nachhut der Heere bildend, diese gleichsam als integrale Bestandteile begleiteten. Wie der Name 'Dirne' andeutet, lebten sie einesteils von der Prostitution. Gleichwohl fielen ihnen bei den Feldzügen bedeutendere Aufgaben zu. So mußten sie etwa die besten Raub- und Plünderungsmöglichkeiten erkunden, Gruben und Gräben einebnen, Verwundete und Kranke pflegen sowie für das leibliche Wohl der Soldaten sorgen (vgl. Becker et al. 1977; 76; Fuchs 1985, Band 2; 70ff). Die Soldatendirnen hatten demnach vielfältige Arbeiten zu verrichten, mußten den Soldaten in mancherlei Hinsicht zu Diensten stehen und unterstanden darüber hinaus dem Weibel, der sich, eigens hierfür bestimmt, um den Troß der Dirnen kümmerte - alles Umstände, die sporadische lesbische Aktivitäten vermutlich bloß eingeschränkt erlaubten.

Etwas anders sah es hingegen bei den Frauen aus, die in offiziellen Bordellen der Prostitution nachgingen und zu diesem Zweck gemeinsam dort lebten. Letzteres eröffnete ihnen die Chance, gegebenenfalls sowohl lesbische Akte ausführen als auch maßgeblich darauf beruhende Beziehungen eingehen zu können - und dies an einem 'befriedeten Ort', da die Frauenhäuser gerade während der vielerorts wirtschaftlich prosperierenden Jahre zwischen Mitte und Ende des 15. Jahrhunderts, wenigstens in größeren Städten feste Institutionen darstellten, die unter dem besonderen Schutz der Gemeinde standen und zunftartig organisiert waren. Eine solche soziale Integration ermöglichte es, die Prostitution, die unter anderem als bedeutsames Ventil für die Vielzahl derer fungierte, die durch Heiratsbeschränkungen zur Ehelosigkeit verurteilt waren, zu kontrollieren und zugleich gegen die außerhalb dieser Häuser arbeitenden 'wilden' Dirnen konsequent einzuschreiten (vgl. Becker et al. 1977; 77).

Zu bedenken gilt jedoch, daß es sich bloß um eine kurze Zeitspanne handelte, während der das Dirnenwesen dergestalt toleriert wurde und in festen Häusern beheimatet war. Bereits Ende des 15. Jahrhunderts erstarkte im Zuge des allgemeinen ökonomischen Niedergangs und der beginnenden seuchenartigen Verbreitung der Syphilis die Reaktion gegen die offiziellen Bordelle, diese in ihrer Existenz bedrohend und kompensatorisch heimliche und Gelegenheitsprostitution hervortreibend. Ohnehin war die 'inoffizielle' Prostitution zu Zeiten überhand nehmender Armut eine der überaus wenigen Erwerbsmöglichkeiten mittelloser Frauen, die diese infolgedessen scharenweise ausübten.

Um einer Ausweitung des 'Liebesdienstes' einschränkend entgegenzuwirken, gründete man mancherorts in Anlehnung an die Beginenhäuser Magdalenerinnen- oder Reuerinnen-Klöster, die, als Lebensalternative gedacht, die Dirnen zu einem 'geregelten, ordentlichen Leben' zurückführen sollten. Ähnlich wie in den offiziellen Bordellen - von ihrer 'Profession' vielleicht nicht ganz unbeeinflußt - gab es auch in den Heimen für reuige Prostituierte Gelegenheiten für lesbische Begegnungen - die auch genutzt wurden, wie einige diesbezüglich bekannt gewordene Fälle in Mailand dokumentieren (vgl Brown 1988; 201 Anm.19).

Im Zuge der Industrialisierung eröffneten sich ledigen Frauen, die auf dem Land kein Auskommen fanden, in der Stadt neben der Prostitution vermehrt anderweitige Existenzmöglichkeiten, vorrangig als Dienstpersonal in bürgerlichen Haushalten oder als Fabrikarbeiterinnen. Ob und inwieweit diese Alternativen die Chance lesbischer Beziehungen boten, soll etwas später behandelt werden. Zunächst werden die im traditionellen Handwerk vorfindbaren Bedingungen betrachtet.

Den Zugang zum städtischen Handwerk[11] sowie seine gesamte Organisation regelten die Zünfte, die sich mit Beginn des 12. Jahrhunderts zu bilden begonnen hatten und bis zur gesetzlichen Anerkennung der Gewerbefreiheit Anfang des 19. Jahrhunderts existierten, im Verhalten der Gewerbetreibenden aber darüber hinaus fortwirkten. Anfangs nach außen vergleichsweise offen, entwickelten sie sich bald zu kartellartigen Vereinigungen, deren Hauptziel unbeeinflußt von Profitstreben und Konkurrenz zunehmend darin bestand, ein sich traditionell herausgebildetes, aus-

---

[11] Auf dem Lande war das Handwerk nicht zünftig organisiert. Es wurde vielmehr weitgehend als Nebenerwerb meist von unterbäuerlichen Schichten betrieben, so daß für diesen Personenkreis eher die über die BäuerInnenklasse getroffenen Aussagen gelten.

reichende Nahrung bietendes Lebensniveau über die minuziöse Homogenisierung der ökonomischen Lage ihrer Mitglieder zu garantieren. Hierzu bedurfte es verschiedenster Maßnahmen wie Qualitätskontrolle, Festlegung der Produktionstechnik, Regelung der Ausbildung und der Meisterprüfung, um nur einige zu nennen (vgl. Rosenbaum 1982; 129). "Von vorneherein verfolgten alle diese Regelungen den Zweck, die innerhandwerkliche Konkurrenz auszuschalten, um dadurch das Auskommen für die Zunftmitglieder zu sichern" (Rosenbaum 1982; 129). Die Abschottung war gerade in Zeiten wirtschaftlicher Bedrängnis erforderlich und wurde entsprechend konsequent betrieben, beispielsweise über die Privilegierung der Meistersöhne, die einer 'Erblichkeit' des Gewerbes Vorschub leistete. Bei einigen Zünften setzte der Abschließungsprozeß schon Mitte des 14. Jahrhunderts ein und erreichte generell im 18. Jahrhundert seinen Höhepunkt.

Die Existenzgrundlage des Handwerkers stellte neben dem Besitz an Produktionsmitteln, der von untergeordneter Bedeutung war, seine fachliche Qualifikation dar, die er in einer spezifischen, langandauernden Ausbildung erworben hatte. Bevor er sich der Meisterprüfung unterziehen konnte, die die Voraussetzung für die Selbständigkeit bildete, mußte er eine mehrjährige Lehre durchlaufen und anschließend während der 'Wanderjahre' bei unterschiedlichen Meistern Arbeitserfahrungen gesammelt haben.

Zur Ausbildung und damit zum Handwerk wurden ausschließlich Männer von 'ehrlicher und ehelicher Geburt' zugelassen. Die von einigen AutorInnen (vgl. z.B. Becker et al. 1977; 63ff; Ennen 1987; 159ff; Gerhard 1978; 36) vertretene Ansicht, aufgrund des mittelalterlichen Frauenüberschusses sei vorübergehend, zumindest vom 14. Jahrhundert bis zur Reformationszeit, Frauen, auch ledigen, der Zugang zu Zünften möglich gewesen, ja es habe gar reine Frauenzünfte gegeben, worüber Frauen ökonomische Unabhängigkeit erlangt hätten, ist meines Erachtens relativierungsbedürftig. Wie Bake et al. (1983) zu Recht anführen, unterscheiden die AutorInnen ungenügend zwischen selbständigen und unselbständigen handwerklichen Tätigkeiten. Ein Indiz dafür, daß es sich bei der in Betracht kommenden Frauenarbeit weniger um exklusiv selbständig, sondern eher um familiengebundenes, möglicherweise unselbständig ausgeübtes Handwerk handelte, stellt die Tatsache dar, daß die angeblich weiblichen Zunftmitglieder in der überwiegenden Mehrzahl Ehefrauen waren, die häufig gemeinsam oder in Kooperation mit ihrem Mann der ähnlich dem Verlagswesen organisierten handwerklichen Tätigkeit nachgingen. Und was die reinen Frauenzünfte anbelangt, so waren sie ohnehin eine Ausnahmeerscheinung, die bloß in Köln, Paris und Zürich anzutreffen war (vgl. Bake et al. 1983; 149). Aus diesen Gründen werden auch für die 'Handwerkerinnen' im großen und ganzen die Aussagen gelten, die die übrigen Ehefrauen, Witwen und Töchter von Handwerkern meinen.

Hatte der Handwerker Lehrzeit und Wanderjahre durchlaufen, so konnte er sich nach Absolvierung der entsprechenden Prüfung als Meister selbständig machen, was im allgemeinen zwangsläufig damit gekoppelt war zu heiraten. Diese Notwendigkeit erwuchs einerseits aus der sozialisatorischen Bedeutung des Meisterhaushalts für den ins Haus integrierten gewerblichen Nachwuchs und andererseits aus den Repräsentationspflichten, die die Meisterin als Konsequenz ihrer Zunftmitgliedschaft (vgl. Rosenbaum 1982; 146f) nach außen wahrzunehmen hatte - beides Funktionen, die nicht deligierbar waren. Insbesondere die Sozialisationsfunktion sowie die Begrenztheit der Ressourcen, die die Aufzucht illegitimer Nachkommen schwerlich erlaubte, waren die ausschlaggebenden Gründe, aus denen heraus "... die Zünfte durchgängig bei den Frauen ebenso wie bei den Handwerkern selbst den Nachweis 'ehrlicher' Geburt und eines untadeligen Lebenswandels verlangten" (Rosenbaum 1982; 149) - was eine diesbezügliche Verlängerung in die Ehe hinein garantieren sollte und zugleich zentrales Ausschlußkriterium darstellte.

Meist entstammte die Meisterin bereits einer Handwerkerfamilie - ein Resultat der Fürsorgepflicht und -funktion der Zünfte, die für die Meistertöchter und -witwen sorgte, indem sie die Einheirat in die Zunft erleichterte, später im Zuge der Abschottung nur noch hierüber ermöglichte. Damit die Tochter eines Handwerksmeisters dergestalt versorgt werden konnte, mußte strengstens über ihre hierfür infolge der Zunftbeschränkungen unabdingbare Reinheit und Sittlichkeit, notfalls mit hausväterlicher Autorität, patriarchaler Strenge und brutaler Gewalt gewacht werden, kam diesen Attributen doch geradezu existenzielle Bedeutung zu angesichts dessen, daß Frauen vom handwerklichen Ausbildungsgang ausgeschlossen waren und die Ehe demzufolge als einzig akzeptable, damit quasi alternativlose Lebensperspektive verblieb (vgl. Rosenbaum 1982; 152). Obzwar an die Meistertochter somit spezifisch rigide Verhaltensanforderungen gestellt wurden, fügten sie sich gleichwohl nahtlos in das ohnehin der gesamten Handwerkerklasse vorgeschriebene normierte Verhaltensrepertoire ein, das sich an der 'Ehrbarkeit' als einem der - neben der 'ehrlichen' Geburt und dem Berufsstolz - konstitutiven Elemente handwerklichen Selbstbewußtseins orientierte.

Die Einhaltung der restriktiven Verhaltenserwartungen wurde einesteils, ähnlich wie bei den bäuerlichen Schichten, aufgrund der Offenheit nach außen und der wohnräumlichen Enge, bis ins Haus hinein durch die Kirche und die engere NachbarInnenschaft kontrolliert. Den anderen Part übernahm die jeweilige Zunft. Diese verfügte neben der moralischen Verurteilung und der öffentlichen Schmach, mit denen ebenfalls die übrigen Kontrollinstanzen Fehlverhalten bestraften, desweiteren über ökonomische Sanktionsmittel, schlimmstenfalls den Ausschluß des Haushaltsvorstandes aus der Zunft (vgl. Rosenbaum 1982; 131f). Gerade letzteres macht das Interesse des Meisters am untadeligen Lebenswandel aller in seinem Haus wohnender Personen verständlich. So wird häufig schon allein die Angst vor seinen durchaus gewalttätigen Bestrafungen - als präsentes äußeres Hemmnis - wenigstens bei den körperlich unterlegenen Frauen 'unehrenhaftes' Verhalten verhindert haben - und lesbische Handlungen werden sicherlich zu derart tadelnswertem Verhalten gezählt haben, wenngleich sie wegen der diesbezüglich weit verbreiteten Ignoranz kaum als solche in irgendeiner Zunftordnung niedergelegt gewesen sein dürften.

Ohnedies war gerade das Verhalten der Meistertochter im Unterschied zu den männlichen Hausbewohnern leicht zu überprüfen. Schon in der Kindheit spielte für sie die Sozialisationsinstanz 'Straße' eine marginale Rolle - früher Ausdruck ihrer weitaus stärkeren Bindung an Haus und Familie. Vielmehr wurde sie beizeiten und kontinuierlich von der Mutter in die 'weiblichen' Arbeiten eingewiesen und übte diese, ihre Mutter tatkräftig unterstützend, bis zu ihrer Heirat, die das Verlassen des Elternhauses bedeutete, aus. Dabei waren die der Frau im Handwerkerhaus zugeteilten Arbeitsaufgaben unter Umständen recht vielfältig, was neben ihrem weitgehenden Ausschluß von öffentlichen Angelegenheiten entscheidend ihre umfassende Beschränkung auf das Haus begründete. So oblagen ihr prinzipiell der Haushalt, der eine arbeitsaufwendige Vorratswirtschaft ebenso mit einschloß wie die Anfertigung von Kleidungs- und Wäschestücken, ferner die Aufzucht und Erziehung der Kinder sowie die erforderliche Gartenarbeit, Viehzucht und landwirtschaftliche Produktion; letzteres dann in größerem Umfang, wenn zusätzlich zum Gewerbe noch Nebenerwerbslandwirtschaft zur Bestreitung des Lebensunterhaltes betrieben werden mußte. Die Armut solcher Handwerker verlangte oft auch die gewerbliche Mitarbeit der Frau, die sich bedingt durch Zunftbeschränkugen vorwiegend auf Hilfsarbeiten und HandlangerInnendienste erstreckte (vgl. Rosenbaum 1982; 155f). Arbeitsanfall und -belastung können demnach innerhalb gewisser der unterschiedlichen Prosperität geschuldeter Schwankungen im allgemeinen als hoch angesetzt werden, woraus sich wiederum, analog zur BäuerInnenklasse, überaus wenig Zeit und Energie für außereheliche - heterosexuelle oder lesbische - Beziehungen ableiten läßt.

Auch die - schon durch die Überlastung beeinflußte - Motivation der Meisterin hierzu dürfte der der Bäuerin vergleichbar gering gewesen sein. Wie im Adel und in den bäuerlichen Schichten handelte es sich im allgemeinen bei der Handwerkerehe gleichfalls nicht um eine Neigungsehe - die dem sozio-ökonomischen Kalkül unterworfene traditionelle Ehe weist sich demnach als durchgängiges Moment der vormodernen abendländischen Gesellschaft aus. Bestimmte die Zunft über die Ausschlußkriterien 'eheliche' Geburt und tugendhaften Lebenswandel bereits in starkem Maße die PartnerInnenwahl, so sah sich der angehende Meister darüber hinaus infolge der realtiv hohen Kosten des Selbständigmachens meist mit der Alternative konfrontiert, entweder eine Frau mit ausreichender Mitgift zu ehelichen oder über die Eheschließung mit einer Meistertochter oder -witwe[12] in die Zunft einzuheiraten. Daß Handwerkerehen häufig aus wirtschaftlichen Erwägungen geschlossen wurden, wirkte sich auch auf die sexuelle Beziehung des Ehepaares aus. Wie in der BäuerInnenklasse war Sex im Handwerkermilieu ausschließlich an der schnellen Befriedigung männlicher Bedürfnisse und männlicher Lust orientiert - aufgrund der innerhäuslichen patriarchalen Autoritätsstruktur gegebenenfalls gegen den Willen der Frau und mit Gewalt (vgl. Rosenbaum 1982; 162) - weibliche Erfahrungen, die nicht gerade zur Suche nach heterosexuellen Alternativen, eher schon nach solchen lesbischer Couleur angeregt haben dürften.

Dessenungeachtet werden die strukturellen Bedingungen der Handwerkerklasse, die sich arbeitsbedingt in wenig Zeit, wenig Energie und wenig Motivation für vor- und außereheliche Verhältnisse niederschlugen, lesbische Beziehungen regelrecht verhindert haben, obgleich die Meisterin in der Stadt trotz ihrer überwiegenden Bindung ans Haus hierfür voraussichtlich eher eine Partnerin gefunden hätte als die Bäuerin auf dem Land. Kontaktmöglichkeiten boten sich der Handwerkerfrau unter anderem durch zünftige Repräsentationspflichten oder im Falle eines mit der Werkstatt gekoppelten Ladengeschäfts. Doch diese Gelegenheiten dürften kaum - gewissermaßen als Anknüpfungspunkte - zu sexuellen Kontakten zwischen Frauen geführt haben, waren doch die Kontrolle und die Sanktionen speziell der Zünfte überaus rigide und weitreichend und übertrug sich ferner Ehre und Schande der Meisterin automatisch auf den Meister, der vermutlich, wie bereits angesprochen, aus eigenem Interesse die Wahrung 'ehrenhaften' Verhaltens von seinen Haushaltsmitgliedern erforderlichenfalls mit Hilfe von Züchtigungen verlangte. Zwar wird in der Literatur darauf hingewiesen, "... daß Existenz und Härte dieser (zünftigen, G.H.) Sanktionen eher darauf hindeuten, wie wenig selbstverständlich der 'ehrbare' Lebenswandel war" (Rosenbaum 1982; 161), doch wird dies meines Erachtens in der Regel kaum für Frauen, sondern lediglich für die Männer des Handwerkes gegolten haben - als Gesellen auf Wanderschaft konnten sie ein ziemlich ungebundenes und sexuell freizügiges Leben führen oder hatten als Meister ein solches zumindest einmal geführt. Hierfür spricht auch, daß die Frauen wegen ihrer weitreichenden Bindung ans Haus hieran auch im Hinblick auf eventuell lesbische Aktivitäten verwiesen waren - und die wohnräumliche Enge kaum Intimität zuließ, was damals offenbar ohnehin nicht wünschenswert war (vgl. Rosenbaum 1982; 135, 182).

Einen Zwischentyp zwischen den bislang betrachteten traditionellen und den noch abzuhandelnden modernen Familien stellte die Familie der HeimarbeiterInnen dar - in der Fachliteratur wird mittlerweile häufig der Begriff 'protoindustrielle ProduzentInnen' zur Bezeichnung dieser Personengruppe verwendet. Diese Familienform

---

[12] Meisterwitwen mußten sich in der Regel wiederverheiraten, wollten sie nicht über kurz oder lang das Gewerbe und damit ihre Existenzgrundlage aufgeben (vgl. z.B. Rosenbaum 1982; 148).

war einerseits zeitlich ein Übergangsphänomen, da die Produktionsweise, auf der sie basierte, gerade in der Spielzeugherstellung und der Textilindustrie bereits am Ausgang des 18. Jahrhunderts und zu Beginn des 19. Jahrhunderts ihre Blütezeit erlebt hatte und bald darauf im raschen Niedergang begriffen war infolge des durch maschinelle Massenerzeugnisse verursachten zunehmend starken Konkurrenzdrucks. Andererseits stellte sie der Struktur nach ein Zwischenstadium dar, da die HeimarbeiterInnenfamilie sowohl noch als traditionell bezeichnet werden kann, insofern die Produktion familienwirtschaftlich organisiert und damit Arbeits- und Lebensort noch nicht voneinander getrennt waren, als auch schon modern in dem Sinne, daß sich ihre Mitglieder auf die nächsten Familienangehörigen beschränkten.

Fundamentale Voraussetzung für die Entstehung von Hausindustrie war ein nennenswerter Arbeitskräfteüberschuß, der sich besonders im 18. Jahrhundert in ländlichen Gebieten als Resultat von Bevölkerungswachstum und Landknappheit zusehends entwickelte und sich vor allem aus unterbäuerlichen Schichten zusammensetzte, die daher auch die überwiegende Mehrheit der HeimarbeiterInnen stellten. Charakteristisches Kennzeichen hausindustrieller Arbeit war, wie der Name hinlänglich andeutet, zum einen die Produktion direkt am Lebensort der meist die gesamte Familie, auch die Kinder umfassenden ProduzentInnen und zum anderen der Vertrieb der Erzeugnisse über einen Kaufmann oder Händler. Dieser stellte weiterhin häufig auch die Rohmaterialien und die Produktionsmittel oder einen Kredit hierfür zur Verfügung, wodurch er entscheidenden Einfluß auf das Ausmaß der Arbeitsteilung sowie auf Qualität und Art der Produkte gewann (vgl. Rosenbaum 1982; 191).

Ähnlich wie bei BäuerInnen und Handwerkern war auch bei den Protoindustriellen die Eheschließung obligatorisch. Anscheinend gab es hier noch seltener ledige Haushaltsvorstände als dort (vgl. Rosenbaum 1982; 544 Anm. 118). Man heiratete nicht nur, weil eine sexuelle Beziehung von Mann und Frau, Moral, Sitte und Gewohnheit zufolge, nur in der Ehe als sozial akzeptiert galt. Darüber hinaus gab es wirtschaftliche und arbeitsorganisatorische Erfordernisse, die geradezu zwangsläufig zur Heirat drängten, weswegen auch die hausindustrielle Ehe vornehmlich die Gestalt einer Arbeitsbeziehung annahm. Besonders brisant war die produktionsbedingte Notwendigkeit zu heiraten in den Fällen, in denen die Eheleute als Team einander zuarbeiteten und demzufolge existenziell aufeinander angewiesen waren. Ferner ist zu bedenken, daß der Not- und Krankheitsfall allein durch die Arbeitskraft der Angehörigen abgesichert werden konnte (vgl. Rosenbaum 1982; 216).

Im Unterschied zu BäuerInnen und Handwerkern bildete allerdings bei den HeimarbeiterInnen weder der Besitz eines Hofes noch eine qualifizierte Berufsausbildung die Voraussetzung für die Heirat. Die Auflösung der überaus engen sozialen Verzahnung von fachlicher Qualifikation bzw. Besitz einerseits und Familiengründung andererseits, die die traditionelle Gesellschaft ausgezeichnet und geprägt hatte, ließ einen Freiraum entstehen, in dem Sympathie sowie sexuelle Bedürfnisse und Attraktion als relevante Entscheidungskomponenten für die Eheschließung zentrale Bedeutung erlangen konnten. Viele protoindustrielle Ehen wurden aus dem Verlangen geschlossen, die gerade im Hinblick auf Sexualität restriktive Atmosphäre der Herkunftsfamilien schnellstmöglich mittels einer Heirat zu verlassen (vgl. Sieder 1987; 83), falls nicht die Alternative gewählt wurde, zwar (vorläufig) ledig zu bleiben, dafür aber dann als Dienstbotin oder Magd in einen anderen fremden Haushalt integriert zu sein. Gleichwohl stellte die Arbeitskraft, -fähigkeit und -geschicklichkeit der zukünftigen Eheleute bei der PartnerInnenwahl weiterhin einen ausschlaggebenden Faktor dar, hing doch hiervon das gemeinsame Überleben ab - oder erleichterte es zumindest beträchtlich. Im übrigen war es vorteilhaft, Arbeitsgerät zu besitzen.

Trotz der stark durch Neigung beeinflußten und vom elterlichen Kalkül unabhängigen, häufig sozial endogam orientierten und praktizierten PartnerInnenwahl verlief die Eheanbahnung dennoch nicht sozial unkontrolliert; vielmehr griff die männliche HeimarbeiterInnenjugend, um den 'Heiratsmarkt' zu kontrollieren, verstärkt auf traditionelle Bräuche wie den Kiltgang zurück, die hierdurch teils eine drastische Ausweitung erfuhren und darüber den Stellenwert der Jugend im Dorf erhöhten. "An die Stelle der patriarchalischen und hausgebundenen Regulative des Heiratsverhaltens traten die genossenschaftlichen der Dorfjugend" (Sieder 1987; 88).

Diese Regulative funktionierten allerdings anscheinend nicht im traditionell gewünschten Maße, hörte man doch allenthalben zeitgenössische Klagen über die Sittenlosigkeit der Protoindustriellen, die steigende Zahl der Brautschwangerschaften und der illegitimen Geburten - Umstände, die teilweise auf gewandelte sexuelle Verhaltensweisen der Heimarbeiterinnen, die sich unter anderem in vermehrter sexueller Initiative seitens der Frauen geäußert haben sollen, zurückgeführt werden (vgl. Rosenbaum 1982; 224; Sieder 1987; 89). Obzwar Rosenbaum plausibel diese Auffassung relativiert, ist sie nicht vollends von der Hand zu weisen. Hierzu könnte immerhin beigetragen haben, daß die Töchter der Hausindustriellen in einem Milieu aufwuchsen, daß durch die Angleichung ehemals traditionell geschlechtsspezifisch getrennter Arbeitsbereiche charakterisiert war. Im übrigen änderten sich langsam die sittlichen und moralischen Wertmaßstäbe der protoindustriellen Jugend. So brauchte nicht länger das Zustandekommen ökonomisch vernünftiger Ehen kontrolliert und gegebenenfalls sanktioniert zu werden. Vielmehr galt es, darauf zu achten, daß der Schwängerer auch das von ihm geschwängerte Mädchen zur Frau nahm (vgl. Sieder 1987; 87). Von einer verringerten sozialen Kontrolle bei den HeimarbeiterInnenfamilien sollte daher nicht vorschnell gesprochen werden, eher von einem partiell geänderten Gegenstandsbereich, auf den sich die Kontrolle bezog und der sich durch die gewandelte sozio-ökonomische Lage konstituierte. Infolgedessen dürften sich Restbestände bäuerlicher Moralvorstellungen bei den Hausindustriellen erhalten haben, sofern sie mit der veränderten Lebenssituation vereinbar waren.

Ob hierzu die Haltung lesbischem Sex gegenüber gehörte, erscheint sehr wahrscheinlich, wurde diesem doch auf dem Lande als Ausdruck seiner Bedeutungslosigkeit im allgemeinen mit umfassender Ignoranz begegnet. Trotz der weitgehenden Irrelevanz diesbezüglicher sozialer Kontrolle könnten sich Heimarbeiterinnen dennoch aus Angst davor gescheut haben, solchen vielleicht vorhandenen Neigungen nachzugehen. Jedenfalls verfügten sie wenigstens zeitweise über einen gewissen, hierfür nötigen Freiraum. Zwar waren Töchter protoindustrieller Familien ähnlich wie die der BäuerInnen- oder Handwerkerklasse stark an das Haus gebunden. Die sozialen, von den BäuerInnen übernommenen Eheanbahnungsrituale dokumentieren dies ebenso wie der Umstand, daß die ledigen Töchter im Gegensatz zu den Söhnen ihren Eltern meist widerstandslos ihren Lohn abgaben (vgl. Sieder 1987; 98), was von größerem familienbezogenen Pflichtbewußtsein und geringerer ökonomischer Unabhängigkeit zeugt. Allerdings war ihre Bindung ans Haus nicht so umfassend und eng wie die der BäuerInnen- und Meistertöchter. Da sie früh im Kindesalter zur hausindustriellen Produktion herangezogen werden mußten, hing hiervon doch oftmals die Existenz der Familie entscheidend ab, bemaß sich der Bindungsgrad der jungen Frauen infolge der traditionellen Arbeitsmentalität häufig nach der für den Lebensunterhalt notwendig zu leistenden Arbeit, die in guten Zeiten wesentlich weniger war als in schlechten und demnach dann Gelegenheiten für anderweitige Aktivitäten eröffnete. Hierzu könnten auch lesbische Kontakte gehört haben, deren Vorkommen eventuell, wenn auch geringfügig wahrscheinlicher wurde, einerseits durch die bei den Hausindustriellen übliche Haltung, im Hinblick auf Sexualität und PartnerInnenwahl der Neigung als Entscheidungskriterium den Vorzug zu geben, und andererseits durch das möglicherweise geänderte, mehr Initiative beinhaltende weibliche Sexualverhalten. Die Existenz derartiger Spielräume war jedoch Konjunkturschwankungen unterworfen, so daß diesen Kontakten - so es sie gab - oft jene Kontinuität gefehlt haben dürfte, die eine Beziehung ausmacht.

Ähnlich wird auch die Möglichkeit homosexueller Akte/Beziehungen bei der verheirateten Heimarbeiterin einzuschätzen sein, obgleich gegebenenfalls durch Kinder dem Umfang nach beschränkt. Lesbische Begegnungen begünstigend trat jedoch hinzu, daß sich die protoindustrielle Frau zunehmend im öffentlichen Raum bewegte, sei es beispielsweise, daß sie sich um den Warenvertrieb kümmerte oder Messen und Märkte besuchte - was für diesen Zeitraum eine verminderte soziale Kontrolle implizierte. Hieraus entwickelte sich "... eine im Vergleich zur sonstigen Dorfbevölkerung auffällige größere Wendigkeit im sozialen Kontakt, 'äußerer'

Schliff und geistige Regsamkeit für die Hausindustriellen (als, G.H.) typisch" (Rosenbaum 1982; 208) - etwas, das unter anderem auch die Aufgeschlossenheit anderen sexuellen Spielarten, etwa lesbischem Sex gegenüber, tangiert haben mag. Zusammenfassend läßt sich festhalten, daß es für Frauen, die in der Protoindustrie arbeiteten, durchaus, wenn auch reduzierte Gelegenheiten für gleichgeschlechtliche Handlungen gab, zumindest mehr als im bäuerlichen oder handwerklichen Milieu - vergleichsweise geringer Arbeitsanfall bei guter Konjunktur und verstärkte öffentliche Beteiligung seien hier nur als zwei Momente genannt. Letzteres war im übrigen für die Möglichkeit lesbischer Beziehungen insofern bedeutsam, als die überaus beengte Wohnsituation keine entsprechende Intimität zuließ (vgl. Rosenbaum 1982; 201f). Inwieweit diese Gelegenheiten indes tatsächlich genutzt wurden, entzieht sich, wie schon so oft, meiner Kenntnis.

Im Unterschied zur Familie der Protoindustriellen kann die der ArbeiterInnen, die massenhaft im Zuge der Ausweitung der Fabrikarbeit entstand, in einem umfassenden Sinne als modern bezeichnet werden. Nicht nur, daß sie meist auf die engsten Angehörigen beschränkt blieb, auch die familienwirtschaftliche Organisation der Produktion war mit der der Fabrikarbeit inhärenten Trennung von Arbeits- und Wohnort aufgelöst. Dennoch kann die ArbeiterInnenfamilie, orientiert man sich am Bild der bürgerlichen Familie, nicht gänzlich als modern bezeichnet werden. Denn die über die Grenzen des Produktionsbereiches bis in die Lebenswelt, diese maßgeblich bestimmend, hineinreichenden trostlosen und kräfteverschleißenden Arbeitsbedingungen verhinderten weitgehend das Entstehen zweier für die moderne Form der Familie essentieller Charakteristika: die Intensivierung und Intimisierung der Ehebeziehung sowie die Konstituierung der Kindheit als eigenständiger, gesonderter Lebensphase.

Die sich in un- und angelernte sowie gelernte Arbeitskräfte differenzierenden städtischen ProletarierInnen, die sich vornehmlich "... aus proletaroiden Handwerksmeistern, die ihre Selbständigkeit aufgeben mußten, aus Handwerksgesellen, in die Stadt abgewanderten Kleinstlandwirten und nichterbenden Bauernsöhnen, aus ehemaligen Landarbeitern und Hausindustriellen" (Rosenbaum 1982; 385) rekrutierten, waren, da sie weder zu den Produktionsmitteln gehörten noch welche besaßen, gezwungen, ihre Arbeitskraft dem Kapital zu verkaufen. Damit unterlag ihre Arbeitssituation ganz entscheidend dem Verwertungsprozeß und -interesse des Kapitals, das mit dem Gebot der Profitmaximierung treffend beschrieben ist und auf der Produktionsseite unter anderem eine Minimierung der Lohnkosten anstrebt. Realisiert wurde dies durch unterschiedliche Maßnahmen. Zum einen zunächst durch übermäßige Verlängerung des Arbeitstages, später ersetzt durch die Intensivierung der Arbeit. Zum anderen durch die stetig auf neuem Niveau vorangetriebene Spaltung in geistige und manuelle Tätigkeiten, die repetitive Detailoperationen hervorbrachte, die ihrerseits zwecks Abstimmung aufeinander eine kasernenmäßige Disziplinierung der ArbeiterInnen verlangten. Und zum dritten als einfachste und handhabbarste Konsequenz der Profitmaxim der stete Versuch, den Lohn unter das ohnehin kärglich bemessene Existenzminimum zu drücken.

Die dritte Maßnahme tangierte besonders die ledigen Arbeiterinnen, die bis zu Beginn des 20. Jahrhunderts überwiegend das Kontingent der weiblichen Fabrikarbeitskräfte stellten - waren sie selbst bereits Töchter von ArbeiterInnen oder entstammten sie noch den Unterschichten der traditionellen Gesellschaft. So erhielten sie für die gleiche, meist ungelernte Arbeit, die ohnedies am schlechtesten bezahlt wurde, beträchtlich weniger Lohn als ihre Kollegen. Diese gängige Praxis sowie im allgemeinen die Akzeptanz seitens der Betroffenen resultierte maßgeblich daraus, daß weibliche Erwerbstätigkeit weiterhin im Sinne des traditionellen Bezugssystems der Familienwirtschaft interpretiert und gehandhabt wurde, in dem das Familieneinkommen und nicht das individuelle die ausschlaggebende Größe darstellte - weswegen weibliche Erwerbstätigkeit lediglich als ökonomisch prekäre Familiensituationen bewältigende Übergangslösung galt (vgl. Rosenbaum 1982; 406). Indiz hierfür war die Selbstverständlichkeit, mit der von der Tochter erwartet wurde, daß sie ihren für die Existenz der Familie meist unverzichtbaren Lohn zu Hause abgab, und sie dies auch vielfach widerstandslos tat (vgl. Sieder 1987; 178f). Von einem solchermaßen schmalen Lohn, der einer im Grunde obsoleten familienwirtschaftlichen Orientierung geschuldet war, konnten ledige Proletarierinnen schwerlich dauerhaft leben - es sei denn, sie gingen der Prostitution als Gelegenheits- und Nebenerwerb auf der Straße, dem 'Strich' nach, der seit Mitte des 19. Jahrhunderts aus eben diesem Grund enormen Zuwachs zu verzeichnen hatte. Mit einem derart aufgebesserten Lohn war es aber auch bloß möglich, als Schlafgängerin in einen räumlich beengten, Intimität im allgemeinen wie lesbische Beziehungen im besonderen gleichermaßen abträglichen fremden Haushalt integriert zu leben. Dies galt analog für die unverheirateten Frauen, die sich als 'Dienstmädchen' in bürgerlichen Häusern verdingten. In diesem Fall implizierte die Einbindung außerdem die Gelegenheit zur schrankenlosen, auch sexuellen Ausbeutung ihrer Arbeitskraft, so daß die für womöglich lesbische Kontakte verfügbare Zeit und Energie tendenziell gegen Null ging.

Weitgehend ähnlich ist die Lage im Hinblick auf die Möglichkeit homosexueller Bindungen auch bei den noch bei ihren Eltern wohnenden ledigen Arbeiterinnen zu beurteilen. Dort wurden sie neben der eigenen außerhäusigen Erwerbstätigkeit überdies traditionsgemäß umfassend zu der ausschließlich von Frauen ausgeführten Hausarbeit und zur Betreuung jüngerer Geschwister herangezogen. Dies geschah in der Regel früh, um auf die spätere Doppelbelastung beizeiten vorzubereiten und diese wirksam einzuüben. Bedenkt man, daß Ende des 19. Jahrhunderts die reine Fabrikarbeitszeit etwa zehneinhalb Stunden betrug, die bisweilen beträchtlichen

Wegzeiten nicht mitgerechnet, wird deutlich, daß die ohnedies eng bemessenen Regenerationszeiten für Fabrikarbeiterinnen zusätzlich durch die Verrichtung häuslicher Tätigkeiten enorm beschnitten wurden, so daß so gut wie keine Zeit und Energie für eventuelle lesbische Begegnungen verblieb - im Prinzip konnte es für die Arbeiterin unter diesen Umständen Freizeit in nennenswertem Umfang überhaupt nicht geben. In die gleiche Richtung wirkte ferner die Ausübung einer fremdbestimmten Fabrikarbeit, die, monoton, repetitiv und einseitig belastend, 'Lebenskraft' aufzehrte und psychische wie körperliche Erschöpfung bedingte.

Auch die weiblichen Erfahrungen mit Sexualität konnten der Realisierung lesbischer Beziehungen entgegen stehen. Infolge der überaus beengten proletarischen Wohnverhältnisse, die ein Zusammenschlafen mehrerer, auch fremder Personen erforderte, wurden die Mädchen einerseits von Kindesbeinen an mit den sexuellen Lebensäußerungen ihrer MitbewohnerInnen konfrontiert, andererseits waren sie selbst häufig früh von männlichen sexuellen Attacken seitens des Vaters oder der Schlafgänger betroffen. Sexuell mißbraucht worden zu sein, und die davon untrennbaren Erfahrungen der Gewalt und der eigenen Ohnmacht, prägten entscheidend und nachhaltig das sexuelle Erleben vieler Mädchen. Fortgesetzt und komplettiert wurden diese Erfahrungen am Arbeitsplatz in der Fabrik durch sprachliche und handgreifliche sexuelle Belästigungen von Kollegen, Vorgesetzten und Arbeitgeber, die als einzig 'attraktive Abwechslung' quasi an der Tagesordnung waren und wiederum im allgemeinen gewalttätigen Charakter annahmen. Denn "durch die Einbindung in patriarchalische Machtbeziehungen in Familie und Fabrik waren sexuelle Beziehungen nicht solche zwischen gleichwertigen und gleichberechtigten Personen. Ihnen hafteten stets Momente von Über- und Unterordnung, von Macht und Unterlegenheit an" (Rosenbaum 1982; 425). Dennoch mag es (einige) Frauen gegeben haben, die sich erfolgreich wehren konnten, solchen Attacken auch Positives, ihnen Schmeichelndes abgewannen und/oder ihrerseits gar welche auf Männer initiierten (vgl. z.B. Gay 1987; 409). Insbesondere das in sexuellen Belästigungen häufig mitschwingende Moment sozialer Anerkennung dürfte zu ihrem nicht selten ambivalenten Charakter für Frauen beigetragen haben.

Derart vornehmlich negative Erfahrungen mit Sexualität führten allerdings vielfach nicht, wie vielleicht gemutmaßt, zur sexuellen Abstinenz. Eher ist das Gegenteil der Fall - die beiden Geschlechter nahmen frühzeitig den sexuellen Kontakt zueinander auf. Voreheliche sexuelle Beziehungen waren demnach verbreitet und galten offensichtlich nicht als anstößig. Sie fungierten im übrigen als Ventil angesichts einer Lebenssituation, die kaum anderweitige Annehmlichkeiten bot - der obligate Geschlechtsverkehr nach dem sonntäglichen Tanzvergnügen dokumentiert dies. Allerdings zieht Rosenbaum zu Recht den Vergnügungscharakter des sexuellen Aktes für die Frau in Zweifel wegen der Möglichkeit, schwanger zu werden (Rosenbaum 1982; 426). Aus diesem Grund und wegen der vergangenen und aktuellen Negativerfahrungen mit Sexualität wird diese wahrscheinlich oftmals von Frauen nicht um ihrer selbst willen gesucht worden sein. Sieder etwa bietet hierfür als außerhalb des Sexuellen liegendes Motiv das Bedürfnis nach Nähe und Zuwendung an, das sich, erziehungsbedingt defizitär, nicht anders äußern konnte, als auf den Ersatz 'Sex' zurückzugreifen (Sieder 1987; 201). Einen anderen Erklärungsansatz offeriert Peiss für die Großstädte Amerikas um die Jahrhundertwende. Ihr zufolge wurde die Gewährung einer sexuellen Gunst seitens der Frau gegen die vom Mann dargebotenen sozialen und finanziellen Vorteile getauscht (Peiss 1985; 27). Vielen ledigen Arbeiterinnen war es infolge ihres kargen Lohnes nur über das Ausgehaltenwerden möglich, an den - aus bürgerlicher Perspektive - vielfältigen verführerischen Vergnügungen der Großstadt teilzunehmen, wollten sie sich nicht unmäßig einschränken oder auf derlei Unterhaltung ganz verzichten (vgl. Peiss 1985; 29f). Darüber hinaus vermittelten die männlichen Einladungen innerhalb der Peer-Group soziale Anerkennung (vgl. Peiss 1985; 27).

Das plausibelste Argument jedoch liefert Rosenbaum - was allerdings nicht die Relevanz der übrigen schmälert, sie aber in eine Rangfolge bringt. Sie betrachtet den vorehelichen Geschlechtsverkehr in ProletarierInnenkreisen als Restbestand traditionellen, sozial kontrollierten dörflichen Eheanbahnungs - und Heiratsverhaltens, das von den vielfach noch der Dorfwelt entstammenden ArbeiterInnen in die Industrieorte transponiert und dabei modifiziert wurde (vgl. Rosenbaum 1982; 426). Auf dem Lande wurde das 'Sich-einig-werden' meist mit der Aufnahme sexueller Beziehungen gewissermaßen besiegelt. Daß dies nicht vorher geschah, darüber wachten die dörflichen Kontrollinstanzen. Die kollektiv über den 'geregelten' Verkehr der Geschlechter ausgeübte soziale Kontrolle war hingegen in der Stadt wegen ihrer zunehmenden Unüberschaubarkeit nicht ebenso wirksam wie im Dorf, selbst wenn dem vergleichbare Raumstrukturen zugrunde gelegt wurden etwa in Form der NachbarInnenschaft, die die wesentliche Kontroll- und Sanktionsinstanz in der Stadt darstellte. Dennoch war es im Falle einer Schwangerschaft möglich, den Schwängerer durch Prügel oder 'Katzenmusik' zur Heirat oder zum Ortswechsel zu zwingen (vgl. Rosenbaum 1982; 427).

Wenn man sich die Bekräftigung der 'Verlobung' durch Geschlechtsverkehr vergegenwärtigt sowie die Tatsache, die sich aus der oben erläuterten ökonomischen Situation der ledigen Arbeiterin ergab, daß im Prinzip die einzige, zudem sozial gebilligte Alternative zur Abhängigkeit von den Eltern oder einem trostlosen Schlafgängerinnendasein die Ehe darstellte, die, Eigenständigkeit verheißend, gleichwohl neue Abhängigkeiten bedeutete, wird nachvollziehbar, warum viele Frauen trotz ihrer diesbezüglichen Negativerfahrungen früh den sexuellen Kontakt zum anderen Geschlecht aufnahmen - maßgeblich, um schnellstmöglich der bedrückenden und einengenden Atmosphäre des Elternhauses zu entfliehen. Demgemäß war im ArbeiterInnenmilieu "die Selbstverständlichkeit von Eheschließung und Familiengründung als die Lebensform . ungebrochen" (Rosenbaum 1982; 428).

Ausschlaggebend für die im allgemeinen sozial endogam orientierte PartnerInnenwahl im proletarischen Milieu war, da auf Besitzverhältnisse wie bei BäuerInnen und Handwerkern keine Rücksicht genommen werden mußte, hauptsächlich ein Mindestmaß an sexueller Anziehung, die oft mit Sympathie und Zuneigung gekoppelt war. Daneben spielte noch etwa Arbeitsfähigkeit und Sparsamkeit eine Rolle. Trotz der anfänglichen sexuellen Attraktion verlängerte sich die Mißbrauchserfahrung vieler Arbeiterinnen häufig in Gestalt erzwungenen, gewaltsam herbeigeführten Beischlafes in die Ehe - ganz abgesehen davon, daß der Akt selbst meist infolge der räumlichen Enge und der fehlenden Intimsphäre hastig, heimlich und dann bloß an der männlichen Lust orientiert vollzogen wurde. Denn auch dort war die sexuelle Beziehung durch Über- und Unterordnung gekennzeichnet, die sich aus den ehelichen Machtverhältnissen ableitete. Diese wiesen dem Mann als (Haupt-)Ernährer eindeutig die dominante Stellung zu, die zusätzlich durch seine traditionell patriarchalisch fundierte politische und juristische Position abgestützt wurde. Hätten die das Autoritätsgefälle zwischen den Eheleuten widerspiegelnden leidvollen sexuellen Erfahrungen der Frau genausogut in Enthaltsamkeit wie in eine lesbische Beziehung münden können, so standen letzterem im allgemeinen ähnlich gravierende Hemmnisse entgegen wie bei den ledigen Arbeiterinnen.

Daß lesbische Bindungen nicht selbstverständlich waren, war noch das geringste der Hindernisse - sind sie es doch selbst gegenwärtig nicht. Um einiges schwerer wiegt da schon die kontinuierliche Arbeitsbe-, besser gesagt: -überlastung der proletarischen Ehefrau. Daß Kinderaufzucht und Hausarbeit einzig der Frau obliegen, ist eine sich bis heute in weiten Bevölkerungskreisen hartnäckig haltende Anschauung. Führt man sich vor Augen, daß die im Haus trotz mittlerweile fehlender Vorratswirtschaft anfallenden umfangreichen Tätigkeiten damals weitgehend ohne technische Hilfsmittel bewältigt werden mußten, wird deutlich, welch immensen Kraft- und Zeitaufwand das kostete. Besonders drastisch zeigte sich dies am Beispiel des Wäschewaschens (vgl. Rosenbaum 1982; 442; Sieder 1987; 193).

Darüber hinaus war die Ehefrau meist zum Miterwerb gezwungen, da der Lohn des Mannes nur selten allein das Überleben der Familie garantierte. Ausnahmen hiervon waren einige hochqualifizierte Arbeiter, deren Frauen nach bürgerlichem Vorbild keiner Erwerbstätigkeit außerhalb des Hauses nachzugehen brauchten - und dies auch nicht taten, da sich hierdurch das soziale Ansehen des Ernährers steigerte. Inwieweit der Miterwerb der Frau in den anderen Fällen unerläßlich war, hing von der Höhe des männlichen Lohnes ab, der sich seinerseits von der Qualifikation und von Konjunkturschwankungen (beispielsweise Arbeitslosigkeit) her bestimmte. Aus Rücksicht auf den Sozialprestigeaspekt kam jedoch auch für diese verheirateten Arbeiterinnen als Erwerbsquelle kaum die im übrigen als anrüchig geltende, offenkundig außerhäusige Fabrikarbeit in Frage, die eine Domäne der ledigen Frauen war. Ferner mögen die im Haus anfallenden Arbeiten bisweilen eine Vollerwerbstätigkeit verhindert haben. Als Nebenerwerbsquellen boten sich daher gegebenenfalls Untervermietung, eine schmale landwirtschaftliche Produktion, bezahlte Dienstleistungen in BürgerInnenhäuser und Heimarbeit an. Letztere entwickelte sich im 19. und 20. Jahrhundert zum Hauptnebenerwerb der verheirateten Proletarierin.

Befürwortet wurde dieser innerhäusig erbrachte Zuverdienst der Ehefrau sicherlich vom Ehemann noch aus einem anderen Grund als dem des sozialen Ansehens. Denn für ihn "... verband sich mit dem Verbleib 'seiner' Frau im Haushalt auch der Vorteil, die solcherart 'domestizierte' Ehefrau in ihren sozialen und sexuellen Beziehungen besser kontrollieren zu können" (Sieder 1987; 191). Ob und inwieweit anderweitige kollektive Kontrollinstanzen, wie die NachbarInnenschaft diesbezüglich wirksam greifen konnten, entzieht sich meiner Kenntnis, obzwar Sieder andeutet, daß sie durchaus auch für den weiteren Eheverlauf Kontroll- und Sanktionsfunktion besessen hätten (Sieder 1987; 170, 205). Wegen der weit verbreiteten Ignoranz lesbischem Sex gegenüber dürfte dieser allerdings sowieso kaum Inhalt etwaiger Kontroll- und Sanktionsmaßnahmen gewesen sein.

Im übrigen führte ohnehin die Ausübung einer Heimarbeit dazu, daß die verheiratete Frau in ganz umfassender Weise an das Haus gebunden und für soziale Kontakte weitgehend auf die NachbarInnenschaft verwiesen war, was wenig Anknüpfungspunkte für eventuelle lesbische Beziehungen bot - hier taucht wieder das schon bekannte Problem auf, eine geeignete Partnerin zu finden - und zugleich der tradierten polaren Zuordnung des Mannes zur Öffentlichkeit und der Frau zum Haus genau entsprach. Doch selbst bei außerhäusiger Erwerbstätigkeit war die Möglichkeit lesbischer Beziehungen denkbar gering. Denn die verheiratete Arbeiterin verausgabte und erschöpfte sich sozusagen tagtäglich vollends durch permanente langandauernde mühsame Arbeit, die ihr für persönliche Kontakte schwerlich Zeit und psychische Energie übrig ließ. So alterten die meisten Proletarierinnen vor der Zeit - wozu ganz erheblich auch viele Schwangerschaften, Fehlgeburten und Abtreibungen beitrugen.

Kontrastierend zu den bislang behandelten Familienformen des Adels, der BäuerInnen und der Handwerker, sowie partiell zum Übergangstypus der protoindustriellen Familie und der schon mit mehr Berechtigung als modern zu bezeichnenden ArbeiterInnenfamilie stellte sich das allmählich seit etwa Mitte des 18. Jahrhunderts entwickelnde Ehe- und Familienmodell des sich langsam erst konstituierenden BürgerInnentums dar. Diese neu sich herausbildende Klasse bestand in Deutschland anfangs hauptsächlich aus Beamten, Gelehrten und Literaten und weitaus weniger aus vermögenden Unternehmern und Kaufleuten, da "... der individuelle wirtschaftliche Aufstieg durch die weiterexistierenden zünftigen Hemmnisse und die auf Privilegienverleihung beruhende Wirtschaftspolitik des absoluten Staates enorm erschwert" (Rosenbaum 1982; 257) war. Entsprechend dominierte die akademische und literarische Intelligenz das kulturelle und geistige Leben ihrer Klasse, indem sie es war, die ein eigenständiges bürgerliches Selbstbewußtsein ausbildete (vgl. Rosenbaum 1982; 258 und Elias 1976a; 32f). Daher ist sie hier auch vornehmlich gemeint, wenn von 'BürgerInnentum' die Rede ist. Zur Unterscheidung werden die gerade in der zweiten Hälfte des 19. Jahrhunderts erheblich an Gewicht gewinnenden Unternehmer, Kaufleute und Bankiers als 'GroßbürgerInnentum' bezeichnet[13].

Das Entstehen des bürgerlichen Ehe- und Familienmodells war wesentlich an die spezifischen sozio-ökonomischen Existenzbedingungen der neuen Klasse geknüpft, die sich insbesondere durch eine zunehmende Trennung von Arbeits- und Lebenssphäre auszeichneten. Diese Segregation war in Deutschland besonders scharf akzentuiert, da die Privatsphäre - biedermeierliche Häuslichkeit und Gemütlichkeit - hier infolge der weitgehenden politischen Machtlosigkeit und Resignation des BürgerInnentums als Kompensation regelrecht zum Kult stilisiert werden mußte. Entscheidend kam ferner das Abgrenzungsbedürfnis der neuen Klasse hinzu, speziell nach oben, gegen die AristokratInnen, aber auch nach unten, vor allem gegen BäuerInnen, Proletariat und KleinbürgerInnentum. Die gewandelte Einstellung zu Ehe und Familie konnte dabei neben der Bildung als maßgebliches Vehikel dienen (vgl. Rosenbaum 1982; 283f; Sieder 1987; 129). Im Zuge der gesellschaftlichen Entwicklungen des 19. und 20. Jahrhunderts erfolgte die Ausdehnung des bürgerlichen Ehe- und Familienbildes auf die übrigen Bevölkerungsklassen und -schichten, die sich diesem un/gewollt allmählich tendenziell anglichen und es übernahmen. Allerdings wurde es dabei gefiltert und modifiziert entsprechend der besonderen sozio-ökonomischen Situation und Position der jeweiligen Schicht. Demzufolge wies das neu entstehende Ehe- und Familienideal im Prinzip bereits alle jene Merkmale auf, die auch für das heutige Ehe- und Familienleben weitgehend immer noch als typisch gelten:

- strikte Trennung von Arbeits- und Privatsphäre sowie Abschließung gegen Einmischung von außen;

---

[13] Der von mir in diesem Zusammenhang benutzte Begriff von 'BürgerInnentum' orientiert sich damit weniger an der klassisch marxistischen Definition - "Unter Bourgeoisie wird die Klasse der modernen Kapitalisten verstanden, die Besitzer der gesellschaftlichen Produktionsmittel sind und Lohnarbeit ausnutzen" (Marx/Engels 1978[49]; 44 Anm.1) - als vielmehr an der von Rosenbaum verwendeten. Dies rechtfertigt sich zudem dadurch, daß viele der folgenden Aussagen auf Erkenntnissen und Ergebnissen der Rosenbaumschen Untersuchung basieren - ihre Übertragbarkeit durch eine andere Begriffsbestimmung von 'BürgerInnentum' gefährdet wäre.

- intimisierte und intensivierte Ehebeziehung, die sich auf 'Liebe' gründet;
- essentieller Stellenwert der Kinder und ihrer Erziehung; 'Kindheit' konstituiert sich als eine gesonderte Lebensphase.

Bei der folgenden Darstellung werde ich auf die ideengeschichtliche Entstehung und Entwicklung des bürgerlichen Ehe- und Familienmodells nicht näher eingehen, da dies bereits zuvor von einigen AutorInnen detailliert und ausführlich geleistet wurde (vgl. z.B. Gerhard 1978; 124ff; Rosenbaum 1982; 263ff; 271ff; Sieder 1987; 130ff; Schenk 1988; 85ff), und mich demgegenüber auf die Realität konzentrieren. Ebensowenig berücksichtige ich die sich zwischen Mitte des 18. und Ende des 19. Jahrhunderts vollzogenen Veränderungen, Struktur, Habitus und Wertkategorien des BürgerInnentums betreffend (vgl. hierzu z.B. Rosenbaum 1982; 310ff; Sieder 1987; 140f), falls sie nicht den zu untersuchenden Themenkomplex berühren.

Mit der zunehmenden räumlichen Distanz von Erwerbstätigkeit und Familienleben sowie der ausschließlichen Zuordnung einzig des Mannes an die außerhäusliche Arbeitssphäre setzte sich ein gegenüber den traditionellen Familienformen gewandeltes Verständnis von den Aufgaben der Frau, ihrer Rolle durch. Im BürgerInnentum oblagen ihr mittlerweile nurmehr die Organisation des - anfangs noch infolge der Vorratswirtschaft ausgedehnten - Haushaltes, unter materiell bescheidenen Umständen zusätzlich Haus- und Gartenarbeit, sowie die intensivierte Erziehung der Kinder. Mangels Anreicherung durch anderweitige Tätigkeiten konnte somit die nach außen abgeschottete, bereits im heutigen engeren Sinne reduzierte häusliche Sphäre zum alleinigen Lebensbereich, -inhalt und -zweck der bürgerlichen Frau geraten (vgl. Rosenbaum 1982; 278).

Ideologisch abgestützt wurde diese geschlechtsspezifische und -separierende Zuweisung von öffentlichem und privatem Raum durch Definitionen der Geschlechtscharaktere, "... die sich nicht mehr an den sozialen Funktionen der Geschlechter orientierten, sondern allgemeine, abstrakte Eigenschaften als für Männer und Frauen typische ausgaben" (Rosenbaum 1982; 293). Dabei wurden ihren 'komplementären Wesen von Natur aus' gerade jene Merkmale und Fähigkeiten eingeschrieben, die sie zur Erfüllung ihrer je zugewiesenen Lebensbereiche benötigten; beim Mann vornehmlich Rationalität und Aktivität, bei der Frau Emotionalität und Passivität. Diese als 'wesensgemäß' und 'natürlich' deklarierten Geschlechtsmerkmale gaben ein geeignetes und hilfreiches Mittel ab, nachträglich nicht nur die Sonderung von Erwerbs- und Familiensphäre gleichfalls gewissermaßen für 'natürlich' und damit für optimal zu erklären, sondern auch den Ausschluß der Frauen von der aktiven Teilhabe am öffentlichen Leben zu legitimieren.

Mit dieser 'häuslichen' Bestimmung der bürgerlichen Frau war die Ehe für sie in der Regel zwangsläufige Konsequenz, galt diese doch, solange Frauen des BürgerInnentums im allgemeinen keine Berufsausbildung erhielten und keine adäquaten Erwerbsmöglichkeiten vorfanden, ideologisch wie pragmatisch als einzig akzeptable weibliche Lebensperspektive, die ökonomische Versorgung, ein sozial gebilligtes Sexualleben und eine gewisse Freizügigkeit verhieß. Demgemäß waren für sie wirtschaftliche Erwägungen bei der meist sozial endogam ausgerichteten Planung einer Ehe von essentieller und existenzieller Bedeutung. Dies traf, wenn auch in geringerem Maße, für den Mann zu, der auch weiterhin ökonomischen Motiven bei der Eheschließung einen überragenden Stellenwert einräumte. Immerhin ließen sich in begüterten Kreisen mit einer Heirat neue Geschäftsverbindungen knüpfen oder alte festigen, das Vermögen konnte vermehrt, das eigene Renommee und damit die Kreditwürdigkeit über die Verbindung mit einer angesehenen Familie gesteigert werden. In wenig bemittelten Kreisen hingegen konnte häufig einzig die Mitgift der Frau einen 'standesgemäßen' Lebensstil sichern, der sich an der wiederum adelige Standards adaptierenden Lebensweise des reichen BürgerInnentums orientierte (vgl. Rosenbaum 1982; 287).

Dessenungeachtet sollte sich die Ehe laut bürgerlicher Ideologie fundamental auf 'Liebe' gründen; mit 'Liebe' war indes noch nicht die von der deutschen Romantik nachhaltig bis heute geprägte Vorstellung von der romantischen Liebe gemeint, die "... die individuelle Geschlechtsliebe und -erotik, die psychische Verschmelzung der beiden Partner ..." (Rosenbaum 1982; 266)   als zentral betont. Vielmehr verstand man unter dem Eindruck der Aufklärung vom 18. bis weit in die zweite Hälfte des 19. Jahrhunderts unter Liebe die 'vernünftige Liebe', die, bar jener erotisch-sexuellen Anziehung, die nach leidenschaftlicher und unmittelbarer Befriedigung verlangt, auf der Tugendhaftigkeit der geliebten Person fußte. Entsprechend galt ein Minimum an Zuneigung als erforderlich für eine zufriedene und glückliche Ehe, was praktisch bei der PartnerInnenwahl ein Vetorecht der zu Vermählenden einschloß, wenn offenkundige Gründe hierfür angebbar waren.

Gemäß ihrer 'natürlichen Bestimmung' wurde die BürgerInnentochter in ihrer Kindheit und Jugend sorgfältig auf ihre künftigen ehelichen und familiären Aufgaben in dem Milieu vorbereitet, das später ihr 'Reich' werden sollte - und worauf ihr Horizont auch im wesentlichen beschränkt blieb. Besonders die zunehmend wichtigeren Repräsentationsaufgaben sowie die ausgeprägte und erweiterte Erziehungsfunktion erforderten eine bessere und umfassendere Bildung der zukünftigen Ehefrau und Mutter als in früheren Zeiten und demzufolge eine Ausdehnung der Mädchenbildung. Zwar war das Erlernen der Haushaltsführung nach wie vor obligat, inzwischen galten aber darüber hinaus Geschichte, Literatur, englische und französische Sprachfertigkeiten sowie Anstandsunterricht als angemessen und ziemend. Vermittelt wurden diese Kenntnisse zunächst von HauslehrerInnen, später auch von Pensionaten oder Mädchenschulen.

Neben diesen 'Salonfähigkeiten' war die Jungfräulichkeit der bürgerlichen Tochter entscheidende Voraussetzung für die Eheschließung und damit von existenzieller Bedeutung. Keusch, rein und unberührt hatte die Frau in die Ehe zu gehen. Dies war zwar offiziell ebenfalls für den bürgerlichen Mann vorgesehen, da man inzwischen wegen der Intensivierung der innerfamiliären Bindungen und der damit einhergehenden Aufwertung der sexuellen Komponente für vor- und außereheliche Beziehungen prinzipiell verstärkt sensibilisiert war. Ihm kam jedoch die herrschende Doppelmoral zugute, die einerseits der Frau vor- und außereheliche Beziehungen strikt untersagte, deren mögliche sichtbare Folge als untilgbare Schande betrachtet wurde, und andererseits dem Mann stillschweigend erlaubte, diskret mit Frauen unterer Schichten in vorehelichen Beziehungen sexuelle Erfahrungen zu sammeln und sich in außerehelichen Verhältnissen für das freudlose und unbefriedigende eheliche Sexualleben zu entschädigen (vgl. Rosenbaum 1982; 348ff), das eng mit der teils ideologischen, größtenteils aber gewordenen tatsächlichen sexuellen Bedürfnislosigkeit der bürgerlichen Ehefrau zusammenhing.

Für die Keuschheit und Virginität der Tochter hatten einzig die Eltern Sorge zu tragen, da infolge der Herauslösung des BürgerInnentums aus den familiären und sozialen Strukturen der traditionellen Gesellschaft keine anderweitigen institutionalisierten kollektiven Kontrollinstanzen mehr griffen. Damit beide töchterlichen Attribute auch über die abgeschottete häusliche Sphäre der Herkunftsfamilie hinaus, wo die Eltern keine Kontrollgewalt mehr besaßen, gewährleistet waren, war es erforderlich, die Tochter in Anlehnung an den Sozialisationsprozeß des bürgerlichen Mannes so zu erziehen[14], daß sie ebenfalls im Unterschied zum traditionellen Sozialcharakter, der sich im wesentlichen von äußeren Verhaltensgeboten und -verboten leiten ließ, eine Persönlichkeitsstruktur ausbildete, deren verhaltensrelevante Orientierung nach innen gerichtet war, so daß die ehemals von äußeren Kontrollinstanzen wahrgenommenen Funktionen nunmehr von inneren erfüllt werden konnten. Hierzu bedarf es einer seelischen Struktur, die Affektkontrolle sowie Triebaufschub und -verzicht üben kann und sich laut Freud in die psychischen Instanzen Es, Ich und Über-Ich ausdifferenziert.

Voraussetzung, Ort und Agens einer den 'innengeleiteten' Menschen hervorbringenden Erziehung war die im BürgerInnentum intensivierte, sentimentalisierte Eltern-Kind-, speziell die Mutter-Kind-Beziehung, auf die ich ausführlich im nächsten Unterkapitel zu sprechen komme. Die beiden inhaltlichen Achsen, um die sich die vornehmlich mütterlichen Erziehungsbemühungen und -maßnahmen herum

---

[14] Ich möchte jedoch der eventuell auftauchenden Meinung entgegentreten, die einzelnen Eltern hätten bewußt ein derartiges Erziehungskonzept ersonnen - und nicht nur umgesetzt. Vielmehr ließen sie sich mehrheitlich gerade im Hinblick auf Sexualität von den öffentlichen Äußerungen medizinischer, pädagogischer, psychiatrischer und religiöser 'Experten' hierzu bisweilen miniziös anleiten (vgl. Foucault 1983; 133).

zentrierten mit dem Ziel ihrer Sublimierung oder Verdrängung, waren Aggressivität und Sexualität. Galt es, weibliche Aggressivität zu verdrängen oder zu sublimieren, um die Passivität der Frau, ihren Ausschluß aus der Öffentlichkeit und ihre widerstandslose Unterordnung[15] unter die Autorität des Mannes zu garantieren, so wurde mit der Triebmodellierung und -kontrolle der Sexualität nicht nur die töchterliche Jungfräulichkeit bis zur Heirat gesichert, sondern generell die Keusch- und Sittlichkeit der bürgerlichen Frau. Diese wurde im Verlauf des 19. Jahrhunderts zusehends mit Asexualität gleichgesetzt, nachdem die Artikulation sexueller Wünsche und Bedürfnisse Frauen anscheinend teils bis zum Ausgang des 18. Jahrhunderts noch möglich gewesen war (vgl. Rosenbaum 1982; 348). Im 19. Jahrhundert setzte sich jedoch die Auffassung durch, die sittsame Frau habe keinerlei derartige Bedürfnisse und empfinde ehelichen Sex als lästige Verpflichtung[16]. Ihre Sprache wie ihr Verhalten mußten dementsprechend von jeder nur im entferntesten sexuell zu nennenden Anspielung und Andeutung befreit sein. Dieses vordergründig von aller Sexualität gereinigte weibliche Leben, das peinlichst den allenthalben lauernden, zum Sprung bereiten Sex zu vermeiden und zu umgehen suchte, erwies sich gerade infolge dieses 'Bewußtseins' hinterrücks als durchtränkt von sexuellen Vorstellungen, Phantasien und Assoziationen. Oder wie Luhmann es, prägnant auf den Punkt gebracht, ausdrückt: " . Tugendbewußtsein ist natürlich Sexualbewußtsein" (Luhmann 1988[4]; 159).

---

[15] Daß sich vordergründig widerstandsloses weibliches Verhalten, gleich dem dialektischen Umschlag von Quantität in Qualität, hinterrücks als durchaus widerständig erwies, demonstrieren Heintz et al. am Beispiel der Krankheit, speziell der Hysterie, und der Moralisierungskampagnen (vgl. Heintz et al. 1984; 40ff, 43ff). "Die bürgerlichen Frauen waren (zwar, G.H.) in einem subversiven Sinn passiv und auf subversive Weise gefügig" (Heintz et al. 1984; 39), indem sie die männliche Zuweisung durch Übererfüllung der Norm in eine Speerspitze gegen das herrschende Geschlecht verwandelten und es so ansatzweise unter ihre Kontrolle brachten - was auch mehr Verhaltensfreiheit bedeutete. Dies war aber nur um den Preis möglich, die männliche Zuweisung prinzipiell zu akzeptieren und auf das Einschlagen der Gegenrichtung zu verzichten. Im Falle der Hysterie war dies das Akzeptieren der 'Passivität' und der Verzicht auf 'Aktivität', im Falle der Moralisierung die Akzeptanz von 'Asexualität' und der Verzicht auf 'Sex'.

[16] Daß diese Auffassung nicht nur ehelichen, sondern auch lesbischen Sex betraf, dokumentiert das Urteil eines britischen Gerichts Anfang des 19. Jahrhunderts. Sie wiesen die Klage einer Schülerin ab, die zwei ihrer Lehrerinnen homosexueller Akte bezichtigt hatte. Grund: " . the judges were most swayed in their judgement by their unwillingness to believe that women above the lower class were sexual creatures, that they would willingly indulge in sexual activity for the gratification of their own appetites and not for the sole purpose of procreation. If a decent woman would not engage in illicit sexual activities with a man, whose great sexual impulse might have a seductive effect on her, she would certainly not do so with another woman who, like her, could have no overwhelming sexual drive. As Lord Gillies stated in his judgement, 'No such case was ever known in Scotland, or in Britain ... I do believe that the crime here alleged has no existence'" (Faderman 1981; 148f).

Im Verlauf des Erziehungsprozesses mußte zur Hervorbringung der sittsamen Frau der gesamte Komplex 'Sexualität' versucht werden, elterlicher/mütterlicher Kontrolle zu unterwerfen, damit die Tochter vermittelst solcher psychischen Mechanismen wie der Introjektion, der Identifikation und der Reaktionsbildung wesentliche diesbezügliche Konfigurationen der Mutter-Tochter-Beziehung als feste Bestandteile ihrer psychischen Struktur nach innen nahm - und sich dann unbewußt entsprechend selbst überwachte. Kein Wunder, daß genau zu diesem historischen Zeitpunkt jene die ErzieherInnen und Eltern wachrüttelnden und als potentielle Mitschuldige anklagenden medizinischen, pädagogischen und psychiatrischen Diskurse entstanden, die den angeblich omnipräsenten, schädlichen kindlichen Sex bis in seine verborgensten Winkel zu verfolgen trachteten - dabei aber sozusagen notwendigerweise zum Scheitern verurteilt waren, insofern "... die Kontrolle der kindlichen Sexualität durch gleichzeitige Ausweitung ihrer eigenen Macht wie des Gegenstandes, auf den sie wirkt" (Foucault 1983; 56) geschah. Es wäre allerdings verfehlt zu meinen, dieses Scheitern bedeute, elterliches Handeln sei auf die kindliche Psyche wirkungslos geblieben - im Gegenteil, das Wechselspiel aus konsequentem Aufspüren sexueller Regungen und Empfindungen einerseits, ebenso konsequenten Versuchen, sich dem immer wieder zu entziehen, andererseits wird später von der mittlerweile Erwachsenen, nunmehr nach innen verlagert, selbst übernommen. Resultat einer derartigen Erziehung war oftmals die 'asexuelle, frigide' Frau, die ihre sexuelle Libido zur Emotionalität sublimierte und in Mutterschaft oder alternativen 'mütterlichen' Aufgaben, wie etwa dem karitativen Engagement ihren sozial intendierten oder wenigstens gebilligten Ausdruck fand.

Dessenungeachtet waren die auf weibliche Tugendhaftigkeit abzielenden Erziehungsanstrengungen nicht immer erfolgreich. So kam es gelegentlich doch zu - möglicherweise auch gleichgeschlechtlichen - vor- oder außerehelichen Beziehungen, wie "... die Existenz sog. Entbindungsanstalten für heimlich Schwangere" (Frevert 1986; 50) dokumentiert, in denen bürgerliche Frauen diskret und komfortabel niederkommen konnten. Aus der Tatsache, daß sich mit diesen Einrichtungen Geld verdienen ließ, schließt Frevert auf eine rege Nachfrage, obgleich sie auf einen kleinen gutbetuchten Kreis beschränkt blieb. Die übrigen BürgerInnentöchter hätte eine Schwangerschaft als Beischlafkonsequenz, mangels derart bequemer Möglichkeiten des 'Ungeschehenmachens', in Schimpf und Schande gestoßen, wollten sie sich nicht stattdessen einem lebensgefährlichen Abtreibungseingriff unterziehen. Deswegen mußte gerade in ihnen eine umfassende, effektive innere Kontrolle 'eingepflanzt' werden - was meistenteils auch gelungen sein dürfte.

So wird die Mehrzahl der bürgerlichen Frauen im Unterschied zum 'erfahrenen' Mann unberührt und unaufgeklärt in die Ehe gegangen sein - und offenkundig nicht selten in der Hochzeitsnacht einen Schock erlitten haben, falls der Mann ohne jegliche Sensibilität für die Empfindungen und die Lage seiner Frau war (vgl. Rosenbaum 1982; 349f). Eine solche sexuelle Erfahrung prägte manchmal nicht nur nachhaltig das gesamte Verhältnis der Eheleute, sondern wird eine Frau kaum zur Suche nach heterosexuellen, eher schon lesbischen Alternativen inspiriert haben - wobei sich angesichts umfassender gesellschaftlicher Ignoranz lesbischem Sex gegenüber allerdings die Frage erhebt, woher eine Frau von dieser Möglichkeit überhaupt wußte[17]. Dennoch wäre es abwegig, von diesen, einen Extrempol darstellenden Fällen prinzipiell auf desolate sexuelle Beziehungen bürgerlicher Ehepaare zu schließen. Immerhin soll es im 19. Jahrhundert in Mitteleuropa und in den USA im BürgerInnentum Ehen gegeben haben, die sexuell und sinnlich befriedigend waren (vgl. Schenk 1988[2]; 92). Doch selbst dann galt es für eine Frau als Gebot der Sittlichkeit, ihr sexuelles Interesse öffentlich nicht allzu deutlich kundzutun und sich demgegenüber eher als eine Frau zu präsentieren, die ihre Gelüste beherrschte und auch ihren Mann dazu anhielt (vgl. Frevert 1986; 131; Goreau 1984[2]; 134). Infolgedessen kann von der äußeren Darstellung bürgerlicher Frauen nicht bruchlos und zweifelsfrei auf ihr Verhalten im Ehebett rückgeschlossen werden.

Somit prägten und reproduzierten auch viele dieser Frauen in der Sittlichkeitsbewegung gegen Ende des 19. Jahrhunderts maßgeblich jene idealtypischen Moralvorstellungen, die den Rahmen des 'Schicklichen und Normalen' absteckten, aus dem Frauen bloß unentdeckt herausfallen durften - andernfalls bedeutete es den endgültigen Bruch mit der 'guten' Gesellschaft. Als für Frauen wie Männer gleichermaßen verbindliches moralisches Ideal galt das kontrollierte und monopolisierte Ausleben der Sexualität in der Ehe und korrespondierend die strikte Tabuisierung vor- und außerehelichen Geschlechtsverkehrs, die nur wenige wagten, in Frage zu stellen. Dabei wird dieses Tabu stärker lesbischen als heterosexuellen Sex tangiert haben. Hierzu paßt auch das Verhalten der 'alten Frauenbewegung', auf die männerdominierten sexualwissenschaftlichen Diskurse über 'weibliche Konträrsexualität' größtenteils mit Schweigen zu reagieren. Eine Reaktion, die Hacker als genuin subversive und widerständige Strategie identifiziert (vgl. z.B. Hacker 1987; 172). Diese Interpretation ist angesichts der Verortung der 'Diskursmacht' ausschließlich bei den Männern durchaus verständlich und teils zutreffend, berücksichtigt aber zu wenig, daß Frauen sich damit zugleich in den für sie jahrhundertelang vorgesehenen und vorbehaltenen Objektstatus fügten und nicht über die eigenständige Wendung des Diskurses versuchten, zu Subjekten zu avancieren - ob ein derartiger Versuch erfolgreich gewesen wäre, sei allerdings dahingestellt.

---

[17] Ignoranz läßt sich infolgedessen durchaus bewußt nutzen, um der Verbreitung lesbischer Akte praktizieren- der Frauen entgegenzuwirken. Daß eine solche Absicht nicht zu weit hergeholt ist, verdeutlicht eine Rezen- sion des im 19. Jahrhundert lebenden britischen Kritikers John Morley, in welcher er die Auffassung ver- ficht, "... that such matters should remain nameless and arcane lest young women learn what they should not know" (Faderman 1981; 155).

Abgesehen davon, daß vor- und außereheliche Beziehungen auf der ideologischen Ebene strengstens verpönt waren, standen einer womöglich praktischen Umsetzung überwiegend die konkreten Lebensumstände bürgerlicher Frauen entgegen. Die diesbezügliche Situation der noch unverheirateten BürgerInnentöchter war entscheidend von der elterlichen Sorge um die Jungfräulichkeit ihrer Tochter bestimmt, die auf eine ausgedehnte, Freiräume drastisch beschneidende Kontrolle, wo immer sie möglich war, abzielte. Realisiert wurde diese - vermutlich größtenteils erfolgreich - über eine umfassende Beschränkung auf das Haus, die Privatsphäre, wo das 'mütterliche Auge' wachte, und im Falle ohnehin überaus seltener Außenkontakte mittels der obligaten, gewissermaßen institutionalisierten Anstandsdame, die für die Keuschheit und Sittlichkeit der - in der Regel heterosexuellen - Begegnung bürgen sollte. Durch diese Maßnahme galt es daher zweifellos, weitaus weniger lesbische als heterosexuelle Akte wirksam zu verhindern. Doch allmählich begann sich mit der Verbreitung sexualwissenschaftlicher Diskurse über weibliche Konträrsexualität der Schleier der Ignoranz gegenüber lesbischem Sex im BürgerInnentum zu lüften - nicht umsonst gerieten daraufhin beispielsweise Mädchenpensionate als 'potentielle Erfüllungsorte' unter den Aspekten ihrer diesbezüglichen Gefahrenmomente wie ihrer Prävention zunehmend in die Schußlinie.

Die verheiratete Frau hingegen verfügte, da ihre Jungfräulichkeit nicht länger zur Disposition stand und sie als Ehefrau mittlerweile elterlicher Kontrolle entzogen war, durchaus - wenigstens potentiell - über mehr Möglichkeiten, sich innerhäuslich Freiräume für außereheliche sexuelle Begegnungen zu schaffen, war doch dieser Binnenraum weitestgehend äußerer Kontrolle entzogen und erlaubte außerdem die zunehmende Abschließung gegen das Dienstpersonal im Innern ebenso wie die Schaffung ausdifferenzierter Räumlichkeiten den individuellen Rückzug. Den potentiellen häuslichen Freiraum gegebenenfalls für lesbische Kontakte tatsächlich zu nutzen, bedurfte es allerdings einer entsprechenden Partnerin, die sich lediglich über Außenkontakte finden ließ. Diese waren infolge der nahezu durchgängig rigiden Abschottung der Privatsphäre nach außen überaus rar gesät und erstreckten sich meist auf standesgemäße, häufig die Geschlechter separierende Geselligkeiten, die im allgemeinen den im 19. Jahrhundert an Bedeutung gewinnenden Repräsentationszwecken dienten, und auf das oft als 'Beschäftigungstherapie' fungierende, vereinsmäßig organisierte karitative Engagement der zur Inaktivität gezwungenen bürgerlichen Frau. Im übrigen werden viele Frauen diese Begegnungen mit einer Außenwelt vollauf genügt haben, mit deren Verkehrsformen sie nicht vertraut waren und die ihnen wegen ihrer Unwissenheit als fremd und bedrohlich erschien. Diese, gerade das Zusammensein mit dem eigenen Geschlecht, je nach Perspektive beschränkenden oder begünstigenden Kontaktformen boten möglicherweise trotz ihrer Unterwerfung unter standesgemäße Kommunikationsrituale, Umgangsformen und Verbindlichkeiten Anknüpfungspunkte, um später daraufhin eventuell lesbischen Sex zu initiieren.

Ob und inwieweit verheiratete, aber auch ledige bürgerliche Frauen dergestalt aktiv wurden, ist schwer einschätzbar, meines Erachtens aber weitgehend als gering zu veranschlagen. Nicht nur, daß lesbischem Sex zugeneigte Frauen Schwierigkeiten gehabt haben dürften, in dem sich dezidiert gegen alle übrigen Bevölkerungsgruppen, mit Ausnahme des Adels abgrenzenden BürgerInnentum eine Gleichgesinnte zu finden. Darüber hinaus wird häufig die erfolgreiche Verdrängung oder Sublimierung sexueller Libido zu Emotionalität und Mütterlichkeit sowie die Erhebung und Verinnerlichung einzig heterosexuellen Sexes zur Norm ihren Teil dazu beigetragen haben, lesbischen Sex wirksam zu verhindern - und dies zeitigt auch heute noch und immer wieder ihre tradierten Nachwirkungen in dem allmählichen und mühsamen individuellen Prozeß des Coming Out[18]. Auch die von Smith-Rosenberg (1984) geschilderten, im Nordamerika des 18. und 19. Jahrhunderts weit verbreiteten engen emotionalen Bindungen zwischen bürgerlichen Frauen können, obzwar sie oft zeitweise Körperlichkeit und Sinnlichkeit mit einschlossen, nicht als vornehmlich oder tendenziell sexuell motiviert betrachtet werden - diese Komponente fristete in den Frauenbeziehungen allenfalls eine marginale Existenz. Demgegenüber essentiell waren für diese Bindungen die gefühlsmäßigen Bedeutungen und Funktionen, die sie im Leben der Frauen erfüllten. Kontinuität, Mitgefühl, Trost, emotionale Nähe, Selbstachtung, innere Sicherheit, Unterstützung, Hilfe, Zuneigung, Spontanität, Zärtlichkeit und Intimität - all dies konnten Frauen in ihren Beziehungen finden in einer Gesellschaft, die auf einer rigiden Geschlechterdifferenzierung sowohl bezüglich des Rollenverhaltens als auch hinsichtlich der Lebensbereiche basierte und damit entscheidend zur emotionalen Entfremdung der Geschlechter voneinander beitrug (vgl. Smith-Rosenberg 1984; 248, 252, 257). Die innige Beziehung zu einer anderen Frau stand demnach nicht im Widerspruch zur dominanten und alternativlosen ehelichen und familiären Lebensperspektive der bürgerlichen Frau, sondern komplettierte sie eher um die gesellschaftlich produzierten Defizite des Geschlechterverhältnisses.

Die einzig mögliche Alternative der Frau zur Ehe, ledig zu bleiben, war im Grunde genommen keine wirkliche Alternative, da ihr jene Attraktivität fehlte, die eine gleichwertige und adäquate Wahlmöglichkeit auszeichnet. Unattraktiv war der Ledigenstatus für Frauen nicht nur deshalb, weil sie überwiegend als 'alte Jungfern' von Eltern und Geschwistern finanziell abhängig waren und ihnen zur Last fielen. Selbst wenn sie nicht bei ihren Angehörigen lebten, was offensichtlich nicht unüblich war, waren sie als unverheiratete Frauen stark in ihrer Bewegungsfreiheit ein-

---

[18] Unter Coming Out verstehe ich einen komplexen Prozeß, der sowohl das Aneignen einer lesbische Identität und die Selbstakzeptierung als Lesbe umfaßt als auch das Öffentlichmachen des eigenen Lesbischseins (vgl. z.B. Kokula 1983; 125f).

geengt, da sie nicht als eigenständige, selbstverantwortliche Subjekte galten, sondern nur vermittelt über den Status eines Mannes - Vater oder Ehemann - daran partizipierten. Analoges gilt demgemäß für die geschiedene, weil gleichfalls unverheiratete Frau. Weder konnte sie ungehindert reisen noch öffentliche Lokalitäten besuchen, ohne schnell ins Gerede zu kommen - und Auflehnung gegen diese Begrenzungen erforderte seitens der Frau Mut, Durchsetzungskraft und Beharrlichkeit - alles Eigenschaften, die die weiblich-bürgerliche Erziehung nicht eben förderte, im Gegenteil eher zu minimieren suchte, und die damals bloß außergewöhnliche Frauen besaßen. Ledigbleiben bedeutete infolgedessen, von Kontakten zu Verwandten einmal abgesehen, sehr häufig soziale Isolation - keine besonders günstigen Voraussetzungen für lesbische Akte und Beziehungen, die ferner ohnedies vielfach allein die 'asexualisierend-emotionalisierende' Erziehung verhindert haben dürfte.

Wollten sich unverheiratete Frauen des BürgerInnentums ökonomisch emanzipieren, so kam als standesgemäße Erwerbsquelle allenfalls die zahlenmäßig dem Umfang nach begrenzte Position einer Gouvernante oder später die einer Lehrerin in Betracht. Ihre Chancen, als Gouvernante beschäftigt zu werden, minimierten sich allerdings, wenn adlige Konkurrentinnen aus gutem Haus mit distinguierten Verkehrsformen auftraten. Überdies war diese Stellung gegenüber dem Status einer verheirateten Frau nicht gerade verheißungsvoll, verengte sich doch mit der Integration in ein fremdes Haus der Bewegungsspielraum - auch für eventuell lesbische Kontakte.

Der Eingliederung in eine fremde Familie unterlag die Lehrerin nicht. Vom frühen bis zum letzten Drittel des 19. Jahrhunderts galt der Beruf der Lehrerin sowieso als die eigentliche standesgemäße Erwerbsmöglichkeit lediger Bürgerinnen, da hierbei die ursprünglich innerhäusliche Erziehungsfunktion lediglich in den außerfamiliären Bereich verlängert und transponiert wurde. Daß Lehrerin überhaupt zu einer Profession wurde, resultierte unmittelbar aus der expandierenden Mädchenbildung, die sich wiederum aus den zunehmenden Repräsentationspflichten und Erziehungsaufgaben der bürgerlichen Ehefrau und Mutter ableitete, sowie aus den aktiven diesbezüglichen Bemühungen der 1848er Frauenbewegung. Diese betrieb über das Plädoyer für eine erweiterte und verbesserte Mädchenbildung "... zugleich eine Strategie 'aktiver Professionalisierung': Man schuf sich seine Berufsfelder selber" (Frevert 1986; 76). Ähnliches galt für die Professionalisierung sozialfürsorgerisch-karitativen Engagements für Unterschichtsfrauen mit dem Ziel, eklatante Klassengegensätze befriedend zu lindern und bürgerlich-moralische Verhaltensstandards und Wertmaßstäbe zu verbreiten (vgl. Frevert 1986; 114). Die Bestrebungen der 48er Frauenbewegung, adäquate eigenständige Erwerbsmöglichkeiten für bürgerliche Frauen zu erschließen, beschränkten sich gleichwohl auf ledige Frauen, die nicht das 'Glück hatten, ihr Wesen in Ehe und Mutterschaft zu verwirklichen' und daher ersatzweise auf korrespondierende Tätigkeiten und Aufgabenfelder verwiesen waren. Dieser ideologisch wechselseitige Ausschluß von Ehe und Familie einerseits, Beruf andererseits manifestierte sich etwa auf der Realitätsebene in einer für die Frau unaufhebbaren Verknüpfung von Beamtinnen- und Ledigenstatus, die wohl weniger der von Fuchs vermuteten besseren Verwertbarkeit der Arbeitskraft geschuldet war (vgl. Fuchs 1985, Band 6; 35) als der Aufrechterhaltung der geschlechtspolaren Rollen und Lebensbereiche.

Brisanz gewann das Problem fehlender Erwerbsmöglichkeiten für ledige Frauen der BürgerInnenklasse in der zweiten Hälfte des 19. Jahrhunderts verstärkt durch ihre veränderten sozialen Lebensumstände und ihre geringe Willigkeit, sich dem fatalistisch zu fügen. Beide genannten Aspekte waren Frevert zufolge wesentlich ausschlaggebender dafür, daß der Typ der ledigen bürgerlichen Frau zum Politikum geriet, als die zeitgenössisch gängigen Erklärungsmuster von Frauenüberschuß und männlicher Heiratsunlust (vgl. Frevert 1986; 116f). So stieg im Verlauf des 19. Jahrhunderts das Heiratsalter bürgerlicher Frauen im allgemeinen auf etwa 25 Jahre, wodurch sich die zwischen Kindheit und Ehe liegende Jugend zu einer zirka 10 Jahre währenden eigenständigen Lebensphase ausdehnte, die nach definitiven Modellen und Handlungsanleitungen verlangte. Gleichzeitig reduzierte sich infolge der vermehrten außerhäuslichen Produktion von Gebrauchsgütern und Waren aller Art die im Haus zu verrichtende Arbeit zusehends auf die ausschließliche Reproduktion männlicher und kindlicher Arbeitskraft (vgl. Gerhard 1978; 94). Die arbeitsaufwendige Vorratswirtschaft wurde damit genauso obsolet wie die bisweilen zu ihrer Bewältigung erforderliche große Schar von Töchtern, Schwestern und anderen weiblichen Angehörigen. Diesen verblieb demnach nur die Alternative, sich entweder mit der Anfertigung der eigenen Aussteuer die lange Wartezeit zu vertreiben oder einer Heimarbeit nachzugehen, die nach außen streng geheimzuhalten war, um die für das Sozialprestige von Mann und Familie unerläßliche Illusion weiblichen Müßiggangs zu wahren - beides im Vergleich zu den männlichen Möglichkeiten überaus unattraktive Aussichten. Durchbrochen wurde die übliche bürgerlich-weibliche Lebensperspektive offenbar zunächst von Familien, denen es mangels Mitgift schwerfiel, ihre Töchter über eine Heirat zu versorgen (vgl. Frevert 1986; 118).

Mittlerweile hatte sich nicht nur die Zahl der Lehrerinnen in Preußen von 620 im Jahre 1822 auf 14.600 im Jahre 1896 erhöht. Auch Arbeitsplätze in Büros und Geschäften erschienen zunehmend als angemessen und standesgemäß für Frauen aus dem BürgerInnentum, die demzufolge das Hauptkontingent der 1895 beschäftigten 13.044 weiblichen Büroangestellten ausmachten (vgl. Frevert 1986; 75). Damit deutet sich bereits Ende des letzten Jahrhunderts das an, was allmählich mit forcierter Industrialisierung zu Beginn dieses Jahrhunderts Konturen annahm und manchmal fälschlicherweise mit dem Ersten Weltkrieg quasi als Hebamme ursächlich in Verbindung gebracht wird: zum einen nahm der absolute Anteil weiblicher Erwerbsarbeit gemäß des Bevölkerungswachstums zu, obschon er relativ in etwa gleich blieb; zum anderen suchten Frauen vermehrt eine Anstellung im Industrie- und Dienstleistungsbereich, die als Resultat ihrer Expansion verstärkt kaufmännisches Personal nachfragten. Dies bedeutete eine tendenzielle Angleichung an das Profil männlicher Erwerbstätigkeit, weniger land- oder hauswirtschaftliche Beschäftigungen zu wählen als solche in Handwerk, Industrie oder Dienstleistungsgewerbe. Parallel wurden die kaufmännischen Tätigkeiten, die infolge des mit dem Produktionswachstums einhergehenden erhöhten Aufwandes für Planung, Steuerung und Überwachung an Bedeutung gewannen (vgl. Brödner et al. 1982; 34ff), zunehmend in Einzelfunktionen zerlegt, standardisiert und maschinisiert. Dadurch gelang es, Berufsfelder und Qualifikationen geschlechtsspezifisch aufzusplitten: Frauen verblieben die minderqualifizierten, meist repetitiven Detailtätigkeiten, während Männer verhältnismäßig qualifizierte, leitende Positionen bekleideten (vgl. Frevert 1986; 173) - was sich unter anderem in einer geschlechtsspezifisch auseinanderklaffenden Lohnschere manifestierte. Dieser kombinierte Trend aus absoluter Zunahme weiblicher Berufstätigkeit und Angleichung an das männliche Erwerbsprofil bei gleichzeitig gespaltenem Arbeitsmarkt, setzte sich in der Weimarer Republik ungebrochen beschleunigt fort und brachte den Prototyp der neuen, modernen Frau mit hervor, als der die salopp gekleidete, rauchende und Bubikopf tragende junge ledige Angestellte galt, die den 'Gleichberechtigungsgrundsatz' der Weimarer Verfassung umzusetzen schien.

Durch die Expansion der Mädchenbildung und der Büroarbeiten war es immer mehr Frauen bürgerlicher Herkunft gelungen, eine von Familie und Mann unabhängige ökonomische Existenz zu führen - damit war, zwar nicht für die breite Masse, aber wenigstens für eine ansehnliche Anzahl von Frauen gewissermaßen die materielle Bedingung der Möglichkeit lesbischer Beziehungen erfüllt. Allerdings war die Ausübung einer Berufstätigkeit nicht automatisch gleichbedeutend mit wirtschaftlicher Unabhängigkeit. Wegen des im allgemeinen schmalen Gehalts - nach Aussagen des weiblichen Berufsverbandes VWA lebten etwa die Hälfte seiner unter 25-jährigen Mitglieder nach Abzug der Sozialabgaben unter dem damaligen monatlichen Existenzminimum von 100 RM (vgl. Frevert 1986; 178) - wohnten die meisten weiblichen Angestellten bei ihren Eltern oder hätten stattdessen die Unterstützung eines Freundes bedurft. In beiden Fällen verringerte sich die Möglichkeit lesbischer Beziehungen oder Kontakte beträchtlich, waren die Frauen doch dann in einen Haushalt integriert, der sie zusätzlich zur Berufstätigkeit infolge der geschlechtsspezifischen Arbeitsteilung nicht nur stark beanspruchte, sondern überdies Kontrolle durch die Haushaltsmitglieder bedeutete - von der Intimität abträglichen Enge der Wohnverhältnisse ganz zu schweigen. "Nur eine Minderheit konnte es sich leisten, eine eigene Wohnung oder ein eigenes Zimmer zu mieten" (vgl. Frevert 1986; 178). So beispielsweise die von Kracauer angeführte westdeutsche Fabrikantentochter, die sich mit 150 RM Monatslohn - ob brutto oder netto, bleibt unklar - ein möbiliertes Zimmer mieten konnte (vgl. Kracauer 1974[2]; 72) und damit bloß unwesentlich über dem Existenzminimum lebte.

Tendenziell in die gleiche Richtung entwickelte sich der Arbeitsmarkt für Frauen aus der ArbeiterInnenklasse. Nachdem die Angestelltenprofession vor dem Ersten Weltkrieg fast ausnahmslos von bürgerlichen Frauen ausgeübt worden war, eröffnete die exponentielle Nachfrage nach weiblichem Büropersonal auch ArbeiterInnentöchtern den 'Aufstieg' ins Angestelltenverhältnis. Bei den Arbeiterinnen, die Aussicht darauf hatten, handelte es sich meist um Töchter der 'ArbeiterInnenaristokratie', von gut verdienenden Facharbeitern also, die einer Berufsausbildung ihrer Töchter manchmal durchaus aufgeschlossen gegenüberstanden. Die Attraktivität, Angestellte zu sein, leitete sich weniger von der im Unterschied zur Fabrikarbeit häufig geringeren Entlohnung ab als vielmehr von dem damit verbundenen höheren Sozialprestige (vgl. Frevert 1986; 176). Kein Wunder, daß die weiblichen Angestellten mehrheitlich davon träumten zu heiraten - hätten sie gesteigerten Wert auf ihre ökonomische Selbständigkeit gelegt, wäre vielfach eine 'auf Frauen zugeschnittene' Fabrikarbeit sinnvoller gewesen.

Diese begann gleichfalls zu expandieren. Nachdem es im Ersten Weltkrieg bereits zur kriegsbedingten Umschichtung weiblicher Erwerbstätigkeit mit entsprechenden Lohnzuwächsen gekommen war, öffneten sich die infolge der Demobilmachung vorübergehend wieder verschlossenen Industriezweige seit 1924 abermals verstärkt Frauen (vgl. Frevert 1986; 179). Auslöserin dafür war eine technische Rationalisierungswelle, die mit einer fortschreitend arbeitsteiligen Bewältigung des Arbeitsprozesses gekoppelt war und damit die Polarisierung von an- und ungelernten, häufig manuellen Tätigkeitsprofilen einerseits und qualifizierten, oft geistigen Positionen andererseits auf einer qualitativ neuen Stufe vorantrieb. 'Selbstverständlich' übernahmen die dadurch entstehenden minderqualifizierten Einzeltätigkeiten in der Regel Frauen. Trotz der vergleichsweise guten Bezahlung reichten auch vielen ledigen Fabrikarbeiterinnen die finanziellen Mittel nicht, sich ökonomisch von ihrer Familie zu lösen.

Insgesamt zeichnete sich mit forcierter Industrialisierung die Tendenz ab, daß es immer mehr Frauen möglich war, sich - falls gewünscht - wirtschaftlich zu emanzipieren und dies gegebenenfalls als Grundlage einer lesbischen Beziehung zu nutzen. Als Antwort auf diese vermeintlich erstmals ernsthafte Bedrohung geschlechtsspezifisch geprägter sozialer Strukturen und gesellschaftlicher Machtverhältnisse - "what if women would seek independence, cut men out of their lives, and then find solace from loneliness by making what should have been 'a rehersal in the girlhood of the great drama of a woman's life,' the drama itself?" (Faderman,

1981; 240) - verlief sozusagen folgerichtig nahezu synchron die Entwicklung zweier sexualwissenschaftlicher männerdominierter Diskurse. Im ersten schon kurz angesprochenen Diskurs, der auf die Anfänge der sich massenhaft abzuzeichnen beginnenden weiblichen Autonomiebestrebungen reagierte, ging es um die Entdekkung und Systematisierung weiblicher Homosexualität oder Konträrsexualität, wie sie damals vielfach etikettiert wurde. Dieser Diskurs setzte mit der 1869 veröffentlichten Schrift Carl Friedrich Westphals "Die conträre Sexualempfindung" ein und untergliederte sich in zwei Phasen. In der ersten "... wurden nur vereinzelte, ganz bestimmte, andersartige Frauen erfaßt, vermessen und untersucht, während in der zweiten Phase, etwa ab 1890, die Begrifflichkeit auf tendenziell alle Frauen ausgeweitet wurde, die in irgendeiner Weise ihren traditionellen Wirkungskreis verließen" (Göttert 1989; 28). Bei den im ersten Schub systematisierten handelte es sich im wesentlichen um die schon bekannten 'passing women', die bereits in den vorangegangenen Jahrhunderten regelmäßig als das soziale geschlechtshierarchische Gefüge gefährdend eingestuft und entsprechend verfolgt und verurteilt worden waren - und nunmehr als prototypische Repräsentantinnen der vom Mann unabhängigen Frau galten, die sich ihrer 'weiblichen Bestimmung' entledigten, indem sie sich, alle Lebensbereiche umfassend, als 'Mann' gerierten. Da mittlerweile die bürgerliche Welt die Geschlechtscharaktere für 'natürlich' und 'wesenhaft' befunden hatte, mußte die Transvestitin konsequenterweise 'männlich' im Sinne bürgerlich-heterosexueller Vorstellungen sein - und auf eben dieses Kriterium hin wurden die 'passing women' sexualwissenschaftlich analytisch seziert und synthetisiert (vgl. Hacker 1987; 33ff), Konnotationen von 'Unnatürlichkeit' und 'Anormalität' implizierend, so daß sich das Konzept weiblicher Homosexualität, das auf operationalisierter 'Männlichkeit'[19] basierte, als probates Mittel zur Diffamierung und Diskredi-

---

[19] 'Männlichkeit' wurde operationalisiert, indem äußere Attribute einschließlich körperlicher Merkmale sowie Verhaltensweisen und Einstellungen bis ins Kleinste differenziert und klassifiziert wurden, die laut (damals) herrschender Ideologie einzig Männern zustanden. Um demnach bei einer Frau den Grad ihrer 'Virilität' festzustellen, wurde sie unter anderem einer klinischen Untersuchung unterzogen: "Genitalapparat, Sprech- und Gesangsstimme, Kehlkopf, Beschaffenheit der Kopf-, Bart-, Scham- und Körperhaare, Entwicklung der Milchdrüsen, Relation von Becken- und Schulterlinie, Größe der Hände und Füße, Beschaffenheit von Muskel-, Haut- und Fettgewebe, Gesichtsausdruck, Rumpfbewegung, Gangart, Linkshändigkeit, Beschaffenheit der Handschrift, Stimmungsschwankungen, seelische Widerstandsfähigkeit, Intelligenz, Affekterregbarkeit, Elastizität des Nervensystems" (Hacker 1987; 39). Darüber hinaus wurde ihre Gegenstandswahl beobachtet: "Gestaltung von Wohnräumen ('schwere Möbelstücke', 'lederner Klubsessel', 'massiver Schreibtisch', 'ernste Farben', 'eiserne Feldbettstelle'), Zusammensetzung des Tascheninhalts ('kräftiges Messer', 'Korkzieher', 'voluminöse Brieftasche', 'Zigarettenetui', 'Feuerzeug', 'große Sacktücher von derber Leinwand') und natürlich äußere Aufmachung, Kleidung, Stöcke und Schirme" (Hacker 1987; 39).

tierung weiblicher Emanzipationsbestrebungen nutzen ließ, das diese letztlich zu verhindern suchte.

Diese konnten dadurch jedoch nicht wirksam gebrochen werden, verbreiteten sich hingegen eher - die Zunahme der Lehrerinnen und die allmähliche Öffnung der Universitäten für Frauen, zuerst in Zürich seit 1870, sprechen eine deutliche Sprache. Vielleicht als Reaktion auf diesen ungebrochenen Trend wurden in der zweiten Systematisierungsphase alle ihren 'weiblichen Ort' verlassenden Frauen unter die anhand der Transvestitinnen entwickelte Begrifflichkeit subsumiert, um hierdurch erneut weibliche Autonomiebestrebungen versuchsweise einzudämmen. Ihr wiederholtes Scheitern dokumentiert die enorme Entwicklung weiblicher Berufstätigkeit in den ersten 30 Jahren des 20. Jahrhunderts. Daß hierdurch dem sozialen Gefüge mutmaßlich eine neue Qualität von Bedrohung zuwuchs, markierte die Sexualreformbewegung der Weimarer Republik. Diese hatte es sich zum Ziel gesetzt, die sich liberaler gerierende Sexualität, wie die offenkundig allgemeine Zunahme vorehelichen Geschlechtsverkehrs exemplifizierte (vgl. Grossmann 1985; 44; Schenk 1988[2]; 165), analog zur industriellen Entwicklung vollends durchzurationalisieren, indem 'gesundes' und verantwortliches Sexualverhalten normiert und standardisiert werden sollte. Auslöserin für ein derartiges Ansinnen war "die Angst davor, daß sich diese Neue Frau die Ungleichheit in heterosexuellen Beziehungen nicht länger gefallen ließ ..., (weswegen, G.H.) die sexuelle Befriedigung der Frau und die medizinischen Verhütungsmittel in den Vordergrund traten" (Grossmann 1985; 42).

Ein in diesem Zusammenhang erwähnenswerter Verdienst des sexualwissenschaftlichen und -reformerischen Diskurses ist meines Erachtens, daß der bürgerlichen Frau, nach der Unterdrückung ihrer Sexualität durch das 'asexuelle' 19. Jahrhundert nun eine Sexualität zuerkannt wurde, obzwar sowohl der formale als auch der inhaltliche Modus, wie dies geschah, recht zwiespältig war. Nicht nur, daß weibliche Sexualität zunächst im wesentlichen um 'Anormalität' und 'Männlichkeit' herum verortet war. Selbst nachdem die ebenfalls männerdominierte Sexualreformbewegung explizit die 'normale, moderne junge Frau' zur Zielscheibe ihrer Bemühungen erkoren hatte, ging es ihr weitaus weniger um eine Sexualität für die Frau als um eine entsprechend domestizierte, kanalisierte und rationalisierte für den Mann (vgl. Grossmann 1985; 41, 44)[20].

---

[20] Trotz dieser negativen Implikationen kann ich den von Faderman bisweilen deutlich zwischen den Zeilen hervortretenden Wunsch nicht teilen, wenn möglich zu der für Frauen angeblich sexuell unschuldigen Zeit vor den sexualwissenschaftlichen Diskursen zurückkehren zu wollen (vgl. z.B. Faderman 1981; 331, 414). Denn Sexualität ist für mich kein häufig vornehmlich belastender und komplizierender Faktor, sondern eine Komponente, die Beziehungen zwischen Frauen sehr bereichern kann, wenngleich die Entdeckung der genuin eigenen Lüste sich oft einen beschwerlichen Weg quer durch das Dickicht männlich bestimmter Diskurse bahnen muß -

Daß es zu der befürchteten umfassenden Abwendung der Frau vom Mann, wofür die angeführten Diskurse beredtes Zeugnis ablegen, bis heute nicht annähernd gekommen ist, war im wesentlichen drei eng ineinander verschränkten Momenten geschuldet. Das erste ist so trivial wie gravierend: die überwiegende Masse der Frauen war nach wie vor - und ist es auch heute noch - heterosexuell orientiert. Auf welche Ursachen dies wiederum zurückzuführen ist, läßt sich allerdings nur mutmaßen. So kann heterosexuelle Präferenz von Frauen Ergebnis bewußt erlebter sexueller Attraktion und damit bewußter Entscheidung sein. Sie kann aber auch - und dies ist meines Erachtens bislang nicht selten der Fall - bloß aus den zu ihrer Durchsetzung installierten - äußeren und/oder inneren - Sanktionsinstanzen resultieren - was bereits auf das dritte Moment verweist.

Der zweite für die nichterfolgte Abwendung relevante Umstand bestand in der Schwierigkeit, angesichts der Masse heterosexuell orientierter Frauen überhaupt eine potentielle Partnerin zu finden - ein Problem, das in engem Zusammenhang mit dem Wirkungsgrad sozialer Kontrolle steht und deshalb zu einem eklatanten Metropole-Provinz-Gefälle führte. Eine lesbische Frau zu treffen, von der frau sich auch noch - gegenseitig - sexuell angezogen fühlte, war in der Provinz nachweislich alles andere als einfach und konnte daher schon beinahe als Glücksfall bezeichnet werden, wie für die Weimarer Republik die zahlreichen Leserinnenbriefe und Kontaktanzeigen aus der 'Provinz' etwa in den damaligen Lesbenzeitschriften 'Die Freundin' (vgl. Vogel 1992[2]; 166) und 'Garconne' (vgl. Schlierkamp 1992[2]; 171) belegen.

Ursache hierfür war nicht nur die, wenn auch banale, nichtsdestotrotz relevante Tatsache, daß es bei geringer Bevölkerungszahl und -dichte auch proportional weniger homosexuell orientierte Frauen gab - ein Faktum, mit dem sich ebenso die lesbischem Sex zugeneigten Frauen der vormodernen Gesellschaft konfrontiert sahen und das für die Möglichkeit lesbischer Beziehungen regelmäßig als überaus ungünstige Ausgangssituation bewertet wurde. Aus der Identität der Probleme auf der phänomenologischen Ebene darf allerdings nicht geschlossen werden, auch die Gründe hierfür seien identisch. Während sich Frauen in der traditionellen Gesellschaft überwiegend bloß aus Angst vor äußeren Strafinstanzen und Sanktionen an der Praktizierung lesbischer Handlungen hindern ließen, so daß gegebenenfalls zugleich mit den konkreten äußeren Barrieren auch die Angst davor entfiel, mußten sich seit dem Aufkommen des bürgerlichen Sozialcharakters und seiner korrespondierenden Persönlichkeitsstruktur, obzwar schichtspezifisch zeitversetzt und modifiziert, tendenziell alle Frauen stattdessen intrapersonal mit ihren verinnerlichten 'Sanktionsmächten' auseinandersetzen, die, individuell gebrochen, die diesbezüglich herrschende Einstellung der Gesellschaft im allgemeinen und der näheren Um-

---

ohne die allerdings wiederum, im Fall der ansonsten allgemeinen Verneinung weiblicher Sexualität, eine Auseinandersetzung damit voraussichtlich weniger Chancen hätte, geführt zu werden.

gebung im besonderen widerspiegeln - das dritte Moment, auf das ich weiter unten noch gesondert eingehe. Dabei wird diese Auseinandersetzung an ihrem Ende nicht immer zur bewußten Suche nach lesbischen Kontakten geführt haben, so daß sich hierdurch die tatsächliche Zahl homosexueller Frauen zusätzlich mehr oder minder erheblich gegenüber der potentiellen reduzierte.

Massiv diese Problematik verschärfend trat ferner die soziale Kontrolle auf dem Lande hinzu, die wegen der durch die fortschreitende Industrialisierung einsetzenden Auflösung traditioneller sozio-ökonomischer Strukturen zwar bereits durchlöchert, dessenungeachtet aber weiterhin recht wirksam und umfassend war. Die soziale Kontrolle verhinderte infolge weitgehender Ignoranz zwar nicht unmittelbar singuläre lesbische Akte oder gar Beziehungen, dafür aber um so mehr das Entstehen einer Subkultur als institutionalisierter Begegnungsstätte gleichgesinnter Parias und trug darüber maßgeblich zur weitgehenden Isolation lesbischer Frauen auf dem Lande, in der Provinz bei - was zugleich sexuelle Beziehungen zwischen Frauen in der Provinz kaum zustande kommen ließ, selbst wenn man in Rechnung stellt, daß sich Angehörige einer diskriminierten Minderheit vielfach wechselseitig intuitiv erkennen, wodurch die Wirkungen sozialer Kontrolle tendenziell außer Kraft gesetzt sind.

Bedingung der Möglichkeit lesbischer Beziehungen war neben der wirtschaftlichen Autonomie somit die sozialer Kontrolle abträgliche großstädtische Anonymität, die sich als Resultat der eng mit der Industrialisierung verflochtenen Urbanisierung herausgebildet hatte. Übrigens eine Voraussetzung, die Fuchs generell als Bedingung für die Möglichkeit freier (heterosexueller) Liebe reklamiert (vg. Fuchs 1985, Band 6; 49). Strömten viele homosexuelle Frauen allein schon wegen ihrer ökonomischen Potenz, die die erhöhte Chance wirtschaftlicher Unabhängigkeit bot, in die Großstädte, so potenzierte sich ihre Anziehungskraft infolge der Subkultur, die sich in der Anonymität urbaner Zentren etablieren konnte - und sich wiederum durch die dortige überproportionale Konzentration lesbischer Frauen weiter festigte und ausdehnte. Denn "a sub-culture ... needs to be both the felt need for a collective solution to a problem (group access to sexuality in this case)[21] and the possibility of its satisfaction. And it is the growth of towns with large groupings of people and relative anonymity which provides the possibility of both. Only with the breakdown of traditional value and status systems does it become possible to live a 'career', while the town offers the possibility of social institutions developing independently of the family and traditional responses. Such relative freedom has always been more available for men, which is probably why the development of a lesbian sub-cultur has historically been minimal in comparison with the male"

---

[21] Dies verweist darauf, daß das Aufsuchen der Subkultur im allgemeinen bereits ein Stück lesbischer Identitätsbildung voraussetzt, damit frau sich als potentielle Adressatin überhaupt angesprochen fühlt.

(Weeks 1983; 36). Einmal vernachlässigend, ob der Unterschied zwischen lesbischer und schwuler Subkultur im Hinblick auf Ausdehnung und Organisationsgrad mehr dem traditionell Männern vorbehaltenen Zugang zur Öffentlichkeit oder der geschlechtsspezifischen Erziehung geschuldet war, konnte sich gerade in den beiden europäischen Metropolen der 20er Jahre, Paris und Berlin, ein subkulturelles Netz entwickeln, das beide Orte zu mekkaartigen homosexuellen Wallfahrtsstätten erhob.

Mit der Machtübernahme der Nazis wurde dem bunten lesbischen Treiben jedoch auch in diesen Städten ein drastisches Ende gesetzt. Zwar standen die Nazis durchaus in einer Traditionslinie der Ignoranz lesbischem Sex gegenüber, insofern sie lesbische Frauen anscheinend nicht als homosexuelle Frauen verhaftetet, inhaftiert und in Lager untergebracht hatten - zumindest sind bislang keine derartigen Fälle bekannt geworden (vgl. Kokula 1992²; 157; Schoppmann 1991; 7, 168f)[22] - dennoch tauchten viele aus Angst vor möglichen lebensgefährlichen Repressalien in ein 'unscheinbares, normales' Leben ab. Der einsetzende Krieg brachte lesbischen Frauen allerdings auch Vorteile. Mit dem kriegsbedingten Abzug von immer mehr Männern war nicht nur zusehends die ökonomische Unabhängigkeit der Frauen gesichert, ansonsten heterosexuelle Frauen zeigten sich ferner in dieser 'männerlosen' Lage vielfach einem lesbischem Flirt durchaus zugeneigt (vgl. Kokula 1992²; 159).

Diese Situation änderte sich allerdings schlagartig mit Kriegsende und der einsetzenden Rückkehr der überlebenden Männer. Die restaurativen Tendenzen der 50er und 60er Jahre, familiäre und geschlechtsseparierende Vorkriegszustände wiederherzustellen (vgl. z.B. Nuys-Henkelmann 1990; 108, 111, 124; Bruhn-Güntner 1991; 10ff, 42ff, 46ff), tangierte direkt die Un-Möglichkeit lesbischer Beziehungen; anfangs infolge der desolaten gesamtwirtschaftlichen Lage bereits auf der ökonomischen Ebene, insgesamt aber stärker und nachhaltiger auf der ideologischen, soziale - äußere wie innere - Kontrolle stabilisierend. Letzteres war durch

---

[22] An dieser Stelle ist nun endlich eine Bemerkung angebracht, die bereits zuvor mehrfach möglich gewesen wäre. Der von vielen Autorinnen der patriarchalen Gesellschaft im Hinblick auf ihre Ignoranz lesbischem Sex gegenüber gemachte Vorwurf, sie nehme solche weiblichen Lebensäußerungen nicht ernst und spreche Frauen damit implizit mal wieder den Subjektstatus ab, trägt häufig ausschließlich negative Konnotationen. Nicht, daß sie nicht zutreffend wären; mit ihrem Ausschließlichkeitsanspruch geht meines Erachtens allerdings eine Einseitigkeit einher, die der eher ambivalent zu nennenden Situation unangemessen ist. Denn der Mißachtung immanent ist ebenso eine der beigemessenen Bedeutungslosigkeit entsprechende Reaktionsweise weitgehender Gleichgültigkeit, die den Betroffenen ein gesellschaftliches Vakuum gewährte, in dem sie gleichsam Narrenfreiheit genießen. Dies manifestierte sich etwa in der vergleichsweise geringen Verfolgung und milden Bestrafung lesbischer im Unterschied zu schwulen Aktivitäten (vgl. z.B. Stümke et al. 1981).

das Wiederaufleben der Auffassung von lesbischer Liebe als Perversität und Krankheit akzentuiert, worüber das selbstbewußte, offensive Auftreten lesbischer Frauen in der Öffentlichkeit wirksam verhindert werden konnte. Alles spielte sich unscheinbar im Verborgenen ab, selbst in Großstädten, wo notdürftig versucht wurde, ein Kontaktnetz wiederaufzubauen. Exemplarisch sei hier die sich in den 60er Jahren konstituierende britische Lesbenorganisation 'Kenric' genannt, deren Hauptfunktion darin bestand, homosexuellen Frauen aus ihrer Einsamkeit und Isolation zu helfen - und das bis in die 70er Jahre hinein in einer Stadt wie London (vgl. Weeks 1983; 179).

Erst mit dem Aufkommen der Neuen Frauenbewegung in den 70er Jahren, an der Lesben zweifellos ebenso erheblich partizipierten wie sie von ihr profitierten, und der durch sie initiierten Schaffung spezieller frauenkultureller und lesbischer Orte und Räume, die eine stete Ausdehnung und Differenzierung erfahren, konnte allmählich ein sowohl Kontinuität als auch Identität gewährendes subkulturelles Milieu entstehen. Dabei verschob sich das Metropole-Provinz-Gefälle zugunsten eines Stadt-Land-Gefälles. Auf dem Land sind demnach weiterhin ungünstige Voraussetzungen für lesbische Begegnungen vorherrschend. Die von homophobischen Anfechtungen befriedeten Räume der Subkultur bieten nicht nur vielfältigste Anknüpfungspunkte für lesbische Beziehungen, nach Meinung von Hark erleichtern sie vielen Frauen darüber hinaus das Coming Out und die Aneignung einer lesbischen Identität (vgl. Hark 1989; 65).

Gleichwohl ist meines Erachtens der Prozeß des Coming Out im wesentlichen immer noch ein isoliert individueller - womit ich beim dritten Moment wäre, das für die nichterfolgte umfassende Abwendung der Frau vom Mann verantwortlich zu machen ist: die intrapersonale Auseinandersetzung mit den verinnerlichten, Heterosexualität zur alleinigen Norm erhebenden Wertmaßstäben und den unter anderem zu ihrer Durchsetzung und Stabilisierung vorhandenen inneren 'Sanktionsmächten'. Ihr Entstehen verdankt sich der mit der Konstituierung der bürgerlichen Gesellschaft einhergehenden Ablösung der ehedem in der traditionellen Ständegesellschaft erfolgten sozialen Einordnung qua Geburt durch die individuell gewachsene und damit veränderbare 'selbstbestimmte' Verortung - ein Wandel, der zugleich zweierlei bedingt und erfordert. Zum einen die bereits mehrfach angesprochene Substituierung äußerer durch innere Kontrollinstanzen. Zum anderen - damit engstens verbunden - die Verlagerung Handlungsorientierung implizierender, identitätsstiftender und -vermittelnder Motive und Momente weg vom 'Außen' hin zum 'Innen', die es dem Individuum in einer komplexen, sich immer rascher wandelnden Welt erlaubt, mit sich selbst gleich zu bleiben trotz und gerade bei der Übernahme unterschiedlichster, wechselnder sozialer Rollen. Damit gerät die Entscheidung für lesbische Aktivitäten auf der personalen Ebene, nunmehr nach der Konstituierung eines 'omnipräsenten Sexes' (vgl. Foucault 1983), die gleichzeitig Symptom und Resultat der oben erwähnten Verlagerung ist, im Unterschied zur traditionellen Gesellschaft, die diese lediglich als die Identität der Einzelnen unberührt lassende vereinzelte Akte behandelte, zu einem die persönliche Identität in ihrem Kern tangierenden brisanten und konfliktgeladenen Problem, was einer unter Umständen weiten Verbreitung sporadisch und arglos praktizierten lesbischen Sexes häufig zuwiderläuft. Infolgedessen taucht die Frau mit lesbischer Identität, die die sexualwissenschaftlichen männerdominierten Diskurse eigenständig und modifizierend (ver-)wendet, erst Ende des 19. Jahrhunderts auf.

Der Versuch, dieses Problem, in dem emotionale und sexuelle Bedürfnisse und Wünsche mit verinnerlichten gesellschaftlichen Wertkategorien und Verhaltensmaßstäben konfligieren, zu bewältigen und zu lösen, charakterisiert und bestimmt die Phase der intrapsychischen Auseinandersetzung mit dem eigenen Lesbischsein, das Coming Out, an dessen erfolgreichen Ende die zunächst für sich vollzogene und dann publik gemachte Aneignung einer lesbischen Identität steht. Als wie hartnäckig, widerständig und somit wirkungsvoll sich die internalisierten heterosexuellen Vorstellungen - und damit die nach innen genommene soziale Kontrolle - erweisen, dokumentiert nicht nur der häufig selbst gegenwärtig mehrere Jahre andauernde mühselige und kraftraubende Prozeß der Selbstakzeptanz als Lesbe, sondern auch die Tatsache, daß er nicht immer gelingt.

Den von Hark diesbezüglich vertretenen Optimismus, die mittlerweile vielfältige frauenspezifische und lesbische Subkultur erleichtere und verkürze diese Phase (vgl. Hark 1989; 65), kann ich nur sehr bedingt teilen. Nicht nur, daß solche Angebote vorhanden und bekannt sein müssen - und beides ist immer noch zuwenig der Fall -, oftmals können sie, wenn überhaupt, von Frauen erst angenommen werden, sofern der innere Auseinandersetzungsprozeß zum Großteil bereits abgeschlossen ist. Erst dann nämlich ist es den Frauen möglich, "... die Schwellenängste und Hemmungen, sich in lesbische Zusammenhänge zu begeben und bei selbst lesbischen Frauen Rat zu holen ..." (Reinberg et al. 1985; 37) zu überwinden. Dennoch haben die Neue Frauenbewegung wie die sexuelle Liberalisierung der 70er Jahre erheblich dazu beigetragen, daß die Beschäftigung mit dem eigenen Lesbischsein inzwischen vielfach früher erfolgen und die Phase schneller durchlaufen werden kann. Gleichwohl beträgt der Zeitraum von der Vermutung zur Gewißheit bei den 16- bis 37-jährigen Lesben immerhin noch etwa zwei bis drei Jahre (vgl. Reinberg et al. 1985; 41) - für einen Prozeß übrigens, dem sich Heterosexuelle nie stellen müssen.

Daß die Auseinandersetzung mit dem eigenen möglichen Lesbischsein sogar soweit scheitern kann, daß es geleugnet und die im Grunde genommen persönlich unangemessene heterosexuelle Orientierung letztlich doch beibehalten wird, deuten sowohl solche Frauen an, die sich infolge massiver innerer Widerstände zu ihren sexuellen Beziehungen zu Frauen weder vor sich noch vor anderen bekennen können (vgl Huber et al. 1989; 191), als auch jene, die sich fatalistisch in das unabwendbare, gleichwohl ungewollte und unerfreuliche lesbische Los fügen (vgl. Kitzinger 1987; 119ff). Noch ein wenig mehr innere Abwehr und Widerstand - und die gänzliche Vermeidung homosexueller Kontakte ist durchaus denk- und vorstellbar.

3.3 Zur historischen Bedingtheit von 'Symbiose'

Daß 'Symbiose' historisch[23] bedingt sei, läßt sich von mehreren Seiten her erschließen. Am augenfälligsten belegt dies zunächst die Tatsache, daß der Begriff in seiner psychischen Bedeutung auf der Grundlage spezifischer psychologischer Forschungen und Untersuchungen in einer ganz bestimmten geschichtlichen Situation kreiert und geprägt wurde und damit ganz entscheidend essentielle Merkmale und Aspekte dieser (sozio-ökonomischen) Situation in sich aufgenommen hat und widerspiegelt. Folgerichtig ist der Begriff auch unvermeidlich so definiert, daß er nur auf bestimmte historische und gesellschaftliche Verhältnisse und Bedingungen paßt und anwendbar ist.

Obgleich die sich mit Symbiose dezidiert und ausführlich auseinandersetzenden Werke Mahlers erst 1968 und 1975 erschienen, sind sie im Zusammenhang mit den inhaltlichen Entwicklungen und Präferenzen der Psychoanalyse in den 50er Jahren zu sehen. Denn bereits 1949 hatte Mahler als Ursache frühkindlicher Psychosen neben autistischen schwere symbiotische Entwicklungsstörungen vermutet, und 1955 "... stellte sie . die Hypothese von der Universalität des symbiotischen Ursprungs der condition humaine auf sowie die Hypothese eines obligaten Loslösungs- und Individuationsprozesses in der normalen Entwicklung" (Mahler et al. 1988; 7). Die daraufhin zur Thesenüberprüfung initiierte Untersuchung beschränkte sich zunächst auf entsprechende pathologische Fälle, mußte aber zwecks Validierung der als allgemeingültig angenommenen Erkenntnisse zwangsläufig auf die 'normale' Mutter-Kind-Beziehung ausgedehnt werden - was 1959 mit einer Pilotstudie begann. Mit dieser Forschungsausrichtung reihen sich die Beiträge Mahlers in die Werke etwa von Klein, Winnicott und Bowlby ein, die die frühe Mutter-Kind-Beziehung als fundamental für die weitere psychische Entwicklung betonen und diese Bindung damit, insbesondere in den 50er Jahren ins Zentrum psychoanalytischer Auseinandersetzung und Diskurse rückten.

---

[23] Im Grunde genommen ist 'Symbiose' historisch-gesellschaftlich bedingt. Da aber ohnehin die gesamte Arbeit auf die westlichen Industriegesellschaften beschränkt ist, habe ich die gesellschaftliche Komponente hier nicht mehr gesondert angeführt.

Daß die Psychoanalyse gerade in jenem Jahrzehnt den Akzent auf 'gute' und 'schlechte' Mutterschaft und ihre jeweiligen Konsequenzen legte, war unverkennbar Ausdruck der damaligen gesellschaftlichen Lage und ihrer korrespondierenden Entwicklungstrends. Wie bereits in einem anderen Zusammenhang anklang, waren die Nachkriegsjahre und -jahrzehnte einerseits von massiven sozialen und politischen Restaurationsbemühungen geprägt, das Geschlechterverhältnis tangierende Vorkriegszustände und Machtverhältnisse wiederherzustellen; andererseits - gleichsam optimal ergänzend - von dem individuellen Bestreben, nach den Verwüstungen und Destruktionen des Krieges, die in der Folge häufig Desorientierung und Entwurzelung bedeuteten, in einer obendrein zusehends pluralistischeren, komplexeren und sich immer rascher wandelnden Welt sozialen und psychischen Halt wiederzufinden. Individuell wie politisch gleichermaßen idealer Ort hierfür schien die Familie zu sein, die die Kriegs- und Nachkriegswirren trotz der dadurch für sie ebenfalls vorhandenen Gefährdung relativ unbeschadet überstanden hatte und vielen als letztes stabiles soziales Gebilde galt (vgl. Frevert 1986; 253).

Um die Frauen an ihr 'klassisch-bürgerliches Reich' zurückzubinden, nachdem sie sich kriegsbedingt gezwungenermaßen weitgehend davon emanzipiert hatten, propagierten PolitikerInnen, WissenschaftlerInnen und KirchenvertreterInnen die weibliche 'Normalrolle' von Hausfrau und Mutter und appellierten insbesondere an ihre Verantwortung gegenüber ihren Kindern. Die sich um die Mutter-Kind-Dyade zentrierenden psychoanalytischen Schriften der 50er Jahre können somit als ein spezifischer Komplex diesbezüglicher, die mütterliche Erziehungsfunktion und -bedeutung unterstreichender und tendenziell überhöhender Aufrufe verstanden werden. Frauen nahmen zwar mehrheitlich im Zuge ihres Bedürfnisses nach Entlastung das alte weibliche Rollenkonzept wieder auf und an - trotz gegenläufiger gesellschaftlicher Trends, wie eine abermals verstärkte Erwerbstätigkeit verheirateter Frauen, eine nach dem Krieg sprunghaft angestiegene Scheidungsrate und einem komprimierten Erziehungszeitraum (vgl. Bland 1983; 24f; Frevert 1986; 256). Dennoch lassen viele psychoanalytischen Modelle frühkindlicher Entwicklung die größtenteils irrationale Angst zwischen den Zeilen durchschimmern, die (bürgerlich geformte) Familie sei unaufhaltsam und unumkehrbar im Niedergang begriffen und mit ihr die korrespondierende geschlechtsspezifische Arbeitsteilung und die 'Gesundheit' kommender Generationen (vgl. Badinter 1988[4]; 254ff) - eine Angst vor dem Verlust des Alten, die sich im Festhalten daran äußert, und vor dem Entstehen des unabsehbaren und unwägbaren Neuen. Anders ist die oftmals polarisierende Gegenüberstellung von 'guter' und 'schlechter' Mutter kaum zu erklären, die den Hintergrund für den Versuch abgibt, über die dadurch mit dem potentiellen mütterlichen Versagen zwangsläufig gekoppelten Schuldgefühle (vgl. Badinter 1988; 249ff, 252f), Auflösungstendenzen der Familie entgegenzuwirken und den alten familialen Zustand zu perpetuieren. Demnach setzte die verstärkte wissenschaftliche Beschäftigung mit 'Symbiose' nicht schon mit dem Aufkommen des Phänomens selbst ein, sondern erst zu dem Zeitpunkt, an dem seine Fortdauer prekär und vom Verfall bedroht erscheint. Aus diesem Grunde möchte ich das Pferd etwas von hinten aufzäumen, indem ich zunächst die unabdingbaren Voraussetzungen des Mahlerschen Untersuchungsgegenstandes 'Symbiose, Loslösung und Individuation' darlege, um von dort ausgehend retrospektiv ihre historische Bedingtheit zu erschließen.

Die Grundeinheit der Mahlerschen Forschungen zur frühkindlichen Entwicklung war die Mutter-Kind-Beziehung. Die zur Untersuchung der 'normalen' Mutter-Kind-Dyade herangezogenen Mütter zeichneten sich daneben, daß sie sämtlich jung, flexibel und verhältnismäßig gebildet waren, vor allem durch zwei Merkmale aus: Zum einen waren sie nicht berufstätig - übrigens eine wesentliche Anforderung an die weiblichen Versuchspersonen, um die Interaktion zwischen Mutter und Kind und davon abgeleitet die intrapsychische Entwicklung eingehend studieren zu können, obgleich die grundlegenden Gesichtspunkte und Schlußfolgerungen des darauf basierenden Konzeptes auch bei sporadischer bis regelmäßiger Abwesenheit der Mutter gelten, zumal sie dann im allgemeinen durch eine andere 'mütterliche' Person ersetzt wird. Zum anderen lag den unterschiedlichen individuellen Motiven für die Mitarbeit bei diesem Forschungsprojekt wesentlich "... die Tatsache zugrunde, daß das Dasein der Mutter eines sehr kleinen Kindes zeitweise sehr einsam sein kann" (Mahler et al. 1988; 45). Damit basiert das Mahlersche Modell von Symbiose, Loslösung und Individuation essentiell auf der steten Verfügbarkeit der Mutter während der ersten Lebensjahre ihres Kindes sowie auf der weitgehend sozialen Isolation der Mutter-Kind-Zweieinheit als ihren Voraussetzungen - exakt jenen beiden - auf's engste miteinander zusammenhängenden - gesellschaftlich produzierten Faktoren, die auch Niestroj als Bedingungen der modernen Mutter-Kind-Beziehung identifiziert (vgl. Niestroj 1985; 35, 43) und die diesem Verhältnis ihr charakteristisches Gepräge verleihen und darüber vermittelt entscheidend zur Struktur moderner Individualität beitragen.

Das ausschließliche Zusammensein von Mutter und Kind abseits des übrigen gesellschaftlichen Lebens bringt über die für beide geltende immanente weitgehende Ausschaltung alternativer Bezugspersonen[24] jene insbesondere für das Kind

---

[24] Der Umstand, daß sich Säuglinge mit Beginn der Wiederannäherungsphase - nach dem Mahlerschen Modell die Phase etwa ab dem 15. Lebensmonat, die dem Einüben der freien, aufrechten Fortbewegung folgt und durch die abermalige intensive emotionale Hinwendung zur Mutter gekennzeichnet ist - zunehmend für andere Personen interessieren und sich ihnen zuwenden - dies betrifft insbesondere den Vater -, erhebt diese Personen während des besagten Entwicklungsstadiums noch nicht in den Rang von mit der Mutter potentiell konkurrierenden Bezugspersonen. Denn hierzu müßten sie relativ kontinuierlich zur Verfügung stehen, was aber aufgrund der

nachhaltig prägende potenzierte wechselseitige Abhängigkeit von Mutter und Kind hervor, deren dynamischer Ausdruck der Prozeß von Symbiose, Loslösung und Individuation ist, den Mahler beschreibt. Diese Abhängigkeit befördert unweigerlich treibhausmäßig jene emotionale Haltung, die Niestroj als "Monopolisierung von Liebe" (Niestroj 1985; 41), "stark selektive" oder "diskriminierende Liebe" (Niestroj 1985; 42) bezeichnet und die ansonsten häufig mit Schlagworten wie Sentimentalisierung, Emotionalisierung, Intimisierung und Intensivierung etikettiert wird. Symbiose, aus der Perspektive des Kindes verstanden als das quasi bis zur Ununterscheidbarkeit verdichtete Näheverhältnis zur Mutter, das nur auf der Grundlage der abgesonderten exklusiven wie permanenten Mutter-Kind-Beziehung entstehen kann, gibt somit den Hintergrund ab, vor dem die - infolgedessen geradezu zwangsläufig langwierige und prekäre - Loslösung und Individuation, die dabei tendenziell den Charakter eines Befreiungsschlages annehmen, überhaupt erst verständlich werden.

Wie Chodorow in ihrem Werk 'Das Erbe der Mütter' (1985) ausführlich darlegt, verläuft dieser frühkindliche Prozeß für beide Geschlechter je unterschiedlich. Ursache hierfür ist das für die westlichen Industriegesellschaften nach wie vor geltende Faktum, dem, wie noch gezeigt wird, die Bedingungen ihrer Reproduktion inhärent sind, daß in der überwiegenden Mehrzahl Frauen 'muttern', d.h. die vielfältigen Aufgaben und Verpflichtungen der Kindererziehung verantwortlich übernehmen - eine Verantwortung übrigens, die sie 'ursprünglich' nicht von sich aus gewählt hatten, sondern die ihnen maßgeblich im Zuge der Konstituierung der bürgerlichen Welt gesellschaftlich von Männern als ihre 'natürliche' Bestimmung zugewiesen wurde.

Bevor ich mich jedoch näher mit den gewordenen sozio-ökonomischen Voraussetzungen der exklusiven, emotional intensiven Mutter-Kind-Beziehung gerade in Kontrast zu den diesbezüglichen Bedingungen der traditionellen Gesellschaft beschäftigen werde, möchte ich kurz einige wesentliche Aussagen und Ergebnisse Chodorows vor dem thematischen Hintergrund dieser Arbeit darlegen - obgleich es manchen LeserInnen unpassend erscheinen mag, bereits jetzt psychoanalytische Theorien anzuschneiden, wo sie doch eingehend erst in Kapitel 6 zur Diskussion stehen. Für dieses Vorgehen sprechen allerdings drei Gründe. Der wichtigste hier-

---

weitgehenden sozialen Isolation von Mutter und Kind im allgemeinen nicht der Fall ist. Kontakte des Säuglings zu kleinfamilial Außenstehenden reduzieren sich somit auf kurze sporadische. Und auch Begegnungen mit dem Vater, wenngleich regelmäßig, können allenfalls infolge der Sonderung von 'männlichem' Produktions- und 'weiblichem' Reproduktionsbereich in den wenigen Abendstunden, am Wochenende und während des Urlaubs stattfinden. Daß der Vater zu diesen Zeiten gegebenenfalls für das Kleinkind eine angemessene und wichtige Alternative zur Mutter darstellt (vgl. Rotmann 1978), mindert die exponierte Position der Mutter wenig, zumal er seine Bedeutung erst durch das Bedürfnis des Kindes erhält, sich aus der engen Beziehung zur Mutter zu lösen.

von ist aufzuzeigen, daß das besondere Verhältnis von Symbiose und Sexualität in lesbischen Beziehungen, das sich essentiell aufgrund der gelernten weiblichen Fähigkeit zu intensiver emotionaler Nähe ergibt, historisch-gesellschaftlich bedingt ist. Ferner lassen sich so die geschlechtsspezifisch kontrastierenden, fast divergierenden frühkindlichen Entwicklungsverläufe von Jungen und Mädchen sowie ihre Auswirkungen auf ihr späteres Erwachsenenleben soweit abhandeln, daß ich mich später ausschließlich auf die weibliche Entwicklung beziehen und konzentrieren kann. Und drittens geht es mir darum, die individuell-subjektiven Bedingungen der Reproduktion des nahezu ausschließlichen 'Mutterns' von Frauen darzulegen, die gleichsam die innere Entsprechung analog wirkender äußerer gesellschaftlicher Voraussetzungen darstellen - im Sinne der folgenden Aussage Sieders: "Was man an geschlechtsspezifischen Curricula organisierte, erschien alsbald als 'soziale Natur' der Geschlechter und bestätigte die Ideologie. Die bürgerliche Familie produzierte damit über Generationen jenen Bausatz von scheinbar natürlichen Eigenschaften der Geschlechter, die sich auf diese Weise tatsächlich dissoziierten" (Sieder 1987; 139).

Grob vereinfachend lassen sich die von Chodorow herausgearbeiteten geschlechtsspezifischen Differenzen frühkindlicher Entwicklung, die sich dem ausschließlichen 'Muttern' von Frauen verdanken, wie folgt zusammenfassen: Während der Sohn mit der Wahrnehmung des Geschlechtsunterschiedes seine anatomische Verschiedenartigkeit von der Mutter, in der sich gewissermaßen sein Anders-als-die-Mutter-sein und seine Separatheit von ihr materialisiert und konkret stofflich symbolisiert, psychisch als ungemein hilfreiches Instrument nutzt, sich innerlich entschieden von der Mutter abzugrenzen - ein Prozeß, der, häufig von der Mutter forciert, früh einsetzt (vgl. Chodorow 1985; 141) -, steht diese Möglichkeit der Tochter nicht offen. Dem gleichen Geschlecht zugehörig, besetzt die Mutter oftmals ihre Tochter als Erweiterung ihrer selbst narzißtisch und leugnet sie damit implizit als von ihr getrenntes Wesen (vgl. Chodorow 1985; 143). Das erschwert der Tochter die Differenzierung von der Mutter und damit die Ausbildung stabiler Ich-Grenzen. Ihre primäre Identifikation mit der Mutter verlängert und intensiviert sich deshalb ebenso wie die Symbiose mit ihr und das präödipale Stadium, so daß auch für die spätere weibliche Entwicklung Themen wie Nähe und Verschmolzenheit sowie als Kehrseite der 'Kampf um Autonomie' bestimmend bleiben. Demzufolge ist die verzögert einsetzende ödipale Phase des Mädchens nicht dadurch charakterisiert, daß es in seinem Verlauf einfach das Liebesobjekt 'Mutter' durch das Liebesobjekt 'Vater' ersetzt. Vielmehr erweitert sich die duale Beziehungswelt der Tochter zu einer triadischen[25], indem sie sich dem Vater libidinös zuwendet bei gleich-

---

[25] Daß in der psychoanalytischen Theorie gemeinhin von einer triadischen Beziehungskonfiguration als essentiell prägender die Rede ist, spiegelt unter anderem die weitgehende soziale Isola-

zeitig fortdauernder Zuneigung zur Mutter. Innerhalb dieses Beziehungsgefüges kann der Vater, laut Chodorow, nicht zum exklusiven ödipalen Objekt avancieren - der Objektwechsel ist somit kein absoluter. Allenfalls ist er in der Lage, die erotisch-sexuellen Strebungen des Mädchens ausschließlich zu binden und auf sich zu ziehen, nicht aber ihre Liebe oder ihre allgemeine Zuneigung (vgl. Chodorow 1985; 168), die ebenso wesentlich bei ihrer Mutter verbleibt.

Dieser schematisch skizzierte Verlauf frühkindlicher weiblicher Entwicklung zeitigt einige im Rahmen dieser Arbeit relevante Konsequenzen. So fungiert die frühe Mutter-Kind-Bindung als prototypische Vorläuferin aller späteren Liebesverhältnisse und prägt diese damit entscheidend. Die exklusive Beziehung zur Mutter, in der das Kind in einzigartiger Weise besetzt und dadurch sein Narzißmus gestärkt und aufgewertet wird, sucht die Erwachsene später in ebensolchen ausschließlichen, monogamen Liebesverhältnissen zu reaktivieren, die demnach als Versuche betrachtet werden können, die ursprüngliche Verschmolzenheit, Symbiose mit der Mutter zumindest temporär wiederherzustellen (vgl. Chodorow 1985; 106). An dieser Stelle möchte ich darauf hinweisen, daß eine exklusive Mutter-Kind-Bindung als nachhaltiges Beziehungsmuster für sich allein genommen noch nicht hinreichende Bedingung dafür darstellt, sich als Erwachsene auf eine Liebesbeziehung uneingeschränkt und umfassend zu fixieren bei paralleler Vernachlässigung anderer sozialer Kontakte. Eher schafft eine derartige Mutter-Kind-Bindung die inneren Voraussetzungen, die Konzentration auf eine solch exklusive Paarbeziehung als individuell gewollte erscheinen zu lassen, denn als eine, die als Refugium regelrecht erzwungen wird von gesellschaftlichen Rahmenbedingungen, die gekennzeichnet sind durch die im Zuge der Industrialisierung bereits erfolgte weitgehende Zerstörung traditioneller sozialer Bindungen sowie durch die fortschreitende Auflösung noch vorhandener Beziehungsnetze infolge der weiteren 'postindustriellen' wirtschaftlichen Entwicklung (vgl. z.B. Beck et al. 1990; 66f). Auf einer ähnlichen Entsprechung von inneren und äußeren Bedingungen im Sinne ihres Ineinanderwirkens basiert, wie noch gezeigt wird, die Reproduktion des 'Mutterns'.

Das frühkindliche körperliche wie emotionale Einssein mit der Mutter, das alle Erwachsenen in ihren späteren sexuellen Beziehungen zu reproduzieren trachten, gelingt dem Mann in einem heterosexuellen Liebesverhältnis direkter und vollständiger als der Frau., weil beide Geschlechter ausschließlich von Frauen aufgezogen wurden. Nicht nur, daß er in diesem Fall keinen Objektwechsel zu vollziehen brauchte, sein primäres und später exklusives ödipales Objekt sowie sein erwachsenes Liebesobjekt somit dem gleichen Geschlecht angehören. Seine Partnerin verfügt überdies als Frau, wie auch seine Mutter, über spezielle, Nähe und Verschmolzenheit in hohem Maße ermöglichende Beziehungspotentiale, beispielsweise durchlässigere Ich-Grenzen, die ebenfalls das Ergebnis der besonderen Mutter-

tion der Mutter-Kind-Dyade wider, die höchstens durch den Vater erweitert wird.

Tochter-Beziehung darstellen (vgl.Chodorow 1985; 257). Beides zusammengenommen erlaubt dem Mann die Wiederherstellung der exklusiven primären Bindung in und durch die Liebesbeziehung zu einer Frau.

Einer Frau ist eine analog direkte und vollständige Reproduktion der frühkindlichen Symbiose mit der Mutter gleichfalls nur mit einer anderen Frau, also in einer lesbischen Liebesbeziehung möglich. Auch sie hat in diesem Fall wie der Mann das Geschlecht ihres Liebesobjektes nicht gewechselt und sich körperlich wie emotional an eine Person gebunden, die über ähnliche Beziehungsqualitäten und -fähigkeiten verfügt wie ehedem ihre Mutter. Eine besondere Stellung nimmt die lesbische Bindung jedoch dadurch ein - was zugleich auch ihre essentielle Modifikation zu der dem Mann offenstehenden Wiederherstellung der primären Beziehung durch eine heterosexuelle darstellt -, daß es sich um zwei Frauen handelt, die sich im Hinblick auf ihre Beziehungspotentiale infolge des geschlechtsspezifisch 'identischen' frühkindlichen Entwicklungsverlaufes zwar individuell punktuell durch Akzentverschiebungen unterscheiden mögen, nicht jedoch grundlegend[26]. Damit werden Nähe und Verschmelzung, zusätzlich begünstigt durch weitgehend ähnliche Erfahrungen in einer - häufig subtil - differenziert auf das jeweilige Geschlecht reagierenden Welt, im Vergleich zu anderen Beziehungskonstellationen in ungeahntem Maße möglich, was spezifische Chancen und Risiken beinhaltet, die sich, zugespitzt formuliert, um die Reaktivierung des die frühe Mutter-Tochter-Beziehung prägenden Konfliktes von Symbiose und Autonomie herum zentrieren[27]. An dieser Stelle sei nochmals betont, daß die Besonderheit dieses Konfliktes und ihrer in Frage stehenden Auswirkungen auf die lesbische Sexualität sich lediglich durch eine historisch-gesellschaftliche Situation ergeben und erklären lassen, in der die Aufzucht und Erziehung der folgenden Generation so organisiert ist, daß Säuglinge ihre ersten Lebensjahre in einer exklusiven Beziehung mit ihrer Mutter, einer Frau verbringen. Unter anderen Rahmenbedingungen mag sich das Verhältnis von Symbiose und Sexualität in lesbischen Beziehungen ganz anders präsentieren als es hier später diskutiert wird.

---

[26] In diesem Zusammenhang werden schichtspezifische Gesichtspunkte vorläufig vernachlässigt resp. gleiche Schicht vorausgesetzt.

[27] Allerdings wäre kritisch zu hinterfragen, ob sich lesbische Beziehungsstrukturen überhaupt derart auf Mut- ter-Tochter-Beziehungen reduzieren lassen oder ob nicht noch andere Momente entscheidend mit ins Spiel kommen. Denn der Vater bleibt bei Chodorow mit ihrer Fixierung auf die Mutter-Kind-Beziehung insgesamt unterbelichtet. Er gewinnt aber über die Bilder, die die Mutter von ihm hat, Konturen für das kleine Mädchen, die sich nicht selten zum Mythos über den Abwesenden verdichten. Angesichts dessen könnten konstitutive Momente des Lesbischseins auch durchaus in der Vater-Tochter-Beziehung liegen - vielleicht in der Art, wie es die folgende Formulierung McDougalls andeutet: "Kein anderer Mann nimmt je den Platz des Vaters im psychischen Universum eines homosexuellen Mädchens ein" (McDougall 1989; 104).

Ist die Objektwahl der Frau heterosexuell, so bleibt ihr Versuch, die primäre Beziehung mittels der zu einem Mann wiederzubeleben, unvollständig und fragmentiert. Denn über den 'erotisch-sexuellen Objektwechsel' unterscheiden sich ursprünglich frühkindliches und später erwachsenes Liebesobjekt der Frau sowohl durch ihr Geschlecht als auch durch ihre Fähigkeit, primäre emotionale Nähe, Symbiose herstellen zu können. Im Gegensatz zum Mädchen muß der Junge, um eine männliche Identität auszubilden, sich nicht nur dezidiert durch Betonung seiner (anatomischen) Andersartigkeit von der Mutter abgrenzen (vgl. z.B. Chodorow 1985; 140f). Zur vollständigen Lösung des ödipalen Konfliktes muß er außerdem angesichts der väterlicherseits drohenden Kastration die Zuneigung zu seiner Mutter und darüber seine affektiven Bedürfnisse im allgemeinen verdrängen - eine Verdrängung, die zur fundamentalen Beschneidung seines emphatischen Beziehungspotentials, seiner Fähigkeit, primäre Liebe und Symbiose von sich aus herzustellen, führt (vgl. z.B. Chodorow 1985; 267). Dergestalt sozialisierte Männer sind somit nicht in der Lage, das durch die Beziehung zur Mutter geprägte weibliche Bedürfnis nach Nähe und Verschmolzenheit auch nur annähernd zu befriedigen.

Es gibt allerdings noch einen weiteren Grund, weswegen Liebesbeziehungen zu Männern für Frauen, Chodorow zufolge, oftmals ungenügend bleiben. Heterosexuell orientierte Frauen sind weiterhin innerlich in dem triadischen ödipalen Beziehungsgeflecht verhaftet, so daß die nicht-exklusive Beziehung zu einem Mann der Komplettierung durch eine dritte Person, das Kind bedarf (vgl. Chodorow 1985; 259). Dieses vervollständigt nicht nur das ödipale Beziehungsdreieck, sondern erlaubt der Frau darüber hinaus die Reaktivierung der ersehnten, bislang unerfüllten exklusiven symbiotischen Mutter-Kind-Beziehung - nun in der Position der Mutter. Beides sind wesentliche Ursachen für den weiblichen Kinderwunsch[28], wobei letzteres mütterlicherseits den subjektiven Grund für exklusive Mutter-Kind-Beziehungen abgibt, in denen das Kind oftmals als primärer, wenn nicht einziger Lebensinhalt der Frau fungiert - gegebenenfalls nach erfolgter Prioritätensetzung zuungunsten der eigenen beruflichen Entwicklung. In dieser unbewußt motivierten, geradezu existenziellen Dimension ist der Kinderwunsch lediglich bei Frauen anzutreffen, da Männer im Gegensatz zu ihnen die primäre exklusive Bindung bereits

---

[28] Ob diesen beiden unbewußten Motiven des Kinderwunsches tatsächlich die von Chodorow zugeschriebene ausschlaggebende Bedeutung zukommt, möchte ich in Zweifel ziehen. Denn nach ihrer Argumentation dürften Lesben, die einerseits nicht im heterosexuelle Orientierung hervorbringenden ödipalen Dreieck weiterhin verhaftet sind und denen andererseits das Wiederaufleben der primären Bindung durch und in der Liebesbeziehung zu einer Frau möglich wird, keinen derartigen Wunsch verspüren - etwas, das dennoch häufig vorkommt, wie ich sowohl aus meiner eigenen Erfahrung als auch aus Gesprächen mit anderen Lesben schließen kann, obzwar viele Lesben den Wunsch nach einem Kind zugleich mit einer spezifischen Form (heterosexueller) Weiblichkeit ablehnen mögen und er aufgrund vermeintlicher Kongruenz mit dieser Ausprägung von Weiblichkeit in der lesbischen 'Subkultur' oft als verpönt gilt.

in einer heterosexuellen Liebesbeziehung wiederaufleben lassen konnten und zudem andere Beziehungsbedürfnisse und -fähigkeiten entwickelt haben, die die Distanz zu Personen betonen, wohingegen Frauen solche gelernt haben, die ihre Verbundenheit mit anderen hervorheben. Es ist jedoch wichtig anzumerken, daß diese häufig tendenziell ausschließliche Konzentration der Mutter auf das Kind ferner neben dem ihr gesellschaftlich vermittelten Selbstverständnis als Frau - und damit konsequent als Mutter - in nicht unerheblichem Maße aus der weitgehenden gesellschaftlichen Isolation der Mutter-Kind-Beziehung resultiert, die die Mutter mangels anderweitiger sozialer Kontakte zur Befriedigung ihres Bedürfnisses nach menschlicher Nähe regelrecht gezwungenermaßen umfassend an ihr Kind verweist.

Hier nun schließt sich der Kreis. Vermittelst des vordergründigen, zumeist unbewußten psychischen Bedürfnisses der Frau, über die Beziehung zu ihrem eigenen Kind das frühkindliche Einssein mit ihrer Mutter wiederherzustellen, sorgt sie unwissentlich hinterrücks maßgeblich bei nachfolgenden Generationen für die Reproduktion und damit für die Perpetuierung der exklusiven Mutter-Kind-Beziehung, die die Dynamik von Symbiose, Loslösung und Individuation in Gang setzt, sowie der zuvor beschriebenen geschlechtsspezifischen Beziehungsbedürfnisse und -fähigkeiten, die ebensosehr Ursache wie Folge des ausschließlichen 'Mutterns' von Frauen sind. Der Kinderwunsch, der seit der weiten Verbreitung der Pille als effektive Verhütungsmethode tatsächlich zum Wunsch werden konnte und seither deswegen einer genaueren Erklärung bedarf, da nunmehr Kinder nicht länger als mehr oder minder willkommene (Neben-)Produkte sexueller Kontakte entstanden, erscheint so ebenso wie die für das 'Muttern' nötigen emphatischen Beziegungsqualitäten vorrangig individuell bestimmt, obzwar im allgemeinen ironischerweise auf das weibliche Geschlecht beschränkt. Oder, um es in der Terminologie bürgerlicher Ideologie auszudrücken, als 'wesensgemäß', wenngleich beide lediglich gleichsam die inneren Voraussetzungen für die in den westlichen Industriegesellschaften derzeit anzutreffende soziale Organisation von Elternschaft darstellen.

Dabei ist dem sozio-ökonomisch bedingten Modus, wie die kommende Generation erzogen wird, nicht bloß der Stellenwert äußerer Bedingungen beizumessen, die gewissermaßen für die Entfaltung der inneren, vermeintlich essentielleren sorgen, wie dies bisweilen Formulierungen mancher AutorInnen nahelegen, für die die nachfolgende von Shorter beispielhaft ist: "Das Aufblühen der Mutterliebe können wir erst entdecken, wenn alle diese Millionen von Müttern sich bewußt dazu entschließen, ihre Prioritäten neu zu ordnen und das Leben und Glück ihres Kleinkindes über alles andere zu stellen" (Shorter 1983; 197). Eher läßt sich konstatieren, daß - ist der Prozeß erst einmal in Gang gesetzt - sich die diesbezüglich inneren und äußeren Voraussetzungen dialektisch verhalten, d.h. in einem sich gegenseitig reproduzierenden Bedingungsverhältnis zueinander stehen, und daß sich anfangs darüber hinaus die inneren Voraussetzungen erst allmählich infolge der Kon-

stituierung der äußeren entwickelten. Demnach ist die vorfindbare soziale Organisation von Elternschaft einschließlich ihrer Folgewirkungen, derer eine die Symbiose ist, das Produkt einer spezifisch gewordenen sozio-ökonomischen Situation,
die als hierfür nötige Bedingungen sowohl die stete Verfügbarkeit der Mutter als
auch die soziale Isolation der Mutter-Kind-Dyade hervorgebracht hat. Dies im folgenden genauer aufzuzeigen, wie zugleich damit implizit die historisch-
gesellschaftliche Bedingtheit von 'Symbiose', wende ich mich nochmals zunächst
der vormodernen Gesellschaft und ihren Klassen und anschließend der modernen
Gesellschaft zu - nun, um den Zusammenhang von je konkreten Lebensumständen
und entsprechender Einstellung zum Kind zu beleuchten. Zu diesem Zweck werde
ich immer wieder, mehr im- als explizit auf die Ausführungen des vorangegangenen Unterkapitels zurückgreifen.

Durchgängiges Moment der traditionellen Gesellschaft war nicht nur die sozio-
ökonomischem, beim Adel außerdem politischem Kalkül unterworfene Ehe, sondern auch das 'Nebenbei' der Kinderaufzucht und -erziehung. Kindheit wurde nicht
als eigenständige Lebensphase begriffen, die der besonderen Aufmerksamkeit, Zuwendung und Intervention bedurfte - etwas, das aus heutiger Sicht häufig unzureichend und vorschnell als Gleichgültigkeit und Gefühlskälte interpretiert wird, obwohl es sich doch den damaligen je konkreten Lebensbedingungen verdankte.

Im BäuerInnenstand etwa, wie bereits hinlänglich dargelegt, waren alle Lebensbereiche und Beziehungen den Erfordernissen des Bodens als Fundament bäuerlichen Daseins untergeordnet - so auch die Mutter-/Eltern-Kind-Beziehung. Zeit
und Energie der Mutter, der auch hier die Aufzucht der Kinder primär oblag, was
sich beispielsweise darin äußerte, daß sie in der Regel ihre Kinder stillte, wurden
durch die vorrangige Aufgabe der Existenzsicherung nahezu vollständig absorbiert.
Die Beziehung zu und Beschäftigung mit dem Kind sowie seine Versorgung mußten demgegenüber zurücktreten und wurde in den täglichen Arbeitsablauf 'notdürftig' integriert - Resultat der den materiellen Lebensbedingungen geschuldeten dominanten Sachbezogenheit und der korrespondierenden geringen emotionalen
Orientierung der Mutter, die außerdem oft unter anderem noch dadurch verstärkt
wurde, daß Kinder mangels effektiver Verhütungsmethoden ein unvermeidliches
und unerwünschtes Nebenprodukt sexueller Kontakte darstellten. Demgemäß blieb
der Säugling viel sich selbst überlassen, wobei mögliche Gefahren etwa durch die
weit verbreitete Praxis des Wickelns, die weitgehende Bewegungsunfähigkeit garantierte, minimiert wurden (vgl. Rosenbaum 1982; 90f). Abgesehen von der sich solcherart ausdrückenden unsteten, sporadischen Verfügbarkeit besaß der Säugling
überdies wegen der Überlebensnotwendigkeiten keine konstante Bezugsperson, zu
der er eine intensive Gefühlsbindung hätte aufbauen können. Wer gerade nicht von
den Anforderungen der Lebenssicherung in Anspruch genommen wurde, "... mußte
ein Auge auf das Kind haben" (Rosenbaum 1982; 92). Dies konnten neben älteren

Geschwistern infolge der umfassenden sozialen Einbettung ebenfalls jüngeres Gesinde, AlteinteilerInnen oder gar die NachbarInnenschaft sein.

Im übrigen sorgte die Integration der Einzelnen in ein dichtes Beziehungsgefüge, die ja essentieller Bestandteil der familienwirtschaftlich organisierten bäuerlichen Produktionsweise war, einerseits dafür, daß sowohl Mutter als auch Kind für soziale Kontakte nicht ausschließlich aufeinander angewiesen waren, da es eine Vielzahl diesbezüglicher Möglichkeiten gab, die eine entsprechende gegenseitige Fixierung und Bedeutungszuweisung verhinderten. Andererseits war dadurch ebensowenig für die Erwachsene die Notwendigkeit gegeben, sich zwecks Erfüllung allgemeiner zwischenmenschlicher Bedürfnisse auf eine exklusive Liebesbeziehung zu konzentrieren. Ohnehin fehlten hierzu nicht nur die äußeren, sondern infolge des Aufwachsens in einer gefühlsmäßig eher distanzierten nicht-exklusiven Mutter-Kind-Beziehung auch die korrespondierenden inneren Voraussetzungen (Bedürfnisse) - auch hier ist wieder das dialektische Bedingungsverhältnis des Sich-gegenseitig-hervorbringens anzutreffen.

Fehlten mit dem häufigen Alleinlassen des Säuglings und der Vielzahl seiner Bezugspersonen sowieso die wesentlichen Voraussetzungen des Mahlerschen Entwicklungsmodells von Symbiose, Loslösung und Individuation, die ein dichtes, unmittelbares Naheverhältnis des Kindes zu einer einzigen Person, je nach Perspektive, ermöglichten oder erzwangen, so war dieses auch angesichts der sozioökonomischen Zwecke, denen Kinder damals dienten, wie ihres Realisierungsweges überhaupt nicht erforderlich. Kinder erfüllten im bäuerlichen Milieu hauptsächlich zwei Funktionen: als das Gesinde ersetzende und damit billige Arbeitskräfte und als Erben, die die Kontinuität der Generationenfolge auf dem Hof gewährleisteten sowie die Unterstützung im Alter. Wie zentral dabei die frühzeitige Bedeutung der Kinder als Arbeitskräfte war, verdeutlicht Rosenbaum eindringlich anhand der Aussage ihres Großvaters, der von einem dreijährigen Mädchen erwartete, sie solle das gesamte Feuerholz in die Küche schaffen (vgl. Rosenbaum 1982; 94) - in einem Lebensalter also, in dem Mahler emotionale Objektkonstanz und die Konsolidierung von Individualität ansiedelt (vgl. Mahler et al.; 142ff). BäuerInnenkinder wuchsen somit in einen minuziös vorgegebenen, wenig Spielraum und Entfaltungsmöglichkeiten gewährenden, überschaubaren traditionellen Rahmen hinein, den sie fortführen und dessen Stabilität sie sichern sollten. Ihr gesellschaftlicher Ort, wie darüber vermittelt ihre Identität waren qua Klasse, Familie, Geschlecht und Alter a priori, unabhängig von hierfür überflüssigen individuellen Eigenschaften und Fähigkeiten bestimmt. Alles, was sie zum angemessenen Ausfüllen des ihnen zugewiesenen und bereits ausgestalteten sozialen Ortes benötigten, die je geforderten Arbeitsvollzüge, Rechte, Pflichten und Rollen, konnten sie sich kontinuierlich durch Beobachtung der Erwachsenen und darauf aufbauender 'Mitahmung' aneignen, ohne daß es gezielter und steuernder Eingriffe und Sanktionen einer intentionalen Erziehung in den vielmehr quasi naturwüchsig ablaufenden Prozeß bedurft hätte - und damit entsprechender elterlicher Aufmerksamkeit und Energie. Auf besondere individuelle Talente und Befähigungen wurde und brauchte demgemäß kein Wert gelegt zu werden; sie wurden weder beachtet noch gefördert (vgl. Rosenbaum 1982; 93ff). Im Gegenteil, eine Ausbildung derselben hätte eher die widerstandslose Fügung in das stark determinierte Lebensschicksal gestört, im Extremfall gar verhindert. Damit war gleichsam die enge exklusive Mutter-Kind-Beziehung überflüssig, die eine intensive emotionale Bindung erzeugt, die wiederum strategisch im Sinne intentionaler, moderne Individualität hervorbringender Erziehung einsetzbar ist (vgl. Niestroj 1985; 43).

Obschon "... im Handwerkerhaus jene ausgeprägt instrumentelle Sicht des Kindes (fehlte, G.H.), die im Bauernhaus dominierte, wo das Kind zentrale Bedeutung als Arbeitskraft, Unterstützung im Alter und als Erbe hatte" (Rosenbaum 1982; 165), und damit eine spezifisch nuancierte Einstellung zum Kind unterstellt werden kann, ist die (Un-)Möglichkeit einer frühkindlichen symbiotischen Phase im handwerklichen Milieu ähnlich der im bäuerlichen einzuschätzen. Wie in der traditionellen Gesellschaft prinzipiell üblich, war auch bei den Handwerkern sozialer Ort und Identität der Einzelnen qua Klasse, Familie, Geschlecht und Alter vorab festgelegt und damit der Kanon je geforderter und zu lernender Verhaltensweisen. Die Erziehung der Kinder erfolgte demgemäß wie bei den BäuerInnen 'nebenbei' und naturwüchsig, ohne besondere Beachtung ihrer Bedürfnisse und Talente sowie entsprechende Interventionen. Dies verdankte sich neben allgemeinen Momenten und Bedingungen der vormodernen Gesellschaft, wie etwa geringe Möglichkeit wirksamer Familienplanung und hohe Säuglings- und Kindersterblichkeit, ebenso der umfassenden "... Inanspruchnahme der Eltern durch die tägliche Arbeit ... " (Rosenbaum 1982; 167). Resultat dessen war beispielsweise das fast durchgängige elterliche/mütterliche Bestreben, den Säugling über Beruhigungsmittel, sexuelle Stimulans und Wickeln ruhig zu stellen und zu halten. Im ürigen waren infolge der familienwirtschaftlichen Organisation handwerklicher Produktion früh andere Personen - Vater, Geschwister, Lehrling oder Geselle - am Erziehungsprozeß beteiligt. Damit entfielen auch für die Handwerkerklasse weitgehend die Voraussetzungen frühkindlicher Symbiose: die stete Verfügbarkeit der Mutter und die soziale Isolation der Mutter-Kind-Dyade.

War einer der maßgeblichen Gründe, die der intensiven und exklusiven Mutter-Kind-Beziehung und damit der Symbiose in der traditionellen Gesellschaft entgegenstanden, neben dem der Eingliederung der Einzelnen in ein Gefüge sozialer Bindungen, das auch für die Aristokratie Geltung beanspruchen kann, bislang die nahezu alle Kräfte aufzehrende Mühsal tagtäglicher Reproduktion gewesen, so kann diese Erklärung bei den Damen des Adels nicht dafür herhalten, daß sie keine enge und kontinuierliche Bindung zu ihren Kindern aufbauten. Denn als Angehörige der herrschenden Klasse entlastet von dem Zwang, selbst den Anforderungen des zumal stilvollen (Über-)Lebens, und sei es nur im kleinen, nachkommen zu müssen, hätten sie für die intensive Beschäftigung mit ihrem Nachwuchs ohne weiteres genügend Zeit und Energie besessen. Allerdings waren sie durchweg "... nicht bereit, ihre Stellung am Hofe oder ganz einfach ihr geselliges und gesellschaftliches Leben zu opfern, um ihre Kinder aufzuziehen" (Badinter 1988[4]; 69). Diese waren vorwiegend bloß als ErbenInnen interessant, besaßen damit gewissermaßen keinen intrinsischen Wert. So lebten in der Aristokratie Eltern/Mütter und Kinder beizeiten und andauernd, je nach verfügbaren Ressourcen mehr oder weniger isoliert voneinander - analog den EhepartnerInnen. Nicht nur, daß die adligen Töchter früh von eigens hierfür engagierten, vorzugsweise französischen Erzieherinnen und Gouvernanten in den standesgemäßen, von der Etikette geforderten Fertigkeiten, vornehmlich französischer Konvention, Klavierspielen, Tanzen und Zeichnen unterwiesen wurden. Bereits den Säugling übergab man unmittelbar nach der Geburt der Obhut einer am Hof anwesenden Amme. Dies hatte im Adel jahrhundertelange Tradition - in Paris gab es schon im 13. Jahrhundert das erste Vermittlungsbüro für Ammen (vgl. Badinter 1988[4]; 46) - und war daher obligatorisch.

Zwischen dem Kleinkind und seiner Amme hätte es gerade wegen ihrer durch das Stillen bedingten potentiell steten Verfügbarkeit, da sie ja eigens hierfür engagiert wurde, somit theoretisch durchaus die Möglichkeit einer emotional intensiven Beziehung gegeben; insbesondere wenn man bedenkt, daß es in der BäuerInnenklasse, deren ärmeren Schichten die Ammen vielfach entstammten, bisweilen zu Stillzeiten von zwei Jahren und mehr kam, allerdings als Reaktion auf die Angst vor einer baldigen erneuten Schwangerschaft (vgl. Rosenbaum 1982; 91). Eine Angst, die mit der Trennung vom Mann entfiel und sich daher auf die Stillzeiten im Sinne einer Verkürzung hätte auswirken müssen, wäre da nicht der Umstand gewesen, daß die Ammen oftmals aus Überlebensnotwendigkeiten heraus zur Ausübung dieser Tätigkeit gezwungen waren und daher eine unmäßige Verlängerung der Stillzeiten bis ins vierte oder fünfte Lebensjahr (vgl. Badinter 1988[4]; 98) hinein zweifellos in ihrem Interesse gelegen haben dürfte.

Dessenungeachtet kann meiner Ansicht nach eine solche Möglichkeit nicht als besonders wahrscheinlich erachtet werden, da die Ammen aufgrund ihrer eigenen frühkindlichen Sozialisation, wie bereits erläutert, nicht über die entsprechenden diesbezüglichen inneren Bedingungen verfügten, denen eine weitaus überragendere Bedeutung als dem kontinuierlichen Stillen zukommt. Dies unterstreicht unter anderem die - allerdings für moderne Mütter geltende und damit unter Umständen unzulässigerweise zeitlich transponierte - Aussage Mahlers: "Das Stillen, wenngleich wichtig, führte nicht unbedingt zu optimal engen Beziehungen von Mutter und Kind" (Mahler et al. 1988; 69). Damit eine solche entsteht, muß also zusätzlich eine innere Bereitschaft seitens der Mutter hinzutreten, sich 'angemessen' in den Säugling, seine Welt und seine Bedürfnisse einzufühlen - eine Bereitschaft, die bei Ammen kaum vorausgesetzt werden kann, die in einer Welt aufgewachsen waren und lebten, die Kindern aufgrund der sozio-ökonomischen Bedingungen keinerlei besondere Aufmerksamkeit und Förderung widmete und ihnen eher 'distanziert' und 'desinteressiert' begegnete. Die Tätigkeit der Ammen, und damit ihre Wirkung auf das Kleinkind, dürfte demzufolge nicht über das bloße Stillen hinausgegangen sein.

Das Ammenwesen blieb jedoch nicht auf die Aristokratie beschränkt. Mit Jahrhunderten Verzögerung dehnte es sich gerade in Frankreich im 17. Jahrhundert auf das BürgerInnentum und im 18. Jahrhundert auf alle Schichten der Stadtbevölkerung vorübergehend aus (vgl. Badinter 1988[4]; 47). Ausnahmen bildeten lediglich nahezu durchgängig die BäuerInnenschaft sowie die ArbeiterInnenklasse (vgl. Shorter 1983; 205). Wenngleich die einzelnen Schichten aus unterschiedlichen Motiven zu diesem Brauch griffen - bürgerliche Frauen, um es ihren adligen erstrebenswerten Vorbildern gleichzutun; Frauen unterprivilegierter Herkunft, weil sie ungestört kontinuierlich zum Lebensunterhalt ihrer Familie beitragen mußten, falls es ihre materielle Lage überhaupt erlaubte, eine Amme zu engagieren -, sind die Chancen einer engen Gefühlsbindung zwischen Kind und Amme noch geringer als beim Adel zu veranschlagen. Denn zu den bislang angeführten Gründen trat in diesem Fall noch erschwerend die Tatsache hinzu, daß der Säugling in der Regel zur Amme auf's Land verschickt wurde und seine frühkindliche Entwicklung damit weitestgehend den gleichen Bedingungen unterlag, wie ich sie für die BäuerInnen bereits geschildert habe - und dies hatte die diskontinuierliche, zeitlich begrenzte Verfügbarkeit der 'Mutter' zur Folge.

Obschon, wie oben erwähnt, Arbeiterinnen ihre Kleinkinder im allgemeinen nicht zu Ammen schickten, sondern selbst aufzogen, ist auch bei ihnen bis zu Beginn des 20. Jahrhunderts, als sich allmählich der für das tägliche Überleben nötige Zeit- und Arbeitsaufwand beträchtlich zu verringern und die Orientierung an der bürgerlichen Haltung Kindern gegenüber durchzusetzen begann, von einer ähnlich geringen Möglichkeit frühkindlicher Symbiose auszugehen, wie bei den Klassen der traditionellen Gesellschaft. Einer der maßgeblichen Gründe für eine derartige Einschätzung liegt in dem Umstand, daß damals, von wenigen Ausnahmen abgesehen, die (verheirateten) Arbeiterinnen gezwungen waren, neben der Hausarbeit, wenigstens vorübergehend in Zeiten starker finanzieller Belastung, zur Existenzsicherung mit ihrer (Lohn-)Arbeit beizutragen - und das war meist gerade dann der Fall, wenn die Kinder klein waren (vgl. Rosenbaum 1982; 404). Als gleichermaßen zeitraubende wie kräfteaufreibende Erwerbsquellen standen ihnen entweder außerhäusige Arbeit - Fabrikarbeit oder Dienstleistungstätigkeiten wie Waschen, Putzen oder Scheuern - oder die häufig favorisierte Heimarbeit zur Auswahl. Gingen sie einer Tätigkeit außerhalb des Hauses nach, so konnten sie ihren Säugling nicht nur nicht stillen und damit eine der potentiell prädestinierten, obzwar nicht bedingungslos garantierenden Gelegenheiten zum Aufbau einer intensiven Mutter-Kind-Beziehung nicht nutzen, sondern mußten ihn außerdem der Obhut von älteren Geschwistern, Großeltern, Verwandten, Nachbarinnen oder einer 'Hütefrau' überlassen - oder, wenn all dies nicht möglich war, ihn in ein Tagesheim geben (vgl. Sieder 1987; 195).

Die im Hinblick auf das Kinderhüten anzutreffende Solidarität der Arbeiterinnen untereinander kann als Indiz für die weiterhin, trotz schon vollzogener Scheidung von Erwerbs- und Wohnbereich, noch rudimentär vorhandene traditionelle soziale Integration gewertet werden, die die umfassende gesellschaftliche Isolation der ohnehin nicht existenten Mutter-Kind-Dyade, wenn nicht ausgeschlossen, so doch dem Umfang nach beschränkt hätte. Daß traditionelle Einstellungen und Verhaltensweisen im proletarischen Milieu zunächst - soweit möglich - unvermindert und ungebrochen fortdauerten, ist angesichts dessen, daß viele ArbeiterInnen unterbäuerlichen Schichten entstammten, kaum verwunderlich - und betrifft im übrigen auch die 'distanzierte' und 'desinteressierte' Haltung Kindern gegenüber. Entsprechend wurde dem Säugling von den weiblichen Aufsichtspersonen, die sowieso durch ihre eigene Sozialisation, ähnlich den Ammen, nicht über die symbiosebedingenden psychischen Voraussetzungen verfügten, weder besondere, schon gar keine stete Aufmerksamkeit noch intentionale erzieherische Intervention zuteil - was ohnedies infolge der starken, zeitaufwendigen Beanspruchung der 'Ersatzmutter' durch Haus- und/oder Heimarbeit schlechterdings kaum möglich war. Die daraus resultierende diskontinuierliche Verfügbarkeit unter anderem verhinderte maßgeblich eine intensive 'Mutter'-Kind-Beziehung, selbst wenn die Aufsichtsperson gleich blieb und eine solche Bindung von daher gesehen theoretisch möglich gewesen wäre.

Ganz analog stellte sich die Situation dar, wenn die proletarische Mutter Heimarbeit ausübte - eine Situation, die durchaus mit der diesbezüglichen der Protoindustriellen vergleichbar war, weswegen ich auf sie an dieser Stelle nicht gesondert eingehen werde (vgl. hierzu z.B. Rosenbaum 1982; 238, 244). Nicht nur, daß sie gleichfalls, wie andere potentielle weibliche Aufsichtspersonen, noch weitgehend der traditionellen Einstellung zu Kindern verhaftet war und nicht die modernen weiblich-emphatischen Beziehungsfähigkeiten besaß; auch mußte sie selbst bei häuslicher Anwesenheit wegen des kontinuierlichen Zwangs zur existenzsichernden Mitarbeit ihren Säugling früh abstillen und konnte ihn auch später nur wenig beachten - alles Momente, die dem Entstehen einer frühkindlichen intensiven, symbiotischen Mutter-Kind-Beziehung strikt entgegenstanden. Und eine solche war zudem nicht 'nötig', da es in ArbeiterInnenkreisen, um die größtenteils un- und angelernten Tätigkeiten ausführen zu können, keiner intentionalen Erziehung bedurfte, die hierzu strategisch passend hätte eingesetzt werden können und müssen. Ohnehin fehlten gezielten und steuernden erzieherischen Eingriffen und Maßnahmen im proletarischen Milieu jegliche Motivation in Anbetracht einer materiellen Lebenssituation, die durch den unablässigen, kräfteverzehrenden tagtäglichen Kampf ums schlichte Überleben geprägt war, der aufgrund des fehlenden Besitzes an Produktionsmitteln - und da ArbeiterInnen selbst nicht zu ihnen gehörten - und damit der existenziellen Abhängigkeit vom Kapital subjektiv als kaum beeinflußbar erlebt wurde und massive Gefühle von Ohnmacht und Fatalismus nach sich zog (vgl. z.B. Rosenbaum 1982; 396).

Für das männliche Mitglied des sich allmählich im 18. Jahrhundert konstituierenden BürgerInnentums hingegen war eine intentionale Erziehung vordringlich, um später erfolgreich zu sein. Herausgelöst aus den ständespezifischen Bezügen der vormodernen Gesellschaft mit ihren je besonderen sozialen Vorgaben, Zuweisungen und Beschränkungen mußte sich der Bürger seinen gesellschaftlichen Ort erst durch individuelle Leistung erarbeiten. Dies setzte nicht nur die Entwicklung und Pflege persönlicher Neigungen und Anlagen voraus, sondern ferner in einer zunehmend offenen, differenzierten, komplexen sozialen Situation, der sich der Bürger gegenübersah und die obendrein nicht länger durch traditionelle Kontrollinstanzen reguliert wurde, die Ausbildung eines 'innengeleiteten Sozialcharakters', der seine Identität und Orientierung fundamental aus seinem Inneren heraus bezog und dadurch auch bei der flexiblen Erfüllung unterschiedlichster sozialer Rollen sich selbst gleich blieb. "Dazu bedurfte es ganz wesentlich des Erlernens von Selbstkontrolle und -beherrschung, des Aufschubs von Bedürfnisbefriedigung oder, anders ausgedrückt, der Unterdrückung spontaner Regungen und Triebwünsche" (Rosenbaum 1982; 281; vgl. hierzu auch z.B. Elias 1976b; 329ff).

Ausgezeichneter Raum, diese bürgerlich-männlichen Tugenden zu lernen, war die intensive, exklusive Mutter-Kind-Beziehung, die über die immanente wechselseitige Abhängigkeit eine sich aus der 'zwangsläufigen' Symbiose entwickelnde überaus enge emotionale Bindung erzeugt, die strategisch einsetzbar war im Sinne des erfolgreichen, gezielten Intervenierens in den Erziehungsprozeß (vgl. z.B. Niestroj 1985; 43). Mit dem durch die Vereinzelung als Angehörige einer neuen Klasse bedingten Zusammenbruch traditioneller sozialer Bindungen - ein Prozeß, der überdies durch das Abgrenzungsbedürfnis des um Selbstverständnis ringenden BürgerInnentums, das selbst im Haus zur Abschottung gegen das Dienstpersonal führte, forciert wurde -, der Trennung von Arbeits- und Lebenssphäre und ihrer je geschlechtsspezifisch 'wesensgemäßen' Zuordnung[29] waren die grundlegenden äu-

---

[29] Wie optimal es für den bürgerlich-männlichen Sozialcharakter im Sinne der von Chodorow herausgearbeiten psychischen Beziehungs- und Reproduktionsdynamik war, gerade die Frau zur exklusiven frühkindlichen Bezugsperson zu bestimmen, mögen einige Verfechter der 'wesensgemäßen' Scheidung von Erwerbs- und Lebensbereich intuitiv gespürt haben.

ßeren Bedingungen für die Mutter-Kind-Dyade und damit für die frühkindliche Symbiose potentiell vorhanden: die soziale Isolation und die stete Verfügbarkeit der Mutter. Zu letzterem sei relativierend angemerkt, daß der Grad der Kontinuität, solange sich die Haushalte noch nicht zu überwiegenden 'Konsumanstalten' der Verbrauchsindustrie entwickelt hatten, in denen sich die zu leistende Arbeit erheblich reduzierte, unter anderem davon abhing, wie stark die bürgerliche 'Dame des Hauses' konkret in die noch maßgeblich von der Vorratswirtschaft bestimmte Hausarbeit involviert war - und damit letztlich vom Reichtum ihres Ehemannes.

Daß die virtuellen äußeren Voraussetzungen per se nicht geradezu automatisch eine exklusive Mutter-Kind-Beziehung zur Folge hatten, ihnen stattdessen eher der Status aktivierbarer, latenter Rahmenbedingungen zukam, die erst durch Hinzutreten der entsprechen inneren Bereitschaft der Frau(en) manifest wurden, zeigt nicht nur die damalige Situation des Adels, der, wenn beabsichtigt, durchaus zur Realisierung einer solchen Bindung fähig gewesen wäre. Ähnliches läßt sich auch bei den Bürgerinnen wiederfinden: sie mußten demnach erst durch vielfältige Diskurse, die ihre Bedeutung als Mutter aufwerteten, gezwungen, gleichsam ideologisch präpariert werden, bevor sie von sich aus dem Kind beständig zur Verfügung standen, ihm ihre Aufmerksamkeit und Beachtung schenkten und entsprechend der Vorgaben der Diskurse steuernd in den Erziehungsprozeß eingriffen. Exemplarisch hierfür seien die Stillpropaganda (vgl. Badinter 1988[4]; 144ff) und die Kampagne gegen die kindliche Onanie (vgl. Foucault 1983; 56f) genannt.

Dabei waren nicht alle bürgerlichen Frauen gleichermaßen empfänglich für die an ihr Verantwortungsbewußtsein ihren Kindern gegenüber appellierenden Botschaften. Insbesondere Mütter des GroßbürgerInnentums ließen sich von solchen Aufrufen nicht sonderlich beeindrucken. Sie orientierten sich weiterhin am Lebensstil ihrer adligen 'Schwestern' und gingen ihren vielfältigen gesellschaftlichen und kulturellen Ambitionen nach. Weitaus eher aufnahmebereit war hingegen jene Mehrheit bürgerlicher Frauen, die sozusagen verordnetermaßen keinerlei derartigen Ehrgeiz hegten, bloß wenige soziale Kontakte pflegten und auf der Suche nach einem dem Abgrenzungsbedürfnis geschuldeten neuen Selbstverständnis waren - und einer neuen Daseinsberechtigung (vgl. Badinter 1988[4]; 171f), nachdem ihnen mit der Auflösung der familienwirtschaftlichen Produktionsweise lediglich die Aufgabenbereiche (Organisation des nunmehr beschnittenen) Haushalt(es) und Kindererziehung verblieben waren. Hier macht sich wiederum die fundamentale Bedeutung der sozialen Isolation und der 'Befreiung' von Erwerbsarbeit als Voraussetzungen der exklusiven Mutter-Kind-Beziehung geltend. Denn sie ebneten mangels anderweitiger Gelegenheiten zu Aktivitäten und sozialen Kontakten maßgeblich den Weg für das nachhaltige und folgenreiche Rezipieren der Diskurse und leisteten so der mütterlichen Projektion all jener Interessen auf die Söhne Vorschub, die nur außerhalb der der Frau zugewiesenen Privatsphäre realisiert werden konnten - ebenso wie der 'fatalistischen' Vorbereitung der Töchter auf ihre späteren 'weiblichen' Tätigkeiten. Voraussetzungen, die indessen ihre volle Wirkung erst entfalten konnten, nachdem die bürgerlichen Mütter sich als essentiell verantwortlich für die Erziehung und damit den späteren Werdegang ihrer Kinder begriffen hatten. Daß dies ihre Zeit brauchte, dokumentiert beispielsweise das Faktum, daß bei wohlhabenden bürgerlichen Familien bis ins 20. Jahrhundert hinein noch Ammen und ErzieherInnen engagiert wurden (vgl. Rosenbaum 1982; 357; Frevert 1986; 78). Nichtsdestotrotz kann davon ausgegangen werden, daß um die Jahrhundertwende in weiten Kreisen des BürgerInnentums die Mutter zur zentralen Erziehungsinstanz avanciert war.

Ihrem mittlerweile eigenen Selbstverständnis folgend versuchten Bürgerinnen nun vielfach in eigens gegründeten Frauenvereinen ihre Erziehungsprämissen, -maßgaben und -vorstellungen bruchlos auf die sozio-ökonomisch so andersartige desolate Lebenslage der ProletarierInnen zu übertragen. Unterstützt wurden sie darin von Wohlfahrtsverbänden und -einrichtungen, die entstanden waren als Reaktion auf die mehr diffuse denn reale Angst vor dem angeblich durch Pauperismus und Proletariat herbeigeführten Zusammenbruch der bestehenden sozialen Ordnung - und die sich gegebenenfalls zu 'Schutzzwecken', hinter denen vorzugsweise das Bedürfnis nach Machterhalt stand, bisweilen ihrer sozialstaatlichen Machtbefugnisse und Zwangsmittel bedienten.

Mußte dieses, die krasse materielle Divergenz ignorierende Unterfangen zunächst jedoch deswegen geradezu zwangsläufig weitgehend scheitern, so bereitete es gleichwohl den ideologischen Nährboden dafür, daß auch bei den Arbeiterinnen die Saat bürgerlicher Vorstellungen von Mutterschaft und Kindererziehung - schichtspezifisch abgewandelt - aufgehen konnte. Trotz teils drastischer und dramatischer Gegentendenzen (beispielsweise die Wirtschaftskrise der 20er und 30er Jahre) zeichnete sich dies seit Beginn des 20. Jahrhunderts immer klarer ab mit zunehmender, deutlich spürbarer Verbesserung diesbezüglich relevanter proletarischer Lebensbedingungen, die Aspekte wie Erhöhung männlicher Löhne, Verkürzung der Arbeitszeit ebenso umfaßte wie Rationalisierung des Haushaltes, Verbrauchsgüterindustrie und effektive Geburtenkontrolle. Kennzeichen für das 'Aufgehen der Saat' war einerseits, daß sich die 'ArbeiterInnenaristokratie' schon seit längerem insofern am BürgerInnentum orientierte als die Frauen dort ausschließlich für die Hausarbeit und die Kinder zuständig waren (vgl. Frevert 1986; 88). Andererseits übernahm die Sozialdemokratische Frauenbewegung seit der Jahrhundertwende zusehends als Folge dessen, daß ihre Mitglieder überwiegend Hausfrauen waren, Ziele und Argumentation der Bürgerlichen Frauenbewegung, wenngleich ideologisch-proletarisch gewendet: "Durch ihre bewußte Erziehungsarbeit könnten Frauen auf die Entwicklung ihrer Kinder einen enormen Einfluß ausüben, der letztlich auch über die langfristigen Erfolge der Arbeiterbewegung entscheide"

(Frevert 1986; 142). Daß Arbeiterinnen sich relativ gern, so die Möglichkeit bestand, von der Erwerbsarbeit zurückzogen, um sich lediglich der Reproduktion zu widmen - etwas, was geradezu erstrebenswert erschien -, ist wenig erstaunlich angesichts der unterbezahlten, ergonomisch schlechten und kräfteverzehrenden Arbeit, die diese Frauen in Fabriken und an anderen Arbeitsplätzen zu leisten hatten.

War die modifizierende Übernahme bürgerlicher Kindererziehung durch ArbeiterInnen untrennbar gekoppelt an eine erhebliche Verbesserung ihrer diesbezüglichen Lebensbedingungen und erfolgte daher entsprechend zögernd und diskontinuierlich, so geschah dies weitaus schneller und kontinuierlicher bei den den BürgerInnen sowohl materiell wie sozial nahestehenden Schichten, vorzugsweise aufstiegsorientierte Angestellte und gutsituierte Handwerker (vgl. Rosenbaum 1982; 484).

Insgesamt betrachtet kann also für weite Bevölkerungskreise seit Anfang des 20. Jahrhunderts von einem zunehmend - schichtspezifisch differenziert - beschleunigten Trend zur exklusiven Mutter-Kind-Beziehung und damit zur Symbiose ausgegangen werden auf der Grundlage der steten Verfügbarkeit der Mutter und der weitgehend sozialen Isolation der Mutter-Kind-Dyade - auch wenn in den beiden Weltkriegen vorübergehend massive gegenläufige Prozesse Überhand gewannen, denen aber mit Kriegsende deutlich das Fundament entzogen wurde, wie die restaurativen Tendenzen der 50er und 60er Jahre dokumentieren. So wurde es immer üblicher, daß die Mutter, konnte sie aus wirtschaftlichen Erfordernissen schon nicht dauerhaft auf die Erwerbstätigkeit verzichten, sie dies doch zumindest in den ersten drei bis fünf Lebensjahren ihres Kindes tat - die entscheidenden Jahre für das Entstehen der exklusiven Mutter-Kind-Bindung und der Symbiose einschließlich der daraus resultierenden, ansatzweise bereits skizzierten Folgewirkungen. Ferner blieb die Mutter auch über diesen Zeitraum hinaus zentrale Bezugsperson des Kindes.

Inzwischen gilt heute im Hinblick auf das Kind quer durch alle Schichten der Bevölkerung die "optimale Förderung als Gebot der Moderne" (Ulrich Beck) - selbst und gerade in den Unterschichten (vgl. Beck et al. 1990; 169). Eine Maxime, die sich dem Bedürfnis der Eltern verdankt, ihre Kinder angesichts der ökonomisch bedingten stetig weiter voranschreitenden Individualisierung und der korrespondierenden Pluralisierung der Lebensentwürfe auf ihre zukünftigen Lebenschancen und -probleme angemessen vorbereiten zu wollen. Eine dieser Schwierigkeiten, mit der man sich schon gegenwärtig konfrontiert sieht, ist die fortschreitende Ausdünnung der ohnehin rudimentären Sozialbezüge, unter anderem infolge des mittlerweile universell geltenden und an die Erwerbstätigen herangetragenen Anspruchs der bindungs- und bedingungslosen Mobilität bezüglich des Arbeitsortes. Dadurch verliert selbst die Familie als Hort persönlicher Kontakte und Bindungen ihren Wert. So wird nicht nur die Fixierung auf die exklusive Liebesbeziehung als letztem

Raum, die Totalität des Selbst zu entfalten inmitten einer ansonsten unpersönlichen Welt, gleichsam proportional zur gesellschaftlich produzierten Ausdünnung des sozialen Netzes beständig verstärkt. Nunmehr rückt stattdessen, da auch sie nicht länger als gesichert gilt und oft bloß noch temporäre Realität besitzt, im zweiten Stadium des Individualisierungsprozesses, nachdem das erste die Emotionalisierung von Ehe und PartnerInnenschaft zum Resultat hatte, "... das Kind als letzter Garant von Dauer, als Verankerung des eigenen Lebens" (Beck et al. 1990; 99) in den Mittelpunkt der Gefühle und des Interesses. Damit wird zukünftig mutmaßlich die Symbiose ebensosehr weiter verstärkt und intensiviert werden wie seitens der Eltern die Bedeutung des und die Projektionen auf das Kind sowie ihre Unfähigkeit, es loszulassen, ihm Autonomie zu gewähren.

Doch soweit ist es noch nicht. Ohnedies sind die damit zusammenhängenden konkreten Phänomene, über die sich derzeit bloß spekulieren läßt, der soziologischen und psychologischen Forschung erst mit der üblichen immanenten Zeitverzögerung von zwanzig bis dreißig Jahren zugänglich. Dann erst werden die jetzigen Säuglinge erwachsen und die Wirkungen ihrer frühkindlichen Entwicklung greif- und wissenschaftlich überprüfbar sein. Zum gegenwärtigen Zeitpunkt ist daher Erwachsenenalter der lesbischen Frauen, für die die nachfolgenden Aussagen und Ergebnisse gelten und gelten können, vorausgesetzt. Und das impliziert, daß ihre Kindheit spätestens in den 70er Jahren anzusiedeln ist und frühestens im letzten Drittel des 19. Jahrhunderts. Denn wie dieses Kapitel gezeigt hat, ist nicht nur die Möglichkeit lesbischer Beziehungen, sondern auch Symbiose historisch-gesellschaftlich bedingt - und beides, insbesondere letzteres begann erst seit Ende des 19. Jahrhunderts für weite Bevölkerungskreise in nennenswertem Maße real zu werden. Bei der Untersuchung der historischen Dimension habe ich durchgängig bereits zwischen Klassen und Schichten differenziert. Dies erfolgte bisher allerdings je gesondert für die Aspekte 'Sexualität' und 'Symbiose'. Im folgenden Kapitel nun möchte ich beleuchten, ob es in lesbischen Beziehungen schichtspezifische Unterschiede im Verhältnis von Sexualität und Symbiose gibt und wenn ja, wie sie sich fassen lassen.

4. Die klassen- und schichtspezifische Dimension

Bei der Untersuchung der historischen Dimension hat der Begriff der (sozialen) Schicht neben dem der (sozialen) Klasse bereits eine zentrale Rolle gespielt, indem der thematisch relevante gesellschaftliche Entwicklungsprozeß anhand dieser das Konglomerat 'Gesellschaft' differenzierenden Kategorie aufgezeigt wurde. Dennoch stand von der Zielsetzung her betrachtet dort eindeutig die historische Dimension gegenüber der schichtspezifischen im Vordergrund, während es in diesem Kapitel genau umgekehrt sein wird. Daß ich noch einmal gesondert und ausführlich auf den Schichtaspekt eingehen möchte, hat seinen Grund in der besonderen Haltung und den besonderen Schwierigkeiten der Lesbenforschung zu und mit diesem Gesichtspunkt, die im folgenden kurz umrissen werden sollen.

4.1 Schicht - der blinde Fleck der Lesbenforschung!?

In der Lesbenforschung lassen sich grob zwei Weisen voneinander unterscheiden, mit der Kategorie 'Schicht' umzugehen: entweder sie wird von den häufig theoretisch interessierten Wissenschaftlerinnen ignoriert oder die meist empirischen Forscherinnen sehen sich mit dem Umstand konfrontiert, daß ihre Probandinnen sich im allgemeinen aus der Mittelschicht rekrutieren.

Die Relevanz und Bedeutung der Schichtzugehörigkeit für lesbische Lebensäußerungen und -praxis zu mißachten und zu leugnen und damit eine essentielle Differenz zugunsten der Gemeinsamkeiten und der vermeintlichen Zusammengehörigkeit einzuebnen und zu negieren, scheint sich einer fundamentalen, gleichsam axiomatischen Haltung zu verdanken, die ursächlich mit dem Minderheitenstatus verknüpft ist und so verfährt "... as though all lesbian women of the time (das ist hier das Paris, vorzugsweise der 20er Jahre, G.H.) lived out the effects of their sexual orientation in the same way, regardless of social class ... . The difference of sexual orientation continues to be read as sameness within the group ..." (Benstock 1987; 12) - auch und gerade in der alten Bundesrepublik, wie einige, ausnahmsweise zu Wort kommende 'Prololesben' auf der 3. Berliner Lesbenwoche 1987 zu Recht beklagten (vgl. Gitti et al. 1989; 180). Diese Einstellung hält bis heute an, obschon im Zuge wachsender lesbischer Souveränität Unterschiede zunehmend gesehen und benannt werden können. Doch betrifft dieses Offenbarwerden im wesentlichen nur solche ethnischen oder religiösen Ursprungs, wie der lesbische Differenzen thematisierende Diskurs dokumentiert, der sich um die Phänomene Rassismus und Antisemitismus herum zentriert und dem der Schichtaspekt weiterhin äußerlich bleibt.

Exemplarisch hierfür steht das zweite Heft der radikalfeministischen Lesbenzeitschrift 'IHRSINN', das sich explizit mit 'Unterschieden' auseinandersetzt - und darunter, von einer Ausnahme abgesehen, die sich eingehend mit einer schichtspezifischen, der sprachlichen Differenz beschäftigt (vgl. Janz 1990; 14ff), nahezu ausschließlich die von Kultur, Religion, Hautfarbe - und wie sollte es anders sein - sexueller Orientierung subsumiert (vgl. IHRSINN 1990).

In den bislang immer noch vereinzelten empirischen Arbeiten über Lesben wird der Schichtgesichtspunkt zwar oft erwähnt, allerdings nehmen an den Untersuchungen im allgemeinen nur Lesben der Mittelschicht teil - eine Ausnahme bildet die Arbeit von Paczensky (1984) -, so daß die Ergebnisse wiederum - aus der Perspektive der Forscherinnen meist unbeabsichtigt - nicht für die Ober- und Unterschicht gelten. Die Reaktion der Wissenschaftlerinnen darauf reicht vom einfachen Konstatieren des Faktums im Methodenteil (vgl. z.B. Wolff 1973; 81ff; De Cecco et al. 1978; 207; Tanner 1978; 43; Albro et al. 1979; 343; Peplau et al. 1983; 26; Vetere 1983; 55) bis hin zum Lamentieren über den das eigene Erkenntnisinteresse konterkarierenden Tatbestand (vgl. z.B. in milder Form Kehoe 1988; 6; und besonders Kitzinger 1987; 87ff). Letztere versuchen zum (eigenen) Verständnis die Ursachen hierfür zu ergründen. Von den Forscherinnen werden als Erklärungen für das Nichtteilnehmen von Lesben aus anderen Schichten die geringere Belesenheit und Teilnahme an feministischen Aktivitäten ebenso angeboten wie das tiefe Mißtrauen gegen akademische Forschungen (vgl. Kehoe 1988; 6), das sich noch mit klassenkämpferischen Ambitionen mischen kann, die separatistische Tendenzen fördern (vgl. Kitzinger 1987; 88) - Gründe, die je nach Einzelfall mehr oder minder stark zum Tragen kommen. Bemerkenswerterweise wird lediglich versucht, den Motiven der Unterschichtlesben nachzuspüren, während die Angehörigen der Oberschicht samt ihren Beweggründen als vollends irrelevant gehandhabt werden, was im übrigen in den sozialwissenschaftlichen Disziplinen nicht unüblich ist.

Die gegenwärtig extreme Mittelschichtdominanz der Lesbenforschung macht es unentbehrlich, themarelevante schichtspezifische Differenzen herauszuarbeiten. Dabei sehe ich mich jedoch mit dem Dilemma konfrontiert, daß Aussagen hierüber ein ausgesprochen spekulatives Moment anhaftet aufgrund der desolaten Datensituation, obzwar der Versuch, neue Erkenntnisse zu gewinnen, gerade deswegen umso vordringlicher ist, selbst wenn dazu der Weg der Spekulation beschritten werden muß. Diesen werde ich mit einer näheren Bestimmung des nun im Vordergrund stehenden Begriffs der (sozialen) Schicht, insbesondere in Abgrenzung zu dem der 'Klasse' einleiten, bevor ich mich konkret der schichtspezifischen Dimension des Themas zuwende.

Voranschicken möchte ich allerdings noch eine kurze Bemerkung über die vermeintlich analytische Trennung dieser beiden Dimensionen, wie sie meine Gliederung nahezulegen scheint, die eine 'gesonderte' Behandlung in je speziellen Kapiteln vorsieht und ausdrückt. Daß es sich bei der Trennung überhaupt um eine analytische handelt, die in der Realität keine Entsprechung findet und daher nur zum Zweck der wissenschaftlichen Analyse vollzogen wird, offenbart sich darin, daß Einstellungen, Haltungen, Wertmaßstäbe, Orientierungen, Handlungsmaxime und Verhaltensweisen ganz konkreter Menschen ebenso von der 'Zeit' bestimmt sind, in der sie leben, wie von der sozialen Schicht, der sie zuzuordnen sind - abgesehen davon, daß ohnehin 'Zeit' und Schicht grundlegend insofern untrennbar miteinander verbunden sind, als die je besondere geschichtliche Epoche genau die sozialen Schichten hervorbringt, die spezifisch und adäquat für sie sind. Als vermeintlich und nicht tatsächlich erweist sich diese analytische Trennung, da die beiden Dimensionen, um die es hier geht, mit wechselnder Priorität durchgängig gemeinsam - auch in diesem Kapitel - abgehandelt werden, so daß sich die Trennung lediglich auf die Schwerpunktsetzung bezieht und nicht auf die Aspekte selbst.

4.2 Zu den Begriffen 'Klasse' und 'Schicht'

(Soziale) Schicht wie (soziale) Klasse sind soziologische Kategorien die dazu dienen, die vertikale Sozialstruktur einer Gesellschaft, soziale Ungleichheit zu beschreiben und zu analysieren - entsprechend ihres unterschiedlichen Ausgangspunktes und ihrer unterschiedlichen Zielsetzung in je spezifischer Weise, die die Besonderheiten ihres differierenden Entstehungszusammenhanges widerspiegeln. Gleichwohl sind sie, entsprechend der Aussagen ihrer ApologetInnen, nicht als miteinander unvereinbare Kategorien zu betrachten, eher als einander ergänzende, wie es die neuere diesbezügliche, zwischen beiden Positionen vermittelnde Theoriediskussion handhabt, die soziale Schichtung begreift als "...ein Netzwerk vielfältiger Lebenschancen, die innerhalb der vertikalen Gliederung der Gesellschaft sowohl allgemein von ökonomischen als auch spezifisch von sozialen Lagen beeinfluß werden" (Krämer 1983; 19).

Der von Karl Marx grundlegend geprägte Klassenbegriff setzt mit der Intention, die Ursachen sozialer Ungleichheit ebenso zu ergründen wie, daraus folgend, den Weg zu ihrer Überwindung anzugeben, an den Fundamenten menschlichen und gesellschaftlichen Daseins an: "... die Auseinandersetzung mit und die Beherrschung der äußeren Natur im Zusammenhang mit der Beschaffung der Voraussetzungen für den Lebensunterhalt der Gesellschaftsmitglieder und mit der Produktion und Verteilung der entsprechenden Güter und Dienstleistungen" (Haller 1983; 143). Die Aneignung des gesellschaftlich produzierten Reichtums erfolgt in (kapitalistischen) Klassengesellschaften nicht paritätisch, sondern asymmetrisch als Konsequenz dessen, daß die meist nicht selbst konkret in den Produktionsprozeß involvierte herrschende Klasse essentiell über den Besitz der Produktionsmittel den Verteilungsmodus bestimmt. Ökonomische und politische Macht und Herrschaft, unter die sich meist auch noch die juristische im Sinne einer Klassenjustiz subsumieren läßt, sind demnach, indem sie den Zugang zum gesellschaftlichen Reichtum regeln und festlegen, die zentralen Bereiche, entlang derer sich die (kapitalistische) Gesellschaft tendenziell in zwei antagonistische Klassen polarisiert, eine herrschende und eine beherrschte, deren prinzipiell konträre Interessenlage und Zielsetzung durch ihre jeweilige Stellung innerhalb der Dichotomie vorgegeben ist: bei jener Machterhaltung, bei dieser Machtübernahme. Die Machtübernahme durch die beherrschte Klasse setzt aber ihrerseits Klassenbewußtsein als die realistische Einschätzung ihrer politisch-ökonomischen Stellung im gesellschaftlichen Produktions- und Reproduktionsprozeß voraus, um nicht als isoliertes Individuum, sondern als Mitglied einer Klasse handeln zu können.

Mit zunehmender Komplexität und Differenzierung der kapitalistischen Gesellschaften schien der Klassenbegriff vielfach zu eng zu geraten, um die sich gerade innerhalb der Klasse der Lohnabhängigen abzeichnenden, zusehends gravierenderen Abstufungen und Nuancen hinsichtlich disparater Lebenslagen und daraus resultierender Lebenschancen angemessen berücksichtigen zu können. Dies versprach eher der eigens zu diesem Zweck kreierte Begriff der (sozialen) Schicht, der es kontrastierend, trotz teils uneinheitlichen Gebrauchs, im allgemeinen - von den WissenschaftlerInnen mehr oder weniger beabsichtigt - vermeidet, die Ursachen sozialer Ungleichheit zu analysieren und daraus eine Überwindungsstrategie abzuleiten. Vielmehr wurde diese Kategorie "... in erster Linie konzipiert zur Untersuchung und Beschreibung der Verteilung bestimmter 'Güter' und der daraus resultierenden Verhaltensformen" (Hradil 1981[3]; 13), die eng mit der Identität der Einzelnen, ihrer Konstruktion, Fortentwicklung und Bewahrung zusammenhängen sowie der individuellen Zuordnung zu größeren sozialen Einheiten und weniger mit der politisch-ökonomischen Stellung der Einzelnen innerhalb des gesellschaftlichen Produktions- und Reproduktionsprozesses. Mein Gebrauch der Begriffe 'Schicht' und 'Klasse' fügt sich den hierin angesprochenen differierenden Akzentuierungen.

Die üblicherweise als Indikatoren für die Einteilung in Schichten fungierenden, weil offensichtlich am stärksten Unterschiede zwischen Menschen im Sinne sozialer Ungleichheit hervorbringend, und zur Verteilung anstehenden Güter, bei denen davon ausgegangen wird, daß sie ähnliche Lebenslagen konstituieren, die wiederum ähnliche Mentalitäten bedingen, sind 'Macht', 'Vermögen', 'Bildung' und 'Prestige'. Je nach ideologischer Orientierung der ForscherIn und nach wissenschaftlicher Fragestellung kann es aber auch zu Abweichungen hiervon kommen, so daß 'Schicht' und 'Schicht' nicht notwendigerweise identisch sind, ebensowenig wie dann ihre diesbezüglichen Ergebnisse bruchlos miteinander vergleichbar sind, weshalb im konkreten Fall genau zu überprüfen wäre, welcher Schichtbegriff der jeweiligen Untersuchung zugrunde liegt. Mit den genannten Indikatoren lassen sich mehrere hierarchisch - und nicht, wie es der Klassenbegriff impliziert, zwei dichotom - angeordnete Schichten entsprechend ihres differierenden Zugangs zu den 'Gütern' voneinander unterscheiden. Gemeinhin wird in soziologischen Forschungen mit mindestens drei gegeneinander abgegrenzten Schichten operiert, Ober-, Mittel- und Unterschicht, wobei die Oberschicht wegen ihrer zahlenmäßig geringen, gleichwohl oft vernachlässigten gesellschaftstheoretisch beträchtlichen Bedeutung, selten konkret berücksichtigt wird. Die dergestalt nun abermals auf zwei große gesellschaftliche Gruppen zur Beschreibung der vertikalen Struktur einer Gesellschaft eingeschränkte duale Differenzierung erwies sich infolgedessen analog des öfteren als analytisch unzureichend und tatsächlich existierende sozioökonomische Unterschiede innerhalb einer Schicht verschleiernd. Als ein Beispiel hierfür sei daran erinnert, daß der Familienbericht von 1979 unter anderem zu dem Resultat kam, daß die Einkommensunterschiede pro Kopf zwischen den sozialen Gruppen (Selbständige, Angestellte/BeamtInnen, und ArbeiterInnen) je nach Kinderzahl geringer ausfielen als innerhalb ein und derselben Gruppe (vgl. Bertram 1981; 143f). Zum anderen sei darauf hingewiesen, daß sich das Ergebnis, daß die Chancen von ArbeiterInnensöhnen, in gehobene Berufe aufzusteigen, ebenso gering sind wie die, aus gehobenen in ArbeiterInnenberufe abzusteigen, nur erzielen läßt, wenn man Söhne von un- und angelernten ArbeiterInnen betrachtet. Zieht man jedoch FacharbeiterInnen sowie einfache und mittlere Angestellte heran, so kann man einen erheblichen Austausch im Sinne eines Auf- und Abstiegs feststellen (vgl. Bertram 1981; 142).

Diese beiden Beispiele verdeutlichen, daß es einerseits, um gesellschaftliche Wirklichkeit im Hinblick auf soziale Ungleichheit so angemessen wie möglich widerzugeben, häufig einer weiteren Untergliederung der Schichten bedarf. Andererseits darf eine solche Auffächerung um den Preis wissenschaftlicher Klarheit und Aussagekraft nicht zu weit getrieben werden. Denn diese basieren fundamental auf der Verallgemeinerungsfähigkeit der Erkenntnisse, die im Falle zu vieler Subschichten durch zwei Momente verwässert würden. Zum einen verlören ihre typischen, als Abgrenzungskriterien fungierenden Unterschiede wegen ihrer bisweilen sophistischen Feinheiten an Trennschärfe und wären entsprechend schwer zu fassen. Zum anderen nähmen die Subschichten tendenziell den Charakter gewissermaßen individualisierter Forschungsphänomene und damit auch -ergebnisse an, weil ihnen entweder wegen ihres zahlenmäßigen Vorkommens, ihrer soziostrukturellen Irrelevanz oder ihrer 'Zeit(un)typik' bloß geringe gesellschaftliche Bedeutung zukommt. Die Gefahr, eher 'Einzel- als Präzedenzfälle' zu untersuchen, ist insbesondere durch die unter anderem von Beck et al. (1990) konstatierte Pluralisierung der Lebenskonzepte gegeben - die im übrigen noch dazu neben der schon angeführten Vielfalt heterosexueller Lebensformen die lesbischer Frauen und schwuler Männer unerwähnt ließen.

Um dieses Risiko zu minimieren, möchte ich mich trotz der angeführten Argumente nicht der gerade in empirischen Arbeiten mittlerweile häufiger anzutreffenden Differenzierung der sozialen Schichten anschließen, sondern an der vergleichsweise einfachen, ja simplifizierenden Einteilung in drei Schichten - Ober-, Mittel- und Unterschicht - festhalten, da diese den gravierenden Vorteil besitzt, die Differenzen zwischen den einzelnen Schichten prägnant und präzise benennen und fassen zu können[1]. Trotz dieses nicht unerheblichen Vorzuges läßt sich ein derart, schon nahezu popularisiert zu nennender Bezugsrahmen nur dann rechtfertigen, wenn man ihn nicht als einen ein getreues, gleichsam spiegelbildliches Abbild der gesellschaftlichen Realität vermittelnden einschätzt - was er nicht ist -, sondern ihn als einen begreift, der, indem er sich aus durch überspitzte Prononcierung spezifischer Merkmale bei weitgehender Vernachlässigung anderer gewonnenen, konstruierten Idealtypen zusammensetzt, als Maßstab für konkrete Individuen und soziale Gruppierungen dienen kann, anhand dessen sie sich durch ihre jeweilige Nähe oder Ferne zu den einzelnen idealtypischen Schichten verorten können. Für die Arbeit mit Idealtypen, die weder als ungewöhnlich noch als unwissenschaftlich gelten kann, gilt - und dessen sollte man sich stets bewußt bleiben -, was Jaspers für die Psychologie so formulierte: "Sie entstehen nicht als Durchschnitt durch Zählung von Häufigkeiten, sondern als reine Gestalten, die in Wirklichkeit nur angenähert, als klassische Grenzfälle vorkommen" (Jaspers 1946[4]; 362) und Max Weber für die Geschichtsforschung wie folgt ausdrückte: "In seiner gedanklichen Reinheit ist dieses Gedankenbild nirgends in der Wirklichkeit empirisch vorfindbar, es ist eine Utopie ..." (Weber 1973[5]; 235).

Bei der Konstruktion der idealtypischen schichtspezifischen Verhältnisse von Sexualität und Symbiose in lesbischen Beziehungen werde ich mich orientieren an den gleichfalls idealtypischen Schichten der Jahrhundertwende, als deren entscheidende Indikatoren sich meines Erachtens Vermögen und Bildungsstand erweisen, um von dort gleichsam als Hintergrundfolie ausgehend die gegenwärtigen diesbezüglichen Nuancen darstellen zu können. Dieses Vorgehen bietet sich einerseits an, da um 1900 die Schichten noch weitgehend dezidiert gegeneinander abgegrenzt waren, so daß sich die für das Thema relevanten differierenden charakteristischen Merkmale und Auswirkungen besser und klarer greifen lassen, obschon Symbiose um die Jahrhundertwende erst in Ansätzen existierte und sich zusehends intensiviert erst in der zweiten Hälfte des 20. Jahrhunderts auszubilden begann. Andererseits fehlen nahezu gänzlich aktuelle empirische Untersuchungen zu gegenwärtigen das Erwachsenenleben betreffenden Schichtunterschieden - ganz abgesehen vom

---

[1] Eine weitere Legitimation findet diese Einteilung darin, daß es kaum thematisch verwandte Untersuchungen gibt, auf die ich mich stützen könnte, so daß den schichtspezifischen Aussagen eher der Charakter von Hypothesen zukommt, die forschungsleitend für empirische Arbeiten sein könnten, die diese Dimension differenzierter zu betrachten intendieren.

Fehlen vergangener wie aktueller Forschungsarbeiten, die einen engeren Bezug zum vorliegenden Thema haben -, so daß ich mit dem als Orientierung dienenden Rekurs auf historische Schichtdifferenzen der Gefahr soweit als möglich begegnen möchte, in vollends wilde Spekulation zu verfallen, die in abgemilderter Form ohnehin nicht vermieden werden können. Auf diese Art und Weise läßt sich die schichtspezifische Dimension in historischer Perspektive erschließen und, abermals aus allgemeinen gesellschaftlichen Bedingungen ableitend, verdeutlichen, inwiefern sich die einzelnen Schichten aneinander angeglichen haben und inwiefern sie weiterhin voneinander abweichen - wobei es sich heute vermutlich weniger um prinzipielle als graduelle Unterschiede handelt, wie noch gezeigt wird. Dabei werde ich mich ganz wesentlich auf die Ausführungen und Ergebnisse des vorangegangenen Kapitels stützen.

Zuvor sei allerdings abschließend noch ein Wort zur dominanten Mittelschichtorientierung wissenschaftlicher Erkenntnisse angeführt, die entsprechend der Ausführungen unter 4.1 (Schicht - der blinde Fleck der Lesbenforschung!?) insbesondere auch für die Lesbenforschung zu konstatieren ist. Da ich selbst, wie die Mehrheit der WissenschaftlerInnen der - wie auch immer definierten - Mittelschicht entstamme und meine entsprechenden schichtspezifischen Haltungen, Wertmaßstäbe und Handlungsmaxime mittels Gegenübertragung (vgl. Devereux 1976) unweigerlich mehr unbewußt als bewußt in den Forschungsprozeß, seine Fragestellung wie seine Ergebnisse, einfließen werden, gerät die Mittelschicht zwangsläufig zum Maßstab, an dem sich Ober- und Unterschicht messen lassen müssen und mehr oder weniger unausgesprochen auch gemessen werden. Dies kann im einen Extremfall dazu führen, daß die Mittelschicht subtil zum Optimum erhoben wird, demgegenüber die beiden anderen Schichten als je spezifisch defizitär erscheinen. Anschaulich demonstrieren läßt sich das am Beispiel der vom 'Zeitgeist' abhängigen Bewertung der Reinlichkeitserziehung für die kindliche und persönliche Entwicklung zugunsten der Mittelschicht: Während in den 50er Jahren für die Erziehung zu Eigenverantwortlichkeit und Autonomie noch die früh einsetzende, in der Mittelschicht angeblich vorherrschende Sauberkeitserziehung als Indikator galt, wandelte sich gegen Ende der 60er Jahre mit dem Aufkommen der antiautoritären Bewegung die diesbezügliche wissenschaftliche Einschätzung dahingehend, daß nun das weitgehende Gewährenlassen bei der Reinlichkeitserziehung entscheidend zu Autonomie und Eigenverantwortlichkeit des Kindes beitrage - welches wiederum 'natürlich' vorzugsweise in der Mittelschicht anzutreffen sei. Zu beiden Zeiten wurden gewissermaßen axiomatisch für die Unterschicht - die Oberschicht blieb weitgehend unberücksichtigt, wie so oft - solche Phänomene vorausgesetzt, die sowohl auf einer Minderbewertung gegenüber der Mittelschicht basierten wie sie diese zur Folge hatten - was auch erst in den 80er Jahren durch die Untersuchung von

Becker-Schmidt und Knapp (1985) relativiert wurde, die zwar in der Unterschicht im allgemeinen eine vergleichsweise früh einsetzende, gleichwohl aber wenig rigide gehandhabte Sauberkeitserziehung nachwiesen (vgl. zu diesem ganzen Zusammenhang Schütze 1988; 99f). Im anderen Extremfall kann es infolge einer psychoanalytisch verstandenen Reaktionsbildung, die dem Bedürfnis nach Abgrenzung entstammt, zu einer negativen Mittelschichtorientierung in dem Sinne kommen, daß nun die Mittelschicht als Pessimum erscheint. Beide Fälle sind gleichermaßen unerwünscht, da sie gesellschaftliche Realität unangemessen und verzerrt widergeben. Um dies weitestgehend zu vermeiden, sollte das Forschungssubjekt so weit als möglich die eigene Schichtzugehörigkeit samt seiner forschungsrelevanten Implikationen und Auswirkungen während des Erkenntnisprozesses permanent mitreflektieren und, wenn erforderlich, explizieren.

4.3 Zum klassen- und schichtspezifischen Verhältnis von Sexualität und Symbiose in lesbischen Beziehungen

Wie bereits angekündigt, zerfällt dieses Kapitel in zwei Teile; im ersten möchte ich die schichtspezifischen Differenzen im Verhältnis von Sexualität und Symbiose in lesbischen Bindungen der letzten Jahrhundertwende herausarbeiten, um im zweiten, derart orientiert, die Gegenwart entsprechend beleuchten zu können.

4.3.1 Jahrhundertwende

Die für die schichtspezifische Dimension des Themas wesentlichen Aussagen sind großteils bereits im vorangegangenen Kapitel enthalten, dort allerdings verstreut und isoliert. Sie brauchen daher jetzt lediglich dort quasi extrahiert und in der Zusammenschau betrachtet, synthetisiert zu werden. Impliziter Bestandteil der Synthese soll für jede der hier angeführten Schichten ein konkretes Beispiel sein, um der theoretisch allgemeinen Darstellung Leben einzuhauchen; anschaulich zu demonstrieren, wie das schichtspezifische Verhältnis von Sexualität und Symbiose in der Realität jeweils ausgesehen haben könnte.

Ähnlich etwa wie in Frankreich und England, wenn auch mit gewissen Proportionsverschiebungen, unterteilte sich die Gesellschaft des kaiserlichen Deutschland um die Jahrhundertwende weitgehend in die folgenden drei großen Schichten[2]: das GroßbürgerInnentum, eine mittlere Schicht, die sich aus der bürgerlichen Mittel-

---

[2] Die BäuerInnenschaft bleibt unberücksichtigt, da sie als 'untergehende Schicht' für die weitere gesellschaftliche Entwicklung weitgehend bedeutungslos war.

schicht und dem KleinbürgerInnentum zusammensetzte, sowie das Proletariat im weitesten Sinne (vgl. Daviet 1974; 151, 168).

Das GroßbürgerInnentum, in der Hauptsache Familien von Großkaufleuten, Fabrikbesitzern und Bankiers, obwohl Motor der wirtschaftlichen Entwicklung, orientierte sich in allen drei Ländern maßgeblich an dem sozial tonangebenden und politisch dominanten Adel (vgl. Daviet 1974; 177). Besonders kraß war dies jedoch in Deutschland der Fall, wo es als Resultat des mangelnden eigenständigen (Klassen-)Selbstbewußtseins, zu dem die sich in der 1848er Revolution offenbarende politische Schwäche ebenso entscheidend beigetragen hatte wie die Furcht vor der erstarkenden ArbeiterInnenbewegung (vgl. Rosenbaum 1982; 321), regelrecht zu einer Aristokratisierung des GroßbürgerInnentums kam. Dabei blieb die Assimilation an den Adel nicht auf die Übernahme oberflächlicher, sichtbarer Attribute beschränkt, wie beispielsweise dem Kauf von schloß- und palastähnlichen Wohnsitzen, Ländereien oder einem Landgut, die allesamt der Repräsentation des 'neuerworbenen' sozialen Status nach außen dienten. Tiefgründig motiviert, sollte damit doch die Stabilisierung der labilen sozialen Identität erreicht werden, erstreckte sie sich vielmehr auch auf die Adaption tradierter adliger Wertmaßstäbe, Handlungsorientierungen und Verhaltensweisen, die, indem sie im allgemeinen der herrschenden Klasse als deren Vorrechte vorbehalten waren, vielfach gleichfalls deren exponierte, privilegierte gesellschaftliche Position nach außen demonstrieren sollten - obschon andere Gründe, derartige Vorrechte für sich zu reklamieren, etwa 'anarchische' Triebbedürfnisse, maßgeblich hinzugetreten sein mögen.

Die Übernahme adliger Lebens- und Verhaltensstandards betraf auch den Umgang mit Sexualität. Dieser zeichnete sich, wie bereits dargelegt, charakteristischerweise durch die übliche, häufig einzig der herrschenden Klasse vorbehaltene 'Erlaubnis'[3] (vgl. z.B. Luhmann 1988[4]; 66, 146) aus, nachdem man die Pflicht gegenüber der Familienräson in Form einer standesgemäßen, dem sozioökonomischen und gegebenenfalls politischen Kalkül geschuldeten Heirat sowie der 'Produktion' legitimer Nachkommen erfüllt hatte, den sexuellen Ambitionen freizügig auch jenseits des Ehebettes in außerehelichen Beziehungen nachgehen zu können. Ein sexueller Freiraum, der nicht nur vorzugsweise Männern, sondern auch Frauen zugestanden wurde und der sich aus der untergeordneten Bedeutung der Sexualität als konstitutives Element der ehelichen Bindung erklärte, da die Ehe beim Adel und dem GroßbürgerInnentum weitgehend keiner anderen Absicht diente, was zwangsläufig meist Fremdheit und Distanz zwischen den GattInnen implizierte, als die auf Machterhalt und -vermehrung zielenden Familieninteresse erfolgreich umzusetzen[4] - und auch nicht dienen mußte, da sie als herrschende Klasse

---

[3] Eine solche 'Erlaubnis' ist modifiziert ebenfalls in anderen Kulturen anzutreffen (gewesen), beispielsweise in Ozeanien und bei den AtztekInnen, wo Polygamie ein exklusives Privileg des Adels, der oberen Schichten darstellte (vgl. Davies 1987; 74, 116).

von der Produktion ihrer eigenen Lebensbedingungen befreit war; im Kontrast zu den anderen Bevölkerungsschichten, bei denen die Ehe eine innerhalb des Produktions- und Reproduktionsprozesses für das Überleben existenzielle wechselseitig aufeinander bezogene legitimierte Arbeitsbeziehung konstituierte, die durch außereheliche sexuelle Kontakte gefährdet gewesen wäre. Solange allerdings der der Familienräson zu zollende Tribut nicht entrichtet war, wurde mit Argusaugen über die sexuellen Aktivitäten der ledigen aristokratischen Frau gewacht.

Dies bekam auch Natalie Barney (1876 - 1972) zu spüren, die für meine Zwecke in gleichsam reiner Gestalt die ideale lesbische Großbürgerin verkörperte. Aus diesem Grund möchte ich ihr, eine einzigartige Extremposition darstellendes Beispiel - und bloß als solches ist es hier von höchst selektivem Interesse - nochmals strapazieren, obzwar ihr außerordentlich faszinierendes und extravagantes Leben sowohl ihren beiden Biographen Chalon und Wickes als auch Lesben im Zuge der verständlichen Suche nach Traditionen und geschichtlichen Modellen lesbischen Lebens bereits genügend Anlaß zu - von ihr durch entsprechende Inszenierungen teils selbst initiierten (vgl. Busch 1989a; 71) - Mythenbildungen gegeben hat; je nach Perspektive im Sinne dessen, was (auch schon damals) alles möglich (war) ist. So mußte sich Barney, nachdem sie unvorsichtigerweise ihren stürmischen Emotionen für ihre erste Geliebte relativ unverblümt Ausdruck gegeben hatte, etwa von 1894 bis zum Tode ihres Vaters 1902 mit dessem ständigen, zeitweise diktatorischen Bemühen auseinandersetzen, sie auf den rechten (ehelichen) Pfad der (heterosexuellen) Tugend (zurück-)bringen zu wollen (vgl. Benstock 1987; 272f; Busch 1989a; 70). Beispielsweise drängte er sie dazu, eine Saison lang, 1897, in Washington das Leben einer Debütantin der besten Gesellschaft, einschließlich der dazugehörigen Aktivitäten zu führen, das normalerweise konsequent in den Hafen der Ehe mündete. Nicht so bei Natalie Barney. Diese wußte sich solch väterlich dirigistischen Versuchen - letztlich auch diesem - auf nicht näher rekonstruierbarem Wege immer wieder zu entziehen, von wenigen Ausnahmen abgesehen, wie der "... auf Druck von Albert Clifford Barney beendeten Beziehung zwischen de Pougy und Barney" (Busch 1989b; 41). Unverzichtbare Hilfe dabei war ihre Mutter, Alice Pike Barney, die, ihrerseits selber unter den Zwängen einer der Konvenienz geschuldeten standesgemäßen Ehe leidend, den ungewöhnlichen und häufig skandalösen Lebenswandel ihrer Tochter tolerierte und sie, soweit es in ihren Kräften stand, darin unterstützte. Es kann nur darüber spekuliert werden, ob Natalie Barney ohne diesen Beistand den patriarchalen Pressionen ihres Vaters ebenso er-

---

[4] Luhmann zufolge mußten geradezu "die Oberschichten . auf den Trend zur stärkeren Individualisierung und betont individuellen Handlungsbestimmung mit einer Liberalisierung ihrer Eheauffassung reagieren; (denn, G.H.) sie konnten die Individuen, nicht aber die Ehen freigeben, weil die Reproduktion der Oberschicht über Ehen (und nicht, wie heute, über Karrieren) lief" (Luhmann 1988[4]; 150).

folgreich hätte begegnen können - dessenungeachtet kann es als Indiz für die Reichweite des familialen Einflußbereiches innerhalb der Oberschicht gewertet werden, daß sie hierzu maßgeblich der Unterstützung einer nahen Familienangehörigen, der Mutter, bedurfte.

Mit dem Tode ihres Vaters waren die gravierenden äußeren, den Bedürfnissen und dem Lebenswandel Natalie Barneys entgegenstehenden Einschränkungen beseitigt, die essentiell auf ihrer bis dato existenten materiellen Abhängigkeit von ihm beruht hatten. Ein Erbe von vier Millionen Dollar erlaubte es ihr, ein autonomes, von den Ressentiments der Gesellschaft unabhängiges Leben zu führen. Ein durch nichts aufzuwiegender Vorteil gerade angesichts ihrer lesbischen Orientierung, die damals in Frankreich, wo Barney lebte, konträr zu der schwuler Männer beurteilt wurde. "Homosexuality and drug adiction among the men were accepted .... But the rules for women were slightly different: they were free to have extramarital affairs, to get divorced, and to appear at the opera in seductive clothing. But display of their sexual attractions was for men ..." (Benstock 1987; 47). Im Falle Barneys war die Öffentlichkeit allerdings dadurch 'besänftigt', daß sie in ihrem Habitus weitgehend großbürgerliche und traditionell weibliche Verhaltensweisen zu offenbaren pflegte (vgl. Busch 1989b; 43).

Doch die Bedeutung des umfangreichen Erbes, das sie eindeutig als, wenn auch nicht unmittelbar aktives Mitglied der herrschenden Klasse auswies, erstreckte sich nicht allein auf den Gesichtspunkt materieller Selbständigkeit[5]. Die der politisch-ökonomischen Machtposition immanente Aneignung des Großteils des von ihren Untergebenen produzierten gesellschaftlichen Reichtums befreit die Herrschenden weitgehend von dem Zwang, selbsttätig innerhalb des gesellschaftlichen Produktions- und Reproduktionsprozesses die eigenen Lebensbedingungen erzeugen, schaffen zu müssen - samt den inhärenten Handlungs- und Verhaltensbeschränkungen. Damit befinden sich die Herrschenden[6] immer schon im 'Reich der

---

[5] Bei heterosexuellen Beziehungen spielte die materielle Komponente wegen der jederzeit bestehenden Möglichkeit einer Schwangerschaft, vorzugsweise für das weibliche Geschlecht eine ungleich entscheidendere Rolle für das Zustandekommen von Schichtdisparitäten als in lesbischen Beziehungen, wo dieses Risiko entfiel und bei denen Prosperität bloß essentiell die Unabhängigkeit von sozialer, die Existenz womöglich bedrohender Kontrolle verbürgte. So stellten uneheliche Nachkommen für die herrschende Klasse infolge der weitreichenden Ressourcen kein Versorgungs-, geschweige denn ein Existenzproblem dar, wie es etwa bei Handwerkern, Protoindustriellen und ArbeiterInnen der Fall gewesen wäre - und darüber bestimmte sich wesentlich die schichtspezifisch disparate Bedeutung der Sexualität für das eigene Überleben. In der Oberschicht mußte es aber gar nicht erst soweit kommen, konnten sich doch die Begüterten Verhütungsmittel leisten, die im übrigen für sie eigens entwickelt worden waren - nicht zufällig wurde etwa das Kondom von einem Arzt erfunden, der am Hofe Karls II. von England lebte (vgl. Fuchs 1985 Band 4; 61).

[6] Gemeint sind hiermit im wesentlichen all jene, die überhaupt nicht oder bloß peripher im gesell-

Freiheit' jenseits des 'Reiches der Notwendigkeit' und verfügen über ein immenses Zeit- und Energiereservoir, das ihnen die Verwirklichung kultureller und gesellschaftlicher, aber auch sexueller Ambitionen und Interessen oberhalb der schlichten Überlebensnotwendigkeiten ermöglicht. Denn neben der maßgeblich soziökonomisch motivierten effektiven weitreichenden sozialen Kontrolle war, wie bereits mehrfach aufgezeigt, die übermäßige Arbeitsbelastung der ausschlaggebende Grund, warum Frauen anderer Schichten sexuelle, insbesondere außereheliche Beziehungen weder der Quantität nach pflegen noch der Qualität nach kultivieren konnten. So gestaltete sich das Sexualleben der Klassen, von einigen historischen Ausnahmen abgesehen, keineswegs verwunderlich disparat: Auf der einen Seite die Sexualität der Beherrschten, korrespondierend ihrer je konkreten Lebenspraxis, nahezu durchgängig als, dem Umfange nach ohnehin begrenzt, rigide, roh, ungehobelt, grob und simpel; und demgegenüber auf der anderen Seite, dem aufwendigen und luxuriösen Lebensstil angemessen, die bisweilen ausufernde stilisierte und verfeinerte, durch mannigfaltige Mittel und Aphrodisiaka gesteigerte sexuelle Lebensart der Herrschenden.

Natalie Barney führte durchaus ein ihrer Zugehörigkeit zur Oberschicht adäquates Sexualleben, auch wenn man sich nicht der beispielsweise von Chalon (1980) durch seine Biographie verbreiteten Mystifizierung Barneys zum weiblichen Casanova, der keine entsprechend orientierte Frau zu widerstehen vermochte, anschließt. Dies drückte sich im wesentlichen darin aus, daß sie, obwohl unverheiratet, keinem moralisierenden Treuegebot gehorchend ihre Sexualität selbstbestimmt auslebte - bei gegenseitiger erotischer Anziehung als Voraussetzung. Einem sexuellen Abenteuer war sie nicht abgeneigt, selbst wenn sie sich derzeit gerade in einer festen Bindung befand. So unterhielt sie neben der Beziehung zu ihrer 'Sultanin' gegebenenfalls diverse sexuelle Verhältnisse (vgl. z.B. Chalon 1980; 56, 74f, 84, 156). Mit welcher Selbstverständlichkeit sie dieses Recht für sich reklamierte, dokumentiert die Tatsache, daß sie selbst noch in ihren betagten 80ern und 90ern die Bindung zu ihrer jahrzehntelangen Lebensgefährtin Romaine Brooks durch ein langjähriges Verhältnis riskierte - wodurch es schließlich zum Bruch zwischen beiden kam (vgl. Chalon 1980; 226ff).

Der Umstand, daß - ein- oder beidseitig - Sex nicht monopolisiert in einer 'ehelichen' Beziehung ausgelebt wird, sondern darüber hinaus in 'außerehelichen', sagt unmittelbar noch nichts über das Verhältnis von Sexualität und Symbiose in diesen, insbesondere der eheähnlichen Beziehung aus. Denn geht man einerseits davon aus, daß Symbiose grundlegend durch die Vorstellung charakterisiert ist, nur durch, mit und für die Andere existieren zu können, und die Beziehung zu ihr folg-

---

schaftlichen Produktions- und Reproduktionsprozeß involviert sind. Für die anderen, wie etwa den gleichsam als Pionier wirkenden streb- und arbeitsamen Unternehmeringenieur des ausgehenden 19. Jahrhunderts, müssen die folgenden Aussagen entsprechend relativiert werden.

lich als existenziell erscheint, dürfte diese wegen ihrer psychischen Lebensnotwendigkeit konsequenterweise nicht durch 'außereheliche' sexuelle Kontakte gefährdet werden. Andererseits aber kann gerade heftige Symbioseangst eine Frau dazu führen, 'Seitensprünge' zu instrumentalisieren, um dadurch einer zu! engen emotionalen Bindung zur 'Hauptfrau' zu entgehen.

Daß bei Frauen der Oberschicht im allgemeinen und bei Natalie Barney im besonderen Symbiosebedürfnisse und -neigungen allerdings verhältnismäßig gering anzusetzen sind, läßt sich aus der bis ins 20. Jahrhundert fortwirkenden traditionellen Kindererziehung der Oberschicht ableiten. Wie dargestellt, war diese infolge der sozialen Integration und der sporadischen Verfügbarkeit der Mutter, die, weit davon entfernt, sich über Mutterschaft definieren zu müssen, ihre kulturellen und gesellschaftlichen Interessen zu verwirklichen suchte, durch eine nicht-exklusive, distanzierte Beziehung des Kindes zur Mutter gekennzeichnet, der eine wenig weitreichende und tiefgreifende frühkindliche Symbiose inhärent ist - und die demnach in späteren Liebesverhältnissen kaum essentielle Folgewirkungen zeitigt.

Bei Natalie Barney gab es zwar Anzeichen einer intensiven emotionalen Bindung an die Mutter; Aussagen wie die folgende von Chalon lassen dies immerhin vermuten: "Nichts und niemand machten ihr angst, außer - und das war ganz ungerechtfertigt - daß die Mutter ihr vor dem Einschlafen keinen Kuß geben könnte" (Chalon 1980; 13). Dessenungeachtet wurde diese Bindung in ihrer Intensität und Exklusivität durch die konventionellen Gepflogenheiten einer oberschichtspezifischen Kindheit klar begrenzt, über die es jedoch, abgesehen vom Bildungsaspekt, wenig konkretes Material gibt. Nicht nur, daß Barney gemeinsam mit ihrer drei Jahre jüngeren Schwester Laura bereits in jungen Jahren Französischunterricht durch eine eigens hierfür engagierte Gouvernante erhielt. Entscheidender war vielmehr, daß sich ihre Mutter neben dem gesellschaftlichen Leben und der Erziehung ihrer Töchter[7] für Kultur und Kunst und innerhalb dessen besonders für die Malerei interessierte. Hatte sie sich dieser Passion schon vorher weitgehend verschrieben, so widmete sie sich ihr nach der Geburt ihrer zweiten Tochter mit noch größerer Ausschließlichkeit (vgl. Chalon 1980; 11), was gleichsam umgekehrt proportional die Kontaktmöglichkeiten mit und die Verfügbarkeit für ihre Töchter sowohl hinsichtlich des Umfangs als auch der Aufmerksamkeit einschränkte. Unter anderem weist darauf hin, daß Alice Pike Barney auf der ersten Europareise mit ihren Töchtern 1886 Malstunden nahm, während diese ein vorzugsweise von Ausländerinnen frequentiertes Pensionat besuchten (vgl. Busch 1989a; 69; 1989b; 41).

---

[7] Wie weit dieses Interesse reichte, bleibt unklar, da auch die AutorInnen und Biographen nichts genaueres darüber zu berichten wissen; ob es sich dabei lediglich um ein quasi formelles erzieherisches Interesse handelte, das sich an der Maxim des Standesgemäßen und seiner Erfüllung orientierte, oder ob es sich auch auf die intensive konkrete Auseinandersetzung mit den Kindern erstreckte.

Die dergestalt begünstigten geringen Symbiosetendenzen Barneys spiegeln ihre eigenen späteren Formulierungen wider, obwohl man prinzipiell vorsichtig sein sollte, von Aussagen direkt und bruchlos im Sinne von Kongruenz auf das diesbezügliche tatsächliche Verhalten zu schließen. So schreibt sie beispielsweise in einem Brief an ihren Biographen Jean Chalon: "Ich bin für getrennte Schlafzimmer, getrennte Betten und sogar auch für eine Trennung im Leben. ... Die Liebe erfordert zuweilen, daß man sich trennt, daß man von weit entfernt her kommt oder wiederkehrt, um seinen Blick zu erneuern und dem anderen etwas Neues bieten zu können. ... Wenn zwei Körper sich nichts mehr zu sagen haben, sollten sie voneinander scheiden" (Chalon 1980; 210f).

In dieser Äußerung schwingt etwas Grundlegendes über das Verhältnis von Sexualität und Symbiose in lesbischen Beziehungen mit - das auch für andere Beziehungskonstellationen gilt -, mit dem sich die schichtspezifischen Differenzen sinnvoll fassen lassen. Barney betont darin die Bedeutung der Trennung (= geringe Symbioseneigung) für die Fortdauer der körperlichen Liebe, die existenziell des Vorher-und-nachher-getrennt-seins bedarf, um in ihr selbst das Moment der Trennung in Augenblicken von intensiver Nähe und Verschmelzung kurzzeitig aufheben zu können. Dies legt die Hypothese eines Kontinuums mit 'Sexualität' und 'Symbiose' als ihren Polen nahe, wo, fließend ineinander übergehend, gewissermaßen automatisch ein Mehr des einen ein Weniger des anderen bedeutet[8]. Vorläufige Bestätigung findet diese Behauptung darin, daß in der Oberschicht einerseits ein selbstbestimmter freizügiger Umgang mit Sexualität üblich ist, während andererseits Symbiosetendenzen wenig ausgebildet sind - ergo, mehr Sexualität - weniger Symbiose.

Wie idealtypisch diese Aussage ist, verdeutlichen Abweichungen vom vorgängigen Muster in der Realität, die die Bandbreite möglicher Verhaltensweisen widerspiegeln. So verdrängte beispielsweise die kurzzeitig von Freud analysierte Patientin 'Dora' trotz ihrer Zugehörigkeit zur Oberschicht - sie war die Tochter eines Großindustriellen - ihre Sexualität, die sich stattdessen ersatzweise in konversionshysterischen Symptomen Ausdruck verschaffte. Ihre verdrängten sexuellen Wünsche richteten sich unter anderem auf eine Frau. Laut Freud zumindest war "... der überwertige Gedankenzug Doras, der sich mit dem Verhältnis des Vaters zur Frau K. be-

---

[8] Sollte sich diese Hypothese als zutreffend erweisen, so ließe sich mit ihr auch der signifikante Unterschied zwischen dem männlichen und dem weiblichen Umgang mit Sexualität plausibel erklären: Daß nämlich Männern in ihrer tiefgreifenden Betonung des Getrenntseins von anderen einzig über genitale Sexualität der Zugang zu intensiver Nähe und Verschmolzenheit offensteht, während es Frauen mit ihren durchlässigeren Ich-Grenzen partiell an den Voraussetzungen für Sex, dem Getrenntsein mangelt, sie gleichzeitig aber intensive Nähe und Verschmolzenheit auf anderer Ebene herzustellen vermögen.

schäftigte, bestimmt nicht nur zur Unterdrückung der einst bewußt gewesenen Liebe zu Herrn K., sondern auch die in tieferem Sinne unbewußte Liebe zu Frau K. zu verdecken hatte" (Freud 1905c; 62). Über die Symbioseneigungen 'Doras' läßt sich allerdings aufgrund des von Freud veröffentlichten Materials nichts Fundiertes aussagen.

Etwas anders stellt sich die Situation bei der von ihm publizierten 'Psychogenese eines Falles von weiblicher Homosexualität' (Freud 1920b) dar, obwohl auch hier die Dürftigkeit des Materials keinen endgültig validen Schluß zuläßt. Die betroffene Frau, gleichfalls der Oberschicht zuzuordnen und außerdem bar jeglicher Krankheitsanzeichen, verliebte sich wissentlich in Frauen. Ihr Verliebtsein blieb gleichwohl rein schwärmerisch und daher ohne sexuelle Konsequenzen (vgl. Freud 1920b; 127 f)[9]. Daß bei ihr Symbioseneigungen zu vermuten sind, die sich aus ihrer frühkindlichen Beziehung zur Mutter ableiten lassen, dazu geben Äußerungen Freuds Anlaß wie: "Wenn sie also homosexuell wurde, der Mutter die Männer überließ, ihr sozusagen 'auswich', räumte sie etwas aus dem Wege, was bisher an der Mißgunst der Mutter Schuld getragen hatte" (Freud 1920b; 126). Dies etwa läßt sich leicht als ein Vermeiden der konfliktreichen Auseinandersetzung mit der Mutter zugunsten des einträchtigen Einvernehmens miteinander und damit als symbiotische Verhaltensweise interpretieren. In die gleiche Richtung deutet Freuds Verweis darauf, daß die junge Frau einem spezifischen männlichen Typus der Objektwahl zuzuordnen sei. Denn in einer Schrift über diesen führt er unter anderem aus: "Bei unserem Typus hingegen hat die Libido auch nach dem Eintritt der Pubertät so lange bei der Mutter verweilt, daß den später gewählten Liebesobjekten die mütterlichen Charaktere eingeprägt bleiben, daß sie alle zu leicht kenntlichen Muttersurrogaten werden" (Freud 1910; 12f). In diesem Fall ergibt sich also wiederum vage eine Bestätigung des von mir behaupteten Kontinuums von Sexualität und Symbiose; diesmal in der Proportion 'weniger Sex - mehr Symbiose'. Ein Verhältnis, das sich nach Kenntnis des vorangegangenen Kapitels eher idealtypisch für die Mittelschicht annehmen läßt, wie noch zu zeigen sein wird. Daß ein solches zusehends auch in der Oberschicht anzutreffen war - die Falldarstellung stammte aus dem Jahre 1920 - spricht dafür, daß diese sich immer stärker in ihrer Ehe- und Familienauffassung an jener orientierte.

An dieser Stelle sei mir ein Wort zur Problematik des Umgangs mit meinerseits ambivalent besetzten Quellen erlaubt, als die sich in diesem Zusammenhang die von Freud erweisen. Denn einerseits kann ich inhaltlich, gerade in meiner Identität als Lesbe in der heutigen Zeit, weder seine simplifizierende Rückführung weibli-

---

[9] Freud orientierte sich in diesem Fall, indem er nicht 'Sex', sondern 'Liebe' als zentrale Kategorie für die Klassifizierung und Etikettierung weiblicher Homosexualität wählte, maßgeblich an der bürgerlichen Ideologie, genauer der bürgerlichen Vorstellung von romantischer Liebe - und selbst hinsichtlich dieser 'Perversion' am Bild der reinen und keuschen Bürgerin.

123

cher Homosexualität auf das Bedürfnis nach einem Mutterersatz, dessen Funktion, wie Freud selbst an anderer Stelle bemerkt, auch von einem Mann erfüllt werden kann[10], noch seine Etikettierung lesbischer Objektwahl als männlichen Typus teilen. Andererseits benutze ich aber nichtsdestotrotz seine Erkenntnisse, die doch maßgeblich auf seinen von mir kritisierten Anschauungen beruhen, als Beleg für eine meiner Thesen. Ohne diesen Zwiespalt vollständig auflösen zu wollen und zu können, möchte ich zu meiner Rechtfertigung, seine Ergebnisse dessenungeachtet zu verwenden, anfügen, daß es zum einen in diesem Zusammenhang nicht darum geht, die Ursachen weiblicher Homosexualität dezidiert und minuziös zu untersuchen - die Feststellung, daß ein wie auch immer gearteter Bezug weiblicher Homosexualität zur frühkindlichen Mutterbeziehung besteht, ist meines Erachtens an dieser Stelle ausreichend. Zum anderen möchte ich an die Zeit erinnern, in der Freud lebte und die so rigoros zwischen männlichen und weiblichen Geschlechtscharakteren unterschied, daß sie als 'unweiblich' geltendes Verhalten ohne Umschweife eindeutig als 'männlich' klassifizierte. Davon waren auch die Lesben dieser Zeit keineswegs ausgenommen, die teils ihre von der Sexualwissenschaft zugewiesene 'Männlichkeit' als Transvestitin oder KV (= Kesser Vater) eigenständig gewendet stilisierten (vgl. z.B. Hacker 1987; 93).

Die Mittelschicht, mit der ich im folgenden ausschließlich die ideologiebildende bürgerliche meine, der hauptsächlich FreiberuflerInnen angehörten (vgl. Daviet 1974; 169), obzwar ihr, weiter gefaßt, auch begüterte Handwerker, eigentlich dem KleinbürgerInnentum zugehörig, zuzurechnen waren (vgl. Daviet 1974; 151f, 170), besaß eine zur Oberschicht konträre Auffassung darüber, wie mit Sexualität umzugehen sei. Wie im vorangegangenen Kapitel dargelegt, galten hier in sexuellen Dingen allgemein die Maxime der Sittsamkeit und Tugendhaftigkeit. Im einzelnen bedeutete dies, die Frau solle rein und keusch in die Ehe gehen und das Eheleben insgesamt dem Treue- und Monogamiegebot gehorchen. Vor- und außereheliche Beziehungen waren folglich streng verpönt (vgl. z.B. Fuchs 1985 Band 5; 40).
    Ein nicht unwesentliches Motiv dieser restriktiven Sexualmoral war das Bedürfnis der BürgerInnen, sich unter anderem vermöge des spezifisch akzentuierten Umgangs mit diesem Bereich dezidiert und explizit von allen übrigen sozialen Schichten zu distanzieren, um darüber die als neu aufkommende Klasse noch labile soziale Identität zu stabilisieren und ein eigenständiges Selbstbewußtsein auszubilden. Daß die Abgrenzung nicht nur, wie gleichsam selbstverständlich, den Narzißmus in Rechnung gestellt, nach unten, sondern ebenso nach oben erfolgen mußte, erklärt sich aus der politisch-ökonomischen Position des BürgerInnentums innerhalb der gesellschaftlichen Hierarchie. Im wesentlichen FreiberuflerInnen, waren sie weder

---

[10] So führt er in der Vorlesung über 'Weiblichkeit' aus: "Der Ehemann, der zunächst vom Vater geerbt hatte, tritt mit der Zeit auch das Muttererbe an" (Freud 1933; 109).

der beherrschten noch der herrschenden Klasse zuzuordnen. Zwar wurden sie weitgehend nicht, wie dies bei den ArbeiterInnen über die Aneignung des Mehrwertes geschah, seitens der Herrschenden 'enteignet', außer über vergleichsweise minimale steuerliche Abgaben. Gleichwohl mußten sie im Unterschied zu jenen ihre Lebensbedingungen selbsttätig produzieren und konnten sie nicht kraft Aneignung des durch Andere erzeugten gesellschaftlichen Reichtums hervorbringen. Infolgedessen fehlte es ihnen an den materiellen Mitteln, sich wie das GroßbürgerInnentum - aus den oben angeführten Gründen insbesondere in Deutschland - identitätsstiftend und -bildend erfolgreich am sozial tonangebenden Adel orientieren zu können. So waren beispielsweise BürgerInnen selten ökonomisch in der Lage, eine gegebenenfalls umfangreiche illegitime Nachkommenschaft standesgemäß zu versorgen, bedeutete dies doch bei Söhnen eine kostspielige Ausbildung und bei Töchtern eine kaum minder umfangreiche Mitgift zu finanzieren.

Der bürgerliche Mann allerdings, Diskurs- und normsetzende Macht in seinen Händen haltend, grenzte sich nicht unmittelbar über sein eigenes sexuelles Verhalten und damit nicht auf seine Kosten von den anderen sozialen Schichten ab, obwohl auch seiner Tugendhaftigkeit nunmehr ein stärkeres Gewicht beigemessen wurde infolge mangelnder sozialer Kontrolle sowie der mit zunehmender Emotionalisierung des Ehe- und Familienlebens einhergehenden Aufwertung des Sexuellen insgesamt (vgl. z.B. Rosenbaum 1982; 347). Seine soziale Distanzierung erfolgte vielmehr vermittelst und auf Kosten der Sexualität seiner Frau, indem er einzig ihre Keuschheit, ihre voreheliche Jungfräulichkeit und eheliche Treue zum Abgrenzungskriterium erhob. Diese erwiesen sich im übrigen als hierfür hervorragend geeignete Vehikel angesichts des 'sitten- und schamlosen' Umgangs von (verheirateten) Frauen der Oberschicht mit Sexualität, der sich in ihren vielfältigen außerehelichen 'Eskapaden' manifestierte, sowie des für jeden Bürger konkret erfahrbaren Umstands, (ledige) Frauen der Unterschicht 'jederzeit haben zu können' (vgl. z.B. Rosenbaum 1982; 349; Fuchs 1985 Band 6; 52). Die solcherart asymmetrische Bewertung, gemeinhin präzise als Doppelmoral entlarvt, brachte dem bürgerlichen Mann unverkennbar erhebliche Triebvorteile. Sie reflektiert aber auch die Tatsache, daß sich die Frau der direkt an ihr ablesbaren Folgen vor- und außerehelicher Beziehungen prinzipiell nicht wie der Mann entziehen konnte, außer über Abtreibung, so daß das Portemannaie bürgerlicher Familien in diesen Fällen zwangsläufig erheblich stärker belastet wurde.

Daneben lassen sich zwei weitere bedeutsame wirtschaftliche Gründe für die Etablierung bürgerlich-weiblicher Sittlichkeit identifizieren[11], die aus der gegen-

---

[11] Die ausgeführten wirtschaftlichen Gründe komplettieren im übrigen den von Wilhelm Reich als essentiell angeführten, im Falle der patrilinearen Erbfolge lasse sich bloß über die Keuschheit der Frau für die Väter sicherstellen, daß es sich bei den Kindern der Gattin wirklich um ihre handelt - weswegen er zu dem Schluß kam, daß die bürgerliche Sexualmoral "... dem Mann so-

über der traditionellen Gesellschaft veränderten Produktionsweise resultierten und exakt jenen essentiellen Zwecken korrespondierten, die nunmehr die Reproduktionssphäre für ein reibungsloses Funktionieren der Produktionssphäre im Sinne der Kompensation und Vorleistung zu erbringen hatte. So sollte einerseits das vom 'Ernst des Erwerbs' abgerückte Ehe- und Familienleben, für das zugewiesenermaßen allein die Frau zuständig und verantwortlich war, dem bürgerlichen Mann einen regenerierenden Ausgleich zu seiner tagtäglich praktizierten Entäußerung in der Berufswelt bieten. Dies wurde umso brisanter, je stärker er sich als Resultat seines Ehrgeizes und seines Leistungsanspruches beruflich wie öffentlich engagierte - und engagieren mußte, konnte er doch bloß durch sein eigenes Leistungsvermögen seine persönliche Identität wie seinen angemessenen sozialen Ort finden und behaupten, nachdem ihm beides infolge der Herauslösung aus der traditionellen Gesellschaft nicht mehr a priori vorgegeben war. Damit er ein solches Refugium fern der kalten, harten und anstrengenden Realität des Erwerbslebens vorfand, in das er sich bei Bedarf zurückziehen konnte, um dort den emotionalen Rückhalt zu finden, der ihm die Auseinandersetzung mit der Außenwelt überhaupt ermöglichte, bedurfte es einer Frau, die "... beinahe ausschließlich damit beschäftigt (war, G.H.), das Hauswesen zu richten und die Familie zu dem zu machen, was sie sein sollte: zu einem Ort wohlgeordneter Intimität, beschaulicher Harmonie, gediegener Entspannung" (Frevert 1986; 67).

Die ausschließliche Konzentration der bürgerlichen Frau auf das Heim war darüber hinaus auch erforderlich, um den männlich-bürgerlichen Sozialcharakter mit seinen typischen Tugenden wie Affektkontrolle, Triebaufschub und Bedürfnisverzicht hervorzubringen, entwickelte sich dieser doch vorzugsweise auf der Grundlage einer emotional engen, exklusiven und damit strategisch einsetzbaren Beziehung zur Mutter, die sowohl die stete Verfügbarkeit der Mutter als auch die soziale Isolation der Mutter-Kind-Dyade voraussetzte.

Außereheliche sexuelle Leidenschaften, zumal unberechenbar, hätten diese beiden ökonomisch überaus relevanten Zwecksetzungen geradezu zwangsläufig konterkariert, insofern sie in beträchtlichem Maße hierfür erforderliche Zeit und Energie der Bürgerin absorbierten. Und über beides konnte die bürgerliche Frau innerhalb gewisser Grenzen mittlerweile häufig, zumindest potentiell frei disponieren, seit sie ihre Zeit und Energie mit der Verbannung aus dem Erwerbsbereich ausschließlich in die Reproduktionssphäre nicht mehr per se gezwungenermaßen weitgehend in der Produktion der eigenen Lebensbedingungen erschöpfte. Wie gezeigt, hatte dies in der traditionellen Gesellschaft regelmäßig außereheliche sexuelle Kontakte der Frau effektiv verhindert. Nunmehr mußten diese auf andere Art und Weise unterbunden werden. Als wirkungsvolles Mittel bot sich eine zuungunsten

---

wohl in als auch vor der Ehe gestattet, was sie der Frau aus ökonomischen Gründen versagen muß" (Reich 1977; 56).

der Frau asymmetrische Verschärfung des bis dahin relativ liberalen Scheidungsrechtes (vgl. hierzu Gerhard 1978; 169ff) an, das in sich genügend Zwang für Ehefrauen barg, nicht möglicherweise mit einer einmaligen sexuellen 'Verfehlung' ihre ökonomische wie soziale Existenz zu riskieren, bot sich ihnen doch außerhalb der Ehe keine standesgemäße Lebensperspektive, da die Bürger zur Ausschaltung jeglicher unliebsamer beruflicher wie politischer Konkurrenz seitens der Frauen diese a priori in die Familiensphäre verwiesen hatten. Wie eng erschwertes Scheidungsrecht, gewandelte Ehe- und Familienpflichten der Frau und restriktive bürgerliche Sexualmoral miteinander verflochten waren, dokumentieren beispielsweise Äußerungen des damaligen preußischen Justizministers v. Savigny, der zur Legitimation der geplanten scheidungsrechtlichen Neuordnung argumentierte, der Seitensprung der Frau vernichte sowohl das Ehe- und Familienleben als es außerdem die Kindererziehung preisgebe, weswegen es letztlich einem Angriff auf das gesellschaftliche Ordnungssystem gleichkomme (vgl. Frevert 1986; 64).

Sollte unter anderem maßgeblich hierüber, aber auch über andere entsprechend 'sittliche' philosophische Diskurse, wie sie etwa Fichte (vgl. z.B. Modelmog 1988; 76) oder Hegel (vgl. z.B. Frevert 1986; 63f) zu führen pflegten, eigenständige sexuelle und anderweitige Interessen der Bürgerin ausgeschaltet, eliminiert werden, so garantierte dies für sich genommen noch nicht die Erfüllung der ihr zugewiesenen ehelichen und familiären Aufgaben, stellte es doch, da ein 'Verenden' unerwünschter nicht mit einem Umlenken in die 'richtigen', weil erwünschten Kanäle identisch ist, bloß eine der beiden hierfür erforderlichen Prozesse dar. Denn daß sie die männlicherseits an sie herangetragenen Forderungen optimierend realisierte, verlangte von der bürgerlichen Frau nicht nur, auf davon abseits liegende eigenständige Interessen und Bedürfnisse zu verzichten, sondern ferner stattdessen vollends in der Befriedigung der Wünsche anderer, ihres Mannes und ihrer Kindern, aufzugehen. Letzterem Zweck dienten, wie bereits dargelegt, die vielfältigen medizinischen, psychiatrischen und pädagogischen Diskurse, die über die Aufwertung der Mutterschaft und die Betonung ihrer Bedeutung für die Kinder die Bürgerinnen zu entsprechendem Verhalten zu bewegen trachteten.

Die 'Macht' der Diskurse wirkte allerdings nicht ähnlich direkt wie die traditionellen sozialen Kontrollinstanzen, an deren Stelle sie gewissermaßen getreten waren. Ihre tatsächliche Potenz, Tragweite, Effektivität und Tiefe entfalteten sie erst durch die Mütter hindurch, die, indem sie sich dadurch initiiert vorrangig auf ihre Kinder konzentrierten, die von Chodorow aufgezeigte Reproduktionsdynamik in Gang setzten und so im Verlauf des komplexen Erziehungsprozesses Töchter hervorbrachten, die sich einerseits durch verdrängte sexuelle Bedürfnisse und Wünsche charakterisieren ließen wie andererseits dadurch, daß sie als Resultat fortwirkender starker Symbioseneigungen gleichsam eine Nicht-Identität als Identität ausbildeten, die sich ebenso durch durchlässige Ich-Grenzen auszeichnete wie durch die einseitige Überbetonung der Verbundenheit mit anderen in dem Sinne, daß deren Bedürfnisse legitimer als die eigenen erschienen und daher stärkere Handlungsrelevanz gewannen - zwei Persönlichkeitsmerkmale, die sich auf der psychischen Ebene strukturell, wie noch zu zeigen sein wird, gegenseitig stützen und bedingen.

Aufgrund des derart beschaffenen bürgerlich-weiblichen Sozialcharakters dürften lesbische Beziehungen zwischen Bürgerinnen, so es sie gab, durch mehr Symbiose und weniger Sex gekennzeichnet gewesen sein. Konkrete Beispiele, anhand derer sich dieses idealtypische Beziehungsmuster detailliert überprüfen ließe, sind mir leider nicht bekannt - und werden sich auch durch intensivste Spurensuche schwerlich zutage fördern lassen. Denn die bürgerliche Ideologie von der sittlich reinen und keuschen Frau hinderte diese meist per se, sexuelle Erfahrungen explizit zu äußern, selbst wenn sie sie dessenungeachtet gemacht haben sollten, wollten sie nicht aus ihrer vorgegebenen Rolle fallen und zu diskriminierten gesellschaftlichen Außenseiterinnen werden, was häufig sozialen Abstieg und Existenzgefährdung bedeutet hätte. Soweit sie etwas über körperliche Begegnungen mit anderen Frauen verlauten ließen, blieb es stets im Rahmen dessen, was als schicklich erachtet und ihnen daher zugestanden werden konnte - und im übrigen, ihrerseits verinnerlicht, durchaus ihrem Selbstverständnis korrespondierte. So war die Rede gewöhnlich von 'um den Hals fallen', umarmen, küssen (vgl. z.B. Smith-Rosenberg 1984; 258; Lützen 1990; 136) und sogar davon, daß sie gemeinsam in einem Bett schliefen (vgl. z.B. Smith-Rosenberg 1984; 258).

Was sich dort tatsächlich ereignet haben mochte, bleibt Mutmaßungen anheimgestellt. So traut Lützen engen Freundinnen durchaus sexuelle Aktivitäten zu, die sie allerdings nicht als solche begriffen haben mochten, da ihnen einzig der Mann als Geschlechtswesen galt, so daß "unter Frauen . so etwas naturgemäß nicht möglich" (Lützen 1990; 134) war. Dies setzte jedoch voraus, daß Frauen genitale, vom phallisch verengten heterosexuellen Geschlechtsverkehr abweichende Bedürfnisse nicht als sexuelle wahrnehmen und dennoch adäquat umsetzen konnten. Zwar scheint eine Sexualmoral, die den Geschlechtstrieb ausschließlich als phallisch konzeptionierte, diesen Umstand zu stützen, insofern eine sexuelle Betätigung ohne phallische Beteiligung nicht als solche begriffen wurde (vgl. z.B. Newton 1984; 561f). Gleichwohl - und dies steht dem aus heutiger Perspektive entgegen - bedurfte der nur dem Mann vorbehaltene Sexualtrieb zu seiner (heterosexuellen) Realisierung der weiblichen Vagina als Entsprechung, so daß die Genitalien genau den körperlichen Ort markieren, an dem sich der heterosexuelle Geschlechtstrieb konkret manifestiert und entfaltet. Dies wiederum mag einer Tendenz Vorschub geleistet haben, jegliche genitale Betätigung - auch die homosexuelle - mit Sexualität zu identifizieren, so daß es Frauen zumindest inoffiziell schwer gefallen sein könnte, etwaige derartige Aktivitäten als unsexuell zu begreifen. Infolgedessen dürfte das Selbstverständnis vieler bürgerlicher Frauen als 'asexuell', sofern es tief in ihnen verankert war, auch genitale Akte zwischen ihnen weitgehend von vornherein ausgeschlossen haben - außer, sie entwickelten gewissermaßen eine Art 'doppeltes' Bewußtsein, in dem unannehmbare sexuelle Erlebnisse und Momente abgespalten und damit dem zugänglichen Bewußtsein entzogen waren. Daher komme ich insgesamt in Übereinstimmung mit Lützen zu dem Schluß, daß sexuelles Begehren bei Bürgerinnen sehr unwahrscheinlich war (vgl. Lützen 1990; 133).

Ganz anders verhält es sich demgegenüber in solchen Beziehungen mit dem Gesichtspunkt 'Symbiose'. Deutliche Hinweise hierauf lassen sich unter anderem[12] der Arbeit Smith-Rosen- bergs über Frauenfreundschaften im Amerika des 18. und 19. Jahrhunderts entnehmen. In ihnen war Symbiose besonders akzentuiert aufgrund der tiefgreifenden Durchformung der gesamten us-amerikanischen Gesellschaft durch die ursprünglich religiös motivierte, später säkularisierte protestantische Ethik (vgl. hierzu allgemein Weber 1981[6]a und im besonderen Weber 1981[6]b). Wenngleich aufgrund zeitlicher und partiell kultureller Abweichungen nicht derart pointiert, werden auch bürgerliche Frauenbeziehungen im Deutschland der Jahrhundertwende, das sich durch besondere Betonung der familiären und häuslichen Sphäre auszeichnete, in etwas abgeschwächter Form analoge Tendenzen aufgewiesen haben.

Was bei den von Smith-Rosenberg beschriebenen innigen Frauenbeziehungen auf Symbiose schließen läßt, ist zunächst der allgemeine Tenor, der sich durch die authentischen Berichte der Frauen, die nicht selten miteinander verwandt waren, zieht. Um einen typischen, obgleich verkürzten Eindruck hiervon zu vermitteln, möchte ich einige prägnante Passagen zitieren[13]: "... diese Unsicherheit, die Ferne, das lange Schweigen - all das sind neue Aspekte meiner Trennung von Dir, die schwer auszuhalten sind" (244); "... daß wir zumindest eine gewisse Zeit - ich meine sogar, eine ziemlich lange Zeit - einander völlig genügen könnten" (245); "Ich werde Dir auch weiterhin am Rockzipfel hängen ... . Du kannst (meiner) Liebe nicht entrinnen" (252); "... sie ist um mein Wohlergehen bemüht und umsorgt mich wie ein Kind" (251); "... daß ich nur Dich wirklich liebe" (251); "Eine Freundin zu haben, die so ist wie du selbst, die du verwöhnen und lieben kannst" (252); "Hurtig spinnt die Freundschaft die seidenen Fäden der Abhängigkeit um ihre willige Gefangene. Diese Abhängigkeit ist so süß, wer würde ihr um des Einerleis der Unabhängigkeit willen entsagen?" (263).

Aus diesen für meine Zwecke selektierten Aussagen atmet eine Nähe und Vertrautheit, wie sie Männer und Frauen damals infolge der geschlechtssegregierten

---

[12] Zur ergänzenden Lektüre sei ferner auf die Ausführungen Fadermans über liebende Frauen des 19. Jahrhunderts verwiesen (Faderman 1981; 145 - 230) sowie auf die Aussagen Lützens über das Verhalten der 'Übergangsfrau' (Lützen 1990; 90 - 138).

[13] Die folgenden Seitenangaben beziehen sich jeweils auf die Arbeit Smith-Rosenbergs "Meine innig geliebte Freundin! Beziehungen zwischen Frauen im 19. Jahrhundert" (1984).

Lebenswelten kaum je miteinander empfunden und erlebt haben dürften. Ihnen ist aber auch eine teils latente, teils manifeste Tendenz eingeschrieben, nur schwerlich ohne die Andere existieren zu können, sich nach (symbiotischer) Einheit mit ihr, bisweilen verzehrend zu sehnen - ganz so, wie es Virginia Woolf in "Die Fahrt zum Leuchtturm", literarisch umgesetzt, der jungen Protagonistin gegenüber der älteren eingab: "Welche der Liebe oder List bekannte Kunst gab es, mittels der man sich bis in diese Geheimkammern durchzwängte? Welche Mittel, um so, wie in ein und denselben Krug geschüttete Wässer, unauflöslich dasselbe zu werden, eins mit dem Gegenstand, den man anbetete? Konnte der Körper das vollbringen oder der Geist ...? Oder das Herz? Konnte Liebe, oder was die Leute so nannten, sie und Mrs. Ramsay einswerden lassen? Denn es ... war Einswerden, wonach es sie verlangte ..." (Woolf 1985; 65).

Die allgemeine Atmosphäre, die die Briefe und Tagebücher widerspiegeln, ist für sich genommen noch kein genügender Beleg, um diesen intensiven Frauenbeziehungen starke Symbioseneigungen nachzusagen. Nicht unberechtigte Mutmaßungen in diese Richtung verdichten sich allerdings durch zwei weitere Faktoren. Da ist zum einen der Umstand, daß sich, vielleicht verstärkt durch verwandtschaftliche Bande, viele der geschilderten Frauenfreundschaften dem (Rollen-)Muster der Mutter-Kind-Beziehung fügten (vgl. Smith-Rosenberg 1984; 256). Und zum anderen das Symbiose gleichermaßen dienende wie fördernde Phänomen, daß in diesen Frauenbeziehungen Feindseligkeit, Aggression und Kritik zugunsten von Einfühlungsvermögen, Verständnis, Sicherheit und Einträchtigkeit regelrecht tabuisiert erscheinen. Zumindest gewinnt man diesen Eindruck aus den Aufzeichnungen der Frauen, die kaum je einen kritischen, aggressiven oder feindseligen Ton verlauten lassen (vgl. Smith-Rosenberg 1984; 253f, 257). Im Gegensatz zu mir sieht Smith-Rosenberg dies jedoch nicht als Konsequenz massiver Symbiosetendenzen, sondern eher als Resultat einer durch die engen Bindungen bedingten "... Diffusion und Entspannung der Mutter/Tochter Identifikation..." (Smith-Rosenberg 1984; 255). Sie unterschätzt dabei aber meines Erachtens, wie existenziell damals die psychische Abhängigkeit im Sinne umfassender Identität und die materielle im Sinne des schlichten Überlebens voneinander war, die durch keinerlei Lebensäußerungen dieser Art bedroht werden durften - Abhängigkeiten, deren Tiefe sie an anderer Stelle durchaus in Rechnung stellt (vgl. Smith-Rosenberg 1984; 262f).

Bereitete es für das GroßbürgerInnen- und BürgerInnentum bislang kaum Probleme, einige, wenn auch wenige authentische Belege für das schichtspezifische Verhältnis von Sexualität und Symbiose zu finden, so stößt man bei der Unterschicht, mit der ich im Blick auf die weitere gesellschaftliche Entwicklung lediglich ArbeiterInnen meine, auf unüberwindliche Schwierigkeiten, da es an entsprechenden

Selbstzeugnissen weitgehend fehlt. Die solcherart desolate Materiallage ist indes nicht unerwartet angesichts dessen, daß hier trotz der Einführung der allgemeinen Schulpflicht AnalphabetInnentum oder zumindest erhebliche Lese- und Schreibmängel weit verbreitet waren, besonders unter den Mädchen. Denn der Schulbesuch, so er nicht vollends entfiel, litt beträchtlich darunter, daß die ArbeiterInnentöchter frühzeitig, oft entscheidend zum Lebensunterhalt der Familie beitragen oder im Haushalt helfen mußten (vgl z.B. Rosenbaum 1982; 461, 463f, 465; Sieder 1987; 196f). Ungeachtet des spärlichen Handwerkszeuges fehlte es den in Frage stehenden Arbeiterinnen darüber hinaus aufgrund ihres, wie bereits dargelegt, kontinuierlichen und kräfteverzehrenden Arbeitspensums, das aus ihren sozioökonomischen Existenzbedingungen resultierte, zweifellos an der notwendigen Zeit, Energie und Motivation, sich ausgiebig im Briefe- und Tagebücherschreiben zu ergehen. Somit bin ich für die als Beweis fungierende exemplarische Veranschaulichung des aus den allgemeinen Lebensumständen abgeleiteten Verhältnisses von Sexualität und Symbiose zwischen Frauen der Unterschicht auf Fremdquellen angewiesen. Diese besitzen den Nachteil, von außen an den Untersuchungsgegenstand heranzutreten - ihn gleichsam nicht (für sich) selbst sprechen zu lassen - und infolgedessen meiner eigenen Deutung zwangsläufig eine zusätzlich 'versteckte' Interpretation hinzuzufügen. Eine bereits selektive Sicht von Phänomenen nochmals durch meinen 'Filter' laufen zu lassen, erliege ich zwar auch dann, wenn ich Untersuchungen heranziehe, die authentische Zeugnisse verarbeiten - so geschehen bei Smith-Rosenberg (1984). Durch das ausführliche Zitieren ausgewählter Passagen kann ich mich allerdings vergewissern, ob die aus dem vorliegenden Material gezogenen Schlußfolgerungen berechtigt und von mir in ähnlicher Weise getroffen worden wären. Zudem ist es mir dann möglich, mich auf die ausgeführten Zitate zu beziehen.

Die sozio-ökonomischen Existenzbedingungen, auf die bereits im vorangegangenen kurzen Methodenabschnitt zur Erklärung der fehlenden Selbstzeugnisse verwiesen wurde, bestimmten ebenfalls essentiell das unterschichtspezifische Verhältnis von Sexualität und Symbiose. Aufgrund ihrer durch den Nichtbesitz an Produktionsmitteln bedingten gesellschaftlichen Ohnmachtposition mußte die beherrschte Klasse nicht nur selbsttätig ihre eigenen 'Lebensmittel' produzieren. Sie hatte darüber hinaus mit ihrer Arbeit den aufwendigen und luxuriösen Lebensstil der dadurch gleichsam parasitären Herrschenden zu erzeugen, die sich über den Mehrwert den überwiegenden Teil des von jenen geschaffenen gesellschaftlichen Reichtums qua politisch-ökonomischer Machtposition aneigneten. Derart für sich und die herrschende Klasse - zynisch betrachtet - zu sorgen und sorgen zu müssen, verlangte seitens der ArbeiterInnen, gerade der Frauen, ihre nahezu gesamte Zeit und Energie darin zu erschöpfen, so daß für anderweitige Lebensäußerungen kaum noch etwas verblieb.

Dies betraf auch den Bereich Sexualität, tendenziell mit dem von Fuchs wie folgt drastisch formulierten Ergebnis: "In den mittleren und Arbeiterschichten ist die eheliche Treue nicht entfernt so gefährdet. Schon deshalb, weil man hier für des Lebens karge Notdurft meist so intensiv arbeiten muß, daß man in den wenigen Pausen, die die Arbeit läßt, stumpf und abgearbeitet ist" (Fuchs 1985 Band 6; 75) - und: "Die Sorge und die Not sind neben intensiver Arbeit die stärksten und auch die einzigen wirklich wirksamen Antistimulanzien, die es gibt; sie führen immer zur geschlechtlichen Enthaltsamkeit" (Fuchs 1985 Band 2; 129). Den beiden Formulierungen sei relativierend etwas die Schärfe genommen mit dem Hinweis darauf, daß für viele ArbeiterInnen in diesem von steter Mühsal durchtränkten Leben offenbar Sex eine der wenigen, wenn nicht die einzige Möglichkeit bedeutete, auf Augenblicke zusammenschmelzende Momente von Nähe und Geborgenheit zu erleben (vgl. Sieder 1987; 201). Angesichts dessen war wohl weniger Enthaltsamkeit die Regel als der durch die kräfteverschleißenden Existenzbedingungen und insbesondere die überaus beengten Wohnverhältnisse bedingte heimliche und hastige Beischlaf (vgl. Rosenbaum 1982; 448; Sieder 1987; 209).

Diese ursprünglich ausschließlich heterosexuelle Verhältnisse berührenden Aussagen lassen sich wegen der Gleichartigkeit elementarer Lebensumstände auch auf sexuelle Beziehungen zwischen Arbeiterinnen, falls existent, übertragen - und vergleichsweise bruchlos gerade auf solche, in denen eine der Partnerinnen transvestierte. Derart 'maskierte Bindungen' waren nicht unüblich. So entstammten nicht nur traditionell die meisten Transvestitinnen der Unterschicht[14] (vgl. Dekker et al. 1990; 23; Newton 1984; 558; Hacker 1987; 143ff; Hacker 1989; 52; Kehoe 1988; 16). Sie besaßen außerdem bisweilen mehrere triftige Gründe für den Grenzübertritt. Aus dem Komplex möglicher Gründe, deren prinzipiellster darin bestand, sich den Restriktionen der den Frauen qua Geschlecht unausweichlich zugewiesenen Rolle zu entledigen, möchte ich bloß auf die zwei in diesem Zusammenhang wesentlichen verweisen. Da ist zum einen die weiterhin wirksame überlieferte irrige Vorstellung, Sexualität könne nur zwischen einem Mann und einer Frau stattfinden und sei anders, ohne phallische Beteiligung, nicht denk- und daher auch nicht durchführbar. Eine Anschauung, die den neuen Gegebenheiten modifizierend angepaßt, übernommen wurde, gemeinsam mit sie zusätzlich stabilisierenden Traditionen, etwa den vormodernen Inhalten und Formen sozialer Kontrolle (vgl. z.B. Rosenbaum 1982; 426f; Sieder 1987; 202ff). Daneben gab es zum anderen handfeste Motive für eine 'maskierte Bindung' in Gestalt des kraß asymmetrisch zuungunsten der Frau etablierten Entlohnungsprinzips der Fabriken. Von einem 'männlichen'

---

[14] Das Transvestieren von Bürgerinnen war hingegen eine Entwicklung des späten 19. Jahrhunderts (vgl. Newton 1984; 558) und wirkte sich anscheinend auch nicht auf das bürgerinnenspezifische Verhältnis von Sexualität und Symbiose aus, wie das Beispiel von George Sand und Marie Darval dokumentiert (vgl. Lützen 1990; 41ff).

und einem 'weiblichen' Lohn ließ sich schlicht spürbar besser leben als von zwei 'weiblichen'.

Wie sich die Rolle der Sexualität, abgesehen von den sozio-ökonomisch bedingten drastischen Beschränkungen, in solchen offiziellen 'Mann-Frau-Beziehungen' konkret ausgestaltete, hing wahrscheinlich entscheidend davon ab, inwieweit sie sich nach Innen wie nach Außen dem heterosexuellen Muster fügten[15]. In Bindungen, in denen die Transvestitin das 'Passing' sogar gegen die eigene Partnerin durchhalten mußte, etwa weil sie diese als 'Mann' kennengelernt hatte und mögliche Konsequenzen einer Entdeckung durch sie nicht einzuschätzen vermochte (vgl. für ältere Beispiele Dekker et al. 1990; 80ff; für Fälle um die Jahrhundertwende Hacker 1987; 144f), blieb die Furcht der 'Frau' vor unliebsamer Schwangerschaft, mit der sie aufgewachsen war, wegen ihrer Unkenntnis nachhaltig bestehen, obzwar sie sich darüber gewundert haben dürfte, daß 'nie etwas passierte'. Ebenso dürfte sich der 'Mann' zwecks Wahrung seiner 'männlichen' Identität und seines Status innerhalb der PartnerInnenschaft gelegentlich gezwungen gesehen haben, sich übertrieben 'männlich' auch in der Sexualität zu verhalten, um ja keinen Verdacht an 'seinem' Geschlecht aufkommen zu lassen - und dies, in Anbetracht rudimentär fortdauernder traditioneller sozialer Kontrolle und der häufigen Anwesenheit von SchlafgängerInnen, nicht nur nach Innen, sondern auch nach Außen. Infolgedessen war voraussichtlich in diesen Beziehungen das damals heterosexueller proletarischer Sexualität üblicherweise inhärente Moment von Über- und Unterordnung gleichfalls anzutreffen (vgl. z.B. Rosenbaum 1982; 448), das die 'Frauen', abgesehen von der in die gleiche Richtung wirkenden Schwangerschaftsfurcht, kaum zu sexuellen Handlungen motivierte und stimulierte und diese eher konsequent abwehren ließ.

Leichte Abwandlungen gegenüber den gerade ausgeführten Fällen ergeben sich bei 'maskierten' Paaren, in denen die Transvestitin, weil die 'Frau' um die geschlechtliche Identität des 'Mannes' weiß, nur dem Außen ihre 'Männlichkeit' demonstrieren mußte, so daß die Furcht vor Schwangerschaft seitens der wissenden Frau entfallen konnte und der 'Partner seine männliche' Sexualität nicht unter Beweis zu stellen brauchte, zumindest nicht nach Innen. Ob diese weniger asymmetrische Beziehungsstrukturen begünstigenden Gegebenheiten allerdings dazu führten,

---

[15] Sich in Kleidung wie Verhaltensweisen manifestierende heterosexuelle Beziehungsstrukturen waren ebenfalls in vielen lesbischen Bindungen der Mittelschicht anzutreffen - wozu die Sexualwissenschaft durch ihre 'Vermännlichung' der Lesbe nicht unerheblich beigetragen hatte (vgl. Hacker 1987; 33ff). Eine der bekanntesten die 'Mann-Frau-Komplementarität' stilisierende war die Beziehung von Gertrude Stein und Alice B. Toklas (vgl. z.B. Benstock 1986; 164ff). Obschon Stein sowohl durch ihre Garderobe als auch durch ihren Habitus die Rolle des 'Mannes' übernahm, unterschied sie etwas Wesentliches von den Transvestitinnen: diese wollten in ihrem 'wahren' Geschlecht unerkannt bleiben, während man von jener wußte, daß sie eine Frau war.

daß die 'Frauen' eher zu sexuellen Aktivitäten neigten als die tatsächlich in einer heterosexuellen PartnerInnenschaft befindlichen, ist zweifelhaft. Zwar hatten Arbeiterinnen nicht den bürgerlich-weiblichen Erziehungsprozeß durchlaufen und demnach auch nicht die bürgerlicher Sexualmoral immanente Asexualität der Frau derart fundamental verinnerlicht. Die von Kindesbeinen an vermittelten und konkret gemachten Erfahrungen ließen Arbeiterinnen gleichwohl mit Sex unvergeßlich Schmutz, Scham, Unterdrückung und Ausbeutung assoziieren. Denn da waren nicht nur die Ermahnungen der Mutter hinsichtlich möglicher Schwangerschaften (vgl. Becker-Schmidt et al. 1985; 28), frühe gewaltsame Übergriffe durch Schlafgänger und Väter (vgl. Rosenbaum 1982; 424f) und spätere durch Vorgesetzte in der Fabrik (vgl. Rosenbaum 1982; 425), sondern auch die klassenspezifische sexuelle Ausbeutung etwa von Dienstmädchen durch Bürger (vgl. z.B. Rosenbaum 1982; 349; Fuchs 1985 Band 6; 52) und die gegebenenfalls existenzielle Notlösung der Gelegenheits- oder Dauerprostitution (vgl. z.B. Frevert 1986; 86; Fuchs 1985 Band 6; 97f, 129).

Nun ließe sich angesichts dessen durchaus argumentieren, mit der Verbesserung oder gar dem Wegfall der grundlegend die proletarische Sexualpraxis bestimmenden überaus kargen Existenzbedingungen wandele sich gleichgerichtet auch diese selbst - wenn nicht mit sofortiger Wirkung, so doch mit wenig Verzögerung. Ein derart direktes Durchschlagen veränderter Lebensverhältnisse auf die gleichsam obsoleten Lebensäußerungen im Sinne von Unmittelbarkeit ist jedoch wenig wahrscheinlich, da die Situation, die diese ursprünglich hervorgebracht hatte, längere Zeit andauerte und dadurch anscheinend so nachhaltig prägenden Einfluß ausübte, daß sie einer Verinnerlichung gleichkam - selbst wenn es sich bei den 'verinnerlichten' Inhalten um ehedem konkret im Außen vorfindliche handelte und nicht um solche abstrakter Natur, wie sie die bürgerliche Sexualmoral mit ihren normativen Geboten weiblicher Keuschheit, Asexualität und Tugend verlangte. Vielmehr sollten sich spürbar progressive Effekte erst mit ein bis zwei Generationen Verspätung einstellen (vgl. z.B. Becker-Schmidt et al. 1985; 27ff).

Was für strukturelle Verbesserungen und ihre Verhaltenswirkungen gilt, läßt sich auch auf die individuelle Optimierung von Lebensumständen (hier: heterosexuell nur nach Außen kostümierte lesbische Beziehungen) innerhalb vorgegebener Rahmenbedingungen anwenden, dergestalt, daß sie ebenfalls nicht sofort, sondern, wenn überhaupt, bloß allmählich verhaltensrelevante Konsequenzen entfalten. Demzufolge wird sich die Tendenz der Frauen zu sexueller Initiative und sexuellen Kontakten, die um die 'Weiblichkeit' ihres 'Partners' wußten, nicht gravierend von der jener unterschieden haben, die realiter in einer heterosexuellen Beziehung lebten. Und diese Neigung ist in ihrer Ausprägung als mäßig durchaus angemessen beschrieben - aufgrund von Daseinsbedingungen, die fast alle über das rein Existenzielle hinausgehenden Lebensäußerungen drastisch beschnitten, zwar einerseits meilenweit davon entfernt, sich ähnlich freizügig wie in der Oberschicht gebärden zu können, wurden sexuelle Bedürfnisse und Wünsche andererseits nicht annähernd wie im BürgerInnentum rigoros und tiefgehend verdrängt.

Ein nicht unwesentlicher Faktor hierbei war der eingangs erwähnte Umstand, daß die Zeit des sexuellen Kontakts für die Arbeiterinnen einen der wenigen Augenblicke von Nähe und Geborgenheit darstellte. Ein Resultat dessen, daß das von Mühsal und harter Arbeit durchtränkte Leben den Frauen keine Zeit und Energie für die Pflege persönlicher Beziehungen erübrigte (vgl. z.B. Rosenbaum 1982; 409, 471). Dies läßt auf geringe Symbiosemöglichkeiten und -neigungen schließen. Entgegen stand der Symbiose einerseits das heterosexuelle Beziehungsmuster, dem sich die maskierten lesbischen Bindungen fügten - weniger, wenn nur nach Außen; mehr, wenn zusätzlich auch nach Innen. Denn dies bedeutete, daß die Frauen vergleichsweise klar abgegrenzte tradierte Geschlechtsrollen ausfüllten, die in ihrer Deutlichkeit schwerlich ein Verschwimmen der Grenzen zwischen Ich und Du und damit ein psychisches Ineinanderfließen von Alter und Ego erlaubten. Die 'PartnerInnen' waren zwar physisch aufgrund der sozio-ökonomischen Voraussetzungen weitgehend voneinander abhängig (vgl. z.B. Rosenbaum 1982; 402, 428; Sieder 1987; 207), was unter anderem spezifisch davon abzuleitende Beziehungskonflikte regelrecht vorprogrammierte (vgl. z.B. Rosenbaum 1982; 437f, 444, 447); nicht jedoch psychisch im Sinne von Symbiose. Hierzu fehlte es ihnen - und dies ist die andere Seite - ganz entscheidend an den später reaktivierbaren frühkindlichen Erfahrungen. Eine emotional enge exklusive Mutter-Kind-Beziehung wurde, wie schon dargelegt, nicht nur durch den überlebensnotwendigen Miterwerb der Ehefrau verhindert, der ihre diskontinuierliche und unstete Verfügbarkeit für das Kind zur Folge hatte, sondern auch durch die relativ geringe soziale Isolation der Mutter-Kind-Dyade.

Die heterosexuell kostümierten lesbischen Bindungen, so es sie gab, lassen sich demnach durch die innerhalb des Kontinuums angesiedelte Proportion: mäßig Sex - weniger Symbiose typisieren. Dies führt eingedenk der zuvor festgestellten schichtspezifischen Proportionen (GroßbürgerInnentum: viel Sex - wenig Symbiose; BürgerInnentum: viel Symbiose - wenig Sex) zu den Folgerungen, daß einerseits das Maß an Sex, falls hoch, dasjenige an Symbiose bestimmt, welches dann folgerichtig gering sein muß, und daß andererseits der Grad an Symbiose, falls hoch, den des Sex bedingt, insofern mehr Symbiose in einer Beziehung gleichsam automatisch weniger Sex bedeutet. Ist der Umfang des Sex/der Symbiose jedoch gering, so läßt dies nicht zwangsläufig auf mehr Symbiose/mehr Sex schließen, wie beispielsweise die damalige proletarische Lebenssituation dokumentiert, die beides gleichermaßen stark begrenzte. Entfallen allerdings ähnlich restriktive Lebensbedingungen, kann durchaus von einem geringen Maß an Sex/Symbiose auf ein hohes Maß an Symbiose/Sex geschlossen werden - wie auch das nächste Kapitel zeigen wird.

Der Zusammenhang, von dem Vorhandensein von viel Sex/Symbiose zwangsläufig auf das Vorhandensein von wenig Symbiose/Sex zu schließen - nicht aber in dieser Zwangsläufigkeit umgekehrt - ist in dem folgenden Schema veranschaulicht, dessen Proportionen keineswegs auf einer mathematisch exakten Funktion basieren, sondern lediglich in der Anschaulichkeit begründet liegen. Mit dem Pfeil ist die Richtung der zwangsläufigen Schlußfolgerung markiert (von 'Viel' auf 'Wenig'), ohne Pfeil versehen ist dagegen die Richtung der möglichen Schlußfolgerung (von 'Wenig' auf 'Viel').

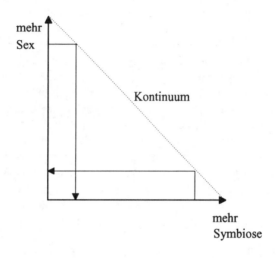

Die bisherigen Ausführungen erwecken den Eindruck, als seien alle lesbischen Beziehungen in der Unterschicht um die Jahrhundertwende in heterosexuellem Kostüm aufgetreten. Zwar entstammten Transvestitinnen vorzugsweise diesem Milieu; dennoch ist der Umkehrschluß nicht zulässig, in allen lesbischen Verhältnissen dieser Schicht sei eine der Partnerinnen eine Transvestitin gewesen. Döblin (1982) schildert beispielsweise den authentischen Fall zweier aus der Unterschicht stammender Freundinnen, der in den 20er Jahren dadurch Aufsehen erregte, daß eine der beiden Frauen ihren Gatten ermordete, angeblich, weil er ihrer Verbindung im Wege gestanden habe, eher aber wohl, weil er überaus grausam und destruktiv, gerade auch in sexueller Hinsicht war (vgl. Döblin 1982; 12, 26, 38), so daß für seine Frau die Beziehung zur anderen - einem Bündnis gleich - einen vermeintlichen Ausweg aus dem ehelichen Kerker bot. Der Autor jedenfalls betont immer wieder den Flucht- und damit Ersatzcharakter dieser Bindung, die seines

Erachtens nicht um ihrer selbst willen eingegangen wurde, unter anderem in Formulierungen wie: "Sie fand, die Bende konnte ihr doch nicht so viel bieten wie ihr Mann. Bieten, das heißt auch häuslichen Rahmen, gesellschaftliche Würde, von dem Finanziellen und dem Normal-Geschlechtlichen, dem sie sich doch schon angepaßt hatte, abgesehen" (Döblin 1982; 34); "Was jetzt in Elli an Liebesleidenschaft zur Bende erwachte, war kein starker schlummernder Trieb, sondern diese besonderen Umstände erzeugten und schufen die Leidenschaft" (Döblin 1982; 41); "Sie haßte ihren Mann gar nicht, und wenn sie Elli umarmte, bei aller Lust trauerte und weinte sie, drängte zu ihrem Mann" (Döblin 1982; 56). Ob diese Einschätzung tatsächlich mehr die Realität angemessen wiedergab oder mehr der Projektion eines männlichen Gehirns zuzuschreiben war, das sich Sex ohne phallische Beteiligung nicht einmal in der Phantasie vorzustellen vermochte, bleibt unentscheidbar. Dessenungeachtet sind die - gegebenenfalls das wirkliche Geschehen verzerrenden - Bemerkungen Döblins über das in dieser Bindung offenkundig existente Verhältnis von Sexualität und Symbiose überaus interessant.

Die sexuelle Attraktion war augenscheinlich nicht der Impetus, das Ursprüngliche, das beide Frauen zueinander hinzog; sie war vielmehr das konsequente Resultat ihrer bereits zuvor vorhandenen engen Freundschaft. "Die Liebe zwischen den beiden Frauen flammte auf. Aus dem bloßen Freundschaftbeteuern, Trösten, Küssen, Umarmen, Sich-auf-den-Schoß-Setzen wurden geschlechtliche Akte" (Döblin 1982; 28), die anscheinend temporär durchaus leidenschaftliche Züge annahmen (vgl. Döblin 1982; 40f, 43), wie schon anklang. Insgesamt wird die Sexualität zwischen den Freundinnen aber nicht sonderlich viel Raum eingenommen haben und damit vergleichsweise wenig bedeutsam gewesen sein. Dies legen zumindest Aussagen Döblins nahe, die explizit insbesondere eine der Frauen als dem genitalen Geschlechtsleben überaus abgeneigt beschreiben (vgl. Döblin 1982; 10f, 34, 41).

Demgegenüber weitaus essentieller und elementarer waren offensichtlich die intensiven Symbiosetendenzen beider Frauen, die ihrer Bindung den Charakter einer Mutter-Kind-Beziehung verliehen. Etwas, das Döblin nicht müde wird, immer wieder ausdrücklich hervorzuheben (Döblin 1982; 20f, 22, 25, 67) - vermutlich war auch er mit dem männlichen Vorurteil behaftet, eine lesbische Bindung könne keine andere Gestalt als die der 'unreifen' Mutter-Kind-Beziehung annehmen; insofern ist es ratsam, seiner Darstellung mit einer gewissen Portion Skepsis zu begegnen. Als Kostprobe möchte ich abschließend dennoch eine diesbezüglich sehr eindringliche und prägnante Passage zitieren: "Unter der engen Anhänglichkeit an die Mutter war Grete unfrei geblieben, reich an Gefühlen, aber ihren Selbständigkeitstrieb hatte die Mutter und sie selbst zum Verkümmern gebracht. Sie ... blieb wie sie war, im Stadium des Kindes. ... Hier (bei der anderen Frau, G.H.) mußte Grete trösten, zustimmen, aufrichten. Das löste sie etwas von ihrer Mutter; zugleich zeigte sie sich als echtes Kind ihrer Mutter, indem sie deren Rolle spielte. Sie zog Elli an sich. Das war ihr Trost, Ersatz für den schlechten Mann, den sie nicht festhalten konnte. Im Gefühl für Elli versteckte sich die Bende, hüllte sich warm ein, wie sie es brauchte. Die Link mußte man schützen, sie brauchte Hilfe. Sie wollte sie ihr geben. Die Link war ihr Kind" (Döblin 1982; 20f).

4.2.3 Gegenwart

Dieses sich in den 20er Jahren unter Arbeiterinnen de facto zugetragene Beispiel läßt ebenso wie die im Hinblick auf das GroßbürgerInnentum angeführten Falldarstellungen Freuds einen deutlichen Trend gesellschaftlicher Schichten erkennen, sich allmählich dem in lesbischen Beziehungen zwischen Bürgerinnen vorfindbaren dominanten Verhältnis: viel Symbiose - wenig Sex anzugleichen. Zurückführen läßt sich dies auf ein Mehr an Symbiose auch in diesen Schichten, was meiner vorgängig geäußerten These zufolge quasi automatisch weniger Sex bedingt und deswegen in diesem Fall als bestimmendes Moment erachtet werden kann.

Bei der Oberschicht war diese sukzessive Annäherung einigermaßen verwunderlich. Denn da hier stets die für die Symbiose erforderlichen Ressourcen verfügbar waren, kann sie einerseits nicht als Reaktion auf die fortschreitend spürbare Verbesserung einer ehedem konterkarierender materiellen Situation interpretiert werden. Andererseits orientierte sich diese Schicht, entgegen ihrer sonstigen Neigung, sich dezidiert gegen Unten abzugrenzen, diesbezüglich anscheinend an der Ideologie der unter ihr stehenden Gesellschaftsschicht, was eigentlich ihrem Narzißmus abträglich gewesen sein müßte. Hierzu gedrängt wurde sie allerdings durch entsprechende medizinische, pädagogische und psychiatrische Diskurse, wie etwa den der Stillpropaganda (vgl. Badinter 1988[4]; 144ff), die analog der von Foucault analysierten, auf den Sex bezogenen normative Kraft entfalteten - gleichsam getreu der Marxschen Aussage: "Die Gedanken der herrschenden Klasse sind ... die herrschenden Gedanken ..." (Marx et al. 1966; 110).

Daß sich die Oberschicht tatsächlich an die tradierte Ehe- und Familienideologie des BürgerInnentums anglich, läßt sich nur schwer belegen. Denn, wie bereits angeführt, ist sie im allgemeinen nicht Gegenstand wissenschaftlicher Untersuchungen. Auch ein Blick in eines der zahllosen Boulevard-Blätter, die als Bestandteil des Diskurses wöchentlich das Ehe- und Familienglück resp. als Kontrapunkt -leid vorzugsweise der adligen Schicht dem meist weiblichen Publikum leicht verdaulich zur Identifikation und zum 'Mitleben' offerieren, fördert nichts Zuverlässiges zutage. Zwar wurden beispielsweise Fürst Rainer und Fürstin Gracia Patricia von Monaco jahrelang als ideales Traumehepaar präsentiert, deren gemeinsames Leben, außer durch die Sorge um ihre partiell und temporär 'mißratenen' Kinder, durch

138

nichts getrübt zu sein schien, wenigstens nicht durch außereheliche skandalträchtige Affären. Und in scheinbar endlosen Fernsehserien wie 'Dallas' und 'Denver' leben im allgemeinen die 'guten' Ehepaare ihre Sexualität monopolisiert aus, während die PartnerInnen der 'schlechten' sexuellen 'Abenteuern' nachjagen. Doch ob diese Darstellungen der Realität entsprechen bzw. angemessen sind, bleibt äußerst fraglich angesichts des hinlänglich bekannten Gemeinplatzes, daß die Massenmedien nicht objektiv, vielmehr selektiv sind. Statt konkrete Oberschichtgegebenheiten widerzuspiegeln, läßt sich hinsichtlich der von den Massenmedien gelieferten Informationen genausogut vermuten, daß Art und Inhalt der Vermittlung die RezipientInnen affirmativ an ihren sozialen Ort binden sollen - zumindest ist dies das Ergebnis -, indem sie bei diesen den Eindruck erwecken, als schlügen sich die oberen Schichten ungeachtet der ungleich größeren finanziellen Mittel im Grunde genommen mit den gleichen alltäglichen Problemen, Konflikten und Sorgen herum, wie eine selber, nach dem Motto: 'Eine wie wir!'

Weitaus weniger erstaunt hingegen die bereits im letzten Kapitel konstatierte allmähliche Annäherung der symbioserelevanten Lebenspraxis, des Ehe-, Familien- und Privatlebens der unteren an das der bürgerlichen Mittelschicht, sobald und soweit es ihnen die materiellen Grundlagen erlaubten; verhieß doch die Orientierung an der sozial höherstehenden Schicht durchaus narzißtischen Gewinn, obzwar die Unterschicht partiell, ähnlich der Oberschicht, durch entsprechende Diskurse erst 'gezwungen' werden mußte. Die gerade seit den 50er und 60er Jahren fortschreitend spürbare Verbesserung der Lebensumstände von ArbeiterInnen wirkt sich infolgedessen nachweislich in der zusehends wachsenden Möglichkeit von Kindheit aus (vgl. z.B. Rosenbaum 1982; 487; Becker-Schmidt et al. 1985; 16, 18, 52; Beck et al. 1990; 169), was sich unter anderem in einer tendenziellen Annäherung an bürgerliche Erziehungshaltungen und -praktiken niederschlägt, trotz weiterhin bestehender, teils erheblicher gradueller Unterschiede. Im einzelnen betrifft dies das emotionale Verhältnis zu den Kindern (vgl. Wahl et al. 1989; 38), den Einsatz körperlicher Strafen (vgl. Wahl et al. 1989; 48), die Beschäftigung und das Zusammensein mit den Kindern als positiver Aspekt des Hausfrauendaseins (vgl. Mayr-Kleffel 1989; 74) sowie das oft immer noch scheiternde Bestreben der proletarischen Mutter, wenigstens solange sich das Kind im Kleinkindalter befindet möglichst auf Erwerbstätigkeit zu verzichten. Immerhin haben "70 % der erwerbstätigen Frauen . mindestens einmal zur Betreuung von Kindern die Erwerbsarbeit unterbrochen" (Flessner et al. 1989; 126). Obwohl diese Formulierung auch Frauen anderer Schichten impliziert und somit nichts über den jeweiligen Anteil pro Schicht aussagt, läßt sie dem Trend nach durchaus Rückschlüsse auf das diesbezügliche Verhalten von Arbeiterinnen zu. Hierin paßt sich das je nach Lebensalter der Kinder variierende Zahlenverhältnis der an der Studie von Becker-Schmidt und

Knapp teilgenommenen Frauen ein. Je jünger das oder die zu betreuende(n) Kind(er), umso höher war der Anteil von Hausfrauen (vgl. Becker-Schmidt et al. 1985; 175).

Solch ein Verhalten wird nachdrücklich von einer konservativen Politik gefördert, ja häufig regelrecht erzwungen, die willentlich versäumt, ausreichende Kindergarten- und Hortplätze anzubieten, und dezidiert nicht dazu bereit ist, diese Betreuungsstätten auch für Kinder unter drei Jahren zu öffnen. Damit wird einzig den Müttern die Verantwortung für ein Kinderbetreuungsarrangement aufgebürdet, das ihnen die Berufstätigkeit erlaubt. Besonders schwierig gestaltet sich das Arrangieren häufig bei den Müttern unterer Schichten, obwohl doch gerade sie auf die Erwerbsarbeit als nicht unerheblichen Zuverdienst zum Familieneinkommen angewiesen sind. Denn sie verfügen nicht über die finanziellen Möglichkeiten, sich eine Kinderfrau leisten zu können, und müssen daher auf das unentgeltlich nutzbare private soziale Netzwerk von NachbarInnen, Bekannten und Verwandten als Ausdruck ihrer sozialen Notlage rekurrieren (vgl. z.B. Krüger et al. 1987; 152ff; Mayr-Kleffel 1989; 63f). In eine ähnliche Richtung zielt der seit seiner Einführung 1986 schrittweise verlängerte Erziehungsurlaub, der erwartungsgemäß überwiegend von Frauen in Anspruch genommen wird (vgl. Schmidt 1989; 30).

Gleichfalls verstärkte Symbiose begünstigend wirken, wie bereits im vorangegangenen Kapitel erwähnt, gesellschaftliche Entwicklungen, vorzugsweise auf wirtschaftlichem Gebiet, die bei Strafe materieller Benachteiligung bis hin zur Arbeitslosigkeit von den Erwerbstätigen, unabhängig vom Familienstand, unnachgiebig fordern, hinsichtlich des Arbeitsortes jederzeit und ohne regionale Präferenz mobil zu sein. Der dadurch bedingten fortschreitenden Ausdünnung der ohnehin rudimentären Sozialbezüge komplementär ist die vorwärtsgetriebene Fixierung auf die exklusive Liebesbeziehung sowie mit ihrer fortschreitend sich zeigenden Instabilität stattdessen die zunehmende Ausrichtung auf die Beziehung zum Kind als vermeintlich einzig verbleibender 'natürlicher' und 'authentischer'. Damit wird dem Kind sinnstiftende Funktion zugewiesen (vgl. z.B. Beck et al. 1990; 55, 98ff, 138ff). Gilt das symbiosefördernde Mobilitätsgebot insbesondere für Erwerbstätige mit höherer beruflicher Qualifikation, da für sie adäquate Arbeitsplätze geringer gesät sind, so wird dies bei denen mit geringerer Ausbildung dadurch aufgewogen, daß gerade sie infolge der fehlenden beruflichen Aufstiegsorientierung und -möglichkeiten das Kind zum Lebensinhalt und -sinn erheben (vgl. Beck et al. 1990; 141).

Eine Annäherung bloß zu konstatieren, reicht bei weitem nicht hin, sofern nicht auch das zugleich benannt wird, an das die Annäherung erfolgt; in diesem Fall das mittelschichtspezifische Verhältnis von Sexualität und Symbiose in lesbischen Beziehungen. Dieses soll im folgenden näher umrissen und verifiziert werden, nachdem den vorstehenden Ausführungen zwischen den Zeilen bereits entnommen werden konnte, daß von diesen Bindungen angenommen wird, sie werden ähnlich wie um die Jahrhundertwende von viel Symbiose und wenig Sex bestimmt - ungeachtet der sexuellen Liberalisierung der 70er Jahre, die die Relation zugunsten des Sex hätte verschieben können. Zweifelsohne ist dies in Ansätzen geschehen, allerdings nicht im erwarteten und aus meiner Perspektive erwünschten Umfang. Belegen möchte ich dies stellvertretend anhand je eines Textes dreier lesbisch-feministischer Theoretikerinnen, die der Frauenbewegung der 70er Jahre ebenso eng verbunden wie auch als richtungweisende Amerikanerinnen der Tradition der von Smith-Rosenberg geschilderten Frauenfreundschaften verhaftet sind: Adrienne Rich, mit deren in Frage stehenden Text (1989) ich mich schon im Definitionskapitel auseinandergesetzt habe, Janice G. Raymond (1989) und Lillian Faderman (1981).

Daß ich mich nicht auf Beschreibungen und Schilderungen konkreter Beispiele lesbischer Bindungen beziehe, sondern auf theoretische Aussagen, schöpft seine Legitimation aus dem Umstand, daß diese als Fragmente des (vor-)herrschenden lesbisch-feministischen Diskurses programmatischen Charakter aufweisen und die Diskursmacht[16] derer, die diese Linie vertreten, wie die von mir ausgewählten Theoretikerinnen, nach wie vor kaum gebrochen ist, trotz allmählich an Gewicht gewinnender gegenläufiger Auffassungen und Akzentuierungen, die etwa den Arbeiten Califias (1979, 1989³) oder der von Akkermann et al. (1989b) zugrundeliegen oder sich in der neuerdings zusehends verbreitenden SM[17]-Praxis und -Theorie Ausdruck verschaffen, die als Kontrapunkt des klassischen lesbisch-feministischen Diskurses von diesem bis aufs Blut bekämpft wird (vgl. z.B. Raymond 1989 und 1990²; 221ff)[18].

Im Definitionskapitel habe ich bereits die Auffassung Adrienne Richs dargelegt, daß dem Sex bloß eine marginale Bedeutung in lesbischen Bindungen, in Beziehungen zwischen Frauen zukomme, wohingegen den essentielleren und zentraleren Stellenwert die "... Erotik nach weiblichen Maßstäben (einnehme, G.H.); als etwas, das auf keinen einzelnen Körperteil und nicht einmal auf den Körper als solchen beschränkt ist; als eine nicht nur diffuse, sondern, wie Audre Lorde es beschrieben hat, allgegenwärtige Energie, die sich im ' Teilen, Mitteilen von Freude - körperlicher, emotionaler oder psychischer Freude' und in gemeinsamer Arbeit ausdrückt;

---

[16] Daß es sich dabei tatsächlich um eine Diskursmacht im Sinne Foucaults (1983) handelt, und wie sie sich im einzelnen entfaltet, analysiert treffend Gerburg Treusch-Dieter (1985; 327ff).

[17] SM = sadomasochistisch

[18] Mit dieser Aussage will ich den SM praktizierenden Lesben keineswegs das Wort reden; ebensowenig aber auch den Apologetinnen des 'reinen' politischen Lesbianismus. Das dialektische Aufeinanderbezogensein dieser beiden verfestigten polarisierten Grundansichten weist sie vielmehr als (konkrete) Identität im Sinne Hegels aus (vgl. Ruben 1981; 39, 44, 47).

als machtverleihende Freude, die uns 'weniger willens (macht), Ohnmacht oder jene anderen demütigenden und für mich unnatürlichen Zustände wie Resignation, Verzweiflung, Selbstzurücknahme, Depression und Selbstverleugnung zu akzeptieren' " (Rich 1989; 266). In dieser nunmehr vollständig zitierten Passage klingt das an, was im folgenden Textabschnitt noch deutlicher zum Ausdruck kommt - weswegen ich diesen auch zunächst ausführen möchte, bevor ich meine Schlußfolgerung präsentiere: "... daß alle Frauen in einem lesbischen Kontinuum leben - vom Baby an der Mutterbrust bis zur erwachsenen Frau, die orgasmische Empfindungen hat, während sie ihr Kind säugt und die sich durch den Geruch ihrer Milch vielleicht an den Milchgeruch ihrer Mutter erinnert; oder von zwei Frauen wie Virginia Woolfs Chloe und Olivia, die ein Labor miteinander teilen, bis zu der Greisin, die mit 90 Jahren, von Frauen gepflegt und berührt, stirbt ..." (Rich 1989 266). In beiden Formulierungen - in der zweiten anschaulicher als in der ersten - betont Rich als das Wesentliche zwischen Frauen das Moment der Verbundenheit über alle Probleme, Spannungen, Konflikte, Differenzen und Disparitäten hinweg, die Kultur, Ethnie und Klasse und innerhalb dessen individuelle Vorlieben und Abneigungen erzeugen - womit sie eine typische Vertreterin der solche Unterschiede vorzugsweise ignorierenden gebildeten weißen und damit bevorzugten Mittelschicht darstellt. Ihr Akzent liegt somit eindeutig auf dem Aspekt der Einheit, der Verschmelzung bei gleichzeitiger Mißachtung des Getrenntseins, das sich in allen, trotz der Tatsache des gleichen Geschlechts dennoch existenten Verschiedenartigkeiten manifestiert - und weist damit starke Anklänge an Symbiose auf, was sich ziemlich unverblümt darin bekundet, daß die Autorin die Mutter-Tochter-Dyade als Prototyp der Frauenbeziehungen im 'lesbischen Kontinuum' anführt und ferner beispielsweise zwei Seiten vorher im Sinne des Positiven und Wünschbaren den Begriff 'primäre Intensität' zur Charakterisierung von Frauenbeziehungen benutzt (vgl. Rich 1989; 264), der sich gerade duch die Verwendung des Attributes 'primär' auf die frühe Mutter-Kind-Zweieinheit bezieht (vgl. z.B. Chodorow 1985; 87ff).

Nicht ganz so offensichtlich wie Adrienne Rich und ungleich subtiler plädiert Janice G. Raymond für 'mehr Symbiose - weniger Sex'. Zwar mißt sie der Sexualität durchaus eine Bedeutung bei, die mit der anderer Lebensäußerungen auf einer Stufe steht, insofern ". Sexualität . nicht radikaler ist als irgend etwas anderes" (Raymond 1989; 79)[19]. Gleichwohl bewertet sie eine bestimmte Art lesbischen Se-

---

[19] Ironischerweise kritisiert Raymond die libertären Lesben wegen ihrer Auffassung, "... daß der Sex die Triebfeder der Macht ist - nicht die Kreativität, nicht das Denken; der Sex, und nichts anderes als der Sex, sei das Wichtigste" (Raymond 1989; 78) und weil sie glauben, der Sex sei 'unsere' Rettung (vgl. Raymond 1989; 79), um zum Schluß genau auf eben jene Position selber zurückzufallen, indem sie einerseits diesen nunmehr vorhält, sie reduzierten die im sexuellen Akt eingeschriebene Komplexität des Lebens, und andererseits selbst Sexualität als potentiell

xes als 'schlecht', eine andere hingegen als 'gut'. Der 'schlechte' lesbische Sex tritt prototypisch in Gestalt der SM-Praxis von Lesben als deren Eisbergspitze auf und ist gekennzeichnet durch die indiskutable und -akzeptable Übernahme heterosexueller Verhaltensstandards, die sich am Sex als purer Lust und/oder Inszenierung von Macht orientieren. So wirft Raymond dem 'lesbisch-libertären Lifestyle' vor, er beschäftigte sich bloß mit dem "... lesbischen Sex als Ficken ... als dem Höhepunkt lesbischer Existenz ..." (Raymond 1989; 75). Konsequent zeigt sich ihr auch "nirgends ... die gewünschte starke, vitale und robuste weibliche Sexualität in irgendeiner Form, die sich von dem männlichen Macht-Modell der Sexualität unterscheiden würde" (Raymond 1989; 76). Und diese muß ihr auch in Nebelschwaden verborgen bleiben bei einem derart undifferenzierten Subsumieren so verschiedenartiger Phänomene wie "... S/M, Pornograpie, butch und femme, Rollenspiel, Päderastie usw. ..." (Raymond 1989; 76) unter das Etikett 'lesbisch-libertärer Lifestyle'.

Der visionierte 'gute' lesbische Sex zeichnet sich hingegen, der Autorin zufolge, durch die "... 'Fähigkeit zu berühren und berührt zu werden' . (aus, G.H.). Aber mehr noch, eine Berührung, die eine Verbindung herstellt, ... wenn Selbstkenntnis vorhanden ist. Es ist aber auch der Akt, der Kontaktpunkt, wo sich die Unfähigkeit einer Berührung offenbart, eine Verbindung herzustellen ... . In der Sexualität ist Intimität immer möglich ..." (Raymond 1989; 84) - es geht dann lediglich um die einzig 'richtige, akzeptable'.

Auch in dieser Konzeption wird das Moment der Verbundenheit als entscheidend für Sexualität betont. Was dabei unter Verbindung zu verstehen ist, konkretisiert Raymond nicht weiter - und dies mag auch ein schwieriges Unterfangen sein. Mir scheint diesem doch recht diffusen Begriff aber durchaus eine symbiotische Konnotation anzuhaften, trotz der vorausgesetzten Selbstkenntnis. Dies kommt für mich in der dezidierten und rigiden, mal expliziten, mal zwischen den Zeilen durchschimmernden Abgrenzung gegen alles, was pure sexuelle Lust oder schlichtes sexuelles Genießen bedeutet, zum Ausdruck; wie ebenso in Formulierungen analog denen Richs, die die scheinbare, illusorische Einheit aller Frauen ungeachtet aller bestehenden Divergenzen akzentuieren, von denen ich exemplarisch eine besonders prägnante zitieren möchte: "Als lesbische Feministinnen fühlen und handeln wir im Interesse von Frauen als Frauen. .... Er (der lesbische Feminismus, G.H.) stellt Verbindungen zwischen allen Themen her, die Frauen betreffen - nicht nur eine spezielle Gruppe, Klasse, Nationalität und nicht nur die Lesben. Wir fühlen und handeln für alle Frauen, weil wir Frauen sind, und auch wenn wir die letzten wären, die sich dazu bekennen, würden wir immer noch für Frauen dasein" (Raymond 1989; 83).

---

radikale Erfahrung im Sinne von Totalität mit entsprechend tiefgreifenden Wandlungsmöglichkeiten visioniert (vgl. Raymond 1989; 84).

Um erhebliches klarer und präziser als Raymond hebt die Historikerin Lillian Faderman, mit der ich diesen Exkurs beende, das von ihr präferierte Verhältnis 'weniger Sex - mehr Symbiose' hervor. Nachdem sie minuziös und umfassend die innigen, asexuellen, romantischen Frauenfreundschaften vornehmlich des 19. Jahrhunderts, wie sie auch Smith-Rosenberg beschrieb, geschildert hat, expliziert sie ihr Bedauern - pointiert - darüber, daß "it is no doubt unlikely that many women born into a sex-conscious era can conduct a lesbian relationship today without some sexual exchange. The pressure is on in our culture to be sexual if we want to be physically and mentally healthy, and even women who identify as lesbian have been affected by such popular wisdom" (Faderman 1981; 328 f) und daß "... it is impossible for twentieth-century women to return to nineteenth-century innocence ..." (Faderman 1981; 331). Diese beiden Formulierungen lassen die Ansicht der Autorin deutlich zutage treten, Sex zwischen Frauen sei ein eher lästiger Bestandteil lesbischer Beziehungen, und es sei, obschon unrealistisch, für Frauen/Lesben wünschenswert, zur asexuellen, 'symbiotischen' Unschuld des 19. Jahrhunderts zurückzukehren.

Eine derart tendenzielle Angleichung der Schichten im Hinblick auf Symbiosevoraussetzungen und -neigungen und damit bezüglich des Verhältnisses von Sexualität und Symbiose in lesbischen Beziehungen an die Gegebenheiten der Mittelschicht darf nicht darüber hinwegtäuschen, daß nach wie vor erhebliche Divergenzen - wenn auch gegenwärtig eventuell subtilerer Art als in der Vergangenheit - in der Lebenspraxis und den Lebensäußerungen der verschiedenen Schichten als Konsequenz ihrer weiterhin disparaten sozio-ökonomischen Existenzbedingungen bestehen, wie dies ja auch in den vorherigen Ausführungen mehrfach durchschimmerte. Denn wiewohl die bürgerliche Ehe- und Familienideolgie quer durch alle Bevölkerungsschichten normative Kraft entfaltete, geschah dies auf der Folie je konkreter Lebensverhältnisse, die zwangsläufig paßgerechte Modifikationen und Brechungen provozierten in der Weise, "... daß Normen und Leitbilder zwar stets an der Realität ansetzen, aber nur einzelne ihrer Aspekte aufnehmen und überhöhen, andere vernachlässigen bzw. relativieren und deshalb nie mit der Wirklichkeit deckungsgleich sind" (Rosenbaum 1982; 478). Bei der konstatierten Annäherung kann es sich daher immer nur um eine asymptotische handeln, die sich dem 'Maßgeblichen' zwar stetig nähert, ohne es je realiter zu erreichen. Infolgedessen lassen sich auch gegenwärtig noch Fragmente der vergangenen schichtspezifischen Verhältnisse von Sexualität und Symbiose in lesbischen Beziehungen, wie ich sie im vorangegangenen Unterkapitel herausgearbeitet habe, finden. Einer der wenigen wissenschaftlich gesicherten Hinweise hierfür läßt sich der Arbeit von Paczensky (1984) entnehmen, an der Angehörige sowohl der Ober- und Mittel- als auch der Unterschicht teilnahmen und deren Schichtzugehörigkeit, im Hinblick auf den Gegen-

standsbereich ausnahmsweise, explizit in Zusammenhang mit dem Untersuchungsgegenstand gebracht wurde, obwohl meines Erachtens nicht genügend tiefgehend
interpretiert.

Wie im Definitionskapitel erläutert, beschäftigte sich Paczensky mit dem
Stigma-Manage- ment von Lesben und seinen Auswirkungen auf ihr soziales Leben anhand der Kriterien "Offenheit/Geheimhaltung". Zu diesem Zweck unterteilte sie die Frauen in vier Gruppen: 'früh und konsequent'; 'früh und inkonsequent';
'spät und konsequent' und 'spät und inkonsequent'[20]. Auffallend war nun, daß die
frühen, konsequenten Lesben signifikant häufiger der Ober- und Unterschicht[21]
entstammten und relativ selten der Mittelschicht, wohingegen korrespondierend die
frühen, inkonsequenten Lesben überwiegend aus der zuletzt genannten Schicht kamen (vgl. Paczensky 1984; 69f). Bemerkenswert war ferner, daß die offenen Lesben gleichfalls vornehmlich der Ober- und Unterschicht angehörten und die besonders geheimhaltenden der Mittelschicht (vgl. Paczensky 1984; 84f). Die bei beiden
Aspekten hinsichtlich der Schichtzugehörigkeit kongruente relative Verteilung gibt
Anlaß zur Vermutung, zwischen beiden bestehe ein wie auch immer gearteter, an
dieser Stelle nicht näher untersuchter struktureller Zusammenhang, so daß sie zusammengenommen im Hinblick auf das Thema der vorliegenden Arbeit interpretiert werden sollen, obschon, wie sich der Tabelle über 'Sozialdaten - lesbische
Karriere - Offenheit' (Paczensky 1984; 56) entnehmen läßt, die 'konsequenten' und
'offenen' Personenkreise nicht notwendigerweise identisch sind, wenngleich sie
sich überschneiden.

Die genannten Schichtdifferenzen im Kontext des Verhältnisses von Sexualität
und Symbiose in lesbischen Beziehungen - wegen der vorliegenden, hierfür unzureichenden Daten zwangsläufig verkürzt - zu interpretieren, verweist auf die traditionell aus unterschiedlichen Gründen weniger rigiden Moralvorstellungen der
Ober- und Unterschicht, die einerseits dem Sex mehr Raum zubilligen und andererseits das Coming Out erleichtern. Damit eng verknüpft lassen Offenheit und Konsequenz auf mehr Eigenständigkeit, Konfliktbereitschaft und eventuell -fähigkeit
und bewußte Abgrenzung schließen sowie darauf, sich stärker als sexuelles Wesen
zu definieren - insgesamt deutliche Hinweise für ein tendenzielles Fortwirken der
Proportion: mehr/mäßig Sex - weniger Symbiose. Reziprok ließe sich für die Mit-

---

[20] Als konsequent bezeichnete Paczensky "... jene Frauen, die nur über flüchtige heterosexuelle
Kontakte in der Vergangenheit berichten oder sich nach Entdeckung ihrer homosexuellen Neigungen nicht mehr heterosexuell betätigt haben. Als inkonsequent sollen alle gelten, die nach
der Entdeckung ihrer Homosexualität feste Männerbeziehungen hatten oder bis in die Gegenwart ständig flüchtige heterosexuelle Kontakte haben" (Paczensky 1984; 66).

[21] Paczensky untergliederte zwar noch in obere, mittlere und untere Mittelschicht sowie in obere
und untere Unterschicht. Sie subsumiert die obere Mittelschicht aber unter die Oberschicht - und
die Aussagen im Hinblick auf die anderen Schichten treffen jeweils sowohl für den unteren als
auch den oberen Bereich zu (vgl. Paczensky 1984; 56, 69, 85).

telschicht pointiert ausführen, Inkonsequenz und extreme Geheimhaltung sind das Resultat einer tradierten rigiden Sexualmoral, die ein davon Abweichen nur bei Strafe des 'Ausschlusses' erlaubt. Genau dieser aber wird peinlichst vermieden, was auf mangelnde Eigenständigkeit und Konfliktbereitschaft sowie fehlende bewußte Abgrenzung und damit auf starke Symbioseneigungen hinweist - die ihrerseits wiederum den ohnehin schon durch bürgerliche Moralvorstellungen tabuierten, eingeschränkten und zurechtgestutzten Sex zusätzlich begrenzen. So läßt sich auch bei der Mittelschicht in Relation zu den anderen, sich ihr asymptotisch nähernden Schichten ein Andauern der Proportion: mehr Symbiose - weniger Sex konstatieren.

Abschließend ergänzen möchte ich die klassen- und schichtspezifische Dimension um einen kurzen Ausflug in den während der 80er Jahre sich zusehends verbreitenden Milieuansatz, der versucht, dem Umstand Rechung zu tragen, daß "viele sozialstrukturell systematisch variierende Verhaltensweisen . offenkundig immer weniger entlang von Schichtgrenzen, sondern entlang anderer Trennlinien innerhalb der Sozialstruktur" (Hradil 1987; 127) variieren. So hat beispielsweise auf dem kommerziellen Sektor der Markt- und Meinungsforschung das SINUS-Institut seit Ende der 70er/Anfang der 80er Jahre ein Milieukonzept entwickelt und validiert, das sowohl durch den sozialen Status als auch durch grundlegende Wertorientierungen und alltagsbestimmende Einstellungen definiert ist, die wiederum jeweils in einzelne Kriterien aufgefächert wurden (vgl. Hradil 1987; 128; Becker et al. 1988; 22). Anhand der Kriterien arbeitete das SINUS-Institut aus dem vorhandenen umfangreichen Datenbestand acht 'Milieus' heraus, die sich durch je typische Eigenschaften auszeichnen (vgl. hierzu Hradil 1987; 129ff; Becker et al. 1988; 34ff). Wie diese Milieus bezüglich ihrer sozialen Lage und ihrer inneren Haltung gesamtgesellschaftlich zu verorten sind, zeigt das 'Koordinatenkreuz' auf der nächsten Seite, das aus einer vertikalen 'Schichtachse' und einer horizontalen 'Orientierungsachse' besteht.

Auffallend dabei ist, und das macht auch den eklatanten Unterschied zum herkömmlichen Schichtmodell aus, daß Lebensstile nicht mehr so eng mit den äußeren Lebensbedingungen, den Schichtkonstituentien wie etwa Einkommen und Bildungsstand verzahnt sind, wie es früher der Fall war; sie sich vielmehr beginnen, davon abzulösen - was partiell bereits geschehen ist (vgl. Hradil 1987; 132, 165f). Für das Thema der vorliegenden Arbeit bedeutet das: auch das je nach Lebensstil variierende Verhältnis von Sexualität und Symbiose in lesbischen Beziehungen wird sich zunehmend weniger entlang Schichtgrenzen fassen und bestimmen lassen - und sich immer mehr an den unterschiedlichen Milieus orientieren müssen. Zu welchen Ergebnissen man gegenwärtig bei milieuspezifischer Ausrichtung käme, darauf lassen sich im vorliegenden Material zwar vage Hinweise anhand des Kriteriums 'Einstellungen zu Familie und Partnerschaft' finden, sie besitzen jedoch kaum andauernden prognostischen Wert, da die speziellen Milieus in einer Art 'Momentaufnahme' gewonnen wurden und sich bereits seit Beginn der 80er Jahre bis 1988 ein forcierter Wertewandel abzuzeichnen beginnt, der sich unter anderem in der Bedeutungsänderung einiger Wohnraummotive manifestiert (vgl. Becker et al. 1988; 46) und der im Hinblick auf Inhalt und Reichweite schwerlich einzuschätzen ist.

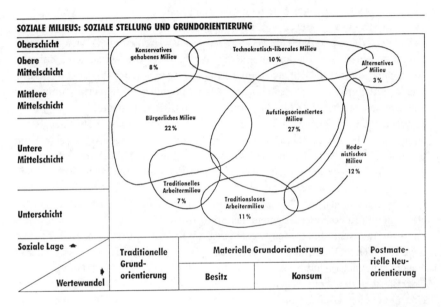

Dessenungeachtet möchte ich einige spekulative Bemerkungen über das milieuspezifische Verhältnis von Sexualität und Symbiose in lesbischen Beziehungen unter orientierender Zuhilfenahme des Schichtkonzeptes wagen. Das 'Konservativ-gehobene Milieu' ist ebenso wie das 'Bürgerliche Milieu' insbesondere wegen der zentralen Betonung harmonischen Familienlebens und den klassisch polarisierten Geschlechtscharakteren von Mann und Frau grob zweifellos der traditionellen bürgerlichen Mittelschicht zuzuordnen. Lesbische Bindungen dieser Milieus werden infolgedessen eher durch 'mehr Symbiose - weniger Sex' gekennzeichnet sein. Dies gilt weitgehend auch für das 'Traditionelle Arbeitermilieu', das seine Leitbilder aus dem 'Bürgerlichen' bezieht (vgl. Becker et al. 1988; 93). Abgeschwächte

147

Tendenzen in diese Richtung lassen sich ebenfalls noch im 'Aufstiegsorientierten Milieu' mit seiner intakten Familien(fassade) (vgl. Hradil 1988; 130) finden - und somit auch im sich danach ausrichtenden 'Traditionslosen Arbeitermilieu'. Allein der Begriff - wenn auch in Klammern gesetzt - 'Fassade' deutet jedoch eine Brüchigkeit an, die durchaus Motivation und Raum für außereheliche sexuelle Kontakte ließe, so daß in lesbischen Beziehungen dieser Milieus der Sex an Bedeutung gegenüber der Symbiose gewinnen könnte im Vergleich zum mittelschichtspezifischen Verhältnis.

Das 'Technokratisch-liberale Milieu' mit seinem Wunsch nach einem tunlichst reibungslosen Familienleben, in dem Mann und Frau oft ihre eigenen Wege gehen, was sich am eigenen Beruf und Bekanntenkreis dokumentiert (vgl. Becker et al. 1988; 39), erinnert stark an die vergangene Lebensweise des Adels. Qua Analogieschluß bedeutete dies für lesbische Beziehungen 'mehr Sex - weniger Symbiose'. Doch ganz so bruchlos läßt sich die Übertragung nicht vollziehen, deckt dieses Milieu doch die größte Bandbreite hinsichtlich der grundlegenden Wertorientierungen ab - von der traditionellen bis zur postmateriellen trifft man hier alles.

Wesentlich häufiger wird 'mehr Sex - weniger Symbiose' in lesbischen Beziehungen des 'Hedonistischen Milieus' vorzufinden sein, dessen Angehörige kaum bereit sind, sich fest zu binden (vgl. Becker et al. 1988; 40). Auch im 'Alternativen Milieu' dürfte es - idealtypisch - mehr Sex geben, da die Ansprüche seiner Angehörigen häufig in der Sexualität liberalisierenden Tradition der 68er Studentenbewegung stehen; in ihren lesbischen Beziehungen müßte sich Symbiose entsprechend gering finden lassen.

Am interessantesten an den Ergebnissen des SINUS-Instituts scheint mir jedoch die altersmäßige Verteilung der Bevölkerung über die jeweiligen Milieus zu sein. Danach zeichnen sich die Milieus mit stark traditioneller Grundorientierung durch Überalterung aus, wohingegen die mit stark postmaterieller Grundorientierung als überjüngt gelten können - hier ist besonders das 'Hedonistische Milieu' hervorzuheben (vgl. Becker et al. 1988; 34ff, 40). Demnach differierte das Verhältnis von Sex und Symbiose in lesbischen Beziehungen weniger entlang von Schicht- als entlang von Milieu- und damit auch von Generationsgrenzen.

5. Die minderheitenspezifische Dimension

Mögen sich Lesben durch ihre Schichtzugehörigkeit signifikant voneinander unterscheiden, gemein ist ihnen hinwiederum, in ihrer jeweiligen Schicht Angehörige einer nach wie vor diskriminierten Minderheit zu sein. Welche Auswirkungen dieser Minderheitenstatus auf das Verhältnis von Sexualität und Symbiose in lesbischen Beziehungen haben kann bzw. welches Verhältnis von Sexualität und Symbiose dadurch begünstigt wird, gilt es in diesem Kapitel zu untersuchen. Dabei werde ich den häufig in diesem Zusammenhang in vielen Köpfen umhergeisternden Mechanismus der Sich-selbst-erfüllenden-Prophezeiung weitgehend unberücksichtigt lassen. Dieser besteht darin, daß anscheinend Angehörige einer Minderheit allmählich (partiell) jene Verhaltensweisen und Eigenschaften übernehmen, die ihnen zuvor von der Mehrheit, ursprünglich ohne reale Grundlage, zugeschrieben, angedichtet worden waren - und übernehmen mußten, sofern ihnen die 'Mehrheit' mit dem Argument der Abweichung 'normale' Handlungsspielräume, -mittel und -wege versagte, was seinerseits erst das abweichende Verhalten provoziert, wegen dem es zur Verengung der Handlungsalternativen kam. "Das Verhalten ist also eine Konsequenz der öffentlichen Reaktion auf die Verhaltensabweichung und nicht eine Konsequenz der inhärenten Eigenschaften der abweichenden Handlung" (Becker 1981; 31; vgl. hierzu auch Lautmann 1977; 17). Beschränken und konzentrieren werde ich mich einzig auf die im Hinblick auf das vorliegende Thema vornehmlich relevante Tatsache und ihre Folgen, zu einer nach wie vor diskriminierten Minderheit zu gehören. Den Nachweis dessen werde ich vor Beginn der eigentlichen Auseinandersetzung damit führen. Zuvor seien mir aber einige wesentliche methodische Bemerkungen gestattet, die sich um den Aspekt herum anordnen, ob die Forscherin eine Minderheit als Außenstehende oder Betroffene wissenschaftlich untersucht und welche Konsequenzen diese unterschiedliche Perspektive auf den Forschungsprozeß und die -ergebnisse zeitigt.

Mancher mag der Zeitpunkt verspätet erscheinen, dies zu thematisieren, würde sie es doch prinzipiell der Beschäftigung mit einer Minderheit vorschalten, unabhängig von der zur Diskussion anstehenden Dimension. Ich meine allerdings, daß die Auswirkungen der Perspektive je nach Dimension - teils stark - variieren. So sind meines Erachtens die historische wie die schichtspezifische Dimension sowohl durch eine Außenstehende wie durch eine Betroffene angemessen ohne prinzipielle Unterschiede, die ihrer differierenden Perspektive immanent wären, darstellbar, falls sie sich in der fundamentalen Akzeptanz und Affirmation lesbischer Frauen treffen. Denn essentieller waren hierbei vielmehr Verzerrungen, die aus dem Umstand resultierten, als Forscherin zu einer ganz bestimmten Zeit und in einer ganz

149

bestimmten Schicht aufgewachsen zu sein und zu leben. Nunmehr, da in diesem Kapitel die minderheitenspezifische und im weiteren die psychoanalytische Dimension behandelt wird, gewinnt, wie gezeigt wird, die diesbezügliche Differenz in der Perspektive der Wissenschaftlerin beträchtlich an Gewicht - und wird deshalb von mir auch an dieser und keiner anderen Stelle problematisiert. Daß die folgende methodische Diskussion für die beiden nächsten Kapitel gilt, rechtfertigt ihren Umfang.

5.1 Zur Perspektive der Forscherin und den Konsequenzen

Betroffenheit und konsequente Parteinahme für die Sache der Frauen ist als kleinster gemeinsamer Nenner das wesentliche Charakteristikum jeglicher sich als feministisch begreifender Frauenforschung (vgl. Becker-Schmidt 1984; 233ff; Bock 1984; 17; Müller 1984; 37; Mies 1984; 175f; 1989a; 10ff; 1989b; 47f, 56f; Bolbrügge et al. 1989; 99f; Göttner-Abendroth 1989; 35f). Eine besondere Bedeutung kommt diesen Kategorien jedoch zu, wenn es darum geht, wissenschaftlich über Lesben zu arbeiten, die realiter nach wie vor eine Minderheit innerhalb der 'Minderheit Frau' darstellen; trotz Versuchen, diese Grenzziehungen aufzuweichen (vgl. z.B. Hark 1987; 90ff). Der Minderheitsstatus der 'Lesbe' in der Frauenforschung dokumentiert sich einerseits überdeutlich darin, daß sie, von den meisten (heterosexuellen) Forscherinnen heterosexuelle Lebensweise normativ unterstellt, schlicht nicht vorkommt, außer über das 'Mit-gemeintsein'. "Feministische Politik/Wissenschaft verengte, vielfach unter der Hand, un/beabsichtig, eben mitgemeint, ihre Perspektive auf den Lebenszusammenhang heterosexueller Frauen" (Hark 1987; 87; vgl. hierzu auch Pagenstecher 1990). Andererseits offenbart sich ihre Sonderstellung in der von den übrigen weiblichen Lebensformen und -aspekten ausgegrenzten wissenschaftlichen, immer noch häufig als Abweichung konnotierten Behandlung. Dennoch habe auch ich mich zum Teil für eine gesonderte Betrachtung entschieden, da das Thema in seiner minderheitenspezifischen und partiell in seiner psychoanalytischen Dimension ein rein lesbisches ist, solange Frauen in einer gleichermaßen geschlechtsspezifisch wie heterosexuell geprägten und prägenden Gesellschaft aufgewachsen sind und leben - zwei Frauen sind daher gegenwärtig in einer Liebesbeziehung tendenziell mit anderen Chancen, Konflikten, Problemen, Risiken und Möglichkeiten konfrontiert als ein Mann und eine Frau oder zwei Männer. Mit der Diagnostizierung von Lesben als Minderheit innerhalb der 'Minderheit Frau' gerät die Perspektive der Forscherin - Außenstehende oder Betroffene - und ihre Folgewirkungen auf Forschungsprozeß und -resultate in den um angemessene Wirklichkeitsspiegelung bemühten Blick, die im wesentlichen Effekte auf zwei Ebenen zeitigt: zum einen bei empirischen Arbeiten hinsichtlich der

Rekrutierung der Stichprobe und zum anderen bezüglich der durch den eigenen (psychischen) Standpunkt, das Unbewußte bedingten Realitätsverzerrungen. Menschen, die in ihrem Verhalten - einer Verhaltensweise oder einem bestimmten Ausschnitt innerhalb ihres Verhaltensspektrums - von der herrschenden Norm abweichen, versuchen sich meist diesbezüglich wegen realer oder antizipierter Sanktionen seitens der 'normalen' Mehrheit vor Außenstehenden zu schützen, vorzugsweise durch Geheimhaltung eben diesen Verhaltens, der der weitgehende Ausschluß von Außenstehenden inhärent ist (vgl. z.B. Becker 1981; 153; Kokula 1983; 50f). Infolgedessen haben außenstehende Forscherinnen erhebliche Probleme, eine Stichprobe überhaupt zu rekrutieren, da sie schwerlich Zugang zu potentiellen Probandinnen bekommen. Damit ist noch nicht die im weiteren erforderliche aufwendige Überzeugungsarbeit erwähnt, die die Wissenschaftlerin leisten muß, wenn sie dessenungeachtet, oft mit Hilfe einer Lesben-/Frauenorganisation und/oder Gewährsfrauen (vgl. z.B. Tanner 1978; 48; Albro et al. 1979; 333; Lynch et al. 1986; 56[1]) den Kontakt hergestellt hat, um den Frauen die Sicherheit zu vermitteln, frei und ohne die Befürchtung negativer Konsequenzen und Repressalien über ihr Lesbischsein und die damit verknüpften thematisch relevanten Aspekte berichten und reflektieren zu können (vgl. z.B. Becker 1981; 153f) - auch gegenüber einer 'Unbeteiligten'. Gerade bei ihr ist demnach die Gefahr besonders groß, daß die befragten Frauen wissentlich ihre Realität verfälschen, was zur unbewußten Interpretations- und Glättungskomponente biographischer Rekonstruktion[2] noch erschwerend hinzutritt.

Ob dieser für eine Außenstehende nicht immer als zufriedenstellend bewältigbar antizipierten und bisweilen wahrscheinlich das Vorhaben zum Scheitern verurteilenden Komplikationen technischer Art erstaunt es wenig, daß es sich bei den Forscherinnen häufig selbst um Betroffene handelt, die infolge der Kenntnis der Treffpunkte und Gepflogenheiten der lesbischen Subkultur und hauptsächlich aufgrund eigener Kontakte weitaus leichter bereitwillige und zuverlässige Probandinnen finden können, obschon auch sie unter Umständen einer Lesben-/Frauenorganisation und/oder Gewährsfrauen zur verallgemeinerungsfähigen Vergrößerung der Stichprobe bedürfen (vgl. z.B. Wolff 1973; 84; Paczensky 1984; 41ff). Das Rekurieren auf den eigenen lesbischen Bekannten- und Freundinnenkreis als Ausgangspunkt eines darauf aufbauend initiierten Schneeballsystems ist somit ein übliches, weil probates Mittel, ein geeignetes Sample von Lesben zu rekrutieren, wie viele der ansonsten wenigen Studien belegen (vgl. z.B. Paczensky 1984; 36, 40f, 42; Kokula 1983; 51f; Kitzinger 1987; 87). Mit diesem Vorgehen ist allerdings ein anderer be-

---

[1] Manche Forscherinnen sind nicht als Außenstehende oder Betroffene zu identifizieren, da sie darüber nichts verlauten lassen. So beispielsweise Albro et al. (1979) und Lynch et al. (1986).
[2] Auf die Besonderheiten und potentiellen Verzerrungen biographischer Rekonstruktion werde ich zu Beginn der psychoanalytischen Dimension näher eingehen.

deutsamer verzerrender Effekt verbunden. Daß eigene lesbische Kontaktnetz für wissenschaftliche Zwecke zu nutzen, führt, da sich die lesbische Subkultur essentiell über Cliquen konstituiert und diese "... hinsichtlich des sozialen Status, der Ausbildung, des Berufs und der politischen Anschauungen" (Kokula 1983; 127) überaus homogen sind, zwangsläufig dazu, daß im wesentlichen nur einer selber nahestehende Lesben untersucht werden, was zur Folge hat, daß die dergestalt gewonnenen Aussagen und Erkenntnisse im Grunde genommen nie Repräsentativität für 'alle' Lesben, allenfalls für ein bestimmtes lesbisches 'Milieu' beanspruchen können, worüber sich die meisten Wissenschaftlerinnen durchaus bewußt sind (vgl. z.B. Paczensky 1984; 36, 43; Peplau 1983; 6; Reinberg et al. 1985; 25f; Kitzinger 1987; 87ff; Kehoe 1988; 6; Huber et al 1989; 11). Infolgedessen ignoriert zwangsläufig "... this research . lesbians who live and work in predominantly heterosexual environments, those with small friendship circles similiar to those of heterosexuals of their social class" (Risman et al. 1988; 139). Erst recht gilt dies für versteckt lebende Lesben (vgl. z.B. Paczensky 1984; 44). Ihre Position und Perspektive dennoch einzubeziehen, wie ich es versuchen werde, haftet ein stark spekulatives Moment an, dessen man sich stets bewußt bleiben sollte.

Galten die vorgängig beschriebenen Folgen der Perspektive der Wissenschaftlerin unmittelbar nur für die empirische Forschung und bloß mittelbar für die qua Lektüre angeeigneten Erkenntnisse, sofern diese auf empirisch erhobenen Daten basieren, so sind beide Erkenntnisweisen gleichermaßen von den sich in der jeweiligen Gewinnung und Interpretation der Daten manifestierenden Realitätsverzerrungen durch den (psychischen) Standpunkt der Erkennenden betroffen. Devereux, der dieses Phänomen mit dem psychoanalytischen Begriff der Gegenübertragung angemessen zu fassen und zu analysieren sucht, kommt zu dem Schluß, "... daß die die Realität verzerrenden Gegenübertragungen immer dann am stärksten sind, wenn eine Situation bzw. die gewonnenen Daten Ängste erzeugen. Und Ängste entstehen z.B. dann, wenn Abgewehrtes angerührt und kognitive Überzeugungen angegriffen werden und damit zur Desorientierung und Verunsicherung führen" (Bock 1984; 19; vgl. hierzu auch Devereux 1976; 67, 69; Becker 1981; 154). In einer Gesellschaft, die Heterosexualität traditionell zur einzig akzeptablen, allgemein verbindlichen Norm erhebt und der Lesbischsein als davon Abweichendes vielfach immer noch als unnatürlich, abnorm, pervers oder krank gilt, ist weibliche Homosexualität zweifelsohne ein Verhalten, das bei manifest heterosexuellen Wissenschaftlerinnen zu krassen Realitätsverfälschungen führen kann, im allgemeinen im Sinne der affirmativen Übernahme der herrschenden diskriminierenden Wertungen, Maßstäbe und Anschauungen[3], um die eigene (heterosexuelle) Verhaltens-,

---

[3] Denkbar, wenn auch weitaus weniger wahrscheinlich, wäre ebenso eine ähnlich drastische Verzerrung, diesmal aber mit lesbischer Lebenspraxis und -äußerungen idealisierendem Vorzeichen infolge einer Reaktionsbildung.

Handlungs- und Orientierungssicherheit zu (be-)wahren. Denn aufgrund der eigenen, zum Zwecke der Abwehr in der Verdrängung gehaltenen und damit unbewußten homosexuellen Strebungen kann die Konfrontation mit manifest homosexuellem Verhalten je nach individueller psychischer Struktur mehr oder weniger massive, häufig ebenfalls unbewußte Ängste auslösen. Daß die Beschäftigung mit den ins Unbewußte abgedrängten latenten homosexuellen Neigungen oft sehr beschwerlich ist, indiziert etwa der nach wie vor langwierige und mühsame individuelle Prozeß des Coming Out von Lesben, in dessen Zentrum die innere wie äußere kontroverse und konflikthafte Auseinandersetzung mit der (verinnerlichten) heterosexuellen Normative steht.

Begegnen kann die Forscherin diesen potentiellen Verfälschungen im Sinne der Abschwächung und tendenziellen Aufhebung, laut Devereux nur, indem sie ihre eigene (Angst-)Reaktion auf den 'Untersuchungsgegenstand' nicht nur thematisiert, sondern bisweilen als entscheidendes Moment ihrer Forschung behandelt (vgl. Devereux 1976; 17ff). Daß dies nicht so einfach zu bewerkstelligen ist und "... auch das Wissen um das Netz der eigenen unbewußten Strebungen, Ängste, Hemmungen, etc. nicht davor schützt, sich in ihnen auch gründlich zu verfangen" (Bock 1984; 19), beweist eindrucksvoll das Beispiel Devereux (vgl. Bock 1984; 19ff)[4]. Es mag der einen oder anderen nichtsdestotrotz recht erfolgreich gelingen. In diesem Fall kann ihre innere Distanz zum 'Untersuchungsgegenstand' einerseits durchaus von Vorteil sein, insofern ihr die Ferne eine Betrachtung der relevanten Erscheinungen, in Analogie zur Fotografie und zum Film gleichsam in der Totale erlaubt, die Zusammenhänge, Verknüpfungen, Akzente und Konturen klarer und schärfer hervortreten - ja bisweilen überhaupt erst zum Vorschein kommen läßt. Andererseits bleibt ihr infolgedessen die Diskriminierung in ihrer Konkretheit äußerlich, so daß ihr deren Subtilität, Reichweite und Komplexität - unerfahren und ungekannt - weitgehend entgehen dürfte - während die Betroffene diese gelegentlich überbewerten mag (vgl. Paczensky 1984; 158, 169).

Ähnliches gilt für Phänomene, bei denen die innere psychische Komponente für das Hervorbringen sich im Außen manifestierender Verhaltensweisen und Handlungen besonders zentral ist, wie dies etwa auf die zur Diskussion anstehende psychische Dynamik zutrifft, die sich zwischen den Partnerinnen einer Liebesbeziehung entwickelt und etabliert - weswegen ich im übrigen zu dem eingangs erwähnten Schluß kam, der Perspektive der Wissenschaftlerin komme erst bei der minderheitenspezifischen und psychoanalytischen Dimension signifikante Bedeutung zu.

Gerade hinsichtlich des zuletzt genannten methodischen Aspekts befindet sich die Betroffene gegenüber der Außenstehenden im allgemeinen im Vorteil. Aller-

---

[4] Dem wirkt auch nicht die von Mies optimistisch formulierte 'bloße' Teilidentifikation der Wissenschaftlerin mit den von ihr untersuchten Frauen nachhaltig entgegen, die angeblich wirklichkeitsgetreue Spiegelungen ohne große Brechungen hervorbringen soll (vgl. Mies 1984; 176ff)

dings muß auch sie sich mit der Devereuxschen Gegenübertragung auseinandersetzen, da die Daten bei ihr ebenfalls Ängste auslösen können, die häufig eklatante
Realitätsverzerrungen bewirken, insofern unangenehme Themen und Gesichtspunkte un/bewußt ausgespart bleiben. Dies könnte beispielsweise das kritische Benennen, Aufgreifen und Hinterfragen vorhandener Differenzen zwischen Lesben
ver/behindern, da vielfach die dadurch erzeugte Relativierung der verbindenden
Gemeinsamkeit den eigenen, angesichts einer als feindlich erlebten heterosexuellen
Umwelt existenziellen äußeren subkulturellen wie inneren Rückhalt zu gefährden
scheint. Oder es schlüge sich in einer einseitig glättenden und simplifizierenden
Positivierung lesbischer Lebenspraxis und -äußerungen nieder, um der feindlichen
heterosexuellen Umwelt ja keine Angriffsfläche zu bieten, geschweige denn zuzu-
gestehen, daß bestimmte Vorurteile eines gewissen, differenziert und kritisch zu
betrachtenden Realitätsbezuges nicht entbehren.

Wo die Außenstehende also aufgrund ihrer Ferne zum 'Untersuchungsgegenstand' der Nähe bedarf, muß sich die Betroffene wegen ihrer unmittelbar gegebenen Nähe von eben diesem distanzieren. Dies erfordert von ihr, sollen infolge der
direkten Betroffenheit weder die komplexen Zusammenhänge aus dem Blick geraten noch die Konturen und Akzente der relevanten Phänomene diffundieren, ein
Höchstmaß an Selbstreflexion und kritischer Introspektion, damit sie, um der Realität gerecht zu werden, das zu leisten vermag, wozu insgesamt, Becker-Schmidt
zufolge, "Frauenforschung zwingt (; G.H.) zum ständigen Standortwechsel zwischen ähnlichen und abweichenden Erfahrungen, zur Modifikation vorgängiger
Sichtweisen, zur Akzeptanz eigener Behinderungen und der Emanzipationsvor-
sprünge anderer, zum langen Atem im Umgang mit Angstschwellen und Wider-
ständen" (Becker-Schmidt 1984; 235).

5.2 Lesben - eine immer noch diskriminierte und stigmatisierte Minderheit!?

Daß ich als Lesbe einer diskriminierten und stigmatisierten Minderheit angehöre,
erfahre ich immer wieder in der konkreten, alle meine Sinne umspannenden, komplexen Auseinandersetzung mit meinen Eltern, meinen ArbeitskollegInnen, Stra-
ßenpassantInnen, den Medien und anderen AgentInnen und Agenturen der herrschenden heterosexuellen Normative - und es bedarf für mich daher keines zusätzlichen, darüber hinausgehenden Beweises. In einer wissenschaftlichen Arbeit aber,
mit ihrem Anspruch auf Verallgemeinerbarkeit, muß dieser erst, wie folgt, erbracht
werden. Zu diesem Zweck greife ich stellvertretend[5], angesichts meiner in diesem

---

[5] Die neuere Untersuchung von Akkermann et al. etwa kommt hinsichtlich Diskriminierungserfah-
rungen von Lesben der Tendenz nach zu vergleichbaren Ergebnissen wie Reinberg et al. (vgl.
Akkermann et al. 1989b; 79, 81, 83). Da sie aber in diesem Punkt weniger ausführlich und prä-

Zusammenhang begrenzten Zielsetzung zwangsläufig verkürzt und simplifizierend, auf die diesbezüglich teils kontroversen empirischen Studien von Paczensky (1984) und Reinberg/Roßbach (1985) zurück.

Beiden gelten Lesben a priori als Minderheit im Sinne der gängigen Definition, nach der ihren Angehörigen bedeutsame Merkmale (hier der Merkmalkomplex Lesbischsein) gemeinsam sind, in denen sie sich (signifikant) von der als 'normal' geltenden Mehrheit unterscheiden (vgl. Hartfiel 1982³; 499f; Kokula 1983; 63f). Die auf dieser Differenz basierende soziale Benachteiligung seitens der Mehrheit wird versucht, einerseits mit dem Begriff der Stigmatisierung (vgl. Paczensky 1984; 23f), andererseits mit dem der Diskriminierung (vgl. Reinberg et al. 1985; 12ff) zu fassen[6]. Dabei gerät Paczensky die Stigmatisierung bloß als Fundament ihres eigentlichen Themas, des Stigmamanagements von Lesben, der Ausbildung und Konsolidierung von dieses Stigma verarbeitenden und bewältigenden Techniken, immer wieder in den Blick, während die Diskriminierung den zentralen und einzigen Inhalt der Studie von Reinberg/Roßbach ausmacht. Auch, wenn Paczensky, so orientiert, im wesentlichen nur Familie und Arbeitsplatz[7] untersucht, während die beiden anderen Wissenschaftlerinnen ungleich mehr Lebenssphären (Familie, FreundInnen, Arbeitsplatz, Schule/Universität, Wohnbereich, Medizin/Therapie, staatliche Institutionen, Öffentlichkeit, Medien) differenzierter, komplexer und tiefergehender auf Benachteiligungen hin abklopfen, stimmen sie bei aller angesichts dessen gebotenen Vorsicht hinsichtlich der Überschneidungsbereiche in ihrem grundsätzlichen Resultat überein, daß es zur Diskriminierung von Lesben als Lesben kommt (vgl. Paczensky 1984; 110, 133f; Reinberg et al. 1985; 70, 99, 117) - was im übrigen auch ausnahmslos für alle anderen von Reinberg et al. angesprochenen Bereiche auf vielfältige Art und Weise gilt (vgl. Reinberg et al. 1985; 86, 126, 131, 141, 170f, 213). Diese tendenzielle Kongruenz in den Befunden setzt sich bei den Formen der Benachteiligung noch insoweit fort, daß weniger massive (etwa materieller Druck, Kontakteinschränkung oder -abbruch und körperliche Angriffe) als mehr subtile, nicht minder effektive Diskriminierungen (beispielsweise moralischer Druck, Unterstellung von Heterosexualität), einer Poli-

---

gnant als diese ist, werde ich sie in diesem Zusammenhang nicht näher heranziehen.
[6] Von Diskriminierung als Ungleichheit im Sinne sozialer Benachteiligung wird dann gesprochen, wenn die Anwendung normativer oder postulierter Gleichheitsgrundsätze prinzipiell oder im Einzelfall unterbleibt (vgl. z.B. Hartfiel et al. 1982³; 142; Kokula 1983; 61). Dagegen meint "Stigmatisierung . den Prozeß, in dem Angehörige einer Sozialkategorie von voller Teilhabe an den gesellschaftlichen Gütern ausgeschlossen werden, weil sie ein zutiefst abgelehntes, tendenziell auszurottendes Merkmal an sich tragen" (Lautmann 1977; 26). Ein Prozeß, in dessen Verlauf Stigmatisierte nicht selten das ihnen gesellschaftlich zugeschriebene Stigma an- und aufsichnehmen. Auch diese Wirkungen auf die Identitätsbildung der Betroffenen umfaßt der Begriff der Stigmatisierung, der so über den der Diskriminierung hinausgeht.
[7] Paczensky subsumiert unter Arbeitsplatz auch Schule und Universität (Paczensky 1984; 121).

tik kleiner Nadelstiche gleich, konstatiert werden (vgl. Paczensky 1984; 110f, 133f; Reinberg et al. 1985; 70, 99, 117) - sie findet indessen ein jähes Ende beim Ausmaß und der Bewertung der Diskriminierung, die eklatant auseinanderklaffen. So stellen Reinberg et al. für die Familie kumuliert einen Diskriminierungsgrad von 73 % fest und für den Arbeitsplatz (Schule/Universität) von 46 % (52 %); laut Paczensky hingegen erfahren in der Familie lediglich 30 % der Lesben Ablehnung, am Arbeitsplatz gar nur 11 %. Selbst wenn man, anders als Paczensky, die Bagatellisierung als besonders feinsinnige Art der Diskriminierung hinzuzieht, kommt man bloß auf 52 % resp. 19 %.

Lassen sich zur Überbrückung dieser erklärungsbedürftigen empirischen Kluft die verschiedensten, mal mehr, mal weniger plausiblen Gründe anführen, wie beispielsweise Differenzen im Themenschwerpunkt, dem Erhebungszeitpunkt (Paczensky: Mitte der 70er; Reinberg/ Roßbach: Mitte der 80er Jahre), der Erhebungsmethode (Paczensky: Interview; Reinberg/Roßbach: Fragebogen), der Stichprobenzusammensetzung (Paczensky: organisierte und unorganisierte Frauen; Reinberg/Roßbach: vorzugsweise der Lesbenbewegung zuzurechnende oder nahestehende Lesben), so scheint mir am bemerkenswertesten die Korrelation der jeweiligen Untersuchungsergebnisse mit der grundlegenden Einschätzung und Bewertung der Benachteiligung durch die Forscherinnen zu sein - die letztlich aus ihrem je spezifischen Gesellschaftsbild resultieren.

Reinberg/Roßbach, als LAZ-Frauen[8] eher der radikal-separatistischen Lesbenfraktion zuzuordnen, werden vermutlich kein unerhebliches Interesse daran haben, die massenhafte und drastische, wenngleich häufig subtile Diskriminierung von Lesben nachzuweisen. Dieses speist sich ebenso aus ihrem elitären gesellschaftspolitischen Veränderungsbestreben, zu dessen erfolgreicher Umsetzung es der umfassenden Aktivierung der Betroffenen bedarf, wie aus dem Bedürfnis, die eigene Gruppenexistenz zu sichern. Denn, wie Paczensky zu recht registriert, "... nützt es ..., wenn Lesben sich verfolgt, eingeengt und in unlösbare Abseitsstellung wähnen, nicht nur den Verfechtern der heterosexuellen Monogamie ... oder den Arbeitgeberinteressen ..., sondern auch den Initiatorinnen radikaler Gruppen, die eine abgespaltene Lesbenkultur begründen wollen. Sie können diese Gruppen nur dann bei der Stange halten, wenn der Außendruck möglichst stark, die Versuchung, sich einfach gemütlich zu assimilieren, möglichst gering ist" (Paczensky 1984; 161).

Paczensky ihrerseits, durch diese Aussage ohnehin schon hinreichend als dezidierte Gegnerin radikaler Strömungen profiliert, wird mit ihrer Zielvorstellung der gesellschaftlichen Integration und Durchsetzung lesbischer Frauen (Paczensky 1984; 159) nicht wenig daran interessiert sein, die Diskriminierung als geringfügig bis moderat zu beschreiben, in ihren Folgen gar als nahezu unerheblich (Paczensky 1984; 111; 158); um hierdurch Lesben zu ermutigen, ihr Lesbischsein selbstver-

[8] LAZ = Lesbisches Aktionszentrum Berlin

ständlich offen zu leben und öffentlich zu machen - ein notwendiger Schritt hin auf das von ihr angestrebte Ziel (Paczensky 1984; 169f). Entsprechend resümiert sie: "Aus der Befragung geht hervor, daß viele lesbische Frauen das Verhalten ihrer Umgebung als feindselig auslegen oder aus mehrdeutigen Äußerungen, die ihre Situation berühren, oft eindeutig negative Schlüsse ziehen; daß sie auch trotz gegenteiliger Erfahrungen oft hartnäckig darauf bestehen, sich diskriminiert zu fühlen" (Paczensky 1984; 174).

Auch Hänsch (1990; 97) konstatiert bei vielen Lesben ein in seinem Ausmaß realitätsunangemessenes Erleben von Diskriminierung, das vermutlich häufig darin begründet liegt, daß das Ablehnen der eigenen Person undifferenziert als Ablehnen des Lesbischseins gedeutet wird - selbst wenn gänzlich andere Verhaltensweisen, Merkmale oder Fähigkeiten damit gemeint sind. So fällt "die lesbische Frau ... selbst auf die gesellschaftliche Bewertung von Lesben herein, sie vollzieht selbst die negative Zuschreibung, indem sie Probleme nur durch ihr Lesbischsein erklärt ..." (Hänsch 1990; 97).

Beide, Paczensky wie Hänsch, leugnen mit ihren Aussagen keineswegs, daß es nach wie vor zu Diskriminierungen von Lesben kommt, geben aber zu bedenken, daß zwischen subjektivem Erleben von Benachteiligungen und ihrem realen Hintergrund durchaus ein Unterschied bestehen kann. Dies gilt insbesondere angesichts gesellschaftlicher Entwicklungen der 70er und 80er Jahre, die Pagenstecher zu der These zuspitzt: "... daß Veränderungen im Geschlechterverhältnis zu einer gewissen Entpolarisierung von hetero- und homosexuellen Lebensweisen geführt haben, was der Diskriminierung von Lesben ein Stück Boden entzieht" (Pagenstecher 1992; 8). Infolgedessen gilt es wohl, allmählich 'Abschied von der liebgewordenen Heimat Diskriminierung' zu nehmen.

Den hier angeführten unterschiedlichen Einschätzungen und Bewertungen der Benachteiligung von Lesben liegt ein je spezifisches Gesellschaftsbild der Wissenschaftlerinnen zugrunde. So verbirgt sich hinter der von Reinberg et al. gegebenen undifferenzierten Darstellung der 'bösen' heterosexuellen Welt, deren Diskriminierungen Lesben hilflos ausgeliefert sind, ein - pointiert formuliert - statisches Bild von Gesellschaft nach dem Motto 'Einmal patriarchal - immer patriarchal - und immer genauso patriarchal'. Die Möglichkeit, daß sich das manifeste Gesicht einer patriarchalen Gesellschaft allmählich spürbar ändern kann, ohne jedoch sofort und unwiderruflich dahinter wirkende, latente patriarchale Herrschaftsstrukturen prinzipiell zu tangieren, scheint nicht innerhalb dieser Vorstellung zu liegen. Gesellschaftlicher Wandel ist so nur als radikaler Umsturz herrschender Verhältnisse denkbar, dem ein radikaler Bruch mit diesen vorausgegangen ist. Damit wird ein Antagonismus von heterosexueller Welt und lesbischen Lebensweisen konstruiert, der das eigene innere wie äußere Geprägtsein von Gesellschaft der kritischen Reflexion entzieht und darüber hinaus ideologisch die aktive, auf Veränderung noch bestehender Diskriminierungen abzielende allgemeingesellschaftliche Partizipation von Lesben beschneidet.

Hinter den Aussagen von Paczensky, Hänsch und Pagenstecher dagegen steht ein dynamisches Bild von Gesellschaft als ein sich allmählich (Weiter-)Entwikkelndes, das auch den Wandel lesbischer Lebensbedingungen gleichsam zwangsläufig impliziert - und denen Lesben als Gesellschaftsmitglieder nicht bloß passiv und hilflos ausgeliefert sind, sondern die sie durchaus aktiv verändernd mitgestalten können, indem sie beispielsweise vorhandene gesellschaftliche Spielräume nutzen und weiter ausdehnen (vgl. z.b. Hänsch 1990; 97).

Das Gesellschaftsbild einer Lesbe - einmal aus mehr oder weniger konkreten eigenen Erfahrungen entstanden - hat wiederum darüber, daß es entscheidend mitbestimmt, was sie jeweils als Diskriminierung erlebt und wie sie damit umgeht, erheblichen Einfluß darauf, wie sich ihrerseits das Verhältnis von Sexualität und Symbiose in ihren Liebesbeziehungen gestaltet. Diesen Zusammenhang, seine jeweiligen Bedingungen und Wirkungen, gilt es im folgenden genauer zu untersuchen. Dabei werde ich die Darstellung hauptsächlich aus Richtung der Symbiose angehen, um von dort aus, wegen des Kontinuumscharakters von Sexualität und Symbiose, Rückschlüsse auf die damit korrelierende Sexualität in lesbischen Beziehungen zu erhalten.

5.3 Auswirkungen des Minderheitenstatus auf das Verhältnis von Sexualität und Symbiose in lesbischen Beziehungen

Krestan und Bepko führen "The Problem of Fusion in Lesbian Relationships" (1980) unter anderem maßgeblich auf den Minderheitenstatus von Lesben in einer ihnen potentiell feindlich gesinnten Gesellschaft zurück, dergestalt, "... that fusion issues within the relationship may result in part from attempts by the couple to maintain the subsystem within a larger system whose feedback about their relationship would constantly suggest that they dissolve it" (Krestan et al. 1980; 278). Initiiert und vorangetrieben wird dies von Lesben sukzessiv in Reaktion auf tatsächliche oder virtuelle, antizipierte Diskriminierungen durch "their tendency . to rigidify those boundaries further and to turn in on themselves, adopting what has been described as a 'two against a threatening world' posture. The rigid definition makes for an increasingly closed system, with the lesbians often cutting themselves off from others. As a result, the intensity of the fusion between the partners increases" (Krestan et al. 1980; 278)[9]. Zu vergleichbaren Schlußfolgerungen kom-

---

[9] Die hier angesprochene Grenzziehungsdynamik zwischen lesbischem Paar und Außen erinnert stark an das Kollusionskonzept von Willi (1975), nach dem sowohl Ursache wie Folge der Kollusion eine gemeinsame starre, rigide Grenze gegen Außen ist bei gleichzeitiger Unklarheit,

men beispielsweise auch Fritz et al. (1979; 331), McCandlish (1982; 74f), Akkermann et al. (1989a; 115), Bock (1989; 107) Eden et al. (1990; 23) und Hilsenbeck (1990; 122).

Daß Lesben bei (andauernder) konflikthafter Auseinandersetzung mit dem als bedrohlich erlebten heterosexuellen Außen reaktiv kompensatorisch nicht selten eine symbiotische, nahezu unwirkliche 'künstliche' Harmonie innerhalb ihrer Liebesbeziehungen etwa durch Konfliktvermeidung und Selbstverleugnung herstellen und aufrechterhalten, kommt gewissermaßen der kausalen Umkehrung eines fundamentalen massenpsychologischen Mechanismus gleich. Dieser besteht darin, latente Ungereimtheiten, Disharmonien und Konflikte innerhalb der Eigengruppe von dieser weg nach außen - auf eine geeignete Fremdgruppe - zu projiziieren, wo sie sich manifestieren können, um über die dadurch erzeugte Harmonie innerhalb der Eigengruppe deren Identität, Zusammenhalt und Stabilität zu garantieren und zu intensivieren (vgl. z.B. Freud 1921; 37f, 40f; Adorno 1951; 331f). Der 'umgekehrt wirkende' Mechanismus erzeugt einen Kreislauf, der etwa pointiert folgendermaßen beschrieben werden kann: Zunächst nimmt eine Lesbe wahr, daß sie sich aufgrund ihres Lesbischseins außerhalb der (heterosexuellen) Norm befindet. Diese Wahrnehmung prägt entscheidend ihr Gesellschaftsbild mit, insofern sie (spätestens) jetzt die normsetzende und -sanktionierende Gesellschaft als feindlich und bedrohlich erlebt. Der Rückzug in eine symbiotische Beziehung scheint einer Lesbe angesichts dessen oft unvermeidlich und für das psychische Überleben existenziell zu sein. Um letzteres trotz der gerade dadurch bedingten Überfrachtung der Beziehung mit Ansprüchen, Erwartungen und Wünschen (vgl. Fritz et al. 1979; 331) vermeintlicherweise zu garantieren, muß sie alles, was ihr als gefährlich für die Existenz der symbiotischen Bindung gilt, nach außen projizieren. Die Unterdrückung - ihrer Eigenständigkeit, wie sich noch zeigen wird - innerhalb der Symbiose erlebt sie so häufig als Unterdrückung seitens der 'Gesellschaft', deren 'Feindlichkeit' sie dadurch wiederum bestätigt findet. Damit beginnt der Kreislauf von neuem.

Zu beachten ist in diesem Zusammenhang allerdings, daß der Minderheitenstatus per se Symbiose nicht begründet. Denn zum einen ist die Dyade als Fundament und Forum von Symbiose für die meisten Minderheiten keine Bezugsgröße von Bedeutung (vgl. z.B. bzgl. Marihuana-Benutzer Becker 1981; 59ff und bzgl. Tanzmusiker Becker 1981; 86ff, 94ff) - außer für Lesben und Schwule, deren Minderheitenstatus auf der Gleichgeschlechtlichkeit ihrer PartnerInnenwahl beruht. Zum anderen läßt sich dessenungeachtet bei diesen eine gravierende geschlechtsspezifische Differenz dergestalt konstatieren, daß die Dyade für die Umsetzung der (homo-)sexuellen Orientierung und damit Symbiosethemen wesentlich zentraler

---

Verwässerung und Diffusion der Grenzen zwischen den PartnerInnen, im Innern des Paares (vgl. Willi 1975; 16).

für Lesben als für Schwule sind. Deutlich dokumentiert sich das unter anderem darin, daß männliche Homosexualität im Gegensatz zur weiblichen ungleich öffentlicher ausgelebt wird und damit auch die eigens dafür vorgesehenen subkulturellen Orte weitaus zahlreicher sind (vgl. z.B. Tanner 1978; 10; Pollack 1984[2]; 59, 66).

Am plausibelsten und umfassendsten erklären läßt sich dieser Unterschied mit dem bereits grob skizzierten Modell von Chodorow (1985), nach dem prinzipiell die psychische Struktur und Dynamik von Frauen charakterisiert ist durch intensive und massive Symbioseneigungen im Kontrast zu Männern, bei denen diese nur partiell und fragmentiert anzutreffen sind. Dies klingt implizit hintergründig ebenfalls bei Tanner an, wenn sie in einem Atemzug mit der zu erklärenden Differenz zwischen lesbischem und schwulem Leben in Anlehnung an Simon und Gagnon, ohne allerdings einen unmittelbaren Kausalzusammenhang herzustellen, ausführt: "... males first learn to be sexual, then to imbed those impulses in relationships, females first learn about love and cathetic relationships, then learn to be sexual within them" (Tanner 1978; 10). Oder auch dann, wenn man zur Begründung dieses Unterschieds die geläufige Beobachtung heranzieht, daß Mädchen bereits in ihrer Kindheit für soziale Kontakte Dyaden bevorzugen im Vergleich zu Jungen, die die (Peer-)Gruppe präferieren (vgl. z.B. Gilligan 1985[2]; 20; Hagemann-White 1984; 92f, 98f; Huber et al. 1989; 92, 249 Anm.2).

Obschon der Minderheitenstatus per se Symbiose nicht hervorbringt, kann er dessenungeachtet ohnehin existente Symbioseneigungen zusätzlich (erheblich) begünstigen, wie sie im allgemeinen bei Frauen bestehen, diese gegebenenfalls drastisch intensivierend, verstärkend und vorantreibend - zuungunsten der sexuellen Komponente einer Beziehung. Das Symbiose- und korrespondierend das Sexualitätsproblem lesbischer Bindungen kann demnach durch den Minderheitenstatus weiter zugespitzt werden in der eingangs von Krestan und Bepko geschilderten Art und Weise. Dieser Prozeß birgt in sich jedoch keine Zwangsläufigkeit, so daß zu fragen ist, welche verallgemeinerbaren Momente es sind, die ihn initiieren und forcieren resp. unter welchen äußeren und inneren Bedingungen, jenseits individueller Besonderheiten, der symbiosefördernde Charakter des Minderheitenstatus gleichsam außer Kraft gesetzt, bis zur Wirkungslosigkeit hin kompensiert, quasi neutralisiert wird. Als Orientierungspunkt dabei dient die Schlußfolgerung von Krestan und Bepko, daß die Partnerinnen einer stabilen, vergleichsweise 'unsymbiotischen' Beziehung fähig sind "... individually and as a couple to interact with the larger system without becoming entangled with it and without needing to cut themselves off" (Krestan et al. 1980; 279). Letztlich dreht es sich also um die subjektive Verarbeitung des Faktums, einer immer noch diskriminierten Minderheit anzugehören - wobei in diesem Zusammenhang der Schwerpunkt nicht auf der 'Geschichte', sondern auf dem Resultat der Bewältigung liegt.

160

Daß Diskriminierungen als gegen die eigene Person gerichtet und folgerichtig die Diskriminierenden als feindselig erlebt werden, ist evident und kommt einem Gemeinplatz gleich. Gleichwohl soll dies - gerade für die Außenstehende - stellvertretend plastisch transparent gemacht werden am Diskriminierungsort 'Familie', den ich wegen seiner nach wie vor fundamentalen Bedeutung ausgewählt habe. Zwar kommt es dort kaum zu solch krassen und eklatanten Reaktionen auf das Lesbischsein wie körperlichen Angriffen, Rausschmissen oder Kontakteinschränkung oder -abbruch (vgl. Paczensky; 1984; 110f; Reinberg et al. 1985; 70), anhand derer die vermittels konkreter Individuen agierende 'heterosexuelle Welt' manifest und handgreiflich als feindselig und gegnerisch erlebt wird. Dennoch ist das Verhältnis von Lesben und ihren Herkunftsfamilien, vornehmlich den Eltern, hinsichtlich des Aspekts 'lesbisch' familien-/elternseitig meist geprägt von einem Klima der Ignoranz, der Mißbilligung und des Unverständnisses, das sich in einer ganzen Palette von teils feinsten Verhaltensweisen äußert. Da sind die vergleichsweise harmlose Bagatellisierung und moralischer Druck ebenso zu nennen wie erwartete Verheimlichung, ständige Unterstellung von Heterosexualität und verbale Angriffe (vgl. Paczensky 1984; 109; Reinberg et al. 1985; 70) sowie häufig die un/bewußt konsequente Desintegration der Partnerin in die Familie, indem sie etwa zu Familienfesten nicht eingeladen oder ihr zum Geburtstag oder anderen relevanten Anlässen nicht gratuliert wird[10] (vgl. hierzu auch Krestan et al. 1980; 281f). Unterschlagen werden soll in diesem Zusammenhang keineswegs, daß im einen oder anderen Fall Lesben durchaus die infolge des (verinnerlichten) normativen Heterosexualitätsgebots antizipierten Diskriminierungen im Sinne einer Sich-selbst-erfüllenden-Prophezeiung entscheidend mit hervorrufen können, etwa daß "... die Unterrichtung der Eltern ... so provokativ erfolgen (kann, G.H.), daß eine ablehnende Reaktion sozusagen vorprogrammiert ist" (Paczensky 1984; 111) - was allerdings am Faktum der Benachteiligung nichts Wesentliches ändert.

Derart mannigfaltig, mehr oder minder subtil und faßbar, erfahren viele Frauen, wie ihr 'inakzeptables' Lesbischsein bisweilen bis zur völligen Negation ausgegrenzt wird und sie in einem essentiellen Aspekt ihrer komplexen einzigartigen Identität weder toleriert geschweige denn akzeptiert werden. Und dies von den Menschen, von denen frau sich infolge der emotional aufgeladenen Familienatmosphäre erfahrungsgemäß am sehnlichsten wünscht, bedingungslos als die angenommen zu werden, die frau ist - und die laut Ideologie auch am ehesten dazu in der Lage sein sollten. Zudem nimmt gerade die Identitätskategorie 'lesbisch' angesichts des großenteils immer noch als ignorant zu bezeichnenden allgemeinen ge-

---

[10] Mit diesem Problem sehen sich zweifellos auch heterosexuelle Paare konfrontiert, falls der Familie der Partner aufgrund von Differenzen des Alters, der Ethnie, Religion, Klasse oder des Familienstandes unpassend erscheint, wie Paczensky zurecht erwähnt (Paczensky 1984; 108, 111f).

sellschaftlichen Klimas und der von Lesben bisweilen partiell verinnerlichten Homophobie (vgl. z.B. Eden et al. 1990; 18; Woltereck 1990; 80ff) (temporär) einen überragenden Stellenwert unter anderen möglichen Identitäten homosexueller Frauen ein, die wegen ihrer (vorübergehenden) Fragilität ganz besonders der wohlwollenden Anerkennung bedarf - und deren Versagung deshalb häufig als außergewöhnlich schmerzhaft und frustrierend, weil folglich gegen die eigene Person gerichtet erlebt wird. Hieraus - aus der Suche nach kleinsten Anzeichen positiver Resonanz - erklärt sich die Hypersensibilität vieler Lesben für leiseste diskriminierende Zwischen- und Untertöne, die sie da noch subtilste Benachteiligungen aufspüren lassen, wo unbefangene Außenstehende neutrales, wenn nicht gar entgegenkommendes Verhalten wahrnehmen. Infolgedessen ist es im übrigen wenig erstaunlich, daß lesbische Paare signifikant seltener auf die Familie zwecks emotionaler und sozialer Unterstützung rekurrieren als heterosexuelle - und stattdessen eher auf FreundInnen (vgl. Kurdek et al. 1987; 65; Kurdek 1988; 504, 507). Relativierend sei jedoch angemerkt, daß das Maß solchen Beistands seitens der Familie sowohl von homo- als auch von heterosexuellen Paaren keinen bislang nachweisbaren Einfluß auf die psychische 'Gesundheit' der PartnerInnen besitzt, wohl aber dasjenige seitens FreundInnen (vgl. Kurdek et al. 1987; 66; Kurdek 1988; 509).

Wie umfassend und intensiv feindselig Lesben die Außenwelt erleben und antizipieren und wie stark Symbiose damit in lesbischen Beziehungen durch den Minderheitenstatus zusätzlich weiter befördert wird, kann somit von der Drastik, Reichweite, Tiefe und Häufigkeit der diesbezüglich konkret erlebten Diskriminierungen abhängen - muß es aber nicht zwangsläufig. Denn je nach zugrundeliegendem Gesellschaftsbild variiert zum einen das, was überhaupt als Benachteiligung begriffen und empfunden wird, ebenso (vgl. Eden et al. 1990; 18) wie die Wirkungen, der Eindruck, den diese beim Subjekt hinterläßt. Danach kann es durchaus eine Sache sein, Diskriminierungen zu registrieren, eine ganz andere hingegen, sich im psychischen (Wohl-)Befinden und im Verhalten (nachdrücklich) davon beeinflussen und beeinträchtigen zu lassen. Zum anderen ist die Einschätzung der Außenwelt als bedrohlich und die darauf basierende Distanzierung, Absonderung von ihr nicht notwendig das Resultat vorangegangener, tatsächlich am eigenen Leibe erfahrener Benachteiligungen als Lesbe - sondern vielmehr Ergebnis einer Vorstellung von Gesellschaft, die a priori als Lesben verfolgende gedacht wird. So sind extrem versteckt lebende Lesben häufig gerade diejenigen, die am wenigsten Diskriminierungen[11] ausgesetzt sind (vgl. Reinberg et al. 1985; 233) und die überwie-

---

[11] Daß sie dennoch solche überhaupt erleben, hängt mit nicht unmittelbar auf sie gemünzten Diskriminierungen zusammen, die sie geradezu unbeabsichtigt treffen. Hierzu zählt etwa das üblicherweise selbstverständliche Voraussetzen von Heterosexualität sowie öffentliche antilesbische Diskurse, für die der von McDougall (1974) vertretene psychoanalytische, den ich im Definitionskapitel erörtert habe, ein typisches Beispiel ist.

gend positive Reaktionen auf ihre Offenbarung, sie seien lesbisch, erfahren (vgl. Paczensky 1984; 96f), geben sie sich doch einerseits nicht oder kaum als Angehörige einer 'zu diskriminierenden' Minderheit zu erkennen und suchen sie andererseits wohl vorzugsweise solche GesprächspartnerInnen, bei denen eine zustimmende Resonanz zu erwarten ist. Trotz dieser durchweg ermutigenden Erfahrungen, die durchaus als Korrektiv fungieren könnten, behalten sie ihr verborgenes Leben oft weitgehend bei, so daß sie die (verinnerlichte) heterosexuelle Umwelt innerlich wie äußerlich (weiterhin) weniger als so feindlich und vernichtend konkret erleben als vielmehr antizipieren, daß ihnen Geheimhaltung schlicht als pure Überlebensnotwendigkeit erscheint. Damit reagieren sie gleichsam seismographisch weniger auf die Realität als auf die Potentialität von Diskriminierungen (vgl. z.B. auch Eden et al. 1990; 18) und übernehmen so, um in der Terminologie von Krestan und Bepko zu bleiben, eine extreme 'two against the threatening world posture'[12], die die symbiotischen Neigungen zum Sog verschärfen dürfte, quasi umgekehrt proportional zuungunsten der sexuellen Komponente der Beziehung[13]. Erschwerend kommt weiter hinzu, daß möglicherweise damit verbundene, im weitesten Sinne sexuelle Probleme kaum einer Lösung zugänglich sind/gemacht werden können, da anscheinend generell Sexualität in lesbischen Bindungen kaum thematisiert wird (vgl. Akkermann 1989b; 57f und 1989a; 117; Adams 1991; 187, 189), vorrangig jedoch von denen, die über ihre Beziehung nach außen weitestgehend ein Tabu verhängen, daß dann nicht selten weiter bis in die Beziehung hineinwirkt (vgl. Huber et al. 1989; 192).

Unterstützt wird die gesamte Dynamik zudem durch einige andere Umstände, die der 'Tarnung' inhärent sind. Umfassend versteckt zu leben, bedeutet nicht nur, permanent in Angst vor Entdeckung zu leben (vgl. z.B. Woltereck 1990; 54f) und damit jeder Person zu mißtrauen sowie ohne jegliche diesbezüglich emotionale und soziale Unterstützung außerhalb der Beziehung (und gegebenenfalls der Subkultur) auszukommen. Es bedeutet auch, zur Anerkennung der Gefühle Frauen gegenüber, der dann meist fragilen lesbischen Identität, ausschließlich auf die Partnerin (und eventuell die Subkultur) verwiesen zu sein, ihren Verlust, der gerade durch die damit einhergehende exklusive Anspruchshaltung regelrecht provoziert wird, deshalb besonders zu fürchten (vgl. Fritz et al. 1979; 331), da ein - über die sofern über-

---

[12] Allerdings ist Geheimhaltung häufig dann schwerer aufrechtzuerhalten, wenn Frauen in einer konkreten Bindung leben, in der ihr bislang 'latentes' Lesbischsein manifest Gestalt annimmt samt der mit dem Versteckleben einhergehenden und auferlegten vielfältigen Beschränkungen, die nun transparent und deutlich faßbar hervortreten (vgl. Woltereck 1990; 86)

[13] Es sei an dieser Stelle nochmals an eines der Ergebnisse des vorangegangenen Kapitels erinnert, daß gerade Mittelschichtfrauen in ihren lesbischen Bindungen verstärkt zu Symbiose tendieren und sie außerdem auch diejenigen sind, die am häufigsten extreme Geheimhaltung praktizieren (vgl. Paczensky 1984; 84, 86), was Symbiose zusätzlich befördert - zwei sich somit nahtlos ineinander fügende Phänomene.

haupt frequentierte Subkultur hinausreichender - Bezugsrahmen ebensowenig besteht (vgl. Paczensky 1984; 88f) wie das ferner erforderliche lesbische Selbstbewußtsein (vgl. z.B. Huber et al 1989; 191), um relativ leicht, selbst die Initiative ergreifend, eine neue Partnerin zu finden.

Die zentrale Bedeutung des sich als Antizipation geltend machenden subjektiven Faktors, der im wesentlichen auf der Internalisierung der heterosexuellen Normative und dem gesellschaftlich immer noch vorherrschenden ignoranten Klima basiert, für das - graduell variierende - Verstecktleben von Lesben kann nicht genügend betont werden. Anders läßt es sich schlechterdings kaum plausibel erklären, daß, obzwar seltenst unmittelbar artikuliert, "die Nachricht, daß lesbische Liebe verschwiegen werden muß ... . den Betroffenen . schon vor Beginn ihrer lesbischen Aktivitäten bekannt (ist, G.H.): Die Geheimhaltung wird nicht schrittweise erlernt, sondern fast immer als gegebene Notwendigkeit erlebt ..." (Paczensky 1984; 167f). Auf welch verschlungenen und nebulösen, nicht näher rekonstruierbaren Pfaden diese Botschaft auch immer zu den Frauen gedrungen sein mag und weiterhin dringt, in ihr ist immanent sowohl die (Ab-)Wertung lesbischen Lebens als unaussprechliches Vergehen konnotiert als auch - damit verknüpft - die Androhung von Diskriminierungen, die hierdurch mehr oder weniger antizipierbar und infolgedessen bei entsprechend verbergendem Verhalten tendenziell vermeidbar scheinen.

Wegen der daher nicht exakt zu bestimmenden voraussichtlichen Reaktionsweise der heterosexuellen Umwelt auf das eigene Lesbischsein haftet der Offenheit stets ein unkalkulierbares Risiko an. So wird in der Antizipation von Benachteiligungen oft der schlimmstmögliche, wenngleich oft wenig wahrscheinliche Fall entscheidend - mit der Konsequenz der Geheimhaltung. Demnach muß Offenheit häufig nicht nur mühsam in bisweilen zähen und harten zunächst vornehmlich inneren, später überdies gegebenenfalls äußeren Auseinandersetzungen förmlich erkämpft werden. Infolge des 'a priori'- Bewußtseins, jederzeit selbst Zielscheibe von Benachteiligungen werden zu können, stellt sich den meisten Frauen die Frage nach dem offenen Umgang mit dem eigenen Lesbischsein auch stets von neuem (vgl. Akkermann et al. 1989a; 84) und muß daher von ihnen immer wieder situationsspezifisch flexibel beantwortet werden[14]. Das vorfindbare Spektrum reicht folglich von den absolut versteckt lebenden, sich vermutlich nicht einmal als solche definierenden Lesben über die verschiedensten denkbaren, häufig situationsabhängigen Abstufungen bis hin zu den vollends und allerorten offen sich präsentierenden Frauen - wobei beide Extrempole wahrscheinlich Raritäten darstellen. Im konkreten Fall gelten die vorgängigen Aussagen über versteckt lebende Lesben je nach

---

[14] Diesen Prozeß bezeichnet Pagenstecher als 'lebenslanges Coming Out' (Pagenstecher 1978; 7) im Unterschied zu jenen, die Coming Out begreifen als "... den Endpunkt einer Entwicklung, nämlich das 'Heraus- kommen' aus der Isolation, also den Zeitpunkt, da sozialer Kontakt zu anderen Homosexuellen gesucht wird" (Kokula 1983; 124).

Verortung innerhalb dieses Kontinuums mehr oder weniger - oder im seltenen Fall durchgängiger Offenheit überhaupt nicht.

Ausschlaggebend für den (bisweilen) offenen oder (manchmal) versteckten Umgang mit dem eigenen Lesbischsein wird vorrangig - nach zugrundeliegendem Gesellschaftsbild sowie nach individueller Eigenart variierend - die jeweils antizipierte Tragweite potentieller Diskriminierungen sein, die maßgeblich von dem je konkreten sozialen Umfeld als Ausgangspunkt und Basis solcher Überlegungen abhängen - dergestalt, daß je schwerwiegender und gravierender Frauen mögliche Folgen einschätzen desto mehr ihre Neigung wächst, ihr Lesbischsein zu verschweigen und zu verbergen. Deutlich dokumentiert sich dies unter anderem an den im pädagogischen Bereich beschäftigten Lesben, von denen infolge ihres Erziehungsauftrags und ihres Beamtinnenstatus nach wie vor in hohem Maße eine 'sittlich vorbildliche' Lebensführung erwartet wird und die deshalb in der Studie von Paczensky ausnahmslos Konsequenzen, mehrheitlich ökonomisch-existenzieller Art (58 %), bei offener, weil 'unsittlicher' Lebensweise befürchten. Entsprechend leben bloß 25 % von ihnen (am Arbeitsplatz) offen (vgl. Paczensky 1984; 125, 128f). In auffälligem Kontrast hierzu stehen die drei von Paczensky befragten Frauen, die im Kiez der Prostitution oder vergleichbaren Tätigkeiten nachgehen. Von ihnen "... hat nur eine Befürchtungen; sie sind alle drei offen. Wer sowieso nichts zu verlieren hat, kann viel riskieren" (Paczensky 1984; 129).

Aus den nämlichen Gründen werden auf dem Lande und in der Provinz prozentual die meisten umfassend versteckt lebenden Lesben anzutreffen sein. Denn die mit der mangelnden Anonymität korrelierende " . soziale Kontrolle, die Möglichkeit von Sanktionen durch die Umwelt, veranlassen die Frauen in der Provinz zu Kosten-Nutzen-Überlegungen, die ein Offenlegen der Homosexualität als nachteilig erscheinen läßt. Die lesbischen Frauen dort werden voraussichtlich weiterhin weitgehend unsichtbar bleiben" (Kokula 1983; 132f). Daß auf dem Lande lebende Lesben drastische Diskriminierungen antizipieren, wird unter anderem genährt durch die Erfahrung, selbst bei tarnender Lebensweise in einem, auf die Ehe- und Familienideologie bezogen, stark konservativen Klima als ungewöhnlich und abweichend aufzufallen und darüber Gegenstand besonderen Interesses zu werden. Dies schildert exemplarisch Brigitte L. 1977 in einem Leserinnenbeitrag für die Lesbenzeitung 'Unsere kleine Zeitung': "Tatsächlich, frau steht förmlich im Rampenlicht. Aus Äußerungen und Gerede erfuhr ich von allgemeinen Unstimmigkeiten über meine Kleidungswahl und natürlich über meine für sie undurchschaubare Lebensweise ... . In diesem Ort ist frau Gesprächsstoff ..." (Brigitte L. 1977; 5). Sie deutet im übrigen am Schluß ihrer Ausführungen symbiosebegünstigende Wirkungen (vgl. auch Dröge 1982; 33) an, die das (Versteckt-)Leben in der Provinz meist impliziert, wenn sie resümiert: "Unsere Beziehung ist trotz 'äußerer Krankheit' positiv gewachsen und lehrt uns täglich, in den Konfrontationen mit 'außen' stark zu bleiben gegenüber den Menschen, die es wagen, andere Menschen zu richten nach Maßstäben, die zu überdenken wären" (Brigitte L. 1977; 5). Weiter forciert und konsolidiert wird der exklusive Rückzug in die dann meist zunehmend existenzielle und symbiotische Liebesbeziehung durch die in diesen Regionen fehlende Subkultur (vgl. Kokula 1983; 126, 132f) - ebenfalls Resultat der nach wie vor dort vorhandenen umfassenden und effektiven sozialen Kontrolle. Denn das Fehlen lesbischer Subkultur behindert nicht nur beträchtlich (alternative) Kontakte zu anderen Lesben - wenn es sie nicht gar verunmöglicht - und leistet so der Vereinzelung Vorschub. Es erschwert auch - damit zusammenhängend - erheblich die Bildung eines souverän agierenden lesbischen Selbstbewußtseins.

Angesichts dessen ist es wenig wahrscheinlich, daß in der Provinz ein offener Umgang mit dem eigenen Lesbischsein den erwähnten gesteigerten Symbiosetendenzen nachhaltig entgegenwirken könnte. Wäre doch so anhand der sich vermutlich dann in häufigeren, massiveren und folgenreicheren Diskriminierungen manifestierenden sozialen Kontrolle die Feindseligkeit der heterosexuellen Umwelt erst so richtig hautnah spürbar und geriete damit die Übernahme der 'two against the threatening world posture' nahezu zur psychisch unumgänglichen Alternative. Hieran zeigt sich, daß eine offene lesbische Lebensweise nicht per se, gleichsam mechanisch, den symbiosebegünstigenden Einfluß des Minderheitenstatus entsprechend ihres jeweiligen Grades, Ausmaßes neutralisieren hilft, wie es rückschließend implizit vielleicht die vorgängige Äußerung darüber nahegelegt haben mag, daß sich bei (extrem) versteckt lebenden Lesben wegen der Geheimhaltung die symbiotischen Neigungen zum Sog verschärfen dürften. Dies erstaunt im übrigen keineswegs vor dem bereits angedeuteten Hintergrund, daß vergleichsweise offen lebende Lesben mehr Diskriminierungen ausgesetzt sind (vgl. Reinberg et al. 1985; 23) und tendenziell weniger positive Resonanz auf das Offenbaren ihres Lesbischseins erfahren (vgl. Paczensky 1984; 96f). Die gegebenenfalls daraus resultierende Übernahme des 'Wir zwei gegen den Rest der Welt!' wäre dann im Unterschied zu den versteckt lebenden weniger eine Reaktion auf antizipierte als auf konkret erlebte Benachteiligungen.

Allerdings gilt zu beachten - und dies sollte hinreichend klar geworden sein -, daß sich Offenheit als Symptom und Resultat bewältigter Angst vor Benachteiligung sukzessiv meist erst dann und insoweit einstellt, sofern - wiederum individuell nach zugrundeliegendem Gesellschaftsbild variierend - zu erwartende Folgen bloß noch als geringfügig im Sinne von relativ leicht verkraftbar erscheinen, sich einer das soziale Umfeld insgesamt oder einzelne Segmente desselben im großen und ganzen als weniger nachhaltig und folgenschwer diskriminierend darstellen und in der Folge häufig auch erweisen. Offenheit - wie Geheimhaltung als deren Kehrseite - resultiert damit aus dem verschränkten Zusammenspiel innerer und äußerer Bedingungen, Faktoren und Konstellationen. Sie kann sich, wie bereits in der historischen Dimension erläutert, mit wachsender EinwohnerInnenzahl der Gemeinde zunehmend herstellen, vorzugsweise in Großstädten mit ihrer weitreichenden und tiefgreifenden Anonymität und der korrelierenden rudimentären sozialen Kontrolle. "Der Stadtbewohner kümmert sich um seine eigenen Angelegenheiten und unternimmt selten etwas gegen Regelverstöße, solange seine eigenen Angelegenheiten nicht betroffen sind. Seine Bereitschaft, diese Verstöße zu ignorieren, beruht auf dem Wissen, daß die Regeldurchsetzung und die Sanktionierung von abweichendem Verhalten Professionellen - in diesem Falle Medizinern, Psychiatern, Polizisten - überlassen wird. Diese Reserviertheit beinhaltet also nicht Toleranz, da sich unter der äußeren Reserve Aggression verbergen kann" (Kokula 1983; 126; vgl. hierzu auch Weeks 1983; 36). Der letzte Satz weist darauf hin, daß Offenheit, obzwar im allgemeinen Ergebnis minimierter sozialer Kontrolle, nicht zwangsläufig eine geringere Feindseligkeit der heterosexuellen Außenwelt indiziert. Denn Anfeindungen und ihre effektive 'schlagkräftige' Umsetzung - auf diese Diskrepanz weist Kokula hin - müssen nicht prinzipiell Hand in Hand miteinander gehen, wie sich an diesem Beispiel zeigt - insbesondere dann nicht, wenn jene unterschwellig gären. Vor diesem Hintergrund ist es folglich durchaus verständlich und bisweilen angemessen, daß Lesben ihr heterosexuelles urbanes Umfeld dennoch als latent bis manifest bedrohlich empfinden.

Auf einer anderen Ebene bestätigt sich somit die Aussage, daß Offenheit nicht per se, je nach Umfang, die symbiosefördernden Wirkungen des Minderheitenstatus reduziert, die sich aus der 'two against the threatening world posture' ergeben. Ersichtlich wird dies ferner daran, daß manche Lesben sich in bewußter, dezidierter (trotziger) Abgrenzung von der gegnerischen 'normalen Welt', mit der sie gerade dadurch abhängig verbunden bleiben, offenbaren - Offenheit damit zur Funktion von Abgrenzung gerät. Erinnert sei hier nochmals an die Lesben, die antizipierte Diskriminierungen im Sinne der Sich-selbst-erfüllenden-Prophezeiung geradezu durch eine Stigma-Managementstrategie provozieren, die da lautet: 'Angriff ist die beste Verteidigung'.

Die detaillierte, dabei aber bislang eingleisige Argumentation, daß Offenheit nicht per se aus der Minderheitenposition resultierende zusätzliche Symbioseneigungen verringert, mag den Eindruck erweckt haben, eine offene lesbische Lebensweise unterscheide sich im Hinblick darauf im Prinzip nicht von einer versteckten. Dies ist jedoch keineswegs der Fall angesichts einer ganz entscheidenden Differenz. Wenn und insoweit Lesben verborgen leben, nehmen sie sich die Gelegenheit, gegebenenfalls ihre heterosexuelle Außenwelt konkret anders als bloß feindselig und bedrohlich zu erfahren - etwas, das im Kontrast hierzu dem offenen Umgang mit dem eigenen Lesbischsein virtuell immanent ist. Offenheit ist demnach eine notwendige, wenngleich nicht hinreichende Bedingung für die manche Lesbe überraschende Erfahrung, daß eine nicht unerhebliche, anscheinend wachsende

Zahl von Gesellschaftsmitgliedern weiblicher Homosexualität tolerant und liberal gegenübersteht. Führen wiederholte Erlebnisse dieser Art eine Lesbe dazu, ihr Gesellschaftsbild allmählich dahingehend zu modifizieren, 'Gesellschaft' nicht länger als ein ihr feindlich gesinntes geballtes Ganzes zu betrachten, sondern einzelne ihrer Segmente differenziert nach ihrer jeweiligen Haltung gegenüber Lesben zu beurteilen, so hat sie damit zugleich ihre starre 'two against the threatening world posture' aufgegeben. Dies stellt einen entscheidenden Schritt dar aus dem Wechselspiel von bedrohlich antizipierter Gesellschaft einerseits, Rückzug in die (symbiotische) Beziehung andererseits - und hilft maßgeblich, die ansonsten bestehenden symbiosebegünstigenden Effekte des Minderheitenstatus (zunehmend) zu neutralisieren - mit entsprechend positiven Konsequenzen für die sexuelle Komponente der lesbischen Beziehung.

Dieser bezüglich der Offenheit aufgedeckte Zusammenhang, zwar nicht per se, sozusagen automatisch, Symbiosetendenzen, die der Minderheitenposition entstammen, einzudämmen, dafür aber virtuell, läßt sich - in abgeschwächter Form - auch für den urbanen lesbischen Lebensbereich 'Subkultur' herstellen. "Unter Subkulturen werden relativ kohärente kulturelle Systeme verstanden, die innerhalb des Gesamtsystems einer nationalen Kultur eine Welt für sich darstellen. Wesentliche Merkmale für eine Subkultur sind ein erhöhter Binnenkontakt zwischen den Mitglieder/innen bei der gleichzeitigen Verringerung der Außenkontakte und die allmähliche Ausdifferenzierung gruppenspezifischer kultureller Normen, Werte und Symbole, die von der umgebenden Gesamtgesellschaft in mehr oder minder großem Maße abweichen" (Kokula 1983; 125; vgl. hierzu auch Hartfiel et al. 1982[3]; 742f). Lesbische Subkultur als Teil- und/oder Gegenkultur basiert nicht nur auf dem Gefühl, sich in einer heterosexuell dominierten und normierten herrschenden Kultur als vereinzelte Paria existenziell fremd und heimatlos zu fühlen (vgl. z.B. Hilsenbeck 1990; 119), sondern weitergehend auch auf der damit verbundenen Einschätzung und/oder der konkreten Erfahrung der heterosexuellen Welt als bedrohlich und feindselig.

Lesbische Subkultur kann somit gewissermaßen als 'informelle Institution' begriffen werden, zu der die - bereits im Verhältnis von lesbischem Paar und heterosexuellem Umfeld angesprochene - kausal umgekehrte massenpsychologische Dynamik von Eigen- und Fremdgruppe (vgl. z.B. Freud 1921; 37f, 40f; Adorno 1951; 331f) geronnen ist[15]. Die ihr innerhalb dieser Dynamik zukommende Funktion als

---

[15] Diese Dynamik entfaltet sich ebenfalls zwischen unterschiedlichen subkulturellen Gruppen, in die sich lesbische Subkultur zunehmend aufspaltet und ausdifferenziert (vgl. Hark 1989; 59ff). Exemplarisch sei auf die scharf geführte Kontroverse zwischen feministischen und SM-Lesben hingewiesen (vgl. Hark 1989; 61) und in diesem Zusammenhang auf den weiter oben bereits erörterten Aufsatz von Raymond "Zurück zur Politisierung des Lesbianismus" (1989), der exem-

kompensierendes und identitätsstiftendes Gegengewicht zur (heterosexuellen) Fremdgruppe - in dezidierter Abgrenzung - kann die (lesbische) Eigengruppe meist nur unter einer Bedingung dauerhaft und erfolgreich erfüllen: Sie muß Störungen und Gefährdungen ihrer Identität, ihrer Stabilität oder gar ihres Bestands, die ihr aus dem Innern infolge von Differenzen, Konflikten, Intoleranzen und Kontroversen ihrer Mitglieder erwachsen könnten, möglichst im Keime ersticken und ausschalten. Dazu bedarf es einer internen Harmonie, die über - ungeschriebene, allenfalls hinter vorgehaltener Hand ausgesprochene - zugangs- und verhaltensregulierende und -bestimmende Normen und Werte hergestellt wird, die einerseits zwar höhere Verhaltenssicherheit bewirken, dabei aber gleichzeitig andererseits die soziale Vielfalt und die mannigfaltigen individuellen Eigenarten zugunsten der Gruppenhomogenität auf ein nahezu friktionsfreies Maß einebnen (vgl. Kokula 1983; 44, 59, 121, 127; Krieger 1983; XII, XIV; Hilsenbeck 1990; 132, 147, 150ff).

Der kausale Zusammenhang zwischen feindseliger heterosexueller Umwelt und subkulturellen Normen und Werten zeigt sich unter anderem daran, daß diese umso rigider ausgeprägt sind, desto bedrohlicher jene ist und/oder wahrgenommen wird (vgl. Kokula 1983; 121) - wächst doch mit der durch ein feindselig erlebtes Außen bedingten zunehmend labilen Identität die Unfähigkeit, interne Differenzen auszuhalten, geschweige denn zu tolerieren oder gar zu akzeptieren. Außerdem entstehen gerade "... bei starkem Außendruck und schlechter Ressourcenlage zwanghafte Rückzugtendenzen ., die mit Gruppenspannungen und Kohäsionsgefährdungen verbunden sind" (Kokula 1983; 57). Die insbesondere dann vordringliche Einhaltung der restriktiven Zugangsvoraussetzungen und Verhaltensvorschriften wird von der (jeweiligen) lesbischen Subkultur sozial kontrolliert und 'erzwungen' bei Strafe der Inakzeptanz resp. des Ausschlusses - ein unglaublich effektives Sanktionsinstrument, droht es widerständigen Lesben doch damit, Außenseiterin von Außenseiterinnen zu bleiben oder wieder zu werden (vgl. Hilsenbeck 1990; 128, 147; Woltereck 1990; 89). Die heterosexuelle Kultur als soziale Kontroll- und Sanktionsinstanz wird infolgedessen abgelöst von der (jeweiligen) Subkultur.

Die hier kurz umrissenen grundlegenden Strukturen und Mechanismen lesbischer Subkultur, die Kokula (1983) eingehend und differenziert beschreibt, finden ihren Niederschlag unter anderem in zu Klischees verengten Vorurteilen, die manche (werdende) Lesbe davon abhält, sich in die Subkultur hinein- und gegebenenfalls wieder herauszubegeben (vgl. Hilsenbeck 1990; 132). Doch weder sucht jede Lesbe den Zugang zur sich ohnehin bloß in großstädtischer Anonymität konstituierenden und gedeihenden Subkultur noch findet sie ihn. Dafür sorgen vielfältige selektierende 'Initiationsriten', die eine Frau zu durchlaufen und zu bestehen hat, bevor sie als Gleichberechtigte und -gesinnte in die (jeweilige) Subkultur an- und aufgenommen wird (vgl. Kokula 1983; 33f, 37ff, 119ff).

plarisch die feministisch-lesbische Seite des Disputs wiedergibt.

So steht realiter nicht einmal annähernd allen außerhalb der Provinz lebenden Frauen die Möglichkeit zur Verfügung, die zusätzlich aus dem Minderheitenstatus resultierenden Symbioseneigungen, die Ursache wie Folge der exklusiven Fixierung auf die Liebesbeziehung sind, durch den virtuell diese Fixierung lockernden Kontakt zu anderen Lesben abzuschwächen (vgl. Kokula 1983; 11). Ohnehin stellen geminderte Symbiosetendenzen analog zur offenen Lebensweise lediglich eine mögliche Folge subkulturellen Lebens dar - keine zwangsläufige. Daß lesbische Subkultur die durch die Minderheitenposition zusätzlich begünstigten Symbioseneigungen nicht per se neutralisieren hilft, folgt aus einigen gewichtigen, in ihr wirkenden Momenten.

Da ist zum einen die vorgängig beschriebene Dynamik von Eigen- und Fremdgruppe, die essentiell auf der Bewertung des heterosexuellen Außen als bedrohlich fußt und gleichsam mechanisch einen harmonisierenden Angleichungsprozeß in Gang setzt, der häufig zur 'kollektiven' Symbiose - quasi als Vorstufe der 'dyadischen' - führt, wie es beispielsweise Krieger expliziert: "The individual attempts to be part of the community; to be like others in the group, to merge symbiotically ..." (Krieger 1983; XIV). Noch schwerwiegender symbiosefördernd, da mögliche Symbioseabschwächungen konterkarierend, wirkt zum anderen die Überakzentuierung des Paares als zentral, existenziell und damit besonders schützenswert und -bedürftig, die im 'traditionellen' subkulturellen Milieu[16], ob latent oder manifest, beinahe allgegenwärtig zu finden ist[17] und Lesben wiederum essentiell auf die (symbiotische) Dyade verweist und zurückwirkt. Indiz hierfür ist nicht nur, daß Partnerinnenschaften - ihr Zustandekommen, ihre Gestaltung, ihre Auflösung - in all ihren schillernden Konturen, Nuancen und Facetten den bevorzugten Gesprächsstoff liefern und etwa von der Barfrau besonders gefördert werden (vgl. Kokula 1983; 34, 43). Eindrucksvoll dokumentiert sich dies ferner darin, daß die

---

[16] Unberücksichtigt möchte ich in diesem Zusammenhang die von Kokula untersuchten lesbischen Emanzipationsgruppen lassen, in denen das Thema 'Paar' weitgehend tabuisiert wurde (vgl. Kokula 1983; 99), da sie im Verlauf der 80er Jahre im Zuge subkultureller Ausdifferenzierung und des 'Rückzuges in die Innerlichkeit' ihre Bedeutung weitgehend eingebüßt haben (vgl. Hark 1989; Raymond 1989). Ebensowenig eingehen werde ich auf eine spezifische SM-Subkultur von Lesben, da sie sich hauptsächlich in metropolenartigen Großstädten herausbilden kann, die aufgrund ihrer Größe eine derartige Ausdifferenzierung lesbischer Subkultur erlauben.

[17] Daneben lassen sich allerdings auch 'Dreiecksbeziehungen' und häufiges Wechseln der Partnerin beobachten. Beidem liegen jedoch nicht zwangsläufig geringere Symbioseneigungen zugrunde. Im Gegenteil, manche Lesbe dürfte un/bewußt zu dem einen oder dem anderen der beiden Phänomene neigen, gerade um sich vor dem Manifestwerden ihrer latenten Symbiosetendenzen zu schützen. Denn dadurch wird "die Gefahr, sich in ihrer Partnerin zu verlieren, kein Gefühl mehr zu haben, wer sie selbst ist, . reduziert. Die Anstrengung, ein eigenes getrenntes Selbst innerhalb der Beziehung beizubehalten und zu entwickeln, ist nicht so existenziell notwendig" (Woltereck 1990; 86f).

bestehende Partnerinnenschaften potentiell gefährdende sexuelle Konkurrenz durch 'Alleinstehende' versucht wird mittels einer Entsexualisierung der subkulturellen Atmosphäre - kanalisiert, ritualisiert und neutralisiert - einzudämmen: "... das Ablehnen des 'Abschleppens', das Hochhalten der sexuellen Treue in einer Partnerschaft und die verächtliche Darstellung von erotisch-sexuellen Kontakten war auffallend" (Kokula 1983; 118; sowie 33f, 119, 121f). Konsequent ziehen sich viele Paare, einmal gefunden, aus Bar und Clique in die (symbiotische) Privatheit zurück (vgl. Kokula 1983; 35, 54). Hieran bestätigen sich auf einer anderen Ebene neuerlich die ungünstigen Effekte, die Symbiose für Sexualität mit sich bringt - und damit das Kontinuum von Sexualität und Symbiose.

Wurden bislang einzig die der Symbioseminderung entgegenstehenden Momente der Subkultur angeführt, so sollen ihre diesbezüglich begünstigenden Aspekte nicht länger verschwiegen werden. Kaum in diese Richtung wirkt die, angesichts der Paarzentriertheit und der damit einhergehenden Befürchtungen und Tabus wenig realistische, ja eher irrige Vermutung, Lesben, die in der Subkultur verwurzelt, beheimatet seien, befürchteten weniger den Verlust ihrer Partnerin, da sie an subkulturellen Orten relativ leicht eine neue finden könnten - und besäßen daher weit geringere Symbioseneigungen. Das, was der Subkultur vornehmlich den Nimbus verschafft, zusätzliche minderheitenspezifische Symbiosetendenzen zu neutralisieren, hängt mit ihrer identitätsstiftenden und -konsolidierenden Funktion zusammen. Denn nach wie vor finden Lesben hauptsächlich hier eine gesellschaftliche Nische, die ihnen jene von der heterosexuell herrschenden Kultur vorenthaltenen Modelle, Vorbilder, Identifikationsfiguren und -möglichkeiten (vgl. z.B. Schumacher 1990; 151) bietet, die sie benötigen, um eine lesbische Identität aufzubauen und/oder diese anfangs noch labile Identität im weiteren zu stabilisieren und zu konsolidieren[18].

Doch sind die in der Subkultur vorfindbaren Identitätsangebote mit ihren Verhaltenskodizes häufig deutlich von der Einschätzung des heterosexuellen Außen als gegnerisch und feindselig geprägt, so daß Frauen, die und soweit sie sich in ihrer Identität als Lesbe vornehmlich oder ausschließlich auf diese beziehen, 'analog' zunächst eine un/bewußt widerständige lesbische Identität ausbilden. Gerade am Anfang ihrer lesbischen Karriere wird sich eine bis dato noch vergleichsweise unerfahrene Lesbe unter anderem in Unkenntnis ihrer eigenen diesbezüglichen Bedürfnisse, aus purer Neugier und zur Orientierung verständlicherweise verstärkt dieser Angebotspalette bedienen und auf sie zurückgreifen - an den subkulturellen Orten spürt und erfährt sie meist zum ersten Mal, "... wie viele lesbische Frauen es gibt, daß Lesbischsein nichts Ungewöhnliches ist und daß diese Frauen sehr unterschiedlich sein können" (Kokula 1983; 27). Zum einen, weil sie sich als vereinzelte

---

[18] Es sei hier nochmals darauf hingewiesen, daß eine Frau oft erst dann subkulturelle Orte besucht, wenn sie einen Teil des Coming Out bereits durchlebt hat - das Aufsuchen der Subkultur setzt so meist ein Mindestmaß an lesbischer Identität voraus.

Paria in der heterosexuellen Welt fremd und heimatlos fühlt und auf der Suche nach Kontakt zu und Anerkennung von Gleichgesinnten bereit ist, viel dafür in Kauf zu nehmen, auch das Zurückstecken eigener Ansichten und Wünsche. Zum anderen, weil sie die Ignoranz anderer und die Isolation dazu geführt haben, ihr Lesbischsein als einzig wesentlichen Aspekt ihres Soseins gleichsam zu verabsolutieren, andere essentielle Gesichtspunkte ihrer Einzigartigkeit demgegenüber herunterzuspielen[19]. Eine widerständige lesbische Identität kann so meist als erster Schritt lesbischer Identitätsbildung in einer Gesellschaft verstanden werden, der diese, weil nonkonform, nicht organisch entwachsen kann - und als notwendiger Schritt, um zunächst an einem befriedeten Ort, als der die Subkultur durchaus begriffen werden kann, für sich zum Anderssein zu stehen und die im Werden begriffene fragile und labile lesbische Identität zu stabilisieren (vgl. z.B. Bock 1989; 108).

Partnerinnen mit widerständiger lesbischer Identität werden nach den vorgängigen Ausführungen leicht die minderheitenspezifische 'two against the threatening world posture' übernehmen, die die ohnehin vorhandenen Symbioseneigungen der Frauen weiter forciert und intensiviert. Denn solange widerspruchsvoll einerseits ihre Identität zentral auf der widerständigen Abgrenzung von der 'normalen' heterosexuellen Welt als un/bewußt konstitutivem Moment basiert in dem Sinne, daß sie weit eher eine Entscheidung gegen als für etwas darstellt, und sie andererseits koinzident auf der als existenziell erlebten Anerkennung des eigenen Lesbischseins seitens des heterosexuellen Umfeldes beharren (vgl. z.B. Bock 1989; 109), werden sie sich nicht fundamental von der heterosexuellen Welt lösen und befreien und damit eigenständig werden können, da sie dieser nach wie vor verhaftet sind, indem sie sich in ihren Einstellungen, Empfindungen, Verhaltensweisen und Handlungen weiterhin maßgeblich an der heterosexuellen Normative, wenngleich negativistisch orientieren. Deutlich dokumentiert sich dies unter anderem an den flagranten widerständigen Grundhaltungen der Radikal-Feministinnen[20], wie sie etwa Kitzinger detailliert zu entnehmen sind (vgl. Kitzinger 1987; 112ff, 134ff), ebenso wie an der bereits mehrfach erwähnten Sich-selbst-erfüllenden-Prophezeiung, durch entsprechendes Verhalten genau das heraufzubeschwören, das im Grunde

---

[19] Damit fällt "die lesbische Frau ... selbst auf die gesellschaftliche Bewertung von Lesben herein, sie vollzieht selbst die negative Zuschreibung, indem sie Probleme nur durch ihr Lesbischsein erklärt ..." (Hänsch 1990; 97) - was die Abgrenzung von der dann feindlich erlebten heterosexuellen Welt weiter konsolidiert.

[20] Diese interpretieren Krestan und Bepko im übrigen als Versuch, die Ignoranz und Ablehnung seitens der Familie und von FreundInnen zu bewältigen. "Finally, one way the lesbian frequently attempts to deal with the pain engendered by nonrecognition or outright rejection by family and friends is her attempt to politicize the issue of her sexual orientation" (Krestan et al. 1980; 286). Damit leugnen sie jedoch jegliche politische Implikationen, die konsequentes lesbisches Leben, wenngleich nicht ursächlich dadurch motiviert, als Nebeneffekt haben kann.

genommen als unumgänglich befürchtet, antizipiert wurde - hier die Feindseligkeit der Heterosexuellen gegenüber Lesben - und sich selbst dergestalt noch tiefer in die '... against the threatening world posture' hineinzumanövrieren.

Letztlich sind die durch den Minderheitenstatus zusätzlich bedingten Symbioseneigungen eine Folge der entschiedenen Abgrenzung gegen die heterosexuelle Welt in dem von Krestan und Bepko geäußerten Sinne des "... cutting themselves off from others" (Krestan et al. 1980; 278) - bei gleichzeitig abhängigem Verhaftetsein mit ihr. Solange sich also lesbische Identität vornehmlich als widerständige - dabei verabsolutiert - konstituiert, resultieren im allgemeinen aus dem Minderheitenstatus zusätzliche Symbioseneigungen, ungeachtet dessen, ob eine Lesbe offen oder versteckt lebt, die Subkultur regelmäßig frequentiert oder nicht - denn in diesem Fall werden im wesentlichen alle Erfahrungen mit dem heterosexuellen Außen ohnehin selektiv im Sinne der Widerständigkeit, diese legitimierend und bestätigend, interpretiert.

Zudem mutet es in diesem Zusammenhang als Ironie an, daß sich Widerständigkeit nicht nur mittels dadurch weiter beförderter Symbiose nachteilig auf die sexuelle Komponente einer Beziehung auswirkt, sondern auch unmittelbar, insofern sich Lesben von der herrschenden Definition und Bewertung, nach der 'Lesbischsein' vorrangig oder ausschließlich sexuell motiviert ist, rigide abgrenzen, indem sie reaktiv nunmehr die Sexualität als wesentlich für eine Liebesbeziehung unterschätzen und diskreditieren und demgegenüber zärtliche und sanfte Aspekte nachdrücklich hervorheben (vgl. auch Fritz et al. 1979; 335f). Ein stellvertretend plastisches Beispiel hierfür stellt der Erfahrungsbericht zweier Frauen dar, die über die Sexualität zwischen zwei Frauen in Formulierungen reflektieren, wie: "... ich eher auf Zärtlichkeiten reagiere, als auf den Akt selbst" (Pastre 1984; 117); "der Genuß der Frauen ... besteht aus Zärtlichkeiten ..." (Pastre 1984; 118); "mit ihr habe ich das Vergnügen entdeckt, das Zartgefühl, die Freude der Zärtlichkeiten ..." (Pastre 1984; 120); "bei uns ist alles Zärtlichkeit ..." (Pastre 1984; 121).

Es wird zweifellos Frauen geben, die, obzwar bereits jahrelang lesbisch lebend, dennoch eine widerständige lesbische Identität besitzen. Häufig jedoch werden Lesben im Laufe der Identitätskonsolidierung die subkulturellen Verhaltensnormen, -ge- und -verbote allmählich zu eng geraten; die Kosten (Beschneidung des facettenreichen individuellen Ausdrucks und der bisweilen widerspruchsvollen Bedürfnisse) überwiegen langsam den Nutzen (Kontakte, Identitätsangebot, Akzeptanz). Damit setzt eine phasenweise manchmal zähe, mühsame und schmerzhafte, oft langwierige kritische Auseinandersetzung der Frauen mit der Subkultur ein - und in ihrem Schlepptau häufig auch mit der heterosexuellen Umwelt, verbunden mit der wachsenden inneren Bereitschaft, andere als feindselige und ablehnende Reaktionen ihrerseits zuzulassen und in ihr Einschätzungs- und Bewertungsschema, letztlich ihr Gesellschaftsbild, das dadurch differenzierter wird, aufzunehmen.

Um diese Auseinandersetzung allerdings überhaupt angemessen führen zu können, bedarf es einer unter anderem durch die Subkultur stabilisierten lesbischen Identität. Diese ermöglicht den Frauen, sich ihrer eigenen Bedürfnisse, Widersprüche und Grenzen bewußt zu werden und ihre Identität als Lesbe dergestalt in die komplexe Gesamtpersönlichkeit zu integrieren, daß sie nicht länger die einzig bestimmende, sondern nunmehr eine wesentliche Identität neben anderen bedeutsamen darstellt, die ebenfalls adäquate Entfaltungs- und Handlungsräume benötigen. Am Ende eines solch kritischen Hinterfragens mit positivem Ausgang "... können (die Frauen, G.H.) sich selbstbewußt als Lesben verstehen, auch wenn sie gewissen lesbischen Normen nicht entsprechen und sich der allgemeinen gesellschaftlichen Diskriminierung permanent entgegenstellen müssen. So wurde von den interviewten Frauen z.B. formuliert, daß für sie heute nach vielfältigen Erfahrungen der Ausgrenzung und Auseinandersetzung innerhalb der Szene eigene Bedürfnisse und Interessen im Vordergrund ihres Handelns stehen, egal ob sie damit in Konflikten mit bestimmten Normen geraten (z.b. politische Arbeit mit Männern)" (Akkermann et al. 1989a; 116).

Diese Frauen haben demnach anscheinend - in einem zweiten Schritt der Identitätsbildung - weitgehend eine eigenständige und damit souveräne lesbische Identität ausgebildet, deren un/bewußt konstitutives Moment nicht länger die widerständige Abgrenzung gegen die heterosexuelle Welt ist. Das 'Anders-als-die-Normalensein' ist jetzt lediglich Begleiterscheinung einer dem Bedürfnis und dem Wollen der jeweiligen Frau angemessenen und kongruenten Entscheidung. Lesbische Souveränität offenbart sich folglich im selbstverständlichen, weil aus sich selbst heraus verständlichen Umgang mit dem eigenen Lesbischsein sowie darin, daß die lesbische Identität weder durch Diskriminierungen und Anfeindungen seitens der 'Normalen' existenziell gefährdet und erschüttert werden kann noch ihrer Akzeptanz existenziell bedarf[21]. Somit gebrauche ich in diesem Zusammenhang den Begriff 'Souveränität' im doppelten Wortsinn. Zum einen in der Bedeutung von: im Fühlen und Agieren unabhängig von dem Verhalten und den Einstellungen des sozialen Umfeldes zu sein. Zum anderen im Sinne dessen, einer besonderen Situation oder Aufgabe jederzeit gewachsen zu sein (vgl. Das Fremdwörterbuch 1974[3]; 679).

Als Lesbe souverän zu sein, bedeutet infolgedessen, die '... against the threatening world posture' aufzugeben; sich aufgrund der Eigenständigkeit mit der immer

---

[21] Im übrigen gilt die Sich-selbst-erfüllende-Prophezeiung häufig auch im positiven Sinn. Souverän sich verhaltende und agierende Lesben provozieren weit eher neutrale, wenn nicht zustimmende, denn ablehnende Reaktionen ob ihres Lesbischseins (vgl. z.B. Bock 1989; 109), gleichsam als spürten ihre heterosexuellen Gegenüber intuitiv, daß sie sie in ihrer Identität nicht existenziell verletzen und angreifen können, Diskriminierungen infolgedessen sozusagen obsolet, weil wirkungslos sind.

noch Lesben benachteiligenden heterosexuellen Welt im Bewußtsein des eigenen Minderheitenstatus flexibel und kontinuierlich auseinanderzusetzen, ohne sich von dieser rigide abgrenzen und den Kontakt zu ihr abschneiden zu müssen. Demgemäß kommen minderheitenspezifische Symbioseneigungen zuungunsten der sexuellen Komponente einer Beziehung bei einer souveränen Lesbe nicht, allenfalls sporadisch zur Wirkung. Auch muß sie die (Bedeutung der) Sexualität infolge widerständiger Abgrenzung reaktiv nicht unangemessen minimieren. In einer Paarbeziehung lebend wird sie so von sich aus mit ihrer Partnerin kein geschlossenes, sondern ein offenes Subsystem innerhalb des übergeordneten Systems 'Gesellschaft' bilden, das dem Kontakt zu toleranten und liberalen heterosexuellen und schwulen Gesellschaftsmitgliedern aufgeschlossen und weitgehend vorbehaltlos gegenübersteht - und ihn pflegen kann. Damit kehre ich zum eingangs als Orientierung dienenden Zitat von Krestan und Bepko nach einer Art Kreisbewegung, die diese nicht vollzogen haben, zurück, das in anderen Worten die gleiche Voraussetzung benennt, um die minderheitenspezifische Forcierung ohnehin existenter Symbioseneigungen zu neutralisieren, nämlich "... to interact with the larger system without becoming entangled with it and without needing to cut themselves off" (Krestan et al. 1980; 279).

Um etwaigen Mißverständnissen vorzubeugen, die eigenständige souveräne Auseinandersetzung mit der heterosexuellen Welt bedeutet weder, mit dieser zu kollaborieren, noch, sich nicht länger als Angehörige einer diskriminierten Minderheit zu begreifen, noch, zwangsläufig weniger benachteiligt zu werden. Diskriminierungen etwa wegen der eigenen Selbstverständlichkeit des Lesbischseins zu ignorieren oder zu leugnen, käme einer fahrlässigen Borniertheit gleich. Allerdings gilt es souverän mit ihnen umzugehen, dergestalt, sie von ihren möglichen existenziellen Wirkungen her - und diese liegen nicht länger im psychischen Bereich - realitätsgerecht einzuschätzen und nur im Falle potentiell schwerwiegender Folgen das individuelle Verhalten darauf abzustellen. Gravierende Konsequenzen sind allerdings äußerst selten, kommen aber dennoch vor, wie das Beispiel Cornelia Schell zeigt: Nachdem sie zusammen mit ihrer Geliebten, Hella von Sinnen, auf dem Bonner Presseball erschienen war, sah sich der Geschäftsführer der Deutschen Krebshilfe veranlaßt, "... Cornelia Scheel von der Öffentlichkeitsarbeit der Deutschen Krebshilfe zu entbinden" (vgl. Roggenkamp 1991). Doch selbst dann bleibt jeweils zu fragen und individuell zu entscheiden, ob lesbe, wie Cornelia Scheel, solche (möglichen) Folgen nicht in Kauf nimmt zugunsten einer authentischen und kongruenten (lesbischen) Existenz.

Lesbische Souveränität erweist sich somit als die entscheidende Kategorie für die Neutralisierung minderheitenspezifischer Symbiosetendenzen zugunsten des sexuellen Pols - nicht etwa, wie gezeigt wurde, Offenheit und/oder der Besuch der

Subkultur, die diese Neigungen nicht per se, sondern bloß potentiell - mittelbar - abschwächen können, indem sie dazu verhelfen, eine eigenständige souveräne lesbische Identität auszubilden. Hierfür haben sie sich bislang meist als unerläßliche Hilfsmittel erwiesen, wie das Negativbeispiel 'Provinz' dokumentiert, in der eine dort gewachsene eigenständige lesbische Identität zur Zeit ebenso selten anzutreffen sein dürfte wie Offenheit und Subkultur.

Dessenungeachtet mag es, dem Gang der Argumentation folgend, gewisse Korrelationen zwischen Souveränität, Offenheit und Subkultur in dem Sinne geben, daß eine souveräne Lesbe tendenziell offener lebt und seltener subkulturelle Orte frequentiert. Hierzu paßt, daß "... Frauen, die sich offen zu ihrer lesbischen Neigung bekennen, ... Frauen (sind, G.H.), die keine Befürchtungen für den Fall der Entlarvung hegen, die keine besonderen Maßnahmen der Tarnung für nötig halten und davon ausgehen, daß viele oder alle Menschen ihrer Umgebung 'Bescheid wissen'" (Paczensky 1984; 149) - sowie daß der Besuch der Subkultur eine gewissermaßen typische Phase lesbischer Sozialisation darstellt (vgl. z.B. Kokula 1983; 29f, 128; Paczensky 1984; 155).

Das Kapitel abschließend möchte ich den Versuch unternehmen, die vielfältigen Aspekte und Zusammenhänge, die die minderheitenspezifische Dimension ausmachen, zu einem aus Gründen der Übersichtlichkeit vereinfachten Schema zusammenzufassen, das auf der nächsten Seite abgebildet ist. Dieses Schema orientiert sich an einer Idee von Katarina Weiher[22].

Zur Lesart: Unten ist das Kontinuum von Symbiose und Sexualität eingetragen. Oben finden sich zwei weitere Kontinua: das des Gesellschaftsbildes (von statisch bis dynamisch) sowie das der Diskriminierungen (von antizipierten bis realen). Die Aspekte, die eher Symbiose begünstigen, stehen links, diejenigen, die Sexualität eher fördern, rechts. Abgesehen von den Kontinuumspfeilen, bedeuten die Pfeile in Pfeilrichtung gelesen so viel wie: 'bedingen" bzw. "begünstigen", wobei das Bedingtsein bzw. die Begünstigung meist näher spezifiziert ist (z.B. Das Leben in der Stadt bedingt eher Offenheit. oder: Offenheit kann Souveränität begünstigen.). Die gegeneinander gerichteten Pfeile bei 'Leben in der Provinz - Subkultur' markieren etwas sich gegenseitig eher Ausschließendes.

Also: ein statisches Gesellschaftsbild bedingt eher antizipierte Diskriminierungen (und umgekehrt) - antizipierte Diskriminierungen begünstigen eher Geheimhaltung (und umgekehrt) - Geheimhaltung wird eher durch ein Leben in der Provinz begünstigt - das Leben in der Provinz schließt Subkultur aus - ein statisches Gesellschaftsbild, antizipierte Diskriminierungen sowie Geheimhaltung bedingen eher Widerständigkeit - ein dynamisches Gesellschaftsbild bedingt eher reale Diskriminierungen (und umgekehrt) - ausschließlich reale Diskriminierungen bedingen eher Offenheit (und umgekehrt) - Offenheit wird eher durch ein Leben in der

---

[22] Mündliche Mitteilung.

Stadt begünstigt - das Leben in der Stadt ermöglicht Subkultur - Subkultur kann Widerständigkeit ebenso bedingen wie Souveränität - ein dynamisches Gesellschaftsbild, ausschließlich reale Diskriminierungen sowie Offenheit bedingen eher Souveränität.

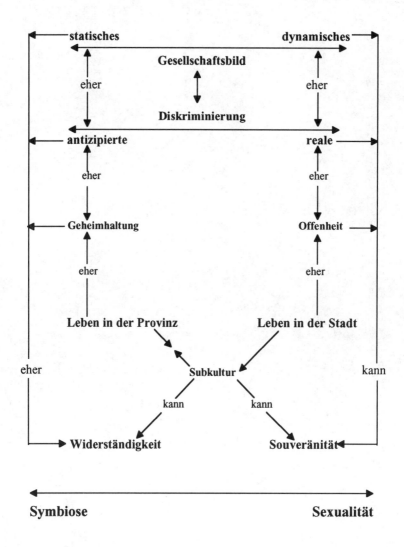

6. Die psychoanalytische Dimension

Die Psychoanalyse als Erklärungsmodell für das sich psychodynamisch entfaltende Verhältnis von Sexualität und Symbiose in lesbischen Beziehungen zu verwenden, bedarf mittlerweile der Rechtfertigung - nach vielfältiger von feministischer Seite geäußerter, größtenteils berechtigter Kritik am (klassisch) psychoanalytischen Weiblichkeitsmodell, insbesondere an den diesbezüglichen Positionen Freuds. Für eine derartige Entscheidung waren im wesentlichen zwei Gründe ausschlaggebend: ein subjekt- und ein objekt- resp. theorieseitiger.

Die Subjektseite der Entscheidung betrifft meine ganz persönliche Präferenz der Psychoanalyse, mit der ich mich seit einigen Jahren mal mehr, mal weniger intensiv theoretisch auseinandersetze. Im Zuge dessen hat sich bei mir eine Haltung gegenüber der (klassischen) Psychoanalyse herauskristallisiert, die sich meines Erachtens angemessen als die kritischer Affirmation bezeichnen ließe. Affirmation insofern, als mir einige - aber lange nicht alle[1] - psychoanalytischen Grundannahmen und Modelle wie etwa Bewußtes/Unbewußtes, die Instanzen des psychischen Apparates (Es, Ich, Über-Ich) oder die frühkindlichen libidinösen Phasen (oral, anal, phallisch/klitoral) für den vorliegenden Zweck handhabbar und der psychischen Realiät durchaus zu entsprechen scheinen. Der kritische Anteil meiner Haltung offenbart sich darin, daß ich die konkreten Ausgestaltungen und Konsequenzen (klassisch) psychoanalytischer (Grund-)Theoreme nicht in jedem, wenn überhaupt in einem Falle per se als zwangsläufige oder gar apodiktische betrachte, die einer realitätsangemesseneren Modifikation oder gegebenenfalls einer gänzlich anderen Interpretation nicht zugänglich wären. Mit welchen Konstruktionen der (klassischen) Psychoanalyse ich im Hinblick auf die weibliche psychosexuelle Entwicklung konform gehe und wo und inwiefern ich von ihnen - mich dabei feministischer Kritik anschließend - abweiche, wird sich im Laufe des folgenden Kapitels allmählich entfalten.

Die Objekt- resp. Theorieseite der Entscheidung hängt damit zusammen, daß ich das Verhältnis von Sexualität und Symbiose als ein psychodynamisches, zutiefst konflikthaftes, begreife - sowohl hinsichtlich seiner Genese als auch seiner aktuellen Ausprägung - und "...daß andere psychodynamisch argumentierenden Richtungen (wie Gestalttherapie oder Bioenergetik) theoretisch (noch?) einigermaßen unentwickelt sind und zu differenzierten psychogenetischen Problemen keine Model-

---

[1] Als überaus problematisch erweist sich meiner Meinung nach beispielsweise die von Freud für die Genese von 'Weiblichkeit' gleichsam normativ gesetzte Notwendigkeit des Übergangs der weiblich-erogenen Zone von der Klitoris zur Vagina (vgl. Freud 1925; 166; 1931; 171 und 1933; 96).

le anzubieten haben" (Großmaß 1989; 175) - die Entscheidung für die Psychoanalyse also auch wesentlich in Ermangelung von Alternativen fällt.

Dabei kann - hierauf sei nochmals hingewiesen - die Psychoanalyse grundsätzlich nur für die westlichen Industrienationen exklusive Japan gewissermaßen gesicherte Geltung reklamieren. Zwar erheben PsychoanalytikerInnen bisweilen Anspruch auf universelle Gültigkeit psychoanalytischer Lehrsätze, verschiedentlich angestrengte kulturanthropologische Untersuchungen führten jedoch diesbezüglich nicht zu einheitlichen Ergebnissen. So kam etwa Malinowski aufgrund seiner Beobachtungen bei den TrobrianderInnen zu dem Schluß, in einer matriarchalisch organisierten Kultur gäbe es keinen Ödipus-Komplex, während Roheim seine Wirksamkeit in einer ähnlich strukturierten, den TrobrianderInnen nahestehenden Kultur eindeutig bestätigt fand (vgl. Richter 1969[2]; 34f). Dies validiert eine These, die ich bereits am Beispiel der Symbiose in 3.3 (Zur historischen Bedingtheit von Symbiose) ausgeführt habe - die These, daß psychoanalytische Theorien und Modelle historisch-gesellschaftlich bedingt sind und sich darüber hinaus - weitergedacht - korrespondierend mit der gesellschaftlichen Entwicklung wandeln (werden).

Eine intendierte, immer auch notwendig Distanz implizierende kritische Auseinandersetzung mit der (klassischen) Psychoanalyse erfordert ferner das stets präsente Wissen um die ihr immanenten (Erklärungs-)Möglichkeiten, Grenzen und potentiellen Verzerrungen, die sich essentiell aus ihrer Methode der Datengewinnung ergeben und ableiten lassen. Daher werde ich mich zunächst prinzipiell mit dem methodischen Vorgehen der Psychoanalyse und ihren daraus resultierenden diesbezüglichen Implikationen[2] beschäftigen - dabei zugleich grob die Zielsetzung dieses Kapitels benennen -, bevor ich mich konkret inhaltlich der psychoanalytischen Dimension des Untersuchungsgegenstandes zuwende.

6.1 Zur psychoanalytischen Methode der Datengewinnung und ihren Implikationen

Das empirische Material psychoanalytischer Theoreme entstammte zunächst im wesentlichen der klinischen Analyse Erwachsener. Erst Jahrzehnte später kam die systematische Beobachtung von Säuglingen und (Klein-)Kindern, realisiert etwa von René A. Spitz (1973[3]) und Margret S. Mahler et al. (1988) ergänzend, modifizierend und komplettierend hinzu. Heute kann damit auf zwei Quellen zur Überprüfung der Validität psychoanalytischer Lehrsätze zurückgegriffen werden. Um dabei nicht sofort wieder neue - statt der alten soeben enträtselten eklatanten und

---

[2] An dieser Stelle sei daran erinnert, daß die methodischen Überlegungen des vorangegangenen Kapitels auch für das nun folgende uneingeschränkt gelten.

drastischen - Verzerrungen und Unschärfen zu produzieren, ist es erforderlich, sich der jeweiligen Besonderheiten, Probleme und Verfälschungspotentiale beider Verfahrensweisen bewußt zu sein und zu bleiben. In der klinischen Analyse koinzidieren Therapie und theoretische Forschung. Axiomatische Grundlage psychoanalytischer Arbeit ist die Überzeugung, die aktuelle Wirklichkeit einer Neurose nur dann verstehen und ihre Symptome dauerhaft heilen zu können, wenn die sie präformierende Vorgeschichte rekonstruiert wird. Zu diesem Zweck generiert die KlientIn ihr individualgeschichtliches Material, das die AnalytikerIn mit gleichschwebender Aufmerksamkeit (vgl. Laplanche et al. 1980; 169) aufnimmt, durch freie Assoziation (vgl. Freud 1940; 33; Laplanche et al. 1980; 77ff). Anhand der idealtypisch so hervorgebrachten und rezipierten Träume, Vorstellungen, Phantasien, Einfälle, Gedankenfetzen und Querverbindungen erfolgt allmählich die Rekonstruktion der individuellen (Kranken-)Geschichte immer differenzierter, detaillierter und präziser - dabei fortlaufend Veränderungen und Vervollständigungen unterworfen (vgl. z.B. Schlesier 1981; 16f).

Die methodischen Schwierigkeiten und Verzerrungsmöglichkeiten stimmen demnach weitgehend mit den bereits im Zusammenhang mit der historischen Dimension erläuterten der Geschichtswissenschaft überein, die sich ebenfalls vornehmlich der Methode der Rekonstruktion bedient (vgl. z.B. Eagle 1988; 218) - nicht umsonst hat Freud oftmals das Vorgehen der PsychoanalytikerIn mit dem der ArchäologIn verglichen (vgl. Schlesier 1981; 15). Die Parallele betrifft in erster Linie das Faktum, (individuelle) Geschichte zwar retrospektiv kausal erschließen zu können, prospektiv hierüber aber keine dezidierten, Zwangsläufigkeit implizierenden Aussagen treffen zu können. Freud reflektiert dies eingehend und prägnant in der 'Psychogenese eines Falles von weiblicher Homosexualität' (1920b): "Solange wir die Entwicklung von ihrem Endergebnis aus nach rückwärts verfolgen, stellt sich uns ein lückenloser Zusammenhang her, und wir halten unsere Einsicht für vollkommen befriedigend, vielleicht erschöpfend. Nehmen wir aber den umgekehrten Weg, gehen wir von den durch die Analyse gefundenen Voraussetzungen aus und suchen diese bis zum Resultat zu verfolgen, so kommt uns der Eindruck einer notwendigen und auf keine andere Weise zu bestimmenden Verkettung ganz abhanden. Wir merken sofort, es hätte sich auch etwas anderes ergeben können, und dies andere Ergebnis hätten wir ebensogut verstanden und aufklären können. Die Synthese ist also nicht so befriedigend wie die Analyse; mit anderen Worten; wir wären nicht imstande, aus der Kenntnis der Voraussetzungen die Natur des Ergebnisses vorherzusagen" (Freud 1920b; 134f).

Auch das Individuum - ähnlich wie die Gesellschaft - rekonstruiert seine Vergangenheit nicht als die damals gegenwärtig authentische - "die Wirklichkeit des Vergangenen ist dem Bewußtsein ein für allemal verloren, ist das Vergangene erst einmal vollendet" (Schlesier 1981; 81) -, sondern ausgehend von seiner je konkreten Gegenwart rekonstruiert es seine Vergangenheit als eine jeweils partiell andere (vgl. z.B. Eagle 1988; 198ff). Dies offenbart beispielsweise die psychoanalytische Erkenntnis, daß vergangene Ereignisse, Erlebnisse, Erfahrungen und Empfindungen dem Individuum angesichts neu hinzutretender in einem vollends neuen Licht erscheinen können, so daß es ihnen eine gänzlich neue Bedeutung(sschwere) zuschreibt, die wiederum daraufhin eine neue durchgreifendere psychische Ausstrahlungskraft entfaltet. Exemplarisch hierfür seien die Kastrationsdrohung als Prototyp genannt, die erst vor dem Hintergrund des (gerade) entdeckten Geschlechtsunterschiedes allmählich wirksam wird (vgl. z.b. Freud 1924; 153), und die rückwirkend als 'Einssein' erlebte frühe Identifikation des Kindes mit der Mutter (vgl. Benjamin 1990; 77). Das Verdrängte ist damit selbst zur im Unbewußten aufgehobenen Konstruktion geworden.

Die Schwäche der Psychoanalyse, keine gültigen Prognosen über zukünftige individualgeschichtliche Entwicklungen abgeben zu können, da zwar alle ätiologischen Faktoren ihrer Qualiät nach bekannt sein mögen, nicht jedoch ihrer relativen Stärke nach (vgl. Freud 1920b; 135), ist allerdings für die vorliegende Aufgabenstellung weitgehend irrelevant. Denn es geht nicht darum, die eine bestimmte 'Ätiologie' (in diesem Fall weibliche Homosexualität) notwendig determinierenden Bedingungen zu benennen. Ohnehin soll ihre Kenntnis meist dazu dienen, 'pathologische', weil unerwünschte Verhaltenskomplexe und -orientierungen, wie etwa weibliche Homosexualität, bereits im Entstehen durch entsprechende, auf das jeweilige Bedingungsgefüge einwirkende, präventive Maßnahmen zu vereiteln (vgl. z.B. Kaye et al. 1967; 634; Aardweg 1986; 180ff). Vielmehr wird die Perspektive der erwachsenen Frau eingenommen, insofern es zu untersuchen gilt, nicht nur welche ihrer frühkindlichen Konflikte und Erfahrungen in der sexuellen Bindung mit einer anderen Frau reaktiviert, sondern vornehmlich, wie sie diese in ihrem inneren Erinnern, Erleben und Phantasieren strukturiert, da eben diese konflikthaften Konstruktionen verhaltensorientierend und handlungsleitend innerhalb der Beziehung, gegenüber der Partnerin wirken und damit das psychodynamische Verhältnis von Sexualität und Symbiose in lesbischen Bindungen maßgeblich bestimmen und prägen. Infolgedessen ist die frühkindliche Entwicklung aus der Sicht einer Erwachsenen dargestellt, wie sie ihr nachträglich, rekonstruierend erscheint - wenngleich ich, vornehmlich aus Gründen der Validierung, auch Ergebnisse direkter Kinderbeobachtung hinzuziehe.

Im Unterschied zur eben behandelten gibt es eine weitere Implikation der psychoanalytischen Rekonstruktion, die für diese Arbeit durchaus relevant ist: das Faktum, daß die AnalytikerIn tonangebend die Rekonstruktion der 'Ätiologie' der KlientIn vornimmt. Dies wirkt sich zum einen darin aus, daß KlientInnen anscheinend exakt solche phänomenologischen Daten hervorbringen, die ausgerechnet die theoretische Orientierung ihrer AnalytikerIn bestätigen (vgl. z.B. Eagle 1988;

202ff). Dieser Schwierigkeit ließe sich eventuell minimierend begegnen, indem man entweder gewissermaßen Übersetzungsmuster und -konventionen herausarbeitete, die es erleichterten, psychoanalytische Erkenntnisse einer theoretischen Richtung in eine andere zu transponieren, oder indem man versuchte, möglichst viele psychoanalytische 'Schulen' in einer einheitlichen Theorie synthetisierend zu integrieren. Zum gegenwärtigen Zeitpunkt muß ich mich mit der Feststellung bescheiden, daß die jeweilige theoretische Orientierung nur *eine* und nicht *die* psychoanalytische Sicht der Realität reflektiert - und daß ich mich hier im wesentlichen auf die der klassischen Psychoanalyse und der daran geübten feministischen Kritik beschränke. Doch selbst innerhalb dieser Eingrenzung gibt es derart viele Konzepte und Ansätze, daß ich bei der folgenden Darstellung insofern eklektisch vorgehe, als ich versuche, themarelevante Gedanken, Beobachtungen und Erfahrungen unterschiedlicher Entwürfe zu einem stimmigen Ganzen zu vereinen.

Eine andere Konsequenz der führenden Rolle der AnalytikerIn bei der 'ätiologischen' Rekonstruktion wiegt noch um einiges schwerer: die Gefahr der Gegenübertragung, die Devereux (1976) einschließlich ihrer potentiellen Folgen eingehend beschrieben hat. Gegenübertragung läßt sich im engen analytischen Sinne vereinfacht definieren als die "Gesamtheit der unbewußten Reaktionen des Analytikers auf die Person des Analysanden und ganz besonders auf dessen Übertragung" (Laplanche et al. 1980; 164), die zu eklatanten und drastischen Realitätsverzerrungen und -verfälschungen der Wirklichkeit der KlientIn führen kann (vgl. z.B. Eagle 1988; 85). Durch die obligatorische Lehranalyse soll diese Gefährdung zwar weitgehend ausgeschaltet sein. Meines Erachtens besitzen die meisten AnalytikerInnen indessen auch nach dieser langwierigen Prozedur noch den ein oder anderen 'blinden Fleck', der es ihnen nicht erlaubt, das entsprechende Material der AnalysandIn ihrer Realität angemessen zu deuten, da es eigenes Abgewehrtes tangiert. Freud blieb da keine Ausnahme; seine Konstruktion der Frau als Kastrierte, seine Behauptung, die Vagina werde erst in der Pubertät entdeckt, und der mit beidem korrespondierende 'phallische Monismus' beispielsweise können als Ausdruck der verdrängten narzißtischen Wunde des männlichen Kindes, im Hinblick auf seine Mutter unzulänglich (vgl. Schlesier 1981; 88, 90f) und vollkommen hilflos, abhängig (vgl. Chasseguet-Smirgel 1976; 281) zu sein, interpretiert werden. Der letztlich unvermeidbaren Gefahr der Gegenübertragung kann man auf der Theorieebene zwar durch synthetisierende Abgleichung unterschiedlicher theoretischer Orientierungen versuchen entgegenzuwirken. Dessenungeachtet wird sich jeder psychoanalytische Diskurs - auch der von mir geführte - letztlich im Bereich des Mythos bewegen, insofern sich in ihm un/bewußte Phantasien des Forschungssubjekts über die eigene vergangene wie gegenwärtige Lebenspraxis entfalten (vgl. Rhode-Dachser 1991; 257).

Ein von der Methode der Rekonstruktion unabhängiger Einwand gegen das psychoanalytischen Theoremen zugrundeliegende Material betrifft die Frage seiner Repräsentativität und damit seiner Generalisierbarkeit. Beides wird den Daten häufig abgesprochen mit der Begründung, diese entstammten individuellen, zudem 'pathologischen' und damit verallgemeinerungsunfähigen Fallgeschichten. Dieses Argument gilt allerdings nur bedingt. Denn zum einen gibt es bei Freud keine absolute Unterscheidung zwischen Normalität und Pathologie mehr, da er sie zutreffend nicht als qualitativ, sondern bloß graduell voneinander Verschiedenes begreift (vgl. z.B. Fritz et al. 1976; 75ff; Mitchell 1976; 29ff). So äußert er etwa in "Die endliche und die unendliche Analyse": "Jeder Normale ist eben nur durchschnittlich normal, sein Ich nähert sich dem des Psychotikers in dem oder jenem Stück, in größerem oder geringerem Ausmaß ..." (Freud 1937; 80). Demzufolge läßt 'pathologisches' Verhalten durchaus berechtigte und gültige Rückschlüsse auf 'normales' Verhalten zu und vertieft dessen Verständnis (vgl. z.B. Freud 1916/17; 242). Zum anderen bleibt das jeweilige Material zwar in seiner komplexen Konkretheit auf den individuellen klinischen Fall bezogen, dem es entstammt; aus ihm lassen sich dessenungeachtet für unseren Kulturkreis (ideal-)typische emotionale Konfliktfelder, -strukturen, -konstellationen und -verläufe destillieren, die an körperliche Wachstumsprozesse oder an sozio-kulturell typische Lebenslagen gekoppelt sind (vgl. Großmaß 1989; 208). Entsprechend werden im folgenden wegen theoretischer wie praktischer Uneinlösbarkeit nicht reale, sondern idealtypische Konfliktstrukturen und -dynamiken thematisiert, die das Verhältnis von Sexualität und Symbiose in lesbischen Beziehungen bestimmen und prägen - von denen die im je konkreten Einzelfall sich entfaltenden und wirkenden mehr oder minder stark abweichen, dabei gegebenenfalls neue Nuancen, Modifikationen und Akzentsetzungen hervorbringend. Im übrigen ist eine idealtypische Darstellung auch deshalb angeraten, da die Manifestationen psychodynamischer (Beziehungs-)Strukturen in ihrer Spezifität untrennbar an die je besondere Interaktion zweier einzigartiger Individuen gebunden bleibt. Ein und dieselbe Frau wird mit unterschiedlichen Partnerinnen partiell bis weitgehend anders interagieren, ohne das davon ihre darunter latent wirkende Psychodynamik essentiell berührt wird.

Desweiteren sei auf zwei methodische Probleme hingewiesen, die zwar auch die Datengewinnung psychoanalytischer Theoreme qua Erwachsenenanalyse impliziert, die allerdings ungleich stärker die systematische Beobachtung von Säuglingen und (Klein-)Kindern tangieren. Daher sollen sie auch im Zusammenhang mit letzterer diskutiert werden. Die Säuglings- und Kinderbeobachtung sieht sich fundamental mit der Schwierigkeit konfrontiert, "...daß die der Beobachtung zugänglichen Phänomene nur die äußerlich wahrnehmbaren Erscheinungen der Vorgänge in den darunter liegenden Strukturen sind" (Spitz 1973[3]; 119), so daß aus faktisch beobachteten Verhaltensweisen auf verborgene intrapsychische Prozesse rückgeschlossen werden muß (vgl. Mahler et al. 1988; 29, 36). Dies hat zwei Konsequenzen. Zum einen besitzen psychoanalytische Theorien stets und unaufhebbar Modellcharakter, da sie immer nur plausible und konsistente Vermutungen über innere Realität anstellen können, ohne sie je unmittelbar an dieser verifizieren oder falsifizieren zu können. Zum anderen beobachten Erwachsene aus ihrer Perspektive Kinder ('Adultomorphismus'), vorzugsweise im präverbalen Stadium, und analysieren deren Verhalten mit einer meist der 'Pathologie' Erwachsener entlehnten Begrifflichkeit ('Pathomorphismus'), mit der sich authentisches kindliches Erleben und damit 'normale' frühkindliche Entwicklungsphasen nur überaus verfälscht und unzureichend fassen lassen (vgl. Mahler et al. 1988; 26; Eagle 1988; 31, 179f, 225; Großmaß 1989; 176). Beide Schwierigkeiten sind für die vorliegende Arbeit aus dem nämlichen Grund heraus weitgehend irrelevant, der auch schon die Rekonstruktion als Methode der Datenerhebung wenig problematisch erscheinen ließ: es geht um das innere Erleben erwachsener Frauen und nicht um das von präverbalen Kindern.

Abschließend muß noch eine zusätzliche Besonderheit des psychoanalytischen Theoremen zugrundeliegenden Materials erwähnt werden, die nicht direkt mit seiner methodischen Gewinnung zusammenhängt. Die AnalysandInnen und ProbandInnen rekrutier(t)en sich vornehmlich aus der Mittelschicht (vgl. z.B. Lorber et al. 1981; 484f) - mit zwei wesentlichen Konsequenzen. Die in der Mittelschicht mit Beginn des letzten Jahrhunderts und gegenwärtig tendenziell immer noch als typisch zu bezeichnende geschlechtsspezifisch komplementäre Arbeitsteilung - der Mann sorgt in der öffentlichen Produktionssphäre für den Lebensunterhalt der Familie, während die Frau in der privaten Reproduktionssphäre für die Haus- und Beziehungsarbeit und damit für die Kindererziehung allein verantwortlich ist[3] - hat anscheinend seit den 50er Jahren viele PsychoanalytikerInnen (z.B. Winnicott, Bowlby, Mahler) und später psychoanalytisch orientierte feministische Theoretikerinnen (z.B. Chodorow, Olivier) dazu verführt, den Fokus der Betrachtung nahezu ausschließlich auf die Mutter-Kind-Dyade zu lenken. Dies begründet auf der einen Seite das Dilemma, wie feministischerseits adäquat mit der intrafamilialen Position der Mutter umgegangen werden kann, gerade im Hinblick auf ihre Einordnung und Bewertung. "How should we deal with the central role that mother play in family

---

[3] Entsprechend gilt in diesem Zusammenhang als Familie im wesentlichen die Kernfamilie, bestehend aus Mutter, Vater und Kindern. Sie verliert zwar gegenüber anderen Familienkonstellationen, wie etwa unvollständige und Stieffamilien, zunehmend an Boden (vgl. z.B. Beck et al. 1990; 192ff), war aber vor 20 bis 30 Jahren und früher, als die jetzt Erwachsenen Kinder waren, noch eher vorherrschend - von phasenweisen, kriegsbedingten Ausnahmen abgesehen. Hier kommt abermals die bereits erwähnte Zeitverzögerung zwischen Realität und Forschung ins Spiel, die auch für dieses Kapitel Geltung beansprucht.

emotional life? If we ignore or dispose her, we are failing to acknowledge her efforts and importance; if we overfocus on her, we are blaming her for the problem and/or holding her responsible for change" (Carter 1985; 78). So eingängig diese Argumentation zunächst sein mag, sie übersieht meines Erachtens jedoch den gesellschaftlichen Hintergrund dessen, was Frauen gezwungenermaßen zu 'Täterinnen' werden läßt, obwohl sie doch (zugleich) 'Opfer' sind; übersieht, daß die Mutterimago gesellschaftliches Produkt ist. Nicht die Frage nach der Schuld der Mutter erhebt sich damit, sondern die nach ihrer mitwirkenden Verantwortung.

Auf der anderen Seite resultiert aus der exklusiven Fokussierung auf die Mutter-Kind-Dyade eine verkürzte und simplifizierende Sicht der komplexen intrafamilialen Realität. Denn die dyadische Perspektive behandelt - anders als die systemische Herangehensweise - sowohl den Vater als den an die familiäre Peripherie gedrängten und daher unwesentlichen Anderen als sie auch damit einhergehend die Bedeutung anderer verschränkt ineinanderwirkender intrafamilialer Beziehungskonstellationen und -dynamiken für die kindliche Entwicklung ignoriert (vgl. Lerner 1988; 257ff) - ganz zu schweigen vom Einfluß außerfamilialer Sozialisationsinstanzen. Zwar reflektiert diese Ausblendung des Vaters aus vielen psychoanalytischen Arbeiten den gesellschaftlich üblichen Mangel an aktiver väterlicher Versorgung[4] (vgl. Schmauch 1987; 15, 281) - ein weiteres Indiz dafür, daß Psychoanalyse als konkrete Theorie eine Reaktion auf gesellschaftliche Gegebenheiten darstellt. Dies bedeutet jedoch nicht, daß es keine Beziehung des Kindes zum Vater gibt. Ein solche existiert, ist aber infolge des 'fehlenden' Vaters häufig vornehmlich konstituiert durch eine entscheidend von der Mutter vermittelten Vaterimago. Vor diesem Hintergrund werde ich mich bemühen, in der Auseinandersetzung mit der Psychoanalyse - soweit es thematisch relevant und möglich ist -, die dyadische Perspektive dahingehend zu erweitern, wie es bereits bei Freud mit der Triangulierung im Ödipus-Komplex angelegt ist.

Als zweite Konsequenz ergibt sich aus der dominanten Mittelschichtklientel der Psychoanalyse, daß psychoanalytische Aussagen im Grunde genommen nur für Angehörige dieser Schicht Gültigkeit beanspruchen können. Allerdings nähern sich, wie gezeigt wurde, die anderen sozialen Schichten immer mehr dieser an - mit ihren die jeweilige sozio-ökonomische Lebenssituation reflektierenden Modifikationen. Infolgedessen gelten psychoanalytische Theoreme zunehmend auch für Mitglieder der Ober- und Unterschicht mit je entsprechenden Abänderungen und Abweichungen.

Eine fundamental mittelschichttypische Theorie zur Analyse des Verhältnisses von Sexualität und Symbiose in lesbischen Bindungen heranzuziehen, legitimiert

---

[4] Selbst in nicht-traditionellen Familien, die eine paritätische Arbeitsteilung anstreben, sind die Männer signifikant erheblich weniger an Kinderpflege und -erziehung beteiligt als die Frauen (vgl. Fthenakis 1988; 161, 168).

sich außerdem aus einem anderen Umstand. Denn wie ich vorher deutlich herausgearbeitet habe, neigen Lesben der Mittelschicht - idealtypisch - am intensivsten zu Symbiose und symbiotischen Beziehungen. In ihren lesbischen Bindungen wird daher - idealtypisch - das Verhältnis von Sexualität und Symbiose besonders spannungsgeladen und konflikthaft sein, so daß es sich daran grundlegend prägnant und pointiert herauskristallisieren läßt. Ein erster Schritt in diese Richtung sollen kaleidoskop- und thesenartig prinzipielle psychoanalytische Überlegungen und Annahmen zum Verhältnis von Sexualität und Symbiose weisen. Dabei werde ich mich hauptsächlich auf die zu diesem Thema in diversen Aufsätzen verstreuten Ausführungen Michael Balints beziehen.

6.2 Prinzipielles zum Verhältnis von Sexualität und Symbiose

Balint begreift alle sexuellen Äußerungsformen, die allo- wie die autoerotischen, als mehr oder weniger erfolgreiche Versuche, die (frühkindliche) Symbiose mit der Mutter, letztlich die intrauterine Existenz wiederherzustellen (vgl. Balint 1956; 156 und auch Grunberger 1977; 181; Grof 1985; 168). "Es ist eine banale Wahrheit, daß das letzte Ziel aller Triebe die Verschmelzung mit dem Objekt, die Herstellung der Ich-Objekt-Einheit ist" (Balint 1937; 93). Oder wie Freud es in "Hemmung, Symptom und Angst" formuliert: "Der Eros ... strebt nach Vereinigung, Aufhebung der Raumgrenzen zwischen Ich und geliebtem Objekt" (Freud 1926; 37; vgl. z.B. auch Jacobsen 1978; 49; Benjamin 1985; 96 und 1990; 77). Sexualität basiert demnach - wie Natalie Barney es bereits, an anderer Stelle ausgeführt, poetisierend ausdrückte - essentiell und existenziell auf dem Getrenntsein von der Mutter, allgemeiner: auf dem Voneinandergetrenntsein der PartnerInnen, das zu überwinden ihr Ziel ist - und der darin angelegten und dadurch erzeugten erotischen Spannung. Dies läßt rückschließen, Symbiose erlaube keine Sexualität, da sie ihr die Existenzgrundlage, das Voneinandergetrenntsein, grundlegend entziehe - und bedarf keiner. Denn miteinander verschmolzen in einer Symbiose verkommt gewissermaßen die Verschmelzungsfunktion der Sexualität und diese dadurch selbst zum bloßen Surrogat - und wird überflüssig. Damit sind Sexualität und Symbiose als sich zwangsläufig wechselseitig Ausschließende konzipiert, die, als Pole gedacht, ein Kontinuum aufspannen, in dem ein Mehr des Einen notwendig ein Weniger des Anderen bedeutet - wie dies bereits angenommen worden war.

Zentrales und konstitutives Moment dieses Kontinuums ist die Verschmelzung von Alter und Ego - der Wunsch danach sowie seine mehr oder minder gelungene Umsetzung. Während Verschmelzung in der Symbiose gleichsam als Zustand mit (begrenzter) Kontinuität andauert, ist sie in der Sexualität lediglich punktuell, flüchtig, vorzugsweise in der Regression des Orgasmus möglich (vgl. Balint 1937;

93 und 1956; 156; Zagermann 1988; 151f). Im Orgasmus kann all das anklingen, was ursprünglich die (frühkindliche) Symbiose mit der Mutter charakterisierte: "... der Aspekt der Verschmelzung, Auflösung der Ich-Grenzen, Aufhebung der Trennung, kurzes Wiederaufleben partialobjekthafter Beziehungen, Aufgabe von Selbstkontrolle, momentane Symbiose mit einem flüchtigen Anklang an primärnarzißtische androgyne Vollkommenheit etc." (Schorsch 1988; 117)[5] - und die damit untrennbar verbundenen. darum kreisenden Frustrationen und Konflikte.

Dergestalt sukzessiv bis zum Orgasmus zu regredieren, setzt ein hinreichend stabiles und integriertes Ich voraus. Nicht nur um der exponentiellen - mal kontinuierlichen, mal schubweisen - Erregungssteigerung gewachsen zu sein (vgl. Balint 1936; 80 und 1938; 208). Es muß auch die verschiedensten Ängste solcherart bewältigt haben, daß sie die letztlich überstarke Regression nicht vereiteln (vgl. Balint 1956; 156f, 159) - weder im Vorfeld noch im Prozeß selbst. Eine, wenn nicht die existenziellste und tiefste Angst überhaupt ist die vor dem Ich-Verlust, der ebensosehr (punktuell) ersehnt wie (dauerhaft) befürchtet wird, vor dem Sichverlieren-in-der-Grenzenlosigkeit, demNicht-mehr-auftauchen-aus-der-Verschmelzung, dem Verschwinden-in-der-Symbiose (vgl. Benjamin 1985; 96, 106). Sich im Orgasmus vollends zu entgrenzen, läßt sich bloß mit einem genügend stabilen und integrierten Ich als Plattform riskieren. Denn "... to merge with another one must have a defined sense of self to return to" (Eichenbaum et al. 1988; 156). Ansonsten wird antizipiert, das punktuelle, vorübergehende Ereignis ufere zum andauernden irreversiblen Zustand aus - ohne Wiederkehr - mit der Konsequenz, je nach unbewußtem Gefährdungsgrad partiell bis weitestgehend auf (genitale) Sexualität zu verzichten. Die Anfälligkeit für diese Befürchtung - und mit ihr die Reichweite der Konsequenz - wächst mit zunehmender Symbioseneigung, da darin angelegte durchlässigere Ich-Grenzen, eigenes Ungenügen und starke Verschmelzungswünsche ohnehin Unsicherheit über die eigenen Ich-Grenzen, ihre Stabilität und Verläßlichkeit erzeugen, die sich angesichts (genitaler) Sexualität potenziert und die un/bewußte Vision des beständigen Ich-Verlustes, ausgelöst durch einen Orgasmus, heraufbeschwört (vgl. z.B. Eichenbaum et al. 1988; 156).

Die beiden hier kurz entwickelten allgemeingültigen Hauptthesen, bei bestehender Symbiose verliere Sexualität ihren Sinn und bei intensiven Symbiosetendenzen

---

[5] Laut Schorsch (1988) lassen sich drei wesentliche Aspekte der Sexualität voneinander unterscheiden: der narzißtische, der Beziehungs- und der Reproduktionsaspekt. Die hier angesprochene Verschmelzungsfunktion stellt lediglich eine Seite des narzißtischen Gesichtspunktes dar, den der unbewußten Wunscherfüllung. Meiner Ansicht nach läßt sich Verschmelzung jedoch nicht nur als etwas Narzißtisches begreifen, tangiert sie doch beispielsweise auch Beziehungen. Die drei genannten Aspekte werden demnach zum Zwecke der Analyse getrennt, wirken allerdings in concreto in komplexer Weise verschränkt in- und miteinander - sich dabei gegenseitig beeinflussend -, was Schorsch nicht genügend verdeutlicht.

werde mit Sexualität die Gefahr des dauerhaften Ich-Verlusts assoziiert und antizipiert und daher (genital-)sexueller Betätigung entsagt, sollen als grobe Orientierung dienen, um von dort ausgehend nun präziser, eingehender und detaillierter das psychodynamische Verhältnis von Sexualität und Symbiose in lesbischen Beziehungen zu untersuchen.

Dabei ist es vordringlich, die klassisch psychoanalytischen Konzepte, vorzugsweise Freuds mit seiner besonderen Betonung der Sexualität ebenso heranzuziehen wie die sie ergänzende und erweiternde feministische Kritik, insbesondere Chodorows (1985) mit ihrer spezifischen Akzentuierung der Symbiose. Denn "... in psychoanalytischen Wirklichkeitsmodellen (kehren, G.H.) unbewußte Phantasien über die 'Natur' von Mann und Frau und die Geschlechterdifferenz als Wesensaussagen wieder . , die geeignet erscheinen, jene Phantasien, anstatt sie aufzudecken, dauerhaft zu bekräftigen" (Rhode-Dachser 1989; 195). Dies gilt, wie Rhode-Dachser aufdeckt, ebenso für die Theoreme Freuds wie für die sich daran abarbeitende feministische Kritik - trotz ihrer geschlechtlich kontroversen Perspektive. All diesen Theorien gemeinsam ist nämlich die zentrale "... Illusion von der Unzerstörbarkeit der Primärbeziehung, die durch die Erfahrung des Geschlechtsunterschieds scheinbar nicht beeinträchtigt, sondern vielmehr bekräftigt wird. Gleichzeitig stützen und validieren sie die eigene Geschlechtsidentität und ihre Überlegenheit über das jeweilige Gegengeschlecht" (Rhode-Dachser 1989; 205) - und verdecken so die narzißtische Wunde, die die Erkenntnis der Geschlechterdifferenz jedem Geschlecht in je spezifischer Weise zufügt, indem sie die omnipotente Phantasie, alles, vollkommen zu sein, endgültig zerstört (vgl. z.B. Waites 1982; 32; Fast 1991; 29, 74).

6.3 Zum psychodynamischen Verhältnis von Sexualität und Symbiose in lesbischen Beziehungen

Die psychoanalytische Dimension des Untersuchungsgegenstandes wird entlang der Libidostufen frühkindlicher Entwicklung (oral, anal, klitoral) entfaltet. Dieses Vorgehen trägt sowohl der klassischen Psychoanalyse als auch den feministischen Ergänzungs- und Erweiterungskonzepten Rechnung, da die Libidostufen nach klassischer Auffassung sowohl unter dem Primat einer je spezifischen erogenen Zone stehen wie unter dem einer je bestimmten Objektbeziehung. So wird schrittweise, der miteinander verschränkten Libido- und Objektbeziehungsentwicklung des Mädchens folgend, ein Fundament gelegt, um über das psychodynamische Verhältnis von Sexualität und Symbiose in lesbischen Beziehungen sprechen zu können. Dieses wird abschließend thematisiert, indem diesbezüglich relevante Entwicklungsstadien einer lesbischen Beziehung prägnant und pointiert dargestellt werden, wobei auf die herausgearbeitete frühkindliche Entwicklung rekurriert wird.

Ein letzter Hinweis sei mir allerdings vorab noch erlaubt. Da die in der Vergangenheit und gegenwärtig nach Geschlecht differenzierten und differenzierenden gesellschaftlichen Rahmenbedingungen ubiquitär wirksam sind, basiert die hetero- wie die homosexuelle weibliche Entwicklung - einmal schichtspezifische Unterschiede vernachlässigend - trotz folgenreicher Akzentverschiebungen im Prinzip auf dem gleichen idealtypischen konflikthaften Verlauf. Denn alle Frauen sind der geschlechtsspezifischen Sozialisation mehr oder minder kraß und umfassend unterworfen. Daraus schließen Simon und Gagnon generalisierend und simplifizierend: "Die weibliche Homosexuelle folgt konventionellen weiblichen Verhaltensmustern, nicht nur im sexuellen Bereich, sondern auch in ihrer gesamten übrigen Lebensführung" (Simon et al. 1970; 48). Dem halten Fritz/Streit zurecht entgegen, daß manifeste Lesben - und damit Angehörige einer Minderheit - hinsichtlich Sexualität und Coming Out in äußeren wie inneren Widerspruch zu den normativen Geboten 'normaler' Weiblichkeit geraten und sich daher diesbezüglich partiell von ihr lösen (müssen) (vgl. Fritz et al. 1976; 114, 125, 170f, 174 Anm.21 und 1979; 316, 320ff, 336). Daher gilt es im folgenden, vor dem Hintergrund idealtypisch weiblicher Entwicklung das thematisch relevante Besondere der lesbischen herauszuarbeiten und zu fassen.

6.3.1 Vorspiel: Von der intrauterinen zur extrauterinen Existenz -
Trennung und Triebbeginn

Ewigkeit, Wohlbefinden, magische Allmacht, Souveränität, Autonomie, Glaube an Unsterblichkeit, Zeitlosigkeit, Gefühl der Unverwundbarkeit und Unendlichkeit, ozeanisches Gefühl, reine Funktionslust, tiefe und höchste Harmonie, Megalomanie, Glückseligkeit, Einzigartigkeit, Selbstliebe, Vollkommenheit, Allwissenheit; mit diesen Attributen charakterisiert Grunberger den fötalen, pränatalen Zustand, die intrauterine Existenz (Grunberger 1982; 23, 27ff, 31ff) aus der Perspektive des Fötus.

Verantwortlich für dieses fötale Empfinden und Erleben - wie Erwachsene es sich so oder ähnlich vorstellen - ist das Parasitendasein des Fötus. Unmittelbar mit dem Organismus seiner Mutter, der Wirtin, verbunden, erhält er von ihr, ohne zu fordern, alles Lebensnotwendige sofort und bedingungslos - und weiß zugleich infolge dieser fehlenden Trennung nichts von ihrer Existenz als Grundbedingung seines Lebens und seiner Entwicklung; nichts von der Welt außerhalb seines eigenen kleinen Kosmos, der ihm zum Kosmos schlechthin gerät. Dementsprechend "... lebt der Fötus in einem erhebenden Zustand vollkommener Homöostase ohne Bedürfnisse, denn diese werden automatisch befriedigt und können sich als solche noch gar nicht entwickeln. Wegen der parasitären Art seines Stoffwechsels kennt er weder Wunsch noch mit Entspannung verbundene Befriedigung, sondern lediglich ein vollkommenes Gleichgewicht" (Grunberger 1982; 27)[6].

Aus dieser paradiesischen Situation vollkommenen, spannungsfreien Gleichgewichts wird der Fötus durch die als Urtrauma des Lebens wirkende Geburt hinaus in einen Zustand ganz anderer Art katapultiert: den des Getrenntseins von der Mutter und damit verbunden den von alternierender Bedürfnisspannung und Befriedigungsentspannung. Denn mit der Trennung von der Mutter beginnen sich, - nicht länger automatisch befriedigte - Bedürfnisse zu entwickeln aufgrund der nunmehr einsetzenden, Unlust erzeugenden zeitlichen Verzögerung zwischen Bedürfnis und Befriedigung. Gewissermaßen als Mittler zwischen beiden fungiert der Trieb, dessen letztes Ziel in dem Bestreben besteht, "... die für die Bedürfnisspannung und in der Folge für jegliche Unlust verantwortlich gehaltene Distanz zum Objekt des Triebes als der Quelle der Befriedigung aufzuheben. Demnach wäre in der Herstellung einer Identität des Subjekts mit dem Objekt das ideal intendierte Ziel des so gefaßten Triebes ... erreicht, nämlich die durch die Trennung vom Befriedigungsobjekt, durch seine Abwesenheit entstandene Spannung aufzuheben" (Zagermann 1988; 3)[7]. Der Trieb versucht also, die erinnerte, pränatal erlebte Situation vollkommener Homöostase wiederherzustellen, die Grunberger (1982; 20ff) als den anorganischen Zustand identifiziert, zu dem der Freudsche Todestrieb zurückzukehren bestrebt ist (vgl. z.B. Freud 1920a; 146f).

Allerdings kann der Trieb dieses Ziel, die (psychische) Rückkehr in das homöostatische intrauterine Element, die den psychischen Tod bedeutete, nicht ungehindert geradlinig und damit dauerhaft realisieren; denn von Anbeginn an steht dem das gleichermaßen triebhafte, für das postnatale Leben unabdingbare Autonomiestreben des Individuums entgegen, dessen erster kraftvoller Ausdruck die Geburt selbst ist - nicht nur die Wehen drängen den Fötus aus dem Uterus durch den Geburtskanal in die Welt hinaus, sondern auch eine ihm innewohnende Kraft, einer Urgewalt gleich. Die pränatal noch undifferenzierte Triebenergie differenziert sich von Geburt an allmählich weiter aus unter dem Einfluß äußerer Stimulierung sowie

---

[6] Der fötale Zustand ist, so geschildert, sicherlich in seinem Ungetrübtsein viel zu idealistisch gezeichnet. Denn auch im Uterus sind durch verschiedene physikalische, chemische, biologische und psychische Faktoren (vgl. Grof 1985; 109) vielfältige Störungen möglich, die für den Fötus unter Umständen lebensbedrohliche Ausmaße annehmen können, beispielsweise infolge eines schweren Sturzes der Mutter oder einer gescheiterten Abtreibung. Dadurch können Trennungsmomente schon vor der als Urbild der Trennung geltenden Geburt entstehen und relevant werden.

[7] Mit dieser Konzeption der Relation zwischen Trieb und Objekt als essentiell aufeinander bezogene konkrete Einheit, die sich nur analytisch trennen läßt, mag sich der in der Psychoanalyse immer noch weit verbreitete Dualismus von Trieb- und Objektbeziehungstheorie, einseitig entweder dem Trieb oder der Objektbeziehung den Primat bei der Motivation menschlichen Verhaltens zuzuweisen (vgl. z.B. Eagle 1988; 7ff), überbrücken lassen.

biologischen und psychischen Wachstums (vgl. Jacobsen 1978; 24f; Grunberger 1977; 189). Dabei nehmen die Autonomieanteile des Individuums laufend zu, während seine symbiotischen Anteile in einer quasi gegenläufigen Bewegung abnehmen, dafür aber immer fokussierter in der Sexualität erlebt werden (können).

Vor diesem Hintergrund erscheint Sexualität als Kompromiß zwischen beiden Bestrebungen, insofern sie einen, unbewußt als Rückkehr zur pränatalen Situation erlebten, spannungslosen Zustand punktuell erlaubt bei gleichzeitiger Nicht-Identität mit dem Bedürfnisobjekt. Das, was entsteht, was Menschen empfinden, wenn die auf Augenblicke zusammengeschmolzene Rückkehr zur vollkommenen Spannungslosigkeit im Orgasmus gelingt, ist Lust, orgastische Lust. So gesehen ist Lust[8] gleichsam der Lohn für die Vertreibung aus dem intrauterinen Paradies, in dem es anscheinend weder Lust noch Unlust gab (vgl. Schlesier 1981; 28).

Den durch die Zäsur der Geburt jäh herbeigeführten Übergang von der intrauterinen zur extrauterinen Existenz kann das Kind allerdings nicht abrupt vollziehen. Es bedarf hierzu vielmehr verschiedenster Puffer, die die radikale Veränderung abfedern und ihm dadurch den Übergang erleichtern. Da ist zunächst die erst langsam absinkende Reizschranke der ersten Lebenswochen zu nennen, die den Säugling vor extremen Stimulierungen schützt und ihn so Außenreizen gegenüber im großen und ganzen gleichgültig läßt. Seine dadurch kaum unterbrochenen schlafähnlichen Zustände erlauben es ihm, die pränatale Situation in die postnatale hinein zu verlängern (vgl. Mahler et al. 1988; 59; Grunberger 1982; 35). Das Kleinkind erwacht nur vorübergehend, im allgemeinen, wenn und solange es Hunger oder andere Bedürfnisspannungen verspürt, die es zum Schreien veranlassen. Die daraufhin erfolgende Bedürfnisbefriedigung, nach der es sofort wieder in den Schlaf zurücksinkt, - aber auch die versagte, weil nicht sofort gewährte Befriedigung - stellt sich ihm als halluzinatorische Wunscherfüllung dar, insofern es infolge der Reizschranke noch weitgehend unfähig[9] ist, seine Mutter[10] als Vermittlerin wahrzunehmen - die

---

[8] Zwar ist sexuelle Lust nicht die einzige Form von Lust. Sie ist meines Erachtens jedoch die fundamentalste und existenziellste, gleichsam der Urgrund aller (sublimierten) Lust. Der individuell-konkrete Umgang mit Lust im allgemeinen kulminiert in dem mit sexueller Lust im besonderen, die damit zum Prototyp der Lust gerät.

[9] Bei dieser Unfähigkeit handelt es sich eher um eine relative, denn um eine absolute, insofern "... der Säugling niemals ein Stadium totaler Nicht-Differenzierung zwischen sich selbst und anderen durchläuft ..." (Eagle 1988; 29). Mehr noch: Es mehren sich überdeutlich die Hinweise, daß sich autistisches und symbiotisches Stadium in der von Mahler konzipierten und hier von mir dargestellten Form nicht länger aufrecht erhalten lassen. Insbesondere Vertreter des babywatching haben, auf der Fülle ihres Beobachtungsmaterials basierend, beide Konzepte nachdrücklich kritisiert (vgl. z.B. Stern 1991[2]; 59f und Dornes 1993). Obwohl sich die Diskussion in vollem Gange befindet und das letzte Wort noch nicht gesprochen ist, kann man damit rechnen, daß über kurz oder lang der Inhalt dessen, was Mahler mit den Begriffen der autistischen und

Bedürfnisbefriedigung so noch dem eigenen kleinen allmächtigen Universum des Kindes angehört. Dies erinnert Mahler an das Bild eines geschlossenen monadischen psychischen Systems, wie Freud es in "Formulierungen über die zwei Prinzipien des psychischen Geschehens" anhand eines Vogeleis als Modell beschreibt (Freud 1911; 12). Daran angelehnt bezeichnet Mahler das so gekennzeichnete frühkindliche Entwicklungsstadium als autistische Phase (Mahler et al. 1988; 59f). Von anderen AnalytikerInnen wird es auch mit dem Terminus 'primäre Identifikation' belegt, um die Objektbesetzungen des Säuglings im Hinblick auf seine Mutter zu charakterisieren, mit der er sich als ungetrennt verschmolzen erlebt (vgl. z.B. Chodorow 1985; 83).

Wiederholte Nichtbefriedigung von Bedürfnissen, die das Kleinkind schon bei länger andauernder Verzögerung zwischen Bedürfnis und Befriedigung erfahren kann, zwingt es dazu, die halluzinatorische Wunscherfüllung ganz allmählich aufzugeben und gewissermaßen im Gegenzuge dessen nach und nach die Mutter als Vermittlerin wahrzunehmen. Somit gerät langsam der mächtigste und wirkungsvollste Puffer in das Blick- und Wahrnehmungsfeld des Kindes, der ihm den Übergang von der intrauterinen zur extrauterinen Existenz nicht nur erleichtert, sondern überhaupt erst ermöglicht: die Pflegeleistungen der Mutter. Ohne sie kann es nicht (über-)leben, von ihnen ist es infolgedessen existenziell abhängig. Demnach setzt "... die Mutter, die zuerst alle Bedürfnisse des Fötus durch die Einrichtungen ihres Leibes beschwichtigt hatte, dieselbe Funktion zum Teil mit anderen Mitteln auch nach der Geburt fort . Intrauterinleben und erste Kindheit sind weit mehr ein Kontinuum als uns die auffällige Caesur des Geburtsaktes glauben läßt. Das psychische Mutterobjekt ersetzt dem Kinde die biologische Fötalsituation" (Freud 1926; 51).

Warum die Mutter oder eine andere Pflegeperson zwangsläufig eine solch überragende Bedeutung für den Säugling besitzt, hängt mit der Intrauterinexistenz des Menschen zusammen. Denn diese "... erscheint gegen die der meisten Tiere relativ verkürzt; es wird unfertiger als diese in die Welt geschickt. Dadurch wird der Einfluß der realen Außenwelt verstärkt, die Differenzierung des Ichs vom Es frühzei-

---

symbiotischen Phase bezeichnet hat, so gründlich revidiert ist, daß sie ihre Berechtigung verlieren und sich auflösen. Davon wäre in gewisser Weise auch die von mir vertretene Argumentation berührt, allerdings meines Erachtens eher eingeschränkt. Denn erstens basiert sie auf einer rekonstruierenden (Erwachsenen-)Perspektive und nicht auf einer unmittelbaren (Kind-)Perspektive. Und zweitens werden Grundzüge und -struktur der von mir dargestellten Psychodynamik nicht allein schon dadurch geschmälert, daß man symbiotische Phantasien als ein zeitlich späteres psychisches Produkt begreift, das "... aus frühen pathologischen Beziehungen" (Dornes 1993; 77) erwächst - zu viele klinisch unauffällige Menschen besitzen (auf dieser Folie?) Symbiosevorstellungen, als daß man sie als Ausnahmeerscheinung begreifen könnte.

[10] Der Vater fungiert in diesem Stadium allenfalls als Komplement der Mutter, der ihre 'blinden Flecken' im Hinblick auf die frühkindlichen Bedürfnisse aufdecken, sozusagen erhellen kann (vgl. Greenspan 1982; 124).

tig gefördert, die Gefahren der Außenwelt in ihrer Bedeutung erhöht und der Wert des Objekts, das allein gegen diese Gefahren schützen und das verlorene Intrauterinleben ersetzen kann, enorm gesteigert. Dies biologische Moment stellt also die ersten Gefahrensituationen her und schafft das Bedürfnis, geliebt zu werden, das den Menschen nicht mehr verlassen wird" (Freud 1926; 66)[11]. Angesichts dieser Situation ist es klar, daß die als Prototyp für alle folgenden Objektbeziehungen fungierende erste Beziehung des Säuglings zu einem anderen Menschen, die zur Mutter, von vornherein asymmetrisch ist: während das Bedürfnis des Kindes nach der Mutter sowie seine Abhängigkeit von ihr absolut ist, ist umgekehrt das der Mutter nach ihrem Kind bloß relativ - wenngleich im allgemeinen relativ stark wegen ihrer gegenwärtig umfassenden sozialen Isolation infolge geschlechtsspezifischer Arbeitsteilung.

Im autistischen Stadium weiß das Neugeborene jedoch aufgrund der vorherrschenden halluzinatorischen Wunscherfüllung weitgehend noch nicht um seine fundamentale Abhängigkeit von der Mutter, um seine existenzielle Hilflosigkeit und Ohnmacht. Diese bemerkt es erst mit dem Eintritt in die symbiotische Phase, der durch das diffuse Gewahrwerden der Mutter als Vermittlerin der Bedürfnisbefriedigung markiert ist.

6.3.2 Zwischen Sexualität und Symbiose: Der weibliche Kampf um Autonomie und sein Wiederaufleben in der lesbischen Beziehung

Etwa eingangs des 2. Lebensmonats verläßt das Kleinkind das autistische Stadium und wechselt in das symbiotische über. Der Säugling nimmt nun diffus wahr, daß nicht er selbst die Bedürfnisbefriedigungen verursacht, sondern daß sie von irgendwo außerhalb seines Selbst stammen (vgl. Mahler et al. 1988; 60, 62). Im Laufe des symbiotischen Stadiums, das seinen Höhepunkt während des 4. und 5. Lebensmonats erreicht und etwa bis zum Ende des 1. Lebensjahres dauert, nimmt das frühkindliche Gewahrwerden der Mutter als Vermittlerin der Befriedigung und damit einhergehend die Wahrnehmung der eigenen Hilflosigkeit und existenziellen Abhängigkeit von ihr kontinuierlich weiter zu. Dabei verhält sich der Säugling zunächst weiterhin so und übt seine Funktionen aus, "... als ob er und seine Mutter

---

[11] Freud relativiert unter anderem mit dieser Passage die mit seinem Namen meist assoziierte zweifelsfreie Eindeutigkeit (vgl. z.B. Eagle 1988; 7ff), in der er angeblich den Trieb als primäre Motivation menschlichen Verhaltens konzipiert hat, zu dessen bloßen Erfüllungsgehilfen das Befriedigungsobjekt dann folglich regelrecht degeneriert. Der letzte Satz des Freudschen Zitats läßt sich vielmehr durchaus im Sinne des Balintschen Konzepts der 'Primären Liebe' interpretieren, deren "... Ziel ist: ich soll geliebt werden, und zwar ohne kleinste Gegenleistung meinerseits" (Balint 1937; 91).

ein allmächtiges System darstellten - eine Zweieinheit innerhalb einer gemeinsamen Grenze" (Mahler et al. 1988; 62). Dies, die Illusion einer gemeinsamen Grenze der realiter physisch voneinander getrennten Individuen, ist eines der entscheidenden Charakteristika der Symbiose und damit späterer symbiotischer Beziehungen - neben anderen, wie der Unfähigkeit, eindeutig zwischen Selbst und Objekt zu unterscheiden, und dem fundamentalen Angewiesensein auf die symbiotische Partnerin.

Movens dessen, daß das Kleinkind sich und die Mutter zunehmend als getrennt wahrnimmt, wenngleich noch innerhalb einer gemeinsamen Grenze, sind wiederholte nichtbefriedigte, fru- strierte Bedürfnisse, die aus der Abwesenheit der Mutter oder aus un/bewußten Versagungen ihrerseits resultieren. Gleichsam infolge seiner sich ihm so allmählich offenbarenden eigenen Hilflosigkeit und unter dem Druck seiner 'Bedürfnisse'[12], wendet sich daher der Säugling seiner Mutter als machtvolle Quelle der Befriedigungen immer stärker libidinös zu - während ihm ihre tatsächliche gesellschaftliche Ohnmacht (vorerst) verborgen bleibt (vgl. Hagemann-White 1978; 749). Dabei besetzt das Kind nicht nur die Mutter - zunächst als Teilobjekt, später als Objekt - libidinös, narzißtisch, sondern vermittelst ihrer konkreten Pflegeleistungen in je spezifischer Weise auch seinen eigenen Körper (vgl. Mahler et al. 1988; 67) und entlang dessen sein eigenes psychisches Selbst. In den gewährten und versagten Pflegeleistungen der Mutter wiederum, gerade in ihren subtilen Akzenten und ihren differenzierten Nuancen, konkretisiert und spiegelt sich die narzißtische und libidinöse Besetzung des Säuglings durch die Mutter, so daß sie anscheinend un/bewußt von den vielfältigen, individuell je eigentümlich manifestierbaren kindlichen Möglichkeiten eben jene aktiviert, die ihre eigene einzigartige Bedürfnisstruktur reflektieren (vgl. Mahler et al. 1988; 81f) - und diese variiert mit dem Geschlecht des Kindes.

Wie für den Jungen ist die Mutter auch für das kleine Mädchen im allgemeinen das erste Liebesobjekt. Nicht nur, wenngleich vornehmlich, weil sie seine existenziellen Bedürfnisse nach Nahrung, Wärme und menschlichem Kontakt hauptsächlich erfüllt und es gegen alle möglichen frühkindlichen Gefahren zu schützen sucht, sondern ferner auch deshalb, weil sie die Wegbereiterin, die erste Spenderin töchterlicher sexueller Lust ist. Beim Stillen, beim Reinigen, beim Wiegen, bei vielen Körperberührungen von Mutter und Tochter wird nicht lediglich das im Vordergrund stehende Bedürfnis nach Nahrung, Hygiene und Nähe gestillt; zugleich wird, meist unbeabsichtigt, die sinnliche Sexualität[13] des kleinen Mädchens ge-

---

[12] Unter Bedürfnisse subsumiere ich in Überwindung der Dualität von Trieb- und Objektbeziehungstheorie nicht bloß solche physischer Art, wie die nach Nahrung und Wärme, sondern auch jene nach menschlichem Kontakt.

[13] Um einer Verwechslung vorzubeugen von kindlicher Sexualität einerseits, die sich essentiell als alle Sinne gleichberechtigt umfassende, sinnliche Sexualität charakterisieren läßt, und erwach-

weckt und geprägt - die Lust, ihre Wege, Intensitäten, Präferenzen, Fixierungen, Abneigungen schreibt sich darüber allmählich in den weiblichen Körper ein (vgl. z.B. Seifert 1987; 69)[14]. Dies geschieht gewissermaßen zwangsläufig, insofern laut Freud "anfangs ... die Befriedigung der erogenen Zone mit der Befriedigung des Nahrungsbedürfnisses vergesellschaftet (war, G.H.). Die Sexualbetätigung lehnt sich zunächst an eine der zur Lebenshaltung dienenden Funktionen an und macht sich erst später von ihr selbständig" (Freud 1905b; 56). Infolgedessen liegt einerseits in diesem frühkindlichen Stadium die Betonung auf oraler Lust, obzwar auch der Anal- und Genitalbereich bei der Reinigung stimuliert werden; andererseits findet Lust essentiell innerhalb der symbiotischen Zweieinheit statt.

In der frühkindlich-sexuellen Lust erlebt die Tochter die ungetrennte Verschmolzenheit, die Einheit mit der Mutter erneut besonders intensiv. Denn solche Lust ist nicht bloß ein physisch befriedigendes Phänomen; in ihr sind vielmehr leibliche und psychische Komponente auf's engste miteinander verschränkt, insofern das Mädchen über die durch die Berührungen der Mutter ausgelöste körperliche Lust zugleich deren Liebe und Wertschätzung 'verkörpert' erfährt - 'wie sehr und wofür Du mich liebst und wieviel ich Dir wert bin, fühle ich unmittelbar über die Art, Intensität, Dauer und Häufigkeit Deiner Berührungen und der dadurch erzeugten sinnlichen Lust'. Frühkindliche weibliche Lust bedeutet damit nicht nur Befriedigung der Tochter durch die Mutter, sondern diese erlebt zudem währenddessen, auch jene befriedigen, zufriedenstellen zu können - erlebt so ihre eigene diesbezügliche Potenz als Gegengewicht zu ihrer ansonsten häufig empfundenen Hilflosigkeit und Ohnmacht. Gerade durch diese Reziprozität mütterlicher und töchterlicher Befriedigung empfindet das kleine Mädchen die Verschmolzenheit

---

sener Sexualität andererseits, die als genital-fixierte Sexualität bezeichnet werden kann, werde ich erstere häufig mit dem Adjektiv 'sinnlich' näher spezifizieren. Daß es angemessen ist, überhaupt von kindlicher Sexualität zu reden, dokumentiert beispielsweise das Wonnesaugen, bei dem es "... selbst zu einer motorischen Reaktion in einer Art von Orgasmus" (Freud 1905b; 54) kommen kann.

[14] Weibliche Sexualität und Lust wird allerdings auch oft maßgeblich vom Vater, von der Vater-Tochter-Beziehung geprägt. Wie weit verbreitet und nachhaltig dies geschieht, dokumentiert beispielsweise die zunehmende bzw. sich zunehmend offenbarende Zahl von Mädchen, die von ihrem Vater oder einer anderen nahestehenden männlichen Person sexuell ausgebeutet werden - nicht selten bereits im Alter von zwei, drei Jahren (vgl. z.B. Gruppe WiderWillen 1992; 14). Vor dem Hintergrund einer solch traumatischen Erfahrung mit ihrer Prägegewalt verlieren vorgängige Körpererfahrungen mit der Mutter erheblich an Gestaltungskraft und damit an Bedeutung. Dennoch möchte ich die weibliche Erfahrung sexuellen Mißbrauchs im folgenden unberücksichtigt lassen, da dies wegen der Komplexität der dabei zu berücksichtigenden Dimensionen einer eigenständigen Untersuchung bedürfte - und mich stattdessen auf die 'normale', weil davon verschont gebliebene Entwicklung weiblicher Lust und Sexualität beschränken, die - zunächst - vornehmlich von (Körper-) Erfahrungen mit der Mutter, der Beziehung zu ihr geformt sind.

mit der Mutter in der (oralen) Lust so stark und nachhaltig. Daher wird sexuelle Lust meist zum herausragenden Symbol und Indiz dieser Einheit und weckt später im Erwachsenenalter un/bewußte Erinnerungen daran.

Unlust, die Abwesenheit von Lust aufgrund frustrierter Bedürfnisse, die die andere, die Schattenseite des wegen seiner Existenzialität hochgradig ambivalenten Mutter-Tochter-Verhältnisses konstituiert, bedeutet demgegenüber folglich Trennung - sie läßt das trennende Moment in aller Schärfe hervortreten. Dies impliziert auf Seiten der Tochter fundamentale Gefühle der Wert- und Machtlosigkeit - weder ist sie es wert, von der Mutter befriedigt zu werden, noch vermag sie selbst, diese zufriedenzustellen -, die ihrerseits archaische Wut und archaischen Haß freisetzen, deren vehemente und ungezügelte Gewalt aus der existenziellen Abhängigkeit von der Mutter resultiert.

Beständig alterniert das kleine Mädchen zwischen Lust und Unlust, dabei fortwährend das durch diese beiden Pole aufgespannte Kontinuum von Stimmungsbefindlichkeiten - partiell oder vollständig - durchlaufend. Während es einerseits aufgrund und entlang der mit der Mutter erlebten sinnlich-sexuellen Lust allmählich seinen eigenen Körper sowie sein eigenes Selbst narzißtisch und libidinös besetzt und in Erinnerung daran immer wieder die Begegnung mit der Mutter sucht, treiben es andererseits Unlust erzeugende Frustrationen vom mütterlichen Objekt fort. Denn durch Versagungen wird die Tochter zunehmend ihres Getrenntseins sowie ihrer Abhängigkeit von der Mutter gewahr und entsprechend motiviert, sich von dieser unabhängig zu machen. Infolgedessen wird das kleine Mädchen versuchen, soweit es ihm sein physischer und psychischer Entwicklungsstand erlaubt, sich die von der Mutter vorenthaltene sinnlich-sexuelle Lust stattdessen selbst - autoerotisch - zu verschaffen. Dabei läßt es sich im wesentlichen von den durch die Mutter passiv empfangenen Eindrücken leiten, die in ihm eine Tendenz zur aktiven Reaktion hervorrufen. "Es versucht, das selbst zu machen, was vorhin an oder mit ihm gemacht wurde" (Freud 1931; 179) - und nimmt insofern, gewissermaßen in Identifikation mit der Mutter, diese gleichsam nach innen. Dadurch kann die Tochter während ihrer phasenspezifischen autoerotischen Aktivitäten die verlorene wohlige und lustvolle Einheit mit der Mutter gegebenenfalls in der Phantasie erneut erleben - im Innern und damit unabhängig von ihr.

So gesehen kann man einerseits Autoerotik begreifen "... als Abwehr von Objekten, an denen libidinöse Wünsche gescheitert sind" (Schlesier 1981; 110) - die letztlich auf die dauerhafte Verschmelzung mit dem Befriedigungsobjekt zielen. Andererseits ist mit den vorgängigen Ausführungen die zentrale Bedeutung der Autoerotik innerhalb des kindlichen Ablöseprozesses von der Mutter umrissen als des gelungenen oder fehlgeschlagenen ersten sich konstituierenden autonomen Bereiches. "Der Kampf des Kindes um Autonomie spielt sich in der Sphäre des Körpers und der körperlichen Lust ab" (Benjamin 1990; 97). Als erster autonomer Bereich kann sich Autoerotik allerdings bloß auf der Grundlage einer ursprünglich mit der Mutter geteilten Lust ausbilden (vgl. Rumpf 1989; 81), in der das Mädchen seitens der Mutter eine umfassende und in diesem Sinne bedingungslose Wertschätzung und Liebe seines Selbst 'verkörpert' erfahren hat, die es ihm ermöglichen, Unlusterlebnisse als etwas Temporäres und nicht als etwas Prinzipielles zu begreifen und demzufolge psychisch integrieren zu können. Mit dem Ergebnis, sich nun selbst ähnlich narzißtisch und libidinös zu besetzen und so bezüglich des eigenen Selbstwertes und der eigenen Selbstliebe fundamental autonom und nicht auf andere verwiesen zu sein.

All dies ist nicht der Fall, basiert Autoerotik nicht auf einer ursprünglich mit der Mutter geteilten Lust. Geknüpft an zunächst äußerliche, später verinnerlichte Bedingungen, bleiben Selbstwert und Selbstliebe in ihren Grundfesten fragil und problematisch - damit abhängig von der affirmativen Wertschätzung und Liebe anderer, von denen die Einlösung der bislang unerfüllten kindlichen Sehnsucht nach bedingungsloser Akzeptanz des eigenen Selbst stellvertretend erhofft wird, die letztlich psychisch immer noch von der Mutter eingefordert wird - an die die Tochter infolgedessen innerlich gebunden bleibt.

Folgt man der überwiegenden Zahl der PsychoanalytikerInnen, so ist von Geburt an die gesamte frühkindliche Entwicklung eines Mädchens von massiveren narzißtischen und libidinösen Versagungen geprägt als die eines Jungen (vgl. z.B. Grunberger 1964; 30; Mitscherlich-Nielsen 1975; 775, 786; Gambaroff 1983; 87; Olivier 1988[9]; 65, 69ff). Selbst den Formulierungen Freuds ist dies entnehmbar, wenngleich er in der Vorlesung über 'Die Weiblichkeit' "alle diese Momente, die Zurücksetzung, Liebesenttäuschungen, die Eifersucht, die Verführung mit nachfolgendem Verbot" (Freud 1933; 101) nicht als hinreichende Erklärung für die geschlechtsspezifische Besonderheit der Mutter-Tochter-Beziehung gelten läßt - sondern letztlich allein den anatomischen Geschlechtsunterschied per se (vgl. Freud 1933; 102, 195f) -, "kommen (erstere, G.H.) doch auch im Verhältnis des Knaben zur Mutter zur Wirksamkeit und sind doch nicht imstande, ihn dem Mutterobjekt zu entfremden" (Freud 1933; 101; vgl. hierzu auch Freud 1931; 174f). Dessenungeachtet begreift er indessen in derselben Vorlesung das Mutter-Sohn-Verhältnis als "... die vollkommenste, am ehesten ambivalenzfreie aller menschlichen Beziehungen. Auf den Sohn kann die Mutter den Ehrgeiz übertragen, den sie bei sich unterdrücken mußte, von ihm die Befriedigung all dessen erwarten, was ihr von ihrem Männlichkeitskomplex verblieben ist" (Freud 1933; 109). Diese vom Geschlecht des Kindes abhängige un/bewußte mütterliche Motivation und Besetzung wird sich unweigerlich von Geburt an umfassend in einem gegenüber ihren Kindern geschlechtsspezifisch differierenden Verhalten manifestieren, folgt man konsequent dem Freudschen Theorem, daß sich unbewußte Strebungen offenbaren, selbst in banalen alltäglichen Fehlhandlungen (vgl. Freud 1901) oder im Witz (vgl. Freud 1905a) - wenngleich häufig in verschleierter Form.

Daß weniger das Geschlecht des Kindes als solches bestimmend ist, vielmehr der mütterliche/elterliche Umgang mit seiner jeweiligen Geschlechtlichkeit, dokumentieren im übrigen eindrucksvoll die Studien von Stoller (1968). Dieser fand heraus, daß bei biologisch uneindeutigem Geschlecht des Kindes dieses genau jene Kerngeschlechtsidentität ausbildete, die seine Eltern ihm zugeschrieben hatten, d.h. betrachteten die Eltern ihr Kind als Jungen und erzogen es daraufhin entsprechend, entwickelte es eine männliche, betrachteten und erzogen sie es hingegen als Mädchen, entwickelte es eine weibliche Kerngeschlechtsidentität.

Die angesichts dessen von PsychoanalytikerInnen bisweilen vertretene Auffassung, psychische Unterschiede zwischen den Geschlechtern resultierten im wesentlichen aus einer signifikant geschlechtsspezifisch differierenden Quantität frühkindlicher Frustrationen, wie sie etwa in manchen Formulierungen Mitscherlich-Nielsens anklingt - "... der Knabe, der von der Mutter unmittelbarer angenommen und geliebt wird ..." (Mitscherlich-Nielsen 1975; 786) -, kann ich nur bedingt teilen. Vielmehr scheint mir hinsichtlich der durch die Mutter erlebten Versagungen eine qualitative Geschlechterdifferenz derart vorzuliegen, daß je nach Geschlecht des Kindes spezifische Bedürfnisbereiche resp. -komplexe stärker befriedigt werden als andere, die eher vernachlässigt werden und dementsprechend unbefriedigt bleiben (vgl. Schmauch 1987; 299). Hierauf deuten die komplementären Theorien Freuds und Chodorows (vgl. Rhode-Dachser 1989) ebenso hin wie der von Mahler konstatierte formende Einfluß des geschlechtsspezifisch variierenden mütterlichen Eindrucks vom Körper ihres Kindes (vgl. Mahler et al. 1988; 135).

Vergegenwärtigt man sich diesbezügliche Äußerungen von PsychoanalytikerInnen, so fällt auf, daß die Frustrationen, die das kleine Mädchen durch seine Mutter 'verkörpert' erlebt, vornehmlich seine oralen, analen und klitoralen Wünsche betreffen und damit im Bereich der Sexualität angesiedelt sind. Da ist beispielsweise die Rede von Vorwürfen, von der Mutter nicht mit dem 'richtigen' Genital ausgestattet worden zu sein (Freud 1931; 177), von prägenitalen Frustrationen (Grunberger 1964; 30), von ungenügender Idealisierung des töchterlichen Körpers und ihrer Geschlechtlichkeit durch die Mutter (Gambaroff 1983; 87) und von mangelndem, versagtem Begehrtwerden (Olivier 1988[9]; 65, 69ff). Das Vorherrschen sexueller Versagungen fand in neuerer Zeit auch Schmauch in ihren Untersuchungen bestätigt. Zwar sei die körperliche Begegnung von Mutter und Tochter einerseits lange von viel anschmiegsamer Nähe und ausgiebiger Zärtlichkeit gekennzeichnet, von der so beide gleichermaßen profitierten - ein Indiz dafür, daß die kleine Tochter nicht nur einseitig von ihrer Mutter frustriert, sondern auch befriedigt wird. Andererseits handelt es sich bei Zärtlichkeit, Kuscheln und Schmusen um eine körperliche Lust, die ihres sexuellen Elements weitgehend entkleidet ist - um entsexualisierte Lust (vgl. Schmauch 1987; 81f, 294).

Demnach werden anscheinend frühkindlich-sexuelle, vorerst vornehmlich orale Bedürfnisse des Mädchens, ursprünglich von der Mutter geweckt, im weiteren häufig von dieser in besonderem Maße frustriert[15]. Dies zu kompensieren, gewissermaßen zu substituieren, müßte die Tochter verstärkt zu autoerotischer Betätigung neigen, unterstützt überdies durch Rachephantasien, ihrerseits gespeist aus archaischem Haß und archaischer Wut, die ebenfalls jenen sinnlich-sexuellen Versagungen entstammen und die sich, da ihnen der offene Ausdruck mütterlicherseits un/bewußt verwehrt wird, dieser Phantasien als Ventil bedienen (vgl. z.B. Schmauch 1987; 84f). Autoerotische Aktivitäten und die sich daraus entwickelnde Onanie gewährleisten dem Mädchen demzufolge nicht nur eine gewisse Unabhängigkeit von der Mutter im Hinblick auf bestimmte Arten der Bedürfnisbefriedigung; sie stellen darüber hinaus eine (phantasierte) Frustration der Mutter durch die Tochter dar, insofern diese jener dadurch unmißverständlich mitteilt, sie (diesbezüglich) nicht

---

[15] Ich bin mir dessen bewußt, daß diese bereits bei der Oralität ansetzende Argumentation auf tönernen Füßen steht. Zum einen wegen der festgestellten kulturspezifisch divergenten Stillpraxis von Müttern. Während Brunet/Lezine (1966) und Belotti (1975) nämlich in Italien herausfanden, daß Töchter seltener und kürzer gestillt wurden und stärker den Eßvorschriften ihrer Mütter unterworfen waren als Söhne (vgl. Bilden 1980; 788), was als Indiz für die systematische Benachteiligung von Mädchen gewertet wurde, ließ sich demgegenüber in den USA beobachten, daß Mädchen länger und bereitwilliger als Jungen gestillt wurden, was wiederum interpretiert wurde als Ausdruck für die weibliche Erziehung zu Abhängigkeit und Anhänglichkeit (vgl. Hagemann-White 1984; 50). Dennoch diskreditieren diese divergierenden Untersuchungsergebnisse nicht automatisch meine Argumentation. Denn jene geben eher die quantitative denn die meines Erachtens entscheidendere qualitative Dimension des Stillens wider (vgl. z.B. Mahler et al. 1988; 69f) und es erscheint mir durchaus zweifelhaft, ob langes und ausgiebiges Stillen per se mit einer goutierenden mütterlichen Besetzung der töchterlichen Geschlechtlichkeit einhergeht. Daß dies nicht unbedingt so sein muß, dokumentiert der Umstand, daß die Mädchen quantitativ bevorzugende Stillpraxis ausgerechnet in einem Land konstatiert wurde, das eine - gesellschaftliche Wirklichkeit (gebrochen) reflektierende - Theorie feministisch-psychoanalytischer Couleur hervorbrachte, die das asexuelle Dasein der Frau reproduziert und zementiert (vgl. z.B. Chodorow 1985; 128; Rumpf 1989; 79f). Zum anderen scheinen der von mir geführten Argumentation jene Mutter-Tochter-Beziehungen zu widersprechen, die gekennzeichnet sind durch eine weitgehend harmonische und ambivalenzfreie frühkindliche Symbiose, die erst im klitoralen Stadium abrupt ein Ende findet (vgl. Schmauch 1987; 289, 291, 293f und 304). Meiner Meinung nach ist jedoch - wie bereits ausgeführt - die mangelnde mütterliche Idealisierung töchterlicher Geschlechtlichkeit von Geburt des Mädchens an virulent, so daß sie - sich zwar erst mit Einsetzen der klitoralen Phase manifestierend - bereits im oralen und analen Stadium, wenngleich weitaus untergründiger und latenter wirksam ist. Im übrigen sei nochmals daran erinnert, daß die Darstellung wesentlich retrospektiv aus der Sicht erwachsener Frauen erfolgt, was ein hohes Maß an nachträglicher Interpretation vorgängiger Erfahrungen impliziert - 'vor dem Hintergrund späterer Erfahrungen erscheinen mir die früheren nun so' - wie von mir präsentiert.

länger zu brauchen - worauf auch der erwähnte Abwehrcharakter der Autoerotik hinweist.

Der dergestalt beim Mädchen intensivierten autoerotischen Tendenz stehen jedoch gravierende konterkarierende, letztlich vereitelnde Momente entgegen. Da ist zunächst die mangelnde narzißtische und libidinöse Besetzung des töchterlichen Körpers und ihrer Geschlechtlichkeit durch die Mutter, die sich in übermäßigen Versagungen der sinnlich-sexuellen Wünsche des Mädchens ebenso manifestiert wie später in den Fehlbenennungen weiblicher Genitalien, sofern nicht gänzlich von einer Aura der Sprachlosigkeit umgeben (vgl. Lerner 1980). Diese mangelnde mütterliche Besetzung des eigenen Körpers spürt die Tochter unmittelbar - wie die sinnliche Lust, die ihr dessenungeachtet oft der Hautkontakt, die Berührungen der Mutter bereiten. Doch zu diesem Entwicklungszeitpunkt verkörpert ausschließlich die Mutter für das kleine Mädchen Macht und Recht - und so schlußfolgert es höchstwahrscheinlich, seine Bedürfnisse nach sinnlich-sexueller Lust in Einheit mit der Mutter seien durchweg weder wert, befriedigt zu werden, noch habe es ein Recht auf sie - womit die Tochter letzten Endes gegenüber ihrem eigenen weiblichen Körper die Perspektive der Mutter einnimmt. Daher wird sich in die bisweilen verzweifelten Versuche der Tochter, die von der Mutter ignorierten und so unterbundenen Wünsche nach Lust selbst zu stillen - falls sie nicht bereits lediglich infolge dieses impliziten mütterlichen Verbotes aufgegeben wurden - stets der bittere Beigeschmack von etwas Verbotenem und Unerlaubtem mischen. Dieser verleidet nicht nur meist per se autonomen sinnlich-sexuellen Genuß. Er erweist sich darüber hinaus vielmehr als Inkorporation dessen, daß die Mutter (sexuelle) weibliche Lust im allgemeinen und autoerotische Akte ihrer Tochter im besonderen nicht gutheißt und mit Liebesentzug zu ahnden droht, der wiederum vom Mädchen gleichgesetzt wird mit dem Verlust des existenziell unerläßlichen Objekts. Angesichts dessen sieht sich die Tochter in der Regel dem Dilemma gegenüber, entweder ihre autoerotischen Aktivitäten einzustellen oder sie in vermeintlicher, weil widerständiger Selbstbehauptung beizubehalten - beides Alternativen, in denen sie, gefügig oder trotzig, meist an die Mutter gebunden bleibt und keine Eigenständigkeit entwickeln wird. Dabei dürfte sich das kleine Mädchen im übrigen schon allein deshalb eher für die gefügige denn die trotzige Alternative entscheiden, um die befürchtete existenzielle Bedrohung durch den Verlust des mütterlichen Objekts zu reduzieren.

Erheblich verstärkt werden die Wirkungen der mangelnden mütterlichen Besetzung des töchterlichen Körpers noch durch die bereits angesprochenen Rachephantasien. Diese stellen nicht nur einen die bestehende autoerotische Neigung fördernden Faktor dar; zugleich üben sie auf diese einen überaus hemmenden Einfluß aus. Denn die phantasierte Vergeltung beschränkt sich nicht allein auf die mittels Autoerotik realisierte töchterliche Abwendung von der Mutter. Bedingt durch die enorme Gewalt der Quelle, der sie entstammen, und des un/bewußten mütterlichen Verbotes, sie offen auszudrücken, entwickelt das kleine Mädchen unter anderem Vorstellungen, in denen sie den Körper der Mutter sadistisch angreift, letztlich mit dem Ziel, ihn zu zerstückeln. Erzeugen einerseits diese fiktiven Angriffe auf den mütterlichen Leib bei der Tochter starke Schuldgefühle, so generiert andererseits die Projektion dieser sadistischen Phantasien auf die Mutter entsprechend des Talionsprinzips[16] massive Beschädigungsängste, von deren Grundlosigkeit sie sich infolge ihrer weitgehend unsichtbaren und unzugänglichen Genitalien (noch) nicht überzeugen kann (vgl. Chasseguet-Smirgel 1974a; 50ff und 1974b; 157f). Beide Konsequenzen ergeben sich ohnehin gewissermaßen zwangsläufig aus der symbiotischen Zweieinheit, in der sich das Mädchen mit der Mutter befindet; ist innerhalb der Symbiose die (phantasierte) Zerstörung der Mutter für die Tochter doch gleichbedeutend mit der eigenen Zerstörung - objektiv aufgrund ihrer geschilderten fundamentalen Hilflosigkeit und Abhängigkeit von der Mutter, subjektiv wegen ihrer symbiotischen Illusion. Der so das eigene Dasein bedrohende befürchtete Objektverlust motiviert das Mädchen (temporär) zu Wiedergutmachungsversuchen. Da die Tochter infolge des symbiotischen Bandes nicht nur die mütterliche Zurückweisung weiblicher Geschlechtlichkeit spürt, sondern auch, daß sie die damit eng verknüpfte, meist vorhandene innere und äußere Leere ihrer Mutter füllen muß, sie ihre Mutter für deren unausgelebte Bedürfnisse entschädigen soll, für deren Funktionieren sie sich somit existenziell verantwortlich fühlt (vgl. z.B. Torok 1974; 205f, 210; McDougall 1974; 270 und 1989; 108, 112, 114), bestehen ihre (passageren) Wiedergutmachungsversuche vornehmlich darin, sich nicht von der Mutter mittels autoerotischer Aktivitäten zu lösen, die das Mädchen angesichts dessen entsprechend als Bedrohung, Zerstörung der Mutter empfindet, sondern stattdessen (temporär) die an sie gerichteten mütterlichen Erwartungen, weiterhin in der Symbiose mit ihr zu verharren, zu erfüllen.

Dabei entspricht die so verlängerte Symbiose gleichsam der Form, die fortgesetzte inhaltliche Verwirklichung mütterlicher Ansprüche an die Tochter, wenn nicht weitgehend sicherzustellen, so doch beträchtlich zu begünstigen. Denn der symbiotischen Zweieinheit ist die Durchlässigkeit töchterlicher Ich-Grenzen ebenso immanent wie die darauf basierende töchterliche Empathiefähigkeit im Sinne eines - bisweilen trügerischen - Gespürs für die mütterlichen Bedürfnisse mit der Tendenz und nicht selten letztlich der Konsequenz, diese einzulösen, zu befriedigen. Eine, wenn nicht die wesentliche, mütterliche Forderung an die Tochter besteht in der Aufrechterhaltung eben dieser symbiotischen Form durch den Verzicht des kleinen Mädchens auf autoerotische, sexuell eigenständige Akte.

---

[16] Talionsprinzip = Vergeltung von Gleichem mit Gleichem

Dem kommen forcierend die Gratifikationen entgegen, die die Symbiose ihrerseits für die Tochter bereithält und die ihre sinnlich-sexuell erfahrenen libidinösen und narzißtischen Frustrationen zu kompensieren, zu entschädigen versprechen. Beispielsweise "geliebte und mächtige Erwachsene durch wachsame Anpassungsleistungen und Triebaufschub zu befriedigen (- und dies heißt nicht nur Kontrolle und Verhüllen aggressiver und egozentrischer, sondern auch sexueller Bedürfnisse -, G.H.) ermöglicht Mädchen, sich mit narzißtischem Gewinn in der Freude der Erwachsenen zu spiegeln. Von dieser Möglichkeit macht ... ein großer Teil der Mädchen bereits in der frühkindlichen Entwicklung Gebrauch" (Schmauch 1987; 80 und auch 295). Darüber hinaus kann die Tochter so weiterhin die durch die primäre Identifikation mit der Mutter konstituierte enge und exklusive Bindung zu ihr weitgehend aufrechterhalten und muß sich nicht in dem Maße wie ein Junge von ihr entidentifizieren (vgl. z.B. Mitscherlich-Nielsen 1978; 682; Chodorow 1985; 143ff, 263; Schmauch 1987; 76f).

Entscheidend beeinflußt und vorangetrieben werden diese beiden Momente durch das immer wieder von AnalytikerInnen (vgl. z.B. Schmauch 1987; 80; Eichenbaum et al. 1988; 44) konstatierte un/bewußte mütterliche Bedürfnis, die Tochter der eigenen Person möglichst umfassend - strukturell - ähnlich werden zu lassen, zu machen. Laut Chodorow resultiert dies im wesentlichen aus der Gleichgeschlechtlichkeit von Mutter und Tochter, die eine Mutter oft dazu veranlaßt, ihre Tochter weniger als eigenständige Person denn als narzißtische Erweiterung, Verdoppelung des eigenen Selbst zu betrachten und entsprechend zu besetzen. Von gleichem Geschlecht identifiziert sich eine Mutter im allgemeinen stärker mit ihrer Tochter und empfindet sie als weniger separat und autonom (vgl. Chodorow 1985; 143) - und daher prädestinierter, die häufig selbst in ihr klaffende Lücke zu schließen, ihre innere Leere zu füllen. Dies mütterliche Bestreben wird nicht nur durch die sinnlich-sexuellen Bedürfnisse des kleinen Mädchens, die es nach wiederholten Frustrationen nun autoerotisch und d.h. unabhängig und getrennt von der Mutter zu stillen trachtet, gefährdet - die es deswegen auch zu unterdrücken gilt. Konsequenterweise behindert eine Mutter parallel meist auch andere töchterliche Aktivitäten, die Eigenständigkeit und Autonomie zum Ziel haben, indem sie etwa auf sie fixiertes Näheverhalten ('proximal mode behavior') bei ihrer Tochter fördert (vgl. Bilden 1980; 788). In der Gesamtschau läßt sich daher über das Verhalten der Mütter in Abwandlung einer Formulierung Chodorows (vgl. Chodorow 1985, 132) pointiert konstatieren: Nachdem sie zunächst ihren Töchtern die narzißtische und libidinöse Besetzung ihrer Geschlechtlichkeit innerhalb einer vertrauensvollen frühen Symbiose verwehrt hatten, verhinderten sie nun jeglichen Spielraum für autoerotische Akte und autonome Sexualität - mit den vorgängig beschriebenen Konsequenzen für die Tochter.

Der skizzierte innere Konflikt des kleinen Mädchens zwischen Autonomie, Autoerotik und Sexualität auf der einen, Symbiose auf der anderen Seite ist alles andere als eine einmalige Angelegenheit, die sich mit einer dezidierten Entscheidung endgültig lösen ließe. Im Gegenteil, immer wieder wird in der Tochter durch Frustra-tionserfahrungen, insbesondere ihrer sinnlich-sexuellen Wünsche, der Impuls neu geschürt und entflammt, sich vermittels autoerotischer Aktivitäten von der Mutter zu lösen - und immer wieder wird in Reaktion darauf im Mädchen der kontradiktorische Impuls freigesetzt, das der Mutter dadurch Angetane ungeschehen, wiedergutzumachen, indem sie nun deren symbiotischen Anforderungen gerecht zu werden sucht. Mögen beide Bestrebungen zunächst ähnlich stark und der Kampf zwischen ihnen demzufolge von Unentschiedenheit geprägt gewesen sein, so schlägt die Waagschale im Laufe des Konflikts zunehmend zuungunsten der Sexualität und zugunsten der Symbiose aus angesichts der geschilderten Dynamik sowie des die gesamte weibliche Frühkindheit durchwirkenden geschlechtsrollenkonformen mütterlichen/elterlichen Verbotes infantil-heftiger Affekte und spontaner Triebäußerungen.

Im übrigen wird dieser Konflikt in den seltensten Fällen dadurch entschärft, "... daß sich das Kleinstkind des Vaters bedient, sowohl um sich von der Mutter zu lösen, als auch um den Frustrationshaß auf die Mutter integrieren zu können" (Rotmann 1978; 1114). Denn dies setzte essentiell eine mit der Mutter vergleichbare potentielle Verfügbarkeit des Vaters voraus, soll beides dem Kind nicht nur vorübergehend, sondern dauerhaft gelingen. Aus weiter unten noch näher erläuterten Gründen ist ein Vater im allgemeinen jedoch für seine Tochter weder zeitlich noch emotional annähernd ähnlich verfügbar wie die Mutter. Diesem Umstand trägt auch Rotmann - unerkannt? - Rechnung, insofern er als einzig authentische Fallsituation ausgerechnet eine Situation präsentiert, in der der Vater üblicherweise anwesend ist - nämlich sonntagmorgens im elterlichen Bett (Rotmann 1978; 1130f).

Infolgedessen wird das Mädchen letzten Endes meist Sexualität, sexuelle Bedürfnisse auf Dauer mehr oder minder weitgehend verdrängen, abspalten, einschließlich der ihre Frustration begleitenden Gefühle von Wertlosigkeit, Ohnmacht, Kränkung, Schmerz, Trauer, Wut und Haß. Dem erwachsenen weiblichen Bewußtsein damit zwar im großen und ganzen über weite Strecken entzogen, bleiben sie dennoch weiterhin latent wirksam gleichsam als komplexer Untergrund, der die Schattenseite des hochgradig ambivalenten töchterlichen Verhältnisses zur inzwischen verinnerlichten Mutterimago konstituiert, auf dem sich - davon untrennbar und entsprechend geprägt - un/bewußte Sehnsüchte nach Wertschätzung und Autonomie ebenso erheben wie nach primärer Nähe und Verschmolzenheit. Eingebunden in dieses ambivalente Gefüge aktivieren starke un/bewußte Verschmelzungswünsche einer Frau, die gerade wegen ihrer durch die verlängerte Symbiose bedingten durchlässigen Ich-Grenzen realisierbar scheinen, stets gleichsam sogartig starke un/bewußte Verschmelzungsängste. Antagonistische Ängste, wie damals als kleines Mädchen entweder vom Liebesobjekt auf Kosten der eigenen Autonomie narzißtisch und libidinös besetzt zu werden oder umgekehrt autonom zu sein zum Preis narzißtischer und libidinöser Besetzung durch das Liebesobjekt - und so in einem weder nach der einen noch nach der anderen Seite auflösbaren Dilemma festzustecken. Ängste, die dazu dienen, die damals im Zuge des frühkindlichen Konflikts abgespaltenen, vermeintlich immer noch die eigene Existenz gefährdenden Affekte in der Verdrängung zu halten, die ihrerseits bei zunehmender Nähe immer stärker hervorzubrechen drohen. Diese Ängste, selbst schon vorgelagerte Momente der Abwehr, mobilisieren zusätzlichen Widerstand, der am nachdrücklichsten spürbar wird in der Sexualität, in der Erwachsene am ehesten und umfassendsten primäre Nähe und Verschmolzenheit fokussiert erleben (können) - und der sich häufig manifestiert als Hemmung sowohl der Frequenz, Intensität und Art sexueller Bedürfnisse als auch der Qualität sexuellen Erlebens, sexueller Befriedigung. Wird also die Verschmelzung resp. der Wunsch danach zu intensiv, droht gewissermaßen ihre Realisierung, müssen im Gegenzuge quasi umgekehrt proportional eben darauf zielende sexuelle Bedürfnisse verdrängt, abgespalten werden - deren Befriedigung nicht selten ursprünglich den Verschmelzungsprozeß mit nachfolgender Dynamik initiiert hatte (vgl. Lindenbaum 1989; 122f, 128). Dies bedeutet für die Frau, auf fokussierte Verschmelzung zu verzichten, die in der Sexualität auf der Basis konturierter Autonomie möglich ist[17] - und damit zu verbleiben in der Symbiose, in der sowohl Verschmelzung als auch Autonomie nur äußerst diffus im Sinne von etwas Pseudoartigem erlebt werden kann bedingt durch die symbioseinhärente Unterscheidungs- und Abgrenzungsschwierigkeit zwischen Ego und Alter.

Die letztlich dieses Ergebnis hervorbringende Dynamik betrifft alle Libidophasen gleichermaßen und nicht nur die orale, anhand der ich im wesentlichen die Argumentation entwickelt und bislang verdeutlicht habe. Bevor ich mich näher mit der konkreten Gestalt der Dynamik, wie sie sich in der analen und klitoralen Phase entfaltet, beschäftige, werde ich jetzt einen etwas längeren Exkurs über ihre dem Mädchen vorerst noch äußerlichen psychoanalyserelevanten Entstehungsursachen[18]

---

[17] Daß Männern im allgemeinen ihre Sexualität bewußter ist und sie ihre diesbezüglichen Bedürfnisse offensiver und aggressiver äußern, berechtigt allein noch nicht zu der Annahme, ihnen sei fokussierte Verschmelzung auf der Basis konturierter Autonomie eher möglich als Frauen. Denn ihre sexuellen Bedürfnisse zielen zwar einerseits auch auf Verschmelzung, stehen aber zugleich andererseits meist klar im Zeichen der dies letztlich vereitelnden dezidierten Abgrenzung. Dies indiziert sowohl die häufig anzutreffende extreme Genitalfixiertheit männlicher Sexualität, der ein Mangel an Sinnlichkeit korrespondiert, als auch die Undurchlässigkeit männlicher Ich-Grenzen (vgl. Chodorow 1985; 216, 220) als auch die von Grunberger konstatierte männliche Besetzung der Triebabfuhr selbst, nicht der "... Beziehung zu seinem Ich und dem Objekt, das die Triebabfuhr ermöglicht" (Grunberger 1964; 40).

[18] Die historisch-gesellschaftlichen Bedingungen frühkindlicher Symbiose und später darauf auf-

einschieben - da diese bereits vor kurzem anklangen bei der Darstellung, daß eine Mutter ihre Tochter regelrecht von der Sexualität weg in die Symbiose hineinzieht. Damit wird erneut der schon in 3.3 (Zur historischen Bedingtheit von 'Symbiose') im Zusammenhang mit der Reproduktion des 'Mutterns' dargelegte, von Chodorow (1985) herausgearbeitete Ursachenkomplex brisant. Ich werde mich demnach auf seine an dieser Stelle relevanten Aspekte beschränken und mich hierbei zunächst auf Frauen mit heterosexueller Objektwahl beziehen. Letzteres nicht nur wegen der bei ihnen im Vergleich zu Lesben um einiges höheren Wahrscheinlichkeit eigener Kinder, sondern auch - wie noch zu zeigen sein wird - weil der Unterschied in der Objektwahl Differenzen in der (inneren) Konfliktsituation bedingt, mit der sich die erwachsene Frau später konfrontiert sieht.

Bereits eine Generation vor ihrer eigenen Tochter hatte die jetzige Mutter selbst als Tochter den soeben aufgerissenen strukturellen Konflikt in seiner entfalteten, noch zu schildernden Gestalt durchlaufen müssen. Die dadurch verlängerte präödipale Phase des Mädchens, die aus seiner beständig um Themen wie Symbiose, Sexualität, Autonomie, primäre Identifikation und Liebe kreisenden konflikthaften Auseinandersetzung mit der Mutter resultierte (vgl. z.B. Chodorow 1985; 128, 145), führte im weiteren Verlauf des entsprechend verzögert einsetzenden ödipalen Stadiums dazu, daß die Tochter nicht einfach ihre Mutter als Liebesobjekt aufgab, um an ihrer Statt den Vater zu setzen, sondern sie beibehielt, während der Vater als weiteres libidinöses Objekt lediglich hinzutrat (vgl. z.B. Chodorow 1985; 166, 168, 249f). Daß der Vater im Ergebnis innerhalb der Dyade die Position der Mutter nicht substituierend einnahm, sich vielmehr die dyadische Situation zur triadischen erweiterte, in der das Mädchen wesentlich die symbiotisch geprägte Kontinuität zur und Verbindung mit der Mutter aufrechterhielt - eine Situation, die auch für die innere Beziehungswelt und die sich daraus ableitenden Bedürfnisse der erwachsenen heterosexuellen Frau vorbildlich bleibt - beruht neben den bereits angeführten noch auf weiteren Momenten.

Nicht nur, daß der Vater immer noch häufig infolge geschlechtsspezifischer Arbeitsteilung die meiste Zeit von zu Hause abwesend und so für das Mädchen, schon rein zeitlich betrachtet, weitaus weniger verfügbar ist als die demgegenüber konti-

---

bauender Beziehungen, die gesellschaftlich hervorgebrachte stete Verfügbarkeit der Mutter sowie die weitgehende soziale Isolation der Mutter-Kind-Dyade, wurden bereits in 3.3 (Zur historischen Bedingtheit von 'Symbiose') abgehandelt, auf das ich an dieser Stelle verweise. Auf welchen historisch-gesellschaftlichen Bedingungen die vorgefundene konkrete Gestalt weiblicher Sexualität basiert, findet sich hingegen in 3.2.2 (Ableitung der historischen Möglichkeit lesbischer Beziehungen aus allgemeinen gesellschaftlichen Bedingungen, S. 71ff) und insbesondere in 4.3.1 (Zum [klassen- und] schichtspezifischen Verhältnis von Sexualität und Symbiose in lesbischen Beziehungen um die Jahrhundertwende, S. 124ff).

nuierlich anwesende und stets greifbare Mutter. Auch aufgrund seiner Abgrenzung und Trennung akzentuierenden Sozialisation (vgl. z.b. Chodorow 1985; 217) konnte damals der Vater, ebensowenig wie es heute ihrem (potentiellen) Partner gelingt, die durch die präödipale Bindung an die Mutter geprägten weiblichen Bedürfnisse nach Nähe, Verschmolzenheit und primärer Liebe auch nur annähernd umfassend befriedigen (vgl. z.b. Chodorow 1985; 168, 258, 263) und dadurch die ödipale Triangulierung der zukünftigen Frau aufbrechen und zu ihrem exklusiven Liebesobjekt avancieren. Im übrigen scheinen Väter ohnehin oftmals, wie unterschiedlichste Untersuchungen belegen, signifikant weniger an ihren Töchtern interessiert zu sein als an ihren Söhnen, was sich in ihrem entsprechend qualitativ wie quantitativ geschlechtsspezifischen Engagement niederschlägt. So beobachteten "Rebelsky & Hanks (1971) ..., daß Väter im Lauf der ersten Lebensmonate ihren Sprechkontakt zu den Töchtern, nicht jedoch zu den Söhnen reduzierten. Ähnliches berichten auch Spelke, Zelazo, Kagan et al. (1973). Parke & O'Leary (1976) fanden, daß Väter erstgeborene Söhne, verglichen mit erstgeborenen Töchtern, häufiger berührten und mit ihnen spielten. Rubin, Provenzano & Luria (1974) beobachteten deutliche Unterschiede im Einfühlungsvermögen von Vätern gegenüber Jungen und Mädchen. Weinraub & Frankel (1977) berichten, daß Väter mehr Zeit im gemeinsamen Spiel mit ihren Söhnen verbrachten als mit ihren Töchtern ..." (Fthenakis 1988; 242).

Maßgeblichen Anteil an dem vorgängigen Zusammenhang hat der Umstand, daß in die un/ bewußten väterlichen Phantasien, Wünsche, Sehnsüchte, Ängste und Forderungen, die seine Haltung und sein Verhalten gegenüber seiner Tochter bestimmen, gerade seine frühkindlichen Erfahrungen mit der, ebenfalls dem weiblichen Geschlecht angehörenden, eigenen Mutter eingehen, die häufig überschattet und dominiert sind von der haßgeschwängerten Angst, von ihr (vaginal) verschlungen zu werden (vgl. Frank-Rieser 1985; 81 und Mahler et al. 1988; 269). In dem Maße, in dem ein Junge in seiner Frühkindheit diese Angst als ohnmächtige Reaktion auf die im Ausmaß jeweils variierende mütterlich begehrliche Besetzung seines Körpers und seines Selbst ausbildete, wird er später als erwachsener Mann, falls unbearbeitet geblieben, zum Zwecke der Abwehr unter anderem weder aktives weibliches Begehren und damit assoziativ verknüpfte primäre Liebe (vgl. z.B. Olivier 1988[9]; 75, 155) zulassen können noch in der Konsequenz reife weibliche Geschlechtlichkeit in all ihren Facetten, auch den verschlingenden, goutieren können (vgl. Torok 1974; 231). Dies betrifft im großen und ganzen sowohl sein Verhältnis zu seiner Frau als auch zu seiner Tochter, was an dieser Stelle insofern bedeutsam ist, als die Art und Weise, wie der Vater weibliche Wesen/Körper behandelt, für die Tochter nicht nur am eigenen Leibe erfahrbar wird, sondern ebenso am Beispiel ihrer Mutter.

Ein derart vor potenter weiblicher Geschlechtlichkeit zurückschreckender Vater, weibliche Potenz dabei zugleich meist ablehnend und abwertend, wird kaum ein allseits befriedigendes ödipales Objekt für seine Tochter abgeben. Ein solches Objekt müßte nämlich einerseits als Geschlechtswesen das geschlechtliche Potential seiner Tochter per se und nicht bezogen auf sich selbst wertschätzen und entsprechend narzißtisch sowie libidinös besetzen, dabei aber andererseits die vom Generationsunterschied aufgerichtete Grenze wahren, indem es sich weder konkret sexuell-erotisch verführerisch gegenüber seiner Tochter verhielte noch auf deren diesbezügliche Phantasien einginge (vgl. Chodorow 1985; 154f). Stattdessen dürfte ein ödipal ungenügender Vater die Weiblichkeit seiner Tochter bloß äußerst selektiv bestätigen und bestärken, wobei er un/bewußt stark an kulturell geprägten normativen Geschlechtsstereotypen orientiert bleibt (vgl. z.B. Fthenakis 1988; 296f), denen Passivität immer noch als essentieller Bestandteil von Weiblichkeit gilt. So kann sich der Vater für die Tochter schwerlich eindeutig und umfassend als (sexuell) besseres und attraktiveres Objekt als die Mutter entpuppen, dem sie fraglos auf Dauer den exklusiven Vorzug gäbe. Denn in der Summe kompensiert er hierzu die dem Mädchen durch seine Mutter zugefügten Frustrationen nicht angemessen und ausreichend genug, da er sich seiner Tochter gegenüber nahezu gleichgerichtet wie ihre Mutter verhält - auch er versagt ihr im großen und ganzen die narzißtische wie libidinöse Besetzung ihres aktiven Begehrens im besonderen und ihrer Autonomiebestrebungen im allgemeinen, wenngleich die sexuelle Komponente zwischen Vater und Tochter wegen der umfassend gesellschaftlich wirksamen heterosexuellen Normative dennoch weitaus stärker, allerdings entsprechend einseitig akzentuiert sein dürfte. Dies mag ein Grund dafür sein, daß ödipale Mädchen und später erwachsene Frauen innerlich zwischen der Mutter und dem Vater als Objekt oszillieren.

Auch die Mutter kann entscheidend dazu beitragen, daß der Vater nicht zum exklusiv ödipalen Objekt der Tochter wird, indem sie dieser beispielsweise ein recht ambivalentes Bild vom Mann und von Männlichkeit vermittelt und sich analog gegenüber ihrem Mann, dem Vater verhält. Meist wird sie dabei modellhaft einerseits die Bedeutung und Notwendigkeit des Mannes für eine Frau hervorheben, was seine, inzwischen durchaus bedrohte außerfamiliale Funktion reflektiert, und ihn andererseits für sein auch von ihr selbst gefördertes infantil-tyrannisches Verhalten innerhalb der Familie verachten (vgl. z.B. Mitscherlich-Nielsen 1978; 683; Eichenbaum et al. 1988; 51). Darüber hinaus versuchen Mütter bisweilen, den ödipalen Konflikt, in dem sie zur erwachsenen Konkurrentin ihrer Tochter werden, dadurch zu vermeiden, daß sie "... einseitig bei drei-, vierjährigen Mädchen 'phallisches' Verhalten, also robuste, jungenhafte Anteile bestärken. ... Nicht die Unterstützung von 'männlichen' Aktivitäten als solche, sondern deren Überbetonung enthält die Möglichkeit, daß Frauen hier auf heimliche Weise den Mädchen einen eigenen Zugang zum Mann versperren" (Schmauch 1987; 76) - vielleicht, weil sie aus eigener frühkindlicher Erfahrung um die Intensität des töchterlichen Verlangens nach dem Vater wissen sowie um seine Unrechtmäßigkeit aus mütterlicher Perspektive.

Mit dem sich zusätzlich aus diesen angeführten Momenten speisenden weitgehenden (frühkindlichen) Verzicht auf Sexualität, nahm und nimmt sich die Frau die bereits erwähnte alternative Möglichkeit[19], einem Mann in ihrer vollen sexuellen und orgastischen Potenz zu begegnen, währenddessen sie temporär essentielle Aspekte der frühen Mutter-Tochter-Beziehung befriedigend wiederauf- und -erleben kann, dann allerdings auf einem gänzlich gewandelten, neuen Niveau, das meines Erachtens idealtypisch durch die Verschränkung von Autonomie, Reziprozität und Lust gekennzeichnet ist.

Stattdessen bleibt die Mutter-Tochter-Dimension des psychisch nach wie vor akuten ödipalen Dreiecks bei der erwachsenen Frau unausgefüllt und gerät so gleichsam zur strukturellen Leerstelle, die sie folglich dauerhaft angemessen zu besetzen sucht. Als hierfür prädestiniert erweist sich ein Kind, das nicht nur das triadische Beziehungsgefüge komplettiert, sondern darüber hinaus der Frau die Reaktivierung der ersehnten, bislang unrealisierten symbiotischen Mutter-Kind/Tochter-Beziehung erlaubt - besonders unmittelbar, wenn es sich bei dem Kind um eine Tochter handelt. Denn von gleichem Geschlecht wird eine Mutter in ihrer Tochter zwangsläufig mit ihrem eigenen Geschlecht konfrontiert, spiegelt sich in dieser ihr eigenes konkretes weibliches Sein, findet sie in deren Abbild auch sich als Tochter ihrer eigenen Mutter wieder. Darüber wird eine intensive Aktualisierung ihrer frühen töchterlichen Erlebnisse mit der eigenen Mutter befördert (vgl. z.B. Gambaroff 1983; 82). Bedingt durch Identifikation einerseits, Projektion andererseits neigt die jetzige Mutter in der Folge häufig un/bewußt dazu, ihrer eigenen Tochter gegenüber, individuell zwar gebrochen, im wesentlichen aber strukturell ähnliche Einstellungen und Verhaltensweisen anzunehmen, wie sie sie selbst früher von ihrer eigenen Mutter 'verkörpert' erfahren und dann internalisiert hat (vgl. Eichenbaum et al. 1988; 42) - und die heute unter anderem maßgeblich bestimmen, wie die jetzige Mutter - für ihre Tochter modellhaft - mit ihrem eigenen weiblichen Körper umgeht und wie sich dieser Umgang in der (sexuellen) Begegnung mit dem Vater, ihrem Mann umsetzt.

Die sich solcherart perpetuierende Reproduktion weiblichen Seins, der psychischen Struktur von Frauen gilt generell. Sie betrifft nicht nur die häufig vorfindbare Verdrängung weiblicher Bedürftigkeit, die eine Mutter entsprechend des Projektionsmechanismus im Außen bei ihrer Tochter unterdrücken muß, damit sie sie innerlich, von ihrem eigenen bedürftigen Anteil ausgehend, der ihr samt seines in-

---

[19] Die Realisierung einer solchen Alternative setzte jedoch wiederum einen Mann voraus, der von sich aus einer reifen, potenten Frau begegnen will - etwas, das aus bereits erwähnten Gründen selten genug vorkommt.

härenten Konflikt- und Veränderungspotentials nicht zu Bewußtsein kommen darf, unter Kontrolle hält (vgl. Eichenbaum et al. 1988; 44). Sie bedingt ebenso das damit eng verwandte, meist vorhandene generationenübergreifende und Kontinuität garantierende symbiotische Band zwischen Müttern und Töchtern, insofern Mütter, um die Leerstelle in ihrem eigenen Innern zu füllen, genau dieselbe in ihren Töchtern erzeugen (müssen). Eine Tendenz, die solange anhält, solange eine Mutter nicht das symbiotische Band zu ihrer eigenen Mutter durchtrennt und sich von ihr, insbesondere durch die Inbesitznahme ihrer eigenen Genitalität, abgegrenzt hat. Denn "erst wenn eine Frau sich von ihrer eigenen Mutter gelöst hat, kann sie auch die Tochter loslassen" (Gambaroff 1983; 88) - und so eine Linie von Frauengenerationen mitbegründen helfen, die an jede folgende eine psychische Struktur weitergibt, welche durch Autonomie gekennzeichnet ist. In diesem Fall verlören auch die Aussagen dieses Kapitels ihre Grundlage und mithin ihre Geltung, da sie essentiell auf intensiven Symbioseneigungen von Frauen als Müttern basieren.

Der Aspekt der Symbiose ist mit dem der Sexualität im Hinblick auf die Reproduktion weiblichen psychischen Seins nun in besonderer Weise verschränkt. Nicht, daß Frauen schlicht in Identifikation mit ihren Müttern die als kleine Mädchen selbst erfahrene ungenügende mütterliche Idealisierung ihres Körpers und ihrer Geschlechtlichkeit jetzt bei ihrer eigenen Tochter fortsetzen. ". im 'Schmusen' mit dem Mädchen kann die Frau unerkannt - besonders vor sich selbst - entsexualisierte Lust auf ein weibliches Sexualobjekt und eigene kindliche Anlehnungsversuche gegenüber einer kleinen Mutter verwirklichen" (Schmauch 1987; 81f). Letzteres kann gelingen, da sich die Frau in der körperlichen Begegnung mit ihrer Tochter durch das Aufgeben autonomer sexueller Bedürfnisse, auch und gerade bezogen auf einen weiblichen Körper, als einfühlsame und folgsame Tochter ihrer eigenen Mutter gegenüber zeigt, die wiederum durch ihre eigene Tochter repräsentiert wird. Dabei mag das kleine Mädchen hinter dem manifesten Verhalten der Mutter durchaus deren abgespaltene und verdrängte Wünsche nach sinnlich-sexueller Lust mit einem weiblichen Körper sowie das darüber verhängte Tabu herausspüren - und auf ihre eigenen diesbezüglichen Bedürfnisse übertragen. Solcherart steht die körperliche Beziehung zwischen Mutter und Tochter ganz im Zeichen der Symbiose - gleichermaßen als deren Ursache und Folge -; denn in ihr hält die jetzige Mutter die symbiotische Bindung zu ihrer eigenen Mutter aufrecht und bringt in der Folge dadurch zugleich die zu ihrer eigenen Tochter hervor. Die Reproduktion weiblichen Seins ist unter anderem deshalb so erfolgreich und schwer zu durchbrechen, weil Frauen alternierend jeweils sowohl Mütter als auch Töchter sind, nicht nur gegenüber ihren eigenen Müttern, sondern auch gegenüber ihren eigenen Töchtern - das symbiotische Band zwischen den Frauengenerationen immer aus zwei sich gegenseitig bedingenden Strängen gewirkt ist.

Wie intensiv das (frustrierte) sexuelle Element zwischen Mutter und Tochter verdrängt wird, werden muß, offenbart exemplarisch das entsprechend tief verankerte Tabu, darüber auf der Theorieebene zu reden und zu reflektieren. Ein passendes Beispiel hierfür stellt die psychoanalytische Konzeption Chodorows (1985) dar[20]. Für sie gibt es schlicht keine von frühkindlicher Sinnlichkeit geprägte Sexualität zwischen Mutter und Tochter, diese existiere bloß zwischen Mutter und Sohn - und könne auch nur zwischen diesen beiden existieren, wie etwa folgende Passage dokumentiert: "Die Zuneigung des Mädchens zur Mutter unterscheidet sich inhaltlich präzise dadurch von der des Knaben, daß sie zu diesem Zeitpunkt nicht ödipal ist (nicht sexualisiert, auf Besitz konzentriert, d.h. nicht auf eine Person, die deutlich als verschieden oder gegensätzlich erlebt wird)" (Chodorow 1985; 128). Darüber hinaus schwingt - dies verstärkend - in den Äußerungen und Formulierungen Chodorows ein Tenor mit, der Sexualität generell, obgleich notwendig, als unangenehm und störend, wenn nicht gar als unrein und böse konnotiert. Zumindest sind es ihrer Meinung nach die 'bösen' Erwachsenen, die das 'reine' Kind aus eigener sexueller Bedürftigkeit zur 'unreinen' Sexualität bringen (vgl. Chodorow 1985; 141, 154) - und dabei ist keineswegs die Rede von sexuellem Mißbrauch. Daß der körperliche Kontakt zwischen Mutter und Tochter per se die sinnliche Sexualität des kleinen Mädchens weckt und entsprechend frühkindliche Wünsche und Bedürfnisse hervorbringt, ihr also durchaus etwas Naturwüchsiges anhaftet, scheint außerhalb Chodorows Vorstellungsvermögens zu liegen, so daß sich ihr überhaupt nicht die Frage aufdrängt, warum und wie es zur Nichtsexualisierung der Mutter-Tochter-Beziehung kommt (vgl. Rumpf 1989; 79)[21].

Die geschilderte Reproduktionsdynamik zwischen Müttern und Töchtern bietet meines Erachtens die umfassendste und plausibelste Erklärung für das Entstehen des spezifisch weiblichen Konflikts zwischen Sexualität und Symbiose sowie seiner typischen Lösung zugunsten der Symbiose. Andere in diesem Zusammenhang

---

[20] In diesem Zusammenhang ist bemerkenswert, daß sich die Diskussion über ein Forschungsprojekt zum Thema 'lesbische Sexualität' auf dem Symposium 'Facetten deutschsprachiger Lesbenforschung' 1991 in Berlin ausschließlich auf Forschungsfragen beschränkte, "... während die spannenden Ergebnisse der Studie hinsichtlich ... der uneingestandenen Wünsche und Bedürfnisse der befragten Frauen ... nicht angeschnitten wurden" (Göttert 1992; 155).

[21] Die Konzeption Chodorows ist hinsichtlich einer Vielfalt problematischer Aspekte und Akzentuierungen kritisiert worden. Nicht zuletzt hat ihr Verständnis der frühkindlichen Mutter-Tochter-Beziehung als zutiefst asexuelle von vielen Seiten heftige Kritik auf sich gezogen. Auf eine eingehende Auseinandersetzung mit diesem Komplex habe ich hier jedoch - vorschnell, wie ich jetzt meine - weitgehend verzichtet, werde sie aber zu einem späteren Zeitpunkt nachholen. Denn eine Untersuchung beispielsweise darüber, wo und wie in der Mutter-Tochter-Symbiose Chodorowscher Prägung das ihr immanente sexuelle Element absorbiert ist bzw. verschwindet, es damit aber nichtsdestotrotz eingeht und demzufolge wieder ans Tageslicht gezerrt werden kann, könnte interessante neue und weiterführende Perspektiven eröffnen.

relevante Versuche, die diesen Konflikt initiierenden geschlechtsspezifischen narzißtischen wie libidinösen Frustrationen des kleinen Mädchens - seiner sinnlich-
sexuellen Bedürfnisse - zu begründen, brechen demgegenüber verfrüht ihr Vorhaben ab, indem sie die jeweils von ihnen angeführte Ursache unhinterfragt lassen.
Mit zwei wesentlichen, der Begründung Freuds und der Oliviers, werde ich mich
an dieser Stelle kurz auseinandersetzen.

Wie bereits erläutert, sind - trotz einiger Ungereimtheiten - Freud zufolge die geschlechtsspezifischen Frustrationen der Tochter weniger durch die Mutter, ihr Verhalten und ihre Besetzung bedingt; sie resultieren seines Erachtens letztlich vielmehr per se aus dem biologischen Geschlecht des Mädchens. Dies dokumentiert
neben dem schon erwähnten Beleg ferner seine nicht weiter ausgeführte, gewissermaßen geschlechtskategorische Feststellung, daß den Mädchen nicht wie den Jungen "... ermöglicht ist, ihre Ambivalenz gegen die Mutter zu erledigen, indem sie
alle ihre feindseligen Gefühle beim Vater unterbringen" (Freud 1931; 178). Ebenso
als Indiz hierfür kann Freuds symmetrische Konzeption männlicher und weiblicher
Frühkindheit nach dem Modell des Jungen gelten - bis zur Bewußtwerdung des
anatomischen Geschlechtsunterschieds, mit der sich erst die kindliche Entwicklung
geschlechtsspezifisch auszudifferenzieren beginnt (vgl. Freud 1931; 171, 182 und
1933; 96, 101ff; Mitchell 1976; 76f, 82, 115f).

Im Gegensatz zum Jungen keinen Penis zu haben, dieser anatomische Umstand
gerät Freud zur Kastration und infolgedessen im Moment seines von der Tochter
Erkanntwerdens zur spezifisch weiblichen narzißtischen Kränkung par excellence,
die bei ihr sowohl eine Minderbewertung weiblicher Genitalien und Genitalität bewirkt als auch - damit koinzidierend - den Penisneid (vgl. Freud 1925; 162; 1931;
173, 176 und 1933; 102f). Diesen erhebt Freud nun wiederum zur zentralen Kategorie, um den weiteren Entwicklungsprozeß des kleinen Mädchens (Objektwechsel, Wechsel der erogenen Zone sowie von der Aktivität zur Passivität, gegebenenfalls Männlichkeitskomplex) zu begründen - ohne indessen den Penisneid selbst je
in seiner Entstehung kritisch zu reflektieren, d.h. zu analysieren. Damit weicht er
eklatant von seinem ansonsten üblichen Vorgehen ab, "... kindliche Konstruktionen
als 'Mythenbildungen' (zu betrachten, G.H.), die in einem spezifischen Mischungs-
verhältnis Phantasie und Realität, Irrtum und Wahrheit vereinen" (Schlesier 1981;
166) und die es zu analysieren gilt, um das in ihnen und durch sie Abgewehrte und
Verdrängte zu erschließen. "Das vom Kind entwickelte Kastrationsmodell der
Weiblichkeit wurde von Freud nicht zum Gegenstand der Analyse gemacht; die in
diesem Modell zum Ausdruck kommenden Negationen befragte er nicht danach,
ob sie als 'Anerkennung' des Verdrängten zu verstehen seien ..." (Schlesier 1981;
167). Entsprechend begreift er den zwangsläufig essentiell auf dem Kastrationsmodell basierenden Penisneid nicht als Spur des Verdrängten, als einen im Neid ent-

stellten, ehemals authentischen Wunsch, der einem Verbot zum Opfer gefallen ist (vgl. Torok 1974; 194) - und der folglich einer aufklärenden Analyse unterzogen werden müßte.

Ähnlich wie Freud führt auch Olivier (1988), Grunberger (1964) heranziehend, die geschlechtsspezifischen Frustrationen des kleinen Mädchens auf anatomische Gegebenheiten zurück, die der kritischen Reflexion entzogen bleiben. Denn die ausgemachte geschlechtstypische Frustration der Tochter, von der Mutter nicht oder nur äußerst unzureichend (sexuell) begehrt zu werden, erweist sich Grunberger und Olivier schlicht als notwendige Folge der von ihnen als natürlich unterstellten gegengeschlechtlichen sexuellen Anziehung - die bereits Freud nicht in Rechnung stellen zu können glaubte (vgl. Freud 1933; 97). Die Mutter ist für die Tochter einfach kein geeignetes und damit befriedigendes Objekt, weil sie es entsprechend heterosexistischer Ideologie[22] nicht sein darf - und der Vater ist andererseits als einzig mögliches, das Mädchen begehrendes und daher Befriedigung gewährendes Objekt schlechterdings nicht oder kaum vorhanden (vgl. Grunberger 1964; 30f; Olivier 1988[9]; 65, 70f, 79ff).

Nach diesem doch recht umfangreichen Exkurs nehme ich den ursprünglichen Faden der Argumentation wieder auf. Mit dem Übergang von der oralen zur analen Phase wird der Konflikt der Tochter zwischen Sexualität und Symbiose in Auseinandersetzung mit der Mutter auf einem neuen Schlachtfeld ausgetragen, dem der Darmentleerung. Denn die zunehmende Beherrschung der Schließmuskulatur erlaubt dem Mädchen, nun selbst den Zeitpunkt der Defäkation zu bestimmen. Es entdeckt dabei nicht nur eine ganz neue Art von Lust, die es sich selbst zu bereiten

---

[22] Grunberger (1964) und Olivier (1988[9]) diffamieren und ignorieren durch ihre Konzeption gegengeschlechtlicher sexueller Attraktion als biologische und damit zwangsläufig wirkende Kraft nicht nur lesbische Sexualorientierung, die vor dem Hintergrund der so als 'normal' konnotierten Heterosexualität als 'abnorm' erscheint. Darüber hinaus läßt sich mit Hilfe ihrer Konzepte die Genese und damit das Faktum lesbischer Orientierung nur schwerlich erklären. Ist homosexuelles weibliches Verhalten angeboren? Oder sind die Mütter von Lesben im Grunde genommen selber Lesben und begehren ihre Töchter? Warum leben sie dann überhaupt mit einem Mann zusammen? Oder wirken unbewußte homosexuelle Strebungen der Mutter auslösend für die lesbische Orientierung ihrer Tochter - etwa wie Pagenstecher (1983; 74ff) dies annimmt, die vermutet, daß Frauen häufig im 'geheimen Auftrag ihrer Mütter' lesbisch werden, um deren unausgelebten Autonomiebedürfnissen an deren Stelle nachzugehen. Verfügen demnach nur ganz bestimmte Mütter über derart latente homosexuelle Strebungen, andere nicht? Aber wie sieht es dann damit aus, daß angeblich jeder Mensch latente/manifeste bisexuelle Anteile besitzen soll? Nicht nur angesichts dieser auftauchenden vielfältigen Fragen erscheint mir das Konzept von Grunberger und Olivier überaus simplifizierend; ebnen sie zudem doch jegliche mütterliche Ambivalenz sowohl gegenüber einem Sohn als auch einer Tochter bis zur Nichtexistenz ein, indem sie gleichsam diese Ambivalenz geschlechtsspezifisch aufspalten: der Sohn wird von der Mutter ausschließlich begehrt, die Tochter in keinster Weise.

vermag durch Zurückhalten und gezieltes, fokussiertes Ausscheiden der Fäkalmas-
sen - einer masturbatorischen Reizung der Afterzone gleichkommend. Darüber hinaus kann die Tochter durch dies gewonnene beträchtliche Stück Autonomie ihren
Willen in ganz materieller Weise der Mutter gegenüber lustvoll ausdrücken, kann
ihre augenblicklich auf die Mutter bezogenen Gefühle von Zuneigung und Wertschätzung einerseits oder strafender (Frustrations-)Wut andererseits handfest und
sichtbar kundtun. Denn der Darminhalt "... stellt das erste 'Geschenk' dar, durch
dessen Entäußerung die Gefügigkeit, durch dessen Verweigerung der Trotz des
kleinen Wesens gegen seine Umgebung ausgedrückt werden kann" (Freud 1905b;
60).

Der offensichtliche, nicht übersehbare Autonomiegewinn der Tochter droht, sie
zusehends der mütterlichen Kontrolle zu entziehen und gegebenenfalls in der Folge
die Mutter letztlich in die Leere zurückzustoßen, der sie vorübergehend entronnen
war, indem sie sie durch ihre Tochter füllte. Ob die Mutter nun un/bewußt versucht, dem entgegenzuwirken, oder ob andere gelegentlich anklingende (vordergründige) Motive wie Erziehung zur Selbständigkeit und Selbstkontrolle eine entscheidende Rolle spielen, jedenfalls "liegt es . offenbar den Frauen - deutlich stärker als im Fall der Jungen - am Herzen, Mädchen recht früh, im Lauf des zweiten
Lebensjahres, dazu zu bringen, selbständig aufs Töpfchen zu gehen" (Schmauch
1987; 91). Die zu diesem Zweck mütterlicherseits angewandten Methoden reichen
von sanften, wie viel Aufmerksamkeit, häufigem Nachfragen und freudigem Lob
über das 'Auf-dem-Töpfchen-aussitzen-lassen' bis hin zu drastischen, wie Klistie-
ren und Einläufen, die zwar veraltet erscheinen mögen, dessenungeachtet noch
längst nicht überholt sind. Dies kann bei der Tochter - dem Grad nach variierend -
psychische Effekte bedingen, die von ihrer Struktur her denen von Torok anschaulich beschriebenen vergleichbar sind: "Das Kind muß sich . im Laufe der analen
Beziehung zugunsten der Mutter von seiner eigenen Tätigkeit bei der Schließmus-
kelbeherrschung entfremden. Daraus resultiert eine unausgesprochene Aggression
gegen die Mutter. Denken wir nur an folgendes: Das Kind muß die von der Mutter
ausgeübte Herrschaft als Manifestation ihres Interesses an dem Besitz der Exkre-
mente interpretieren, und zwar während diese sich noch im Körperinnern befinden.
Konsequenz: Das Körperinnere gerät seinerseits unter die mütterliche Kontrolle.
Wie soll man sich von einer solchen Herrschaft freimachen, wenn nicht durch eine
Umkehrung der Beziehung? So entstehen die mörderischen Phantasien vom
Bauchaufschlitzen, das Körperinnere der Mutter herausreißen, Ort und Funktion
ihrer Herrschaft zu zerstören. Aus diesem Grunde muß die Mutter dann auch wie-
der beruhigt werden" (Torok 1974; 200f)[23].

---

[23] In Anbetracht dieses Zusammenhangs lassen sich die die Klistiere und Einläufe begleitende
Angst und Wut nicht länger, wie Freud dies tat (vgl. Freud 1931; 181), als Aggressionslust und
damit regelrecht naturwüchsige Reaktion in Analogie zu einem nach genitaler Reizung erfol-

Ist dieser in anderen Worten gefaßten behaupteten (typisch weiblichen) Dynamik von Sexualität und Symbiose die vorfindbare signifikant frühere und stabilere anale und auch urethrale Kontrolle der Mädchen geschuldet? Ist sie also sichtbare Konsequenz der töchterlichen Entscheidung zugunsten der Symbiose und zuungunsten der Sexualität? Zwar betont Schmauch in ihren Ausführungen einerseits mehrmals den mit der Kontrolle verbundenen töchterlichen Gewinn an urethraler und analer Lust (vgl. Schmauch 1987; 92f, 115) - was eher auf ein Mehr der Sexualität schließen läßt. Andererseits tauchen jedoch immer wieder die für das kleine Mädchen damit verknüpften Kosten auf in Begriffen wie 'sehr frühe Resignation', 'Selbstkontrolle', 'Leistungsansprüche', 'körperliche Abgrenzung von der Mutter' (vgl. Schmauch 1987; 92f, 115) - die die frühe Reinlichkeit vielmehr als ausgesprochene Anpassungsleistung an den für die Tochter spürbaren diesbezüglichen Eifer ihrer Mutter erscheinen lassen, der insofern ein stark symbiotisches Moment innewohnt, als sie wesentlich auf Betreiben und zum Wohlgefallen der Mutter erfolgt, was dem Mädchen eine entsprechend narzißtische und libidinöse Besetzung durch die Mutter ebenso sichert wie sie einem andernfalls durch Liebesentzug drohenden Objektverlust vorbeugt.

Angesichts dieser Aspekte lassen sich die oben aufgeworfenen Fragen nicht zweifelsfrei eindeutig beantworten, obschon ich dazu tendiere, die vorfindbaren Gegebenheiten im Sinne meiner Hypothese zu interpretieren. Denn bemerkenswert ist, daß die frühe anale und urethrale Kontrolle des Mädchens gleichsam zwangsläufig einherzugehen scheint mit einer Selbstverständlichkeit des Umgangs mit Gegenständen, Personen und Situationen, der das töchterliche Bewußtsein von der eigenen rechtmäßigen Mächtigkeit und Bemächtigungspotenz essentiell fehlt, was sich manifestiert in "... der Unfähigkeit, Situationen im eigenen Interesse zu beeinflussen und sich Objekte anzueigenen" (Schmauch 1987; 93). Im großen und ganzen die Befriedigung eigener Bedürfnisse nicht selbst entscheidend herbeizuführen - positiv gewendet, eine, wenn nicht hinreichende, so doch notwendige Bedingung von Autonomie - läßt das Mädchen diesbezüglich (fatalerweise) weitgehend abhängig bleiben von anderen, von der symbiotischen PartnerIn. Offensichtlich hängt dies damit zusammen, daß Töchter - in Übernahme der mütterlichen Perspektive - häufig meinen, kein Anrecht auf einen solch aktiven Zugriff auf Welt zu besitzen, was auf ihre Bedürfnisse dergestalt zurückwirkt, daß diese und ihre Rechtmäßigkeit nun ihrerseits in Frage gestellt werden. All dies gilt in besonderem Maße für die als Gegenpol zur Symbiose fungierende Sexualität, für die sexuellen Wünsche des Mädchens. Nicht zufällig weist daher Schmauch im Zusammenhang mit der weitaus geringeren Bemächtigungstendenz der Töchter, wenn auch nicht weiter von ihr ausgeführt, auf einen Aufsatz von Barbara Sichtermann hin, in dem diese

---

genden Orgasmus betrachten; viel eher sind sie meines Erachtens als angemessene Antwort auf konkrete mütterliche Machtausübung zu begreifen.

die Fähigkeit zur Objektbildung als Fundament aktiven sexuellen Begehrens begreift (vgl. Sichtermann 1982; 74). So scheint sich in der analen Phase die symbiotische Bindung der Tochter an die Mutter mit ihren Gratifikationen analer und urethraler Lust - vielleicht paradoxerweise - gerade über körperliche Abgrenzung und vordergründige Selbständigkeit herzustellen, während das Mädchen in der Tiefe das (Selbst-)Vertrauen auf ihre eigene Potenz und die Rechtmäßigkeit ihres Willens, ihrer Gefühle sowie ihres Begehrens weitgehend einbüßt.

Mochte der frühkindlich-weibliche Konflikt zwischen Sexualität und Symbiose gelegentlich bislang eher untergründig schwelen, so bricht er spätestens mit der klitoralen - von Freud als 'phallisch' bezeichneten - Stufe im Innern der Tochter mit aller Vehemenz offen aus. Selbst, wenn die Frühzeit der Mutter-Tochter-Beziehung vergleichsweise ambivalenzfrei und befriedigend verlief (vgl. Schmauch 1987; 76f, 289, 294, 304) - dann wahrscheinlich manchmal noch heftiger und verzweifelter angesichts des radikalen Bruchs, den das plötzliche, unvorhersehbare Auftauchen dieses Konflikts bedeutet - und dem ein tiefer Riß innerhalb der töchterlichen Psyche korrespondiert.

Bevor sich die Beschäftigung mit dem eigenen Genital intensiviert, hat das Mädchen bereits umfassende genitale Sensationen erlebt, vornehmlich im Zusammenhang mit geschlechtsphysiologischen Prozessen und der Körperpflege (vgl. z.B. Fast 1991; 70). Etwa in der zweiten Hälfte des 2. Lebensjahres, bevor ihr Interesse am Geschlechtsunterschied erwacht und wächst, beginnt die kleine Tochter verstärkt, sich genital zu stimulieren. Bemerkenswerterweise ist "in girls, the genital play . less focused, less frequent and shows less intentionality than in boys ..." (Galenson et al. 1977; 41; vgl. auch Kleeman 1977; 21). Dies mag zwar, wie Galenson und Roiphe es vermuten, "... in consequence of the more indirect mechanical stimulation by diapers and cleansing experienced by the girl" (Galenson et al. 1977; 41) erfolgen, damit weitgehend weiblicher Anatomie geschuldet sein. Ebensogut könnte sich dies aber bereits maßgeblich der phasenspezifischen Konfliktlösung zugunsten der Symbiose verdanken.

Wie dem auch tatsächlich sei, zunächst scheint die klitorale Betätigung der kleinen Tochter phantasielos und damit ohne konkreten psychischen Inhalt zu sein (vgl. Freud 1925; 162 und 1931; 175). Entsprechend datiert Kleeman, die essentielle Bedeutung der Phantasie für das psychoanalytische Masturbationskonzept herausstreichend, den Beginn der als Masturbation bezeichneten lustvollen autoerotischen Genitalstimulierung um die Mitte des 3. Lebensjahres (vgl. Kleeman 1977; 18). Dabei gelten die libidinösen Wünsche des Mädchens, die es in der klitoralen Masturbation zum Ausdruck bringt, vorerst ausschließlich der Mutter, während der Vater zu diesem Zeitpunkt allenfalls als lästiger Rivale am Horizont der Mutter-Tochter-Dyade auftaucht (vgl. Freud 1931; 170). In dieser klassisch konstellierten negativen Ödipus-Situation kulminieren Onaniephantasien der kleinen Tochter, entgegen naheliegender Vermutungen, inhaltlich weitaus weniger in bewußten Wünschen nach (genitaler) Vereinigung mit der Mutter als vielmehr in solchen nach einem gemeinsamen Kind mit ihr[24] (vgl. z.B. Freud 1931; 182 und 1933; 98; Schlesier 1981; 151f) - ein Relikt der analen Phase.

Essenz solcher Phantasien ist die vorgestellte - bereits im Zusammenhang mit dem oralen Stadium erwähnte - wechselseitige Befriedigung von Mutter und Tochter, die der Tochter neben der libidinösen Erfüllung doppelte narzißtische Bestätigung gewährt; zum einen ist sie es wert, von der Mutter befriedigt zu werden, zum anderen ist sie ihrerseits selbst in der Lage, die Mutter zu befriedigen. Diese Reziprozität wird deutlich, vergegenwärtigt man sich, daß die töchterliche Phantasie eines gemeinsamen Kindes mit der Mutter ausdifferenziert darin besteht, ihr entweder eines zu gebären oder ihr eines zu machen (vgl. Freud 1933;98). Derart konnotierte lustvolle Masturbationen erweisen sich als zutiefst autonome und emanzipatorische Akte, insofern in ihnen die Unabhängigkeit von der Mutter unter Beibehaltung der Bindung zu ihr (phantasierend) narzißtisch und libidinös vollauf befriedigend umgesetzt ist - wie sie anscheinend der Vater realisiert hat.

Allerdings folgt eine Tendenzwende in der Konnotation häufig der mütterlichen Reaktion auf die masturbatorischen Akte ihrer Tochter. Denn mehr oder weniger konkret konfrontiert mit diesen, reagiert eine Mutter auch heute noch meist mit Onanieverbot, wenngleich es sich bei diesem weitaus seltener um ein explizites als um ein implizites handeln dürfte, das sich etwa darstellen kann als vollständige Ausblendung töchterlicher Genitalität oder als Beschämung (vgl. z.B. Schmauch 1987; 294 und Fritz et al. 1976; 46). Darin dokumentiert sich wiederum deutlich die mangelnde mütterliche Wertschätzung der eigenen wie der töchterlichen Geschlechtlichkeit - die Mutter läßt häufig "... den sexuellen Äußerungen des Mädchens nicht einmal durch ein offenes Verbot eine zumindest negative Bestätigung zuteil werden" (Fritz et al. 1979; 318). Umfassende mütterliche Verbote klitoraler Wünsche der Tochter verstärken beträchtlich die feindseligen Impulse des Mädchens gegenüber seiner Mutter, die vorübergehend durch die vorangegangene lustvolle Onanie eingedämmt worden waren. Infolgedessen hält die Tochter zunächst in trotziger Selbstbehauptung an der Masturbation gleichsam als einem Instrument der Auflehnung gegen die Mutter fest (vgl. Freud 1931; 176) - nun in der Onanie das die Mutter frustrierende Element akzentuierend: '"Da ich es mir selbst machen

---

[24] Stellte sich dem Kind die Einheit mit der Mutter in der oralen Phase halluzinatorisch direkt her, so in der analen und klitoralen über ein Medium - den Kot resp. das Kind - vielleicht, weil eine unmittelbar phantasierte Verschmelzung mit der Mutter zu sehr die gerade erst im Entstehen begriffene Autonomie bedroht hätte? Entsprechend scheint eine direkte Verschmelzung in der Sexualität erst nach Durchlaufen der Pubertät temporär wieder möglich, da dann ein qualitativ neues Autonomieniveau erreicht ist.

kann, habe ich diejenigen überwunden, die mir die Lust bisher nach ihrem Gutdünken gewährt oder verboten haben" (Torok 1974; 205).

Gleichzeitig spürt die Tochter die dem Onanieverbot zugrundeliegenden, dieses verursachenden fundamentalen Trennungsängste und weiblichen Wertlosigkeitsgefühle der Mutter, vor deren Hintergrund masturbatorische Aktivitäten des Mädchens, wachsende (innere) Separation indizierend, zu Akten geraten, die die Mutter gewissermaßen in ihrer auf Vervollständigung durch die Tochter angewiesenen (psychischen) Existenz bedrohen. Damit setzt die weiter oben ausführlich beschriebene typisch weibliche Dynamik von Sexualität und Symbiose nun auf klitoralem Niveau in vollem Umfang ein.

Koinzidierend zur klitoralen Betätigung erwacht und wächst das Interesse des Mädchens am Geschlechtsunterschied - im Zuge der Bedeutung, die es aufgrund eigener lustvoller Erfahrungen der genitalen Zone zunehmend beimißt. Allmählich die geschlechtliche Differenz - speziell ihre Bedeutung - erkennend, sieht sich die Tochter konfrontiert damit, daß ihr ein, wenn nicht das essentielle Organ mangelt, das unter anderem der Vater als Rivale besitzt und wegen dem ihrer Ansicht nach die Mutter ihn und nicht sie zum bevorzugten Liebesobjekt gewählt hat. Es gibt also für die Mutter, so entdeckt die Tochter, etwas, eine genitale Befriedigung, die sie ihr nicht erfüllen kann; sie kann ihrer Mutter nicht alles sein - vielleicht seit langem erahnt, liefert die eigene Penislosigkeit dem Mädchen endlich den handfesten symbolischen Beweis.

Daß die Tochter diese zweifellos tiefe narzißtische Kränkung ihrer Allmacht allerdings als Kastration empfindet und erlebt, resultiert nicht per se aus der Kränkung, sondern wird erst verständlich vor dem Hintergrund, daß sie ihre Penislosigkeit infolge ihrer vorgängigen Erfahrungen weiter dahingehend interpretiert, kein Recht, niemals ein Recht darauf zu haben, ihre Mutter aus autonomer Position heraus (sexuell) zu begehren und sich letztlich auf diese Art von der Mutter zu trennen und dennoch mit ihr passager zu verschmelzen - weil sie, die Tochter, es nicht wert ist. Würde die Mutter ihr sonst die autonome genitale Betätigung verbieten und darüber vermittelt die diese initiierenden begehrlichen Wünsche? Hätte die Mutter ihr sonst den Penis vorenthalten oder ihr wieder "... genommen . als Strafe für das verbotene Liebesverlangen zur Mutter" (Lampl-de Groot 1927; 274)? Hätte sie sonst das gleiche Geschlecht wie die Mutter, das sie unauflöslich mit dieser verbindet?

Onanieverbot und Penislosigkeit einerseits, erlaubtes, goutiertes Begehren und Penisbesitz andererseits fallen so im Sinne wechselseitiger Kausalität psychisch für das Mädchen zusammen. Die sich im (impliziten) Verbot masturbatorischer Akte und den Fehl(enden)benennungen weiblicher Genitalien konzentriert manifestierende mangelnde mütterliche Idealisierung töchterlichen Genitalität wirkt dadurch nunmehr fatal. Alle vergangenen und gegenwärtig erfahrenen Frustrationen seiner sinnlich-sexuellen Bedürfnisse und Gelüste kulminieren und verdichten sich dem Mädchen in der Penislosigkeit als Ursache und Folge. Denn keinen Penis zu besitzen, wird vor der Folie vorgängiger Erfahrungen erlebt und gedeutet und läßt diese wiederum in einem gänzlich neuen Licht erscheinen - weitgehend so, wie ich es bereits geschildert habe. Die ihr mütterlicherseits mehr oder weniger subtil versagten oralen, analen und genitalen Bedürfnisse und Wünsche, die mangelnde mütterliche Idealisierung töchterlicher Geschlechtlichkeit sowie der komplementär von der Mutter ausgehende symbiotische Sog - in der Vergangenheit vermutlich größtenteils unbegriffen, erhalten sie nun für die Tochter plötzlich einen tieferen Sinn, eine plausible Erklärung, unumstößlich und unabänderlich: die Penislosigkeit, in der sich ihr die fundamentale Unrechtmäßigkeit ihres (sexuellen) Begehrens ebenso materialisiert wie das Verbot, sich (psychisch) von der (gleichgeschlechtlichen) Mutter zu lösen. Die Tochter "... begreift durch die Wahrnehmung ihres eigenen Körpers als penislos ihre gesamte bisherige Lebenserfahrung, und sie begreift sie als Schicksal. ... das kleine Mädchen erkennt zu Recht nicht nur, daß sie den anderen weniger wert ist, sondern auch, daß sie dies wegen ihres fehlenden Penis ist und bleiben muß" (Hagemann-White 1978; 746).

Dieser Argumentation folgend betrifft die weibliche Erfahrung der Kastration nicht das angeblich fehlende reale männliche Geschlechtsorgan, wie Freud dies meinte (vgl. z.B. Freud 1925; 167 und 1933; 102), vielmehr, durch dieses verdichtet symbolisiert, sexuelles Begehren und sexuelle Befriedigung, wobei letztere, will sie eigenständig und von Lust durchtränkt sein, essentiell des Begehrens bedarf - nicht umsonst koinzidiert beides in der Masturbation. Hinter der Rede von der Kastration der Frau verbirgt sich demnach der (erzwungene) Verzicht, die Beschneidung ihrer genitalen Gelüste und Lüste (vgl. z.B. Fast 1991; 33) - kastriert ist die Frau nicht des Penis, sondern ihrer Genitalität, ihrer genuin geschlechtlichen, orgastischen Potenz. Und weiter: symbolisiert der Penis/Phallus darüber hinaus auch die Fähigkeit, mit dem geliebten Objekt, der Mutter in der Sexualität (vorübergehend) erneut eins werden zu können, dann bedeutet, kastriert zu sein, hierzu unfähig zu sein. Die Rede von der Kastration der Frau meint also ebenfalls die (herbeigeführte) Unfähigkeit, mit der Mutter (sexuell) wieder verschmelzen zu können. Paradoxerweise führt dies dazu, daß sich das Mädchen, indem es seine Penislosigkeit als Kastration anerkennt, selbst erst kastriert, nämlich seiner (sexuellen) Verschmelzungsfähigkeit mit der Mutter und später einem anderen geliebten Objekt.

Entsprechend ist "der Penisneid . das letzte Rückzugsgefecht der zur Verdrängung bestimmten Libido des weiblichen Kindes, in ihm bäumt sich die Aktivität des Mädchens noch einmal auf" (Schlesier 1981; 152). Er ist damit "nicht Ausdruck der 'Annahme' der Kastration, sondern muß als Protest gegen die Kastriertheit verstanden werden, ein Protest, mit dessen Hilfe das Mädchen gegen die 'Annahme der Kastration' ... zu kämpfen versucht" (Schlesier 1981; 155) - die essentiell auf die Mutter bezogen bleibt. Denn "das 'unstillbare Verlangen' nach dem Penisbesitz wäre kein Verlangen, würde es nicht die Unstillbarkeit der inzestuösen Gelüste des Mädchens gegenüber der Mutter repräsentieren" (Schlesier 1981; 159). Nunmehr hat der im Innern des Mädchens tobende Konflikt zwischen Sexualität und Symbiose seinen Höhepunkt erreicht. Auf der einen (sexuellen) Seite sucht die Tochter die Kastration ihres genitalen Begehrens und ihrer genitalen Lust zunächst zu leugnen (vgl. z.b. Freud 1931; 176 und 1933; 102), was sich in einer zumeist kurzen Blütezeit aggressiver Onanie äußert. Auf der anderen (symbiotischen) Seite konfrontiert jede neuerliche Masturbation das Mädchen unweigerlich mit eben dieser Kastration, insofern die dabei phantasierte wechselseitige Befriedigung und darüber Verschmelzung von Mutter und Tochter angesichts der erkannten Geschlechterdifferenz zunehmend weniger vom Mädchen aufrechterhalten werden kann. Aufgrund des wachsenden töchterlichen Bewußtseins des geschlechtlichen Unterschiedes nimmt die im Alternieren zwischen beiden Polen allmählich heranreifende Konfliktlösung - kontrastierend zum Abschluß der vorherigen Libidophasen - den Charakter einer endgültigen Entscheidung an, die es realiter auch häufig ist, gleichsam als stünde das Mädchen jetzt an einer Wegkreuzung, wo dem Einschlagen der einen Richtung der unwiderrufliche Verzicht auf das der anderen immanent ist.

Mag die Tochter auch bereits zu dem einen oder anderen der konfligierenden Pole als Lösung tendieren, noch kann sie eine (definitive) Entscheidung vorläufig vermeiden, indem sie sich nach anderen Beziehungsmöglichkeiten umschaut, die statt der zur Mutter in dieser Hinsicht unbefriedigt gebliebenen eine Verwirklichung ihres genitalen Verlangens zu versprechen scheinen. Was liegt da für das Mädchen näher, als sich diesbezüglich dem Vater zuzuwenden, der ohnehin meist neben der Mutter die wichtigste Bezugsperson darstellt und bei dem ja schon die Mutter offenbar ihr genitales Begehren erlaubter- und befriedigenderweise ausleben kann? Die Tochter vollzieht demnach den klassisch konzipierten Objektwechsel in der Hoffnung, vom Vater endlich das zu erhalten, was ihr die Mutter bislang vorenthalten hat. Und dies ist bloß vordergründig der Penis (vgl. z.B. Freud 1933; 104f), hinter dem sich realiter die heiß ersehnte Befriedigung des Wunsches verbirgt, das begehrte Liebesobjekt möge die aktiven Genitalgelüste der Tochter narzißtisch und libidinös besetzen. Allerdings können dem augenscheinlich Väter - wie weiter oben dargelegt - nur allzu selten gerecht werden, erweisen sie sich bloß vereinzelt als befriedigende ödipale Objekte. Meist goutieren sie einseitig die passive Komponente töchterlich-weiblicher Geschlechtlichkeit unter Diskreditierung der autonomen begehrlichen. Kein Wunder, daß manches Mädchen infolgedessen beispielsweise glaubt, ihre sexuellen Gelüste gefährdeten ihren Vater ebenso wie zuvor ihre Mutter. So abermals enttäuscht und zurückgewiesen in ihrem genitalen

Verlangen, wird im allgemeinen die zuvor erst in der Tendenz von der Tochter getroffene Entscheidung - Sexualität oder Symbiose/homo-oder heterosexuelle Orientierung - zur verbindlichen hin konsolidiert.

Hinter dieser Konzeption, die Erfahrung mit dem (gewechselten) Liebesobjekt 'Vater' bestätigten der Tochter lediglich ihre bereits im Hinblick auf die Mutter tendenziell getroffene Entscheidung, steht die Überzeugung, daß beide Elternteile bezüglich töchterlicher Sexualität meist weitaus weniger kontroverse Haltungen und Einstellungen einnehmen als vielmehr miteinander paktieren. Entsprechend glaube ich nicht, daß der Vater "... wie ein Deus ex machina ..." (Benjamin 1990; 103) auftritt, als Retter aus einer für das Mädchen mit der Mutter ausweglosen Beziehungssituation - eher halte ich dies für eine Idealisierung, in der sich ein Wunsch spiegelt, der im Kontrast zur Realität steht und eben diesem sein Entstehen verdankt. Die ödipale Erfahrung mit dem stellvertretend für das männliche Geschlecht stehenden Vater hat dessenungeachtet für die Tochter erhebliche Bedeutung, erlebt sie doch hierbei, daß es kein Geschlecht gibt, das ihre weibliche Geschlechtlichkeit umfassend und tiefgehend goutiert, so daß sich das Mädchen nun 'endgültig' entscheiden kann - 'es gibt keine weitere zu testende Möglichkeit mehr'.

Genau an dieser Stelle verzweigt sich die weibliche Entwicklung unter dem Vorzeichen homosexueller oder heterosexueller Objektwahl als je unterschiedliche Lösungsversuche ein und derselben Konfliktkonstellation (vgl. Fritz et al. 1976; 2, 52f). Der Tochter "... bleibt nur eine Alternative: Entweder sie hält an der klitoralen Befriedigung fest, muß dann aber auch die Mutter 'ablehnen' und homosexuell werden, oder sie lehnt die Mutter nicht rigoros ab, identifiziert sich mit ihr und wird heterosexuell oder neurotisch - dann aber muß sie die klitorale Befriedigung aufgeben" (Schlesier 1981; 158). Dieser aus der minuziösen Auseinandersetzung mit den Freudschen Weiblichkeitstheoremen resultierende Satz bedarf einer modifizierenden Erläuterung. Denn seit der programmatischen Aufkündigung des vaginalen Orgasmus und der korrespondierenden Erhebung der Klitoris zum einzigen weiblichen Lust-Ort durch Feministinnen Mitte der 70er Jahre (vgl. z.B. Schwarzer 1977; 202ff) dürfte die klitorale Befriedigung bei vielen Frauen einen zentralen Stellenwert erhalten haben - wenngleich sich ein Diskurswandel nicht unmittelbar und bruchlos in eine entsprechende Verhaltensänderung umsetzen muß.

Scheidungskriterium zwischen heterosexueller und lesbischer Orientierung kann daher nicht länger das undifferenzierte Oberflächenphänomen 'Klitorisbefriedigung' sein, weit eher schon die sich nach klassischer Auffassung darin artikulierenden aktiven sexuellen Strebungen (vgl. z.B. Freud 1931; 182, 184 und 1933; 103f), sofern die dadurch gezogene Grenze nicht als rigide, undurchlässige begriffen wird - nicht klitorale Befriedigung per se trennte demnach lesbische von heterosexueller Objektwahl, sondern (in der Tendenz) die aktiv herbeigeführte und gespendete sexuelle Befriedigung, die begehrliche. Ebensowenig läßt sich schlicht sagen, beide differierten - damit eng zusammenhängend - in der töchterlichen Annahme resp. Ablehnung der Mutter als Objekt. Denn in jeder findet sich beides - allerdings unter umgekehrtem Vorzeichen. Während eine sich heterosexuell orientierende Tochter ihre Mutter als inneres (Identifikations-)Objekt akzeptiert und sie zugleich korrespondierend als äußeres (sexuelles) ablehnt, verhält sich eine lesbisch orientierende Frau gegenläufig: sie weist ihre Mutter als inneres Objekt zurück und begehrt sie stattdessen als äußeres sexuell.

In der äußeren wie inneren Welt des Mädchens scheint es zu diesem Zeitpunkt, nicht zuletzt wegen der mangelnden Erfahrung des Getrenntseins bei gleichzeitiger innerer Verbundenheit oftmals nur ein 'Entweder - Oder' statt eines 'Sowohl - Als auch' zu geben: entweder aktiv die Mutter begehren oder sich mit ihr(er Passivität) identifizieren. Infolgedessen bedeutet die Entscheidung der Tochter für einen der - dadurch manifest werdenden - Pole zugleich gewissermaßen zwangsläufig die Abspaltung des anderen ins Unbewußte. Dadurch bleibt der Konflikt weiterhin virulent.

Entscheidet sich eine Tochter in Identifikation mit (dem Onanieverbot) der Mutter zugunsten der Symbiose und zuungunsten der Sexualität, ersichtlich etwa an vornehmlich indirekter Masturbation mit Beginn der Latenzzeit (vgl. Clower 1977; 112f) oder an teilweiser Verschiebung genitaler Besetzung auf den gesamten weiblichen Körper (vgl. Schmauch 1987; 294), so akzeptiert sie vordergründig sozusagen die Kastration ihres Begehrens, ihrer Autonomie sowie ihrer (sexuellen) Verschmelzungsfähigkeit - und vice versa. Sie ersetzt damit, klassischen Theoremen folgend, den Wunsch nach dem all dies symbolisierenden Penis durch den Wunsch nach einem Kind (vgl. Freud 1925; 166 und 1933; 104f) - und richtet sich dadurch heterosexuell aus. Dies hat für das Mädchen nicht nur den Vorteil, fortan mit der Mutter (sozial) gebilligt und mit (partiellem) narzißtischem Gewinn innerlich, wenngleich symbiotisch verbunden zu bleiben. Im Kinderwunsch rettet die Tochter zudem ein erhebliches Stück Aktivität; denn in der Mutter-Kind-Beziehung wird der erwachsenen Frau häufig nach wie vor weitaus eher eine umfassend aktive Rolle zugestanden als in der Sexualität. In diesem Zusammenhang ist interessant, daß gegenwärtig anscheinend "... Männer auf das Anwachsen weiblich-sexueller Potenz zunehmend mit Impotenz reagieren" (Husmann 1992; 33; vgl. auch Steinbrecher 1990). Auch die eigene frühkindliche Beziehung zur Mutter kann die erwachsene Frau so reaktivieren - zwar weniger in der passageren sexuellen Verschmelzung, dafür aber in der (symbiotischen) Bindung zum eigenen (weiblichen Klein-) Kind.

Entscheidet sich eine Tochter demgegenüber sozusagen in 'Dis-Identifikation' mit der Mutter, speziell ihrem Onanieverbot, zuungunsten der Symbiose und zugunsten der Sexualität, so wehrt sie sich vordergründig vehement gegen die Kastration ihres Begehrens, ihrer Autonomie und ihrer (sexuellen) Verschmelzungsfähigkeit - und vice versa. Sie hält an ihrem sexuellen Verlangen fest sowie darüber an dem ursprünglich von ihr begehrten Liebesobjekt, der Mutter - und orientiert sich, eine direkte Fortsetzung der damaligen Mutter-Tochter-Beziehung suchend (vgl. Fritz et al. 1976; 52; Mitchell 1976; 147), homosexuell. Damit koinzidierend führt die nunmehr erwachsene Frau jedoch ebenso unmittelbar den frühkindlichen Konflikt innerlich wie äußerlich un/bewußt fort. Vorläufig von der Mutter identifikatorisch differenziert, ist es der Tochter zwar möglich, (diese) zu begehren. Doch vermittelst konkreter sexueller Begegnungen, Verschmelzungen mit einer anderen Frau drängen die symbiotischen Anteile des 'kleinen Mädchens' expandierend aus den psychischen Tiefen, in die sie verbannt worden waren, wieder an die Oberfläche und prägen maßgeblich die Dynamik vieler lesbischer Beziehungen (vgl. Lindenbaum 1989). Bevor ich näher darauf eingehe, werde ich mich kurz mit den Entstehungsursachen lesbischer und damit implizit auch heterosexueller Objektwahl auseinandersetzen resp. mit den Motiven, warum sich eine Frau für den einen oder anderen Konfliktlösungsversuch entscheidet.

In der einschlägigen Literatur ist die Auffassung verbreitet, die Genese lesbischer Orientierung sei besonderen, vom üblichen abweichenden Bedingungen geschuldet, die entsprechend meist mehr oder weniger subtil als 'abnorm' konnotiert werden. Nach Joyce McDougall beispielsweise stellt weibliche Homosexualität - komprimiert und pointiert formuliert - eine existenzielle Reaktion auf die vom Mädchen erlebte elterliche Kombination von dominanter, symbiotischer Mutter und schwachem, ablehnendem Vater dar, die letztlich die Befreiung aus der symbiotischen Mutterbindung zum Ziel hat (vgl. McDougall 1974; 247, 250, 252, 269f, 274, 283). Ruth-Jean Eisenbud wiederum is "...suggesting that primary Lesbian erotic love originates in a precocious turn-on of erotic desire mandated by the ego and that it is progressive, not regressive. It occurs when the child has been excluded from 'good enough' or 'long enough' primary bliss and seeks inclusion by a sexual bond and sexual wooing" (Eisenbud 1982; 86)[25]. Komplettiert werde mütterliche Deprivation überdies oft noch durch einen ödipal (äußerst) unzureichenden Vater (vgl. Eisenbud 1982; 100)[26].

---

[25] Wendete man analog diese Aussage auf Männer an, so ergäbe sich entsprechend, daß sie un/bewußt gezielt Sexualität als Mittel einsetzten, um ein intimes Band herzustellen, das ihnen mütterlicherseits auf anderem Wege, dem der primären Identifikation (vgl. z.B. Chodorow 1985; 143ff) vorenthalten wurde. Die männliche Fokussierung auf genitale Sexualität resultierte infolgedessen ebenfalls aus mütterlicher Deprivation.

[26] Daß Eisenbud diese Konzeption weiter in drei spezifische Ätiologien lesbischer Objektwahl ausdifferenziert, der Ausschließung vom Bemutterwerden, von der Identifikation mit der Mutter und der Flucht aus der symbiotischen Einschließung mit der Mutter (vgl. Eisenbud 1982; 100ff und 1992; 234f), möchte hier ich nicht näher diskutieren, da für mich an diesem Punkt allein die

Die von beiden Autorinnen stellvertretend als besonders akzentuierten Entstehungsbedingungen lesbischer Orientierung scheinen mir allerdings alles andere als außergewöhnlich zu sein, vielmehr typisch für die frühkindlich-weibliche Entwicklung im allgemeinen. Wie ich eingehend geschildert habe, verhalten sich Mütter in der Regel ihren Töchtern gegenüber eher symbiotisch, Väter dagegen eher zurückweisend und ödipal ungenügend. Innerfamiliale (relative) Dominanz der Mutter und korrespondierende (relative) Schwäche des Vaters wiederum resultieren wesentlich aus gesellschaftlichen Geschlechtsrollenzuweisungen, die etwa im Bereich der Erwerbstätigkeit immer noch manifeste, eklatante Konsequenzen zeitigen - Stichwort: Frauen als Reservearmee. Und was schließlich die mütterliche/väterliche Deprivation angeht, so sind davon im allgemeinen wenigstens die sinnlich-sexuellen Wünsche des Mädchens betroffen, nicht selten aber auch andere frühkindliche Bedürfnisse der Tochter (vgl Eichenbaum et al. 1988; 44). Lediglich zwischen dem frühen Erwachen aktiv sexueller Strebungen und lesbischer Objektwahl ließe sich ein Zusammenhang knüpfen, der eine signifikante Differenz zur Entwicklung heterosexueller Frauen markierte. Zumindest wird er unterstützt durch die von Storms konzipierte 'Theory of Erotic Orientation Development', die mit Fokus auf der Adoleszenz im Kern in der These besteht: "...earlier sex drive maturation should encourage homoerotic development, whereas later maturation should encourage heteroerotic development" (Storms 1981; 346; vgl. auch Gissrau 1989; 141ff).

Darüber hinaus suggerieren die exemplarischen Konzeptionen von McDougall und Eisenbud, lesbische Orientierung resultiere vorzugsweise, wenn nicht ausschließlich aus einem ganz bestimmten, wohl definierten Ursachenkomplex resp. einer ganz bestimmten familiären Konstellation. Damit ist die Vielfalt lesbischer Realität allerdings nur unzureichend, da ausschnitthaft reflektiert. Denn es gibt genügend Lesben, die in ihrem biographischen Hintergrund bezüglich elterlicher Rollenverteilung und Beziehungsdynamik sowie angeeigneter elterlicher Botschaften und Projektionen erheblich divergieren, in ihrer Entscheidung für Frauen als Liebesobjekte indessen konvergieren. Demzufolge lassen sich für eine lesbische Orientierung die unterschiedlichsten Bestimmungsmomente angeben: eine Kombination von dominanter Mutter und schwachem Vater ebenso wie die umgekehrte, mütterliche Deprivation genauso wie mütterliche Überfürsorglichkeit, eine negative ödipale Bindung zum Vater (vgl. Kaye et al. 1967; 629, 634), ein 'geheimer Autonomie- und Emanzipationsauftrag der Mutter'[27] (vgl. Pagenstecher 1983;

Tatsache mütterlicher/väterlicher Deprivation entscheidend ist, so als könne lesbische Objektwahl nicht auch ganz 'normalen', weil üblichen familiären Bedingungen und Konstellationen entwachsen, als sei dies einzig heterosexueller Objektwahl vorbehalten.

[27] Dieser stellt sich im übrigen als typischer Double-bind (vgl. Watztlawick et al. 1990[8]; 195ff) heraus, insofern die Tochter diesem Auftrag nur dann tatsächlich nachkommen kann, indem sie

74ff), das Bedürfnis des Mädchens, "...die vermutete Allmacht der Mutter und die Ohnmacht des Kleinkindes zu reduzieren" (Gissrau 1989; 142)[28] und nicht zuletzt die Intensität des töchterlichen Aktivitätsdrangs - um nur einige zu nennen. Ob und welche dieser Momente für lesbische Objektwahl relevant und entscheidend sind, hängt im je konkreten Fall von dem verschränkt Ineinanderwirken innerer und äußerer Entwicklungsbedingungen des Mädchens ab. Obschon es danach - überspitzt ausgedrückt - ebensoviele 'weibliche Homosexualitäten' gibt wie es weibliche Homosexuelle gibt, lassen sich vermutlich einige typische herausarbeiten - was jedoch den Umfang und das Anliegen dieser Arbeit sprengen würde. Im übrigen geht es mir um den spezifisch lesbischen Lösungsversuch des frühkindlich-weiblichen[29] Konflikts von Sexualität und Symbiose, der meines Erachtens bei vielen, wenn nicht allen 'weiblichen Homosexualitäten' anzutreffen ist - und sein Wiederaufleben in einer lesbischen Beziehung.

Um dieses Wiederaufleben möglichst lebensnah und plastisch darzustellen, werde ich allgemeine Aussagen anhand einer literarischen Vorlage entwickeln resp. verdeutlichen. Dabei kommt der fiktiven lesbischen Beziehung und der in ihr wirkenden Dynamik nicht bloß der Status eines Beispiels zu; vielmehr rückt sie durch die enge Verflechtung mit theoretischen Formulierungen in die Nähe eines Idealtypus, der einerseits mustergültig für viele andere Liebesbeziehungen zwischen Frauen ist, von der aber andererseits auch (ebenso?)viele lesbische Bindungen differieren. Die von mir zu diesem Zweck ausgewählte literarisch umgesetzte Beziehung entstammt dem aus dem Amerikanischen ins Deutsche übersetzten Roman "Schlechter als morgen, besser als gestern" von Lisa Alther (1988).

Für die Auswahl waren im wesentlichen zwei Gründe ausschlaggebend: Zum einen, daß dieser Roman, von einigen wenigen weiteren Ausnahmen (z.B. Offenbach 1981) abgesehen, den Alltag einer lesbischen Bindung schildert und sich nicht, wie die meisten anderen, im Zustandekommen derselben erschöpft. Zum anderen, daß er viele recht deutliche Hinweise auf die sich zwischen den Frauen entfaltende Psychodynamik von Sexualität und Symbiose enthält. Zur Einstimmung und allgemeinen Orientierung sei zunächst eine kurze Inhaltsangabe des Romans

---

ihm nicht nachkommt - denn ansonsten bleibt sie über die Erfüllung der an sie gerichteten, projizierten mütterlichen Autonomiewünsche an diese gebunden - und ist realiter nicht autonom.

[28] "Denn in der sexualisierten Beziehung ist das Kind ja nicht nur nehmend, sondern auch gewährend, es gibt der Mutter sexuelle Lust und erfährt damit narzißtische Ausdehnung" (Gissrau 1989; 142). Lesbische Objektwahl stellte in diesem Fall eine Reaktion auf fundamentale - extreme? - frühkindliche Ohnmacht und Hilflosigkeit - und eine wirkungsvolle Bewältigung dessen - dar.

[29] Ich überspringe die Pubertät, da sie gegenüber der frühen Kindheit in der psychoanalytischen Auseinandersetzung vergleichsweise wenig Raum einnimmt und ohnehin meist als Reaktivierung frühkindlicher Konflikte und ihrer Lösungen unter gewandelten (Entwicklungs-)Bedingungen begriffen wird (vgl. z.B. Freud 1904/05; 102; Chodorow 1985; 177ff).

vorangeschickt, die ebenso wie alle anderen konkret auf ihn bezogenen Passagen *kursiv* gedruckt ist, um die Abgrenzung zu den theoretischen Aussagen zu erleichtern.

Der Roman "Schlechter als morgen, besser als gestern" erzählt den psychotherapeutischen Prozeß von Caroline, einer lesbischen Frau Mitte dreißig, die sich wegen ihrer Depressionen in Behandlung begeben hat. In deren Verlauf wird die ehemals politisch engagierte Krankenschwester und Mutter zweier Söhne nicht nur (innerlich) erneut mit zentralen Bedingungen und Ereignissen ihrer Vergangenheit konfrontiert, sondern erkennt rekonstruierend überdies allmählich deren essentielle Bedeutung für ihr bisheriges Leben und ihre jetzige Lebenssituation. Auf diesem Weg begleitet wird sie von der Psychotherapeutin Hannah, einer um etwa eine Generation älteren Frau, deren vergangenes und gegenwärtiges Leben ebenfalls geschildert wird - parallel zu dem Carolines.

Diesem Inhalt korrespondiert die Form des Romans, die sich eng an den therapeutischen Prozeß anlehnt. Nicht nur, daß der Roman in drei Teile zerfällt, die die therapeutisch üblichen Phasen 'Beginn', 'eigentlicher Prozeß' und 'Ende/Loslösung' markieren. Darüber hinaus zentriert sich jedes Kapitel um je eine Behandlungsstunde, um die sich dann die thematisch damit zusammenhängenden erinnerten und momentan erlebten Lebensfragmente Carolines und Hannahs, mosaikartig zusammengefügt, ranken. Und zu den wesentlichen dieser Bruchstücke gehört unter anderem die inzwischen langsam abklingende Liebesbeziehung zwischen Caroline und ihrer Hauspartnerin Diana.

Die Entstehung lesbischer Beziehungen folgt vorzugsweise zwei Mustern. Bei dem ersten handelt es sich um die von Luhmann als typisch für moderne heterosexuelle Liebesverhältnisse charakterisierte Art ihrer Konstitution: Die potentiellen Liebenden sind einander vorerst gänzlich unbekannt; sie begegnen sich - irgendwann, irgendwo, irgendwie - ohne jegliche Vorinformation übereinander, voraussetzungslos und zufällig, und verlieben sich Knall auf Fall ineinander - so beginnt ihre gemeinsame (Liebes-)Geschichte. Damit wird in der modernen Welt der Zufall zum Startmechanismus von Liebesbeziehungen und ersetzt den vergangenen "...Startmechanismus der vernünftigen Überlegung und der galanten Kunstfertigkeit ..." (Luhmann 1988[4]; 180).

Viele lesbische Paare bilden sich zweifellos auf diese Art und Weise. Ungewöhnlich häufig trifft man bei ihnen jedoch noch ein zweites Entstehungsmuster an: Zwei Frauen sind zunächst enge, engste Freundinnen, bevor sie zu Liebenden werden, so als stellte Sexualität lediglich eine zusätzliche, gleichsam komplettierende Komponente der zwischen ihnen ohnehin bereits vorhandenen Nähe dar. "Wenn ich mit einer Frau so vertraut bin, dann kann es ein natürlicher Prozeß sein, daß ich dann auch mit ihr schlafe" (Dröge 1982; 31). Dennoch beinhaltet Sexualität meines Erachtens eine ganz spezifische Beziehungsqualität, demzufolge ihr Hinzukommen die Beziehung auf ein anderes, neues Niveau hebt.

Von der weiten Verbreitung dieser zweiten Variante zeugt nicht nur die einseitige Selbstverständlichkeit, mit der Huber et al. davon ausgehen, daß ". die Freundin zur Geliebten wird" (Huber at al. 1989; 195), ohne andere Arten der Beziehungskonstitution zu berücksichtigen. Auch Vetere fand die Dominanz dieses Musters in ihrer Untersuchung "The Role of Friendship in the Development and Maintenance of Lesbian Love Relationship" (1983) bestätigt. Nicht nur, daß bei 18 der befragten 23 Lesben (= 78 %) dem ersten Liebesverhältnis zu einer Frau eine Freundschaft mit ihr voranging (vgl. Vetere 1983; 57). Exakt der gleiche zahlenmäßige Zusammenhang ergab sich auch für die aktuellen Beziehungen (vgl. Vetere 1983; 60). Daß erstes und aktuelles Liebesverhältnis nicht identisch sind, worauf sich aus der quantitativen Übereinstimmung durchaus schließen ließe, indiziert die Angabe, insgesamt "...21 women (91 %) had experienced having a friend become a lover..." (Vetere 1983; 63).

Auch die Bindung von Caroline und Diana fügt sich diesem dominanten Muster: "Ihre Beziehung hatte damit angefangen, daß sie an der Schwesternschule eng befreundet waren, dann waren sie Brieffreundinnen, während sie als die kleinen Frauen den großen Männern dienten; die nächste Stufe war, daß sie im selben Haus wohnten und dann lebten sie als Paar zusammen..." (Alther 1988; 22).

Offensichtlich bedürfen viele Frauen im Unterschied zu Männern der Nähe, um von sich aus Sexualität leben zu wollen. Plausibel erklären läßt sich dies aus der dargelegten geschlechtsspezifischen Frühkindheit, insofern eine erwachsene Frau in Reaktion auf die im allgemeinen damals erlebten Frustrationen ihrer Geschlechtlichkeit sich nun häufig über zunächst hergestellte (innige) Nähe und Vertrautheit sozusagen zu vergewissern sucht, ob ihre sexuellen Wünsche und Bedürfnisse ebenso wie die nach Verschmelzung jetzt prinzipiell in Ordnung, d.h. wertvoll und berechtigt sind - bevor sie mit dieser Absicherung im Hintergrund von sich aus Sexualität will.

Diese weibliche Tendenz entfaltet augenscheinlich seine Wirkung nun gerade in sich anbahnenden lesbischen Beziehungen. Zum einen, weil die potentielle Partnerin das gleiche Geschlecht wie die ehedem frustrierende Mutter besitzt; der frühkindliche Konflikt dadurch besonders virulent, da umstandslos aktualisierbar ist. Zum anderen, weil sich im Falle einer lesbischen Bindung infolge der Gleichgeschlechtlichkeit der Liebenden geschlechtsspezifische Eigenschaften, Fähigkeiten und Neigungen von Frauen zu potenzieren scheinen.

Entsprechend der Verschmelzungfunktion der Sexualität versuchen die 'absolut' resp. 'relativ'[30] getrennten weiblichen Individuen über die sexuelle Begegnung die

---

[30] So möchte ich einmal trotz aller diesbezüglich gebotenen Vorsicht die Differenz zwischen dem

(noch) zwischen ihnen bestehenden Grenzen weitestgehend aufzuheben, miteinander möglichst anhaltend zu verschmelzen. Ganz in diesem Sinne fungiert Sexualität darüber hinaus weiblicherseits oft als un/bewußtes Mittel, die potentielle Partnerin - und sich selbst - langfristig (aneinander) zu binden, so als wäre Sexualität die Grundsubstanz des 'Beziehungskitts'. Welche Abstufungen es in diesem zunehmend fesselnden Bindungsprozeß geben kann und welche Rolle Sexualität dabei spielt, läßt Caroline in einer ihrer unzähligen Reflexionen sinnlich konkret Revue passieren. In dieser im Anschluß zitierten etwas längeren Passage wird zudem deutlich, daß Verschmelzung, will sie gelungen sein, alle fünf Sinne umfassen muß - und ein solch sinnlich globales Ereignis liefert im allgemeinen im Erwachsenenalter bloß noch die Sexualität.

"Je mehr ihrer Sinne sie mit einer anderen Person in Verbindung brachte, desto schneller wurde aus einer Bindung eine Fessel. Solange sie sich nur mit den Augen hingezogen fühlte, so wie zu Jackson in seinem weißen Labormantel auf den Korridoren des Massachusetts General Hospital - solange konnte ihr nichts passieren. Sie hatte sich ausgemalt, wie sich wohl seine Haut anfühlte, aber das blieben Phantasien in ihrem fiebrigen Kopf. Und dann redete man mit jemandem - und es wurde schwieriger, Distanz zu halten. Gesprächsfetzen fielen ihr wieder ein, wenn sie nicht darauf gefaßt war. Wenn dann erst der Geruchssinn mit ins Spiel kam, dann fingen die Probleme richtig an. Wohin man auch ging, begegneten einem Spuren des Parfums oder Rasierwassers der betreffenden Person, was dann wieder Erinnerungen an das Gesicht oder die Stimme auslöste. ... Einen Menschen zu berühren bedeutete, daß man spürte, wie die lockere Kette sich plötzlich anspannt - wie wenn der Abschleppdienst gerade im Begriff ist, deinen Wagen zum Schrottplatz zu transportieren. Und Gott stehe einem bei, wenn die Zunge beginnt, den Schweiß und den Speichel dieses Menschen kosten zu wollen. Wenn alle fünf Sinne völlig mit denen des anderen Menschen beschäftigt sind, dann ist es um einen geschehen" (Alther 1988; 112).

Im Anfangsstadium einer lesbischen Beziehung verläuft die sexuelle Begegnung zweier Frauen nicht selten äußerst stürmisch und leidenschaftlich (vgl. Lindenbaum 1989; 128). Kein Aufwand scheint zu groß, kein Ort und keine Zeit hierfür zu unpassend zu sein. *"An einem Nachmittag, kurz nachdem ihre Liebesbeziehung angefangen hatte, hatte Caroline Stunden damit verbracht, auf einem benachbarten Feld genug wilde Erdbeeren zu pflücken, um einen ganzen Krug Daiquiri zu machen. Sie lag dann mit Diana in der Sonne, und sie tranken beide, bis sie so betrunken waren, daß sie sich mitten auf der Wiese liebten. Eine ganze Herde von Kühen kam daher, um zuzuschauen, und mampften friedlich rings um sie herum"* (Alther 1988; 52).

---

ersten und dem zweiten Entstehungsmuster lesbischer Beziehungen sprachlich fassen.

Die bisweilen ungewöhnlich ekstatische Leidenschaftlichkeit zu Beginn einer lesbischen Bindung hängt ebenfalls wesentlich mit der Gleichgeschlechtlichkeit der Partnerinnen zusammen. Denn dadurch verfügen im allgemeinen beide über eine analoge - geschlechtstypische - Empathie- und Beziehungsfähigkeit sowie - mittlerweile - häufig über ein am eigenen Körper geschultes intuitives Wissen darum, wie einer anderen Frau größtmögliche Lust bereitet werden kann (vgl. hierzu auch die leicht karikierende Darstellung von Celeste West 1992; 53). Von gleichem Geschlecht ist es beiden Frauen ferner möglich, sich wechselseitig weitgehend und nachhaltig zu spiegeln, insbesondere in ihrer Geschlechtlichkeit - und sich die in der anderen Frau wiedergefundenen, in der Frühkindheit abgespaltenen Anteile der eigenen Weiblichkeit vermittelst Sexualität wieder einzuverleiben und so wieder 'ganz' zu werden. "Die Verschiedenheit und die Gleichheit, die Nichtidentität und doch Identität, das quasi doppelte Erleben des Ichs, die gleichzeitige Befreiung von einem Teil des Ichs, das doch beibehalten und im Besitz des anderen gesichert ist - all das gibt dem homosexuellen Erlebnis starke Anziehungskraft" (Deutsch 1988[2]; 308). Und nicht zuletzt goutiert in der sexuellen Begegnung mit einer anderen Frau endlich eine Person weiblichen Geschlechts - in meist krassem Gegensatz zur Mutter - umfassend die eigene weibliche Geschlechtlichkeit.

Im Unterschied zum Zusammensein mit einem Mann, über das die Psychotherapeutin Hannah sinniert, es "...bedeutete, eine eingebaute Distanz zu haben" (Alther 1988; 260), ist es also einer Frau mit einer anderen Frau relativ leicht möglich, die Primärerfahrung auf neuem Niveau aktualisierend, vollständig zu verschmelzen. Zu vollständig, wie Lindenbaum (vgl. auch Gissrau 1988; 67) meint, denn "homosexuelle Frauen geben häufig Sexualität auf, weil es ihnen nur allzu gut gelang, Primär-Intimität zu schaffen, und weil sie vor den Konsequenzen zurückschrecken. Kurzum - Lesben geben Sexualität auf, weil sie primäre Verschmelzung hergestellt haben, heterosexuelle Frauen, weil es ihnen unmöglich war, sie herzustellen" (Lindenbaum 1989; 123). Mit dieser Aussage Lindenbaums stimme ich zwar insofern überein, als auch ich davon ausgehe, daß viele lesbischen Paare über kurz oder lang auf Sexualität - zugunsten der Symbiose - verzichten, behaupte aber im Kontrast zu ihr, daß das Aufgeben von Sexualität nicht genuines Resultat der Verschmelzung per se ist, sondern aus dem infolge dieser Verschmelzung erneut vehement hervorbrechenden frühkindlichen Konflikt der Frauen resultiert.

Denn in der entgrenzenden Verschmelzung ist passager die Trennung zwischen beiden Frauen (psychisch) aufgehoben. "Sie wußte, was Diana empfand, wenn sie sie berührte, sie konnte es bei sich selbst spüren, und das ging so weit, daß sie schließlich nicht mehr wußte, wer was bei wem machte" (Alther 1988; 304). Alter und Ego fließen vorübergehend zu einem 'Wir' ineinander, bei dem das äußere Objekt nunmehr zugleich ein inneres ist. Anfangs beschränkt sich dies auf den Zeitraum des sexuellen Aktes. Doch mit zunehmender Intensität und Häufigkeit beginnt das 'Wir' allmählich auch außerhalb und unabhängig vom akuten Verschmelzungserlebnis zu existieren, sofern dem nicht von vorne herein versucht wurde entgegenzuwirken: Entweder durch non-monogames Verhalten[31] oder durch eine rigide (sexuelle) Rollenverteilung, wie sie immer noch oft in heterosexuellen Paaren anzutreffen ist, in denen ohnehin allein der Geschlechtsunterschied ein konstantes Minimum an Distanz garantiert (vgl. Gissrau 1988; 67), aber auch in SM- und Butch/femme[32]-Beziehungen vorgefunden wird. Bei vielen lesbischen Paaren herrscht jedoch sowohl eine monogame Lebensweise (vgl. Nichols 1983; 50) als auch eine flexible Rollenübernahme vor (vgl. z.B. Tanner 1978; 120f; Huber et al. 1989; 202f). *"Bei Diana führte mal die eine von ihnen Regie, mal die andere, manchmal beide"* (Alther 1988; 288). Insbesondere letzteres kann, trotz aller sonstigen damit verknüpften positiven Aspekte wie Gleichberechtigung und Machtnivellierung, einen fließenden Übergang von punktueller sexueller Verschmelzung zu 'dauerhafter' asexueller Symbiose begünstigen.

Mit wachsender Dauer des 'Wir'-Zustandes werden nicht nur fortlaufend die trennenden Grenzen zwischen Alter und Ego aufgeweicht, verwässert, sondern koinzidierend auch die zwischen der Geliebten als anfangs ausschließlich äußerem und mittlerweile zunehmend innerem Objekt. Entsprechend kann jede der Frauen immer weniger die in der Frühkindheit vollzogene Externalisierung des Mutterobjekts bei gleichzeitiger Abspaltung desselben im Inneren aufrechterhalten. Die sich darin ausdrückende, damals vermeintlich endgültig getroffene Entscheidung wird so obsolet - und der archaische weibliche Konflikt zwischen Symbiose und Sexualität/Autonomie kann erneut mit unverminderter Schärfe entflammen. Im Zuge dessen wird demnach einerseits die Partnerin über den psychischen Mechanismus der Übertragung immer stärker und deutlicher zur amtierenden Stellvertreterin der Mutter, weswegen sie ja überhaupt bloß vom Unbewußten als Liebesobjekt erwählt worden war - und mit ihr die frühe Mutter-Tochter-Dynamik wirksam. Darin sind sich - zumindest im Prinzip - nahezu alle PsychoanalytikerInnen einig (vgl. z.B. Freud 1933; 106; Deutsch 1988²; 316; Fritz et al. 1979; 329; Gambaroff 1983; 85). Andererseits dürfte es meines Erachtens darüber hinaus in jeder Frau - je nach Eig-

---

[31] "Nonmonogamy can serve as a vehicle to de-merge the moged individual or couple, or as an attempt to structure dependency needs for the lesbian woman or couple who may consciously or unconsciously terrified of the loss of self implied in primary intimacy with another woman" (Kassoff 1989; 169; vgl. auch Nichols 1983; 59).

[32] "Eine wie auch immer geartete männliche Selbstwahrnehmung heißt innerhalb der Beziehung: 'Ich bin anders als du'. So kann die eigene Identität gegenüber der Freundin, die Aspekte der allmächtigen und verschlingenden Mutter verkörpert, behauptet werden. Sie schafft oft die notwendige Distanz, um größtmögliche Nähe herzustellen, ohne einer dem Ich bedrohlichen Verschmelzung mit der Freundin ausgeliefert zu sein. So gesehen kann eine männliche Rollenverteilung in homosexuellen Beziehungen nichts anderes bedeuten als eine im Dienste der Abwehr stehende Verkleidung zugrunde liegender Mutter-Kind-Strukturen" (Fritz et al. 1979; 334).

nung ihrer Geliebten als Projektions- und Übertragungsfolie - abgespaltene mutterbezogene Anteile geben, mit denen auseinanderzusetzen sich nicht ins Außen delegieren läßt, so daß ein Teil des frühkindlichen Konflikts im Innern der Frau verbleibt und dort von ihr ausgetragen werden muß. Damit hat sich im Grunde die 'alte' Struktur wieder konstelliert: wie in ihrer Kindheit muß die erwachsene Frau auch jetzt den Konflikt sowohl im Innern als auch im Außen führen.

Dieser Konflikt, der seine besondere Sprengkraft daraus bezieht, daß er sich im allgemeinen nicht nur bei einer der beiden Frauen einstellt - die andere so gegebenenfalls als austarierendes Gegengewicht fungieren könnte -, sondern sich bei jeder Partnerin entfaltet - mit der Folge gegenseitigen 'Hochschaukelns' -, besteht im wesentlichen in zwei sich wechselseitig potenzierenden, konfligierenden Tendenzen. Die über Sexualität endlich herbeigeführte, von beiden Frauen lang ersehnte Verschmelzung wird, da sie aufgrund defizitärer frühkindlicher Erfahrungen psychisch (fälschlicherweise) mit engster Bindung und umfassender Akzeptanz der eigenen Person identifiziert wird, von beiden Partnerinnen un/bewußt versucht, über den sexuellen Akt hinaus dauerhaft zu etablieren - was im übrigen durch "...die Vorliebe der Frauen für 'wenig differenzierte' Beziehungsmodi ..." (Lindenbaum 1989; 126) wesentlich ermöglicht wird. Denn jeder noch so kleine Schritt der anderen aus der sich so allmählich zur Symbiose wandelnden Verschmelzung wird von jeder der Partnerinnen als Verlassenwerden sowie Ablehnen der eigenen Person empfunden und interpretiert - und gerät damit zur fundamentalen Bedrohung des eigenen Selbst(wertgefühls), das sich inzwischen aus dem Ego und den im Alter wiedergewonnenen abgespaltenen Anteilen zusammensetzt. "Du mußt so sein, wie ich bin - sonst fühle ich mich abgelehnt. Wenn du dich auch nur einen Schritt von mir entfernst, sehe ich mich alleingelassen und hole das Lasso, um dich wieder einzufangen. Ich liebe dich - wenn du das tust, was ich tue, das denkst, was ich denke, das empfindest, was ich empfinde" (Dröge 1982; 24). Entsprechend müssen gespürte individuelle Eigenarten und daraus erwachsende Unterschiede zwischen den Partnerinnen, die auf ihrer jeweiligen Eigenständigkeit basierten und (psychisch) einen solchen Schritt aus der Symbiose symbolisieren, bis zur Unkenntlichkeit eingeebnet werden[33]. Doch sexuelle Spannung ihrerseits lebt essentiell von der Existenz solcher Unterschiede - und sexuelle Verschmelzung ist nur möglich auf der Grundlage eines (bei Bedarf) abgegrenzten, eigenständigen Selbst, zu dem anschließend zurückgekehrt werden kann (vgl. Eichenbaum et al. 1988; 156). Allein schon aus

---

[33] Diese Tendenz mag auch dadurch mitbedingt sein, daß Unterschiede früher dem kleinen Mädchen keinen narzißtischen Gewinn brachten wie dem Jungen, der sich mit Hilfe seines von ihm hochbesetzten Penis von der Mutter differenzieren konnte. Vielmehr werden Unterschiede für das Mädchen weit eher narzißtische Abwertung bedeutet haben, insofern die Differenz von Mutter und Tochter vorzugsweise eine der Macht darstellte, ohne jegliche Kompensation - die Mutter ist die Mächtige, die Tochter die Ohnmächtige (vgl. Burch 1992; 62)

diesem Grund gibt die erwachsene Frau wie in ihrer Frühkindheit auch jetzt Sexualität zugunsten der Symbiose auf - um sich die, wenngleich dadurch eingeschränkte, narzißtische und libidinöse Besetzung der eigenen Person durch die Geliebte zu erhalten. "Die ersehnte Vereinigung wird dann in den nicht-sexuellen Aspekten der Beziehung geschaffen. Es ist eine Verschmelzung, die nicht durch die Kraft der sexuellen Vereinigung oder die gegenseitige Verbindung zweier getrennter Wesen getragen wird, sondern durch die Furcht vor Differenz" (Lindenbaum 1989; 128). Damit ist das lesbische Paar gewissermaßen zur frühkindlichen Symbiose zurückgekehrt, in der die mittlerweile erwachsenen Frauen noch keine geschlechtlichen Wesen für sich und andere waren.

Dies zu erreichen, weder die Partnerin zu verlieren noch das eigene Selbst(wertgefühl) zu destabilisieren, gibt es ein probates Mittel: die eigenen Wünsche und Bedürfnisse konsequent hintanzustellen - manchmal so weit, bis sie nicht mal mehr selbst wahrgenommen werden - und sich ausschließlich auf die (vermeintlichen) Bedürfnisse der Geliebten auszurichten, einzig für ihre Befriedigung zu sorgen - und sich so unentbehrlich zu machen. So war *"... von dem Zeitpunkt an, als sie und Diana ihre Liebe zugegeben hatten, ihr Zusammenleben ein Wettrüsten geworden: Jede versuchte, stärkere Mittel zu finden, um ihre Hingabe auszudrücken. Seit der Unterhemd-Kapriole letzte Woche eskalierte das Wettrüsten wieder, weil sie versuchten, ihre Auseinandersetzung zu verkleistern wie Tapezierer, die klaffende Risse in einer Gipswand überdecken"* (Alther 1988; 323) - *". wir haben solche Angst bekommen, einander zu verlieren, daß wir wieder angefangen haben, einander im Verwöhnen zu übertreffen"* (Alther 1988; 326). - Mit entsprechenden Konsequenzen in der Sexualität: *"Wenn sie sich liebten, wartete jede auf den Orgasmus der anderen, bis sie schließlich beide völlig das Interesse verloren"* (Alther 1988; 23; vgl. auch Akkermann et al. 1989b; 53).

Lange genug praktiziert, verliert jede der Frauen auf diesem Weg den Zugang zu den eigenen (sexuellen) Bedürfnissen, was eine weitere Ursache für das Aufgeben von Sexualität darstellt. Dieses ist ohnehin, wie sich gleich zeigen wird, als Symptom - um einen psychoanalytischen Terminus zu gebrauchen - überdeterminiert. Denn die Orientierung an den Wünschen der Geliebten führt noch aus einem anderen Motiv zum sexuellen Verzicht. Der hervorbrechende frühkindliche Konflikt aktualisiert unter anderem die bei beiden Partnerinnen verinnerlichte Bewertung eigener sexueller Bedürfnisse und Sehnsüchte als minderwertig und unrechtmäßig. Infolgedessen können diese Wünsche einerseits im Innern vor der Frau selbst nicht bestehen - mit dem Resultat, daß sie für ihre Verwirklichung nicht eintreten wird. Andererseits wird jede diese Bewertung auf ihre Geliebte als Stellvertreterin ihrer Mutter projizieren und ihr so un/bewußt eine Haltung unterstellen, die Sexualität ablehnt und negiert. Da sich jede nach den antizipierten (vermeintlichen) Wünschen der anderen richtet, dürfen eigene sexuelle Bedürfnisse infolge dieser impliziten Unterstellung nicht (mehr) geäußert werden resp. nicht existieren. Dies gibt meines Erachtens, neben dem allgemeinen gesellschaftlichen Tabu, offen darüber zu sprechen, ergänzend eine plausible Erklärung für die Beobachtung ab, daß lesbische Paare anscheinend außergewöhnlich wenig, wenn überhaupt, über (gemeinsame) Sexualität reden (vgl. z.B. Akkermann et al. 1989b; 57; Huber et al. 1989; 203) - und so viele ihrer 'inakzeptablen' sexuellen Bedürfnisse, so sie überhaupt noch selbst wahrgenommen werden, voreinander verschweigen.

Der Neigung beider Partnerinnen, die sexuelle Verschmelzung dauerhaft zur asexuellen Symbiose zu etablieren, konfligiert der mit dieser Bewegung gleichsam zwangsläufig proportional zunehmende konträre Impuls, die eigene Autonomie, die unter anderem wesentlich in der auf Erfüllung ausgerichteten Existenz sexueller Wünsche besteht, zu wahren resp. wiederherzustellen. Dies wird umso vordringlicher, je massiver und umfassender die Symbiose greift - zumal dadurch außerdem Symbioseängste aktualisiert werden, die auf diesbezüglich erlebten frühkindlichen Frustrationen basieren und ihrerseits Autonomiebestrebungen schüren. So entsteht aus dem Ineinanderwirken beider Tendenzen zwischen den Frauen eine sich fortlaufend forcierende, folgenschwere Dynamik: Der infolge wachsender Symbiose in jeder Partnerin ständig brisanter und intensiver werdende Autonomieimpuls muß immer stärker unterdrückt werden, da er als fundamentale Bedrohung der symbiotischen Bindung erlebt wird. Zum einen im Innern der einzelnen Frau, die die vehemente Sprengkraft ihrer eigenen Autonomiebestrebungen spürt, der sie un/bewußt mit einer neutralisierenden Reaktionsbildung zu begegnen sucht, die reaktiv die Gemeinsamkeiten mit der Geliebten verstärkt akzentuiert und über die fortlaufende Nivellierung individueller Differenzen die asexuelle Symbiose weiter vorantreibt - die nachfolgend wiederum den Autonomieimpuls intensiviert und so fort - eine sich immer weiter hochschraubende Bewegung. Dabei müssen bald nicht mehr einzig Autonomiebestrebungen neutralisiert werden. Denn der Versuch, sie zu ersticken, erzeugt in jeder Partnerin zugleich immensen Haß und immense Wut, die ebenfalls abgetötet werden müssen, da sie aus der Tiefe explosionsartig hervorzubrechen drohen - was gelegentlich auch passiert. Zum anderen gilt es gegebenenfalls gleichzeitig, im Außen (antizipierte) Autonomiebedürfnisse der Geliebten, die infolge Projektion ebenso bedrohlich erscheinen, niederzuhalten. Hierzu bedient sich ihre Partnerin vorzugsweise subtiler, typisch weiblicher Sanktionsinstrumente wie beispielsweise Liebesentzug, Schweigen, Distanz, Nörgeln sowie feine unter die Haut gehende Nadelstiche (vgl. Huber et al. 1989; 209f) - die bisweilen auch zu scharfen, handgreiflichen Auseinandersetzungen eskalieren können, in denen die tiefe Existenzialität des Konfliktes greifbar wird.

Als Instrument des weiblichen Kampfes um Autonomie kommt der Sexualität im Zusammenhang dieser Arbeit besondere Bedeutung zu. Zwar kann ihr Einsatz unterschiedlich motiviert sein - je nach Position der Frau innerhalb des Paares - ihr

Ergebnis aber ist stets dasselbe: der (manchmal einseitige) Ausschluß der Sexualität. Dieser kann schlicht unbewußter Ausdruck von nicht zugelassenem, nicht offen ausgedrücktem Ärger und Wut sein (vgl. Nichols 1983; 54). Er kann jedoch auch von der sich ohnmächtig fühlenden Partnerin praktiziert werden, um ein Restgefühl von Eigenständigkeit zu bewahren - *"wenn jemand sich in einer Beziehung machtlos fühlt, dann schließt ... sie den Sex aus"* (Alther 1988; 341) - oder von der dominanten Partnerin zur Demonstration ihrer Macht.

Was letzteres wiederum in der dominierten Frau bewirken kann, schildert Kate Millett in ihrer autobiographischen Beziehungsreflexion 'Sita' (1980) ebenso hautnah wie schonungslos: "Bitter selbst die Berührung ihrer Hand an jenem Teil meines Körpers, der mit solcher Hitze und Lust auf sie wartet. Immer will ich sie. Und sie will mich nicht immer. Das, bloß das, diese Ungleichheit - der Hebel, dieser Drehpunkt von Macht, Verlust, Niederlage noch vor der Schlacht; Eroberung einsetzbar in jedem Bereich des Lebens, vom Geld bis zu den Gedanken. Diese Abhängigkeit, diese Demütigung durch Sehnsucht und Begierde. ...sie ist es, die mich nimmt. Von mir will sie nichts, ich darf sie nicht berühren. Sogar das, auch das nehme ich hin, akzeptiere ich, nehme alles, was ich kriegen kann, wie eine Bettlerin, ohne Stolz, nehme die Hitze ihrer Hand auf mir, in mir, nehme die schwache Zuneigung, die sie verrät, das Gefühl, wenn schon nichts anderes, dann von Macht" (Millett 1980; 22).

Diese exemplarische Passage dokumentiert unter anderem, daß Autonomie- und Symbiosetendenzen oft nicht in jeder Partnerin gleichermaßen manifest werden, sondern zwischen ihnen aufgespalten ihre jeweilige Aktivität entfalten - derart, daß "one partner carries the need for intimacy while the other struggles with establishing some boundaries" (Burch 1982; 203), was wiederum auf die wechselseitige Komplettierung des eigenen Selbst durch die andere verweist. *"Immer wenn eine einen Schritt nach vorne tat, dann machte die andere einen Schritt zurück. Diana schien eine Versöhnung zu wollen, und zwar genau in dem Augenblick, als Caroline beschlossen hatte, daß die Beziehung mit Brian klappen sollte"* (Alther 1988; 281). Darüber hinaus stellen die vorgängigen Ausführungen insgesamt den paradoxen Zusammenhang dar, daß ausgerechnet der symbiosesymptomatische und -forcierende sexuelle Verzicht Ausdruck des Beharrens auf Autonomie und damit auf Sexualität ist. Denn dadurch wird die der vollständigen Ich-Auflösung entgegenwirkende notwendige 'letzte' (psychische) Distanz/Differenz zwischen den Partnerinnen wieder installiert, die die Symbiose aufzuheben drohte. "Both women almost lose sight of their separate ego boundaries, both seem unable or uninterested in functioning apart except perhaps for the hours during which they both work, and both women participate in a nonverbal contract to eradicate differences between them including differences in taste, personal style, activities, or beliefs. ISD (d.i. Inhibited Sexual Desire, G.H.) develops in these fused relationsships as a way of

234

creating distance" (Nichols 1983; 60). So kommt es hinsichtlich des Aufgebens von Sexualität gewissermaßen zu einer 'unheiligen' Allianz von Autonomie- und Symbiosebestrebungen.

Die infolge der geschilderten Dynamik fortlaufend intensivierten Autonomietendenzen der Frauen lassen sich allerdings von ihnen nicht auf Dauer in der Verdrängung halten - können sich diese Impulse doch über den Verzicht auf Sexualität nur bedingt greifbaren entlastenden Ausdruck verschaffen, während die Symbiose und ihre Manifestationen sich auf der Beziehungs- oberfläche 'ungehindert' entfalten. Wird das Bedürfnis nach Eigenständigkeit resp. der dadurch verursachte innere Druck in einer oder beiden Frauen zu stark - was unter anderem von der Intensität der Autonomiewünsche, der Stärke der gegen sie aufgerichteten inneren Barrieren, diesbezüglicher Ängste und Hoffnungen sowie damit im Zusammenhang stehender subtiler Sanktionen der Geliebten abhängt - durchbricht eine Partnerin das Schild vermeintlich allumfassender symbiotischer Harmonie durch aggressive Akte, die nicht selten destruktiven Charakter annehmen.

In manchen lesbischen Beziehungen erfolgt dies - wie bereits angedeutet - in Form sporadischer Entladungen nach Art eines sich öffnenden und dann wieder schließenden Ventils. Dabei kann es sich um intensive Wortgefechte, lautstarke Auseinandersetzungen bis hin zu körperlicher Gewalt handeln. Daß beispielsweise zwischen chronischer Gewaltanwendung und Symbiose in lesbischen Beziehungen ein Zusammenhang besteht, unterstützt die Aussage von Leeder, die über solche Paare feststellt, daß "...they are more often than not emotionally entangled or enmeshed. Their lives are intertwined in innumerable ways: physically, psychologically, and socially. Often these women share friends, space, and see each other as crucially integral to their daily lives. ... These couples are certainly no different in that regard. It is difficult to know where one person ends and the other begins" (Leeder 1988; 87f). So fatal die im Alternieren von verschleiernder Symbiose einerseits und destruktiv umgesetzten Autonomiebestrebungen andererseits bestehende Dynamik zwischen den Partnerinnen auch immer sein mag - sie stellt die Existenz der Beziehung nicht unmittelbar in Frage, stabilisiert sie eher noch, da ein Entrinnen kaum vorstellbar.

Typischer für die mit den vorgängigen Ausführungen gemeinten Paare scheint mir jedoch, da sie meist der Mittelschicht entstammen, ein anderer Prozeßverlauf zu sein, der sich nicht selten auch nach einer Phase verbaler Dispute einstellen kann. Als Mädchen ohnehin zur Unterdrückung eigener Aggressionen hin sozialisiert (vgl. Schmauch 1987; 82ff), werden diese Frauen in ihrer Partnerinnenschaft den offenen Ausdruck von Aggressionen meist scheuen und vermeiden. Infolgedessen schwelen Wut, Haß, Ärger und Autonomiebedürfnisse lange Zeit unter dem Deckmantel symbiotischer Einheit und Harmonie. So lange, bis eine von ihnen diese Bestrebungen bei bestem Willen nicht mehr in Schach halten kann und diese sich die Bahn brechen (vgl. Streit 1992; 19f, 22) - in einem Befreiungsschlag, der darin besteht, daß eine Partnerin 'urplötzlich' ihre Geliebte verläßt, sich von ihr trennt. *"...Diana (hatte, G.H.) beschlossen, . daß sie nicht mehr miteinander schlafen sollten ..."* (Alther 1988; 14). Damit ist "die intensivere Symbioseerfahrung und die danach nötige aggressivere Lösungsphase . eine wesentliche Ursache für das Scheitern von Lesbenbeziehungen. Denn oft muß so viel Aggression und Distanzierung für die Lösung aus der ichauflösenden Verschmelzung aufgebracht werden, daß dies nur durch Beenden der Beziehung möglich erscheint" (Gissrau 1988; 67)[34].

Bei vielen lesbischen Paaren ist das Aussprechen (und vorläufige Vollziehen) der Trennung allerdings noch längst nicht gleichbedeutend mit der faktischen und das heißt: endgültigen Trennung. Stattdessen gibt es ein- oder mehrmalige Rückfälle, die oft sexueller Natur sind - und durchaus eine geraume Zeit andauern können, bis es erneut zur Trennung kommt. *"Diana war einfach am Abend in Carolines Bett erschienen, ein Geschenk der Nacht. Als Caroline eine Bemerkung über ihre Anwesenheit machen wollte, legte ihr Diana die Hand auf den Mund und sagte: 'Laß uns nicht darüber reden. Laß es uns einfach machen.' Danach wirkte jede Diskussion überflüssig. ... Am nächsten Morgen wurde Caroline vor Diana wach, ... 'Du hast mich geschlagen.' 'Um dich in meinem Bett zu behalten, mache ich alles', sagte Caroline ... . 'Aber ich muß in ein paar Minuten aufstehen.' ... 'Hast du heute Dienst?' 'Nein, ich gehe mit Suzanne einkaufen.' Sie vermied es, Caroline anzusehen. ... 'Dann sag' ab.' ... 'Suzanne rechnet darauf, daß ich ihr helfe.' 'Na ja, und ich rechne darauf, daß du mit mir vögelst' sagte Caroline grinsend. 'Das haben wir schon gemacht', lachte Diana. 'Ziemlich ausführlich, wenn ich mich recht erinnere.' 'Was soll dann dieses charmante kleine Zwischenspiel bedeuten?' 'Was willst du damit sagen?' ... 'Du kommst mitten in der Nacht hier reingeweht, verführst mich, und jetzt rennst du weg zu deiner Kindsbraut. Was machst du eigentlich, in drei Teufels Namen?' Diana schaute sie überrascht an, den Toast halb im Mund. 'Ich wollte dich. Und du wolltest mich, offensichtlich. Wir haben einander gehabt. Und jetzt geht das Leben weiter.' 'Ich verstehe.' Carolines Herz zog sich in*

---

[34] Allerdings kann hieraus nicht automatisch der Schluß gezogen werden, lesbische Bindungen seien wegen dieser Problemkonstellation kurzlebiger als andere Beziehungsarrangements. So fanden zwar beispielsweise Blumstein et al. die höchste Trennnungsrate bei Lesben (vgl. Blumstein et al. 1985; 307f) und auch West geht von der Kurzlebigkeit lesbischer Beziehungen aus (West 1992; 121). Akkermann et al. berichten allerdings dagegen, "...daß sich die Dauer bei lesbischen und heterosexuellen Frauen über 29 Jahren (einschließlich der Ehen) nicht unterscheidet, wobei die Lesben über 29 Jahre sogar längere Beziehungen leben als unverheiratete heterosexuelle Frauen dieser Altersgruppe" (Akkermann et al. 1989b; 66). Im übrigen dürfte die Beziehungsdauer neben weiteren Faktoren unter anderem entscheidend von der Generation und dem Lebensalter der Frauen abhängen und mit letzterem häufig steigen (vgl. z.B. Kehoe 1988; 48)

seine Schale zurück, wie der Kopf einer Schildkröte. Das war eine unbedeutende Sache, nicht eine Versöhnung und ein Neuanfang" (Alther 1988; 234ff vgl. auch Millett 1980 und Offenbach 1981).

Daß es oft so mühsam und langwierig ist, die im Grunde bereits verflossene Geliebte zu verlassen, ist meines Erachtens Ausdruck noch vorhandener, resistenter Symbiosetendenzen, die allmählich jedoch an Wirksamkeit verlieren, so daß am Ende trotz bisweilen diverser Rückfälle letztlich doch die endgültige Trennung steht - und das 'Spiel' in der nächsten Liebesbeziehung meist von vorne beginnen kann. *"Ohne Zweifel hatte Diana in sich einen Bereich leeren Bewußtseins, genau wie Caroline. Dieser Bereich in Diana war genau in diesem Augenblick mit dem entsprechenden Bereich in Caroline verbunden. Sie waren eins, mehr noch, als wenn sie sich liebten, wenn körperliche Empfindungen und sexuelle Phantasien sich vordrängten. Das ist es, beschloß Caroline, dieser Stromaustausch zwischen zwei Flecken leeren Bewußtseins, durch den sie nicht mehr zwei waren. ... Diana richtete sich abrupt auf und nahm Carolines Hand von ihrer Brust. 'Ich kann dir nicht ewig Sachen an den Kopf werfen, Caroline.' Caroline richtete sich auf. 'Das war meine Schuld, Diana. Es tut mir leid. Ich habe zu spät gemerkt, daß ich nicht streiten wollte, aber ich wußte nicht, was ich statt dessen tun könnte.' 'Mir tut es auch leid, aber wir sollten es vielleicht endlich einsehen: Es geht nicht mehr.' Caroline schloß die Augen, um einen Schlag abzuwehren. 'Wir müssen aufhören, Geliebte zu sein. Wenn das bedeutet, daß eine von uns ausziehen muß, dann muß es eben sein.' 'Aber ich habe mich dir gerade so nahegefühlt.' 'Ich auch, und das macht mir wahnsinnig angst. Jedesmal, wenn wir uns nahekommen, schlägt eine von uns zu.' 'Aber wenn wir das jetzt wissen, können wir es vielleicht verhindern. Laß es uns nochmal versuchen, Diana.' 'Wir haben es doch schon tausendmal versucht. Ich habe genug vom Versuchen. Ich möchte Frieden. Ich bin zu alt für diese ganze Quälerei.' Sie stand auf und ging zur Treppe. 'Wir können morgen darüber reden, was wir tun wollen"* (Alther 1988; 337f).

7. Jenseits der Symbiose -
Skizzen möglicher Konfliktlösungen

Ich möchte die vorliegende Arbeit nicht mit dem gerade gegebenen Verweis auf die fortlaufende Reproduktion dieser Beziehungsdynamik beenden. Infolgedessen wird es keinen Schluß im Sinne eines Bilanzziehens geben - nach der Art: lebt eine Lesbe in der heutigen Zeit, entstammt sie der Mittelschicht, wohnt in der Provinz oder hat, in der Stadt lebend, eine widerständige lesbische Identität ausgebildet, so tendiert sie im allgemeinen weitaus eher zur Symbiose als zur Sexualität - und ist daher von den Ausführungen des psychoanalytischen Kapitels in besonderem Maße betroffen. Vielmehr soll der folgende Schluß skizzieren, wie Frauen diesen typisch weiblichen Konflikt überwinden, welche prinzipiellen Möglichkeiten und Wege einer Konfliktlösung es geben könnte - wobei keineswegs Anspruch auf Vollständigkeit erhoben wird.

Vordringlich scheint mir dies unter anderem deswegen zu sein, weil die besonderen Chancen und positiven Aspekte lesbischer Bindungen, beispielsweise Kompensation und Entschädigung früher durch die Mutter/Eltern erlebter Versagungen und daraus resultierender Beschädigungen (vgl. Fritz et al. 1979; 328f), die sich ebenso wie ihre spezifischen Risiken und negativen Gesichtspunkte geschlechtsspezifischer weiblicher Sozialisation verdanken, bislang innerhalb dieser Arbeit eklatant vernachlässigt wurden. Nicht zuletzt, weil sie angesichts des gleichfalls daraus hervorgehenden thematisierten Konflikts nur allzu oft ins Hintertreffen geraten und ihre (volle) Wirksamkeit nicht entfalten können. Im übrigen stellt diese Vernachlässigung meines Erachtens ein Symptom für die Gültigkeit zweier Binsenweisheiten dar, denen auch ich Rechnung getragen habe: Erstens, nur das Negative, Problematische scheint der Rede wert, nicht das Positive, Unproblematische. Zweitens, die größte Stärke entpuppt sich - dialektisch gewendet - nicht selten auch als größte Schwäche.

Generell läßt sich auf zwei Arten mit Konflikten umgehen. Man kann versuchen, sie gar nicht erst entstehen zu lassen - dies wäre der präventive Ansatz. Oder man versucht, einen bereits bestehenden Konflikt zu bewältigen - dies wäre der kurative Ansatz. Präventiv anzusetzen, bedeutete im vorliegenden Fall: Frauen müßten - wie immer dies dann konkret aussehen mag - von Kindheit an in einem gesellschaftlichen Umfeld aufwachsen, das innere Verbundenheit mit anderen genauso wertschätze wie weibliche Autonomie und reife potente Weiblichkeit. Eine derart radikale Lösung anzuvisieren, heißt in Handlung umgesetzt nichts anderes als zu versuchen, die damit im Zusammenhang stehenden gesellschaftlichen Gegebenheiten und Einflußfaktoren entsprechend grundsätzlich zu ändern - was letztlich darauf hinausläuft, bestehende kleinfamiliale Strukturen aufzubrechen, die die grundlegende Ursache der beschriebenen Psychodynamik darstellen. Da der Komplexität der Phänomene 'Sexualität' und 'Symbiose' die Vielfalt der auf sie einwirkenden Momente korrespondiert, müßte zur Initiierung eines solchen Wandels parallel bei allen wesentlichen gesellschaftlichen Bereichen angesetzt werden. So müßte beispielsweise ebenso auf eine durch Massenmedien, insbesondere Werbung[1] vermittelte öffentliche Goutierung weiblich-potenter Sexualität hingewirkt werden - da sowohl Symptom als auch Verstärker - wie auf ökonomische Randbedingungen, die die Umsetzung paritätischer Erziehung durch beide Elternteile oder besser noch: mehrere Erwachsene begünstigen. Stichworte sind hier unter anderem: Teilzeitarbeit, Job-Sharing, eine geschlechtsunabhängige Einstellpraxis von Unternehmen, Quotierung und Frauenförderpläne. Und nicht zuletzt müßten sich öffentliche wie wissenschaftliche Diskurse normativer Aussagen über weiblich-gesellschaftliches - und männlich-gesellschaftliches - Sein enthalten, die vorzuschreiben suchen, wie Frauen sich ihrem eigenen Körper gegenüber, als Mütter, Berufstätige, Ehefrauen, sexuelle Wesen verhalten sollten. Bei all dem ist zu beachten, daß die Vorstellungen darüber, was reife potente Weiblichkeit sei, wahrscheinlich bisweilen erheblich differieren - als Ausdruck unterschiedlichen sozio-ökonomischen und -kulturellen Hintergrunds und daraus resultierender Lebenspraxis - und daß der Versuch, eine davon als normativ zu setzen, kontraindiziert ist, insofern es bedeutete, eine normative Vorstellung durch eine andere, ebenso normative zu ersetzen - den Teufel mit Beelzebub auszutreiben. Vielmehr geht es meiner Meinung nach darum zu versuchen, sich in einer immer pluralistischer gestaltenden Welt mit den unterschiedlichsten Anschauungen kritisch und selbstreflektierend auseinanderzusetzen, ohne bestimmte a priori als moralisch verdammenswert oder unangemessen zu diffamieren.

Die Realisierung solch beispielhafter Veränderungen gilt es jetzt in Angriff zu nehmen. Nicht nur damit sie in Zukunft tatsächlich existieren, sondern auch, weil Sozialisation nicht abrupt mit dem 'Verlassen der Kindheit' endet, Erwachsene in ihren Einstellungen und ihrem Verhalten weiterhin von den unterschiedlichsten gesellschaftlichen Institutionen und Faktoren geprägt werden. So besitzt der präventive Ansatz auch einen gewissen kurativen Aspekt.

Umgekehrt, vom kurativen Ansatz ausgehend, erweist sich die Verzahnung beider allerdings als ungleich enger und zwangsläufiger im Sinne der These von Marx über Feuerbach, "...daß die Umstände von den Menschen verändert und der Erzie-

---

[1] Welch erheblichen Beitrag Werbung zur Hervorbringung, Modifizierung und Konsolidierung geschlechtsstereotyper Einstellungen und Verhaltensweisen leisten kann, darauf weist etwa ihre eindrucksvolle Wirkung in den 50er Jahren hin, die "...kaum hoch genug veranschlagt werden" (vgl. Kriegeskorte 1992; 115) kann.

her selbst erzogen werden muß" (Marx 1966; 139) - letztlich, daß gesellschaftlicher Wandel auch durch die Individuen 'hindurch' bewirkt werden muß. Infolgedessen ist es neben anderen Ansatzpunkten von wesentlicher Bedeutung - und im fundamentalen Interesse der Prävention -, bei der eigenen Person mit der Veränderung, der Konfliktbewältigung zu beginnen.

Wie sich diese in ihrer Abfolge, ihrer Themen- und Intensitätsverteilung ausgestaltet, dürfte entsprechend der grundlegenden individuellen Disposition, des biographischen Hintergrunds und der aktuellen Lebenssituation individuell variieren. Dessenungeachtet lassen sich meines Erachtens strukturelle Stränge und strategische Knotenpunkte benennen, die im allgemeinen zur Konfliktlösung (hin-)führen. Grundlage dessen ist in der Regel die Durcharbeitung 'alter' Konflikte, in deren Verlauf ehemals Verdrängtes wieder an die Bewußtseinsoberfläche kommt und so einer neuerlichen Bewältigung zugänglich wird - jetzt allerdings aus der Position der potentiell relativ autonomen Erwachsenen heraus. Bewältigung meint in diesem Zusammenhang wesentlich: eigene Gefühle, Bedürfnisse und Grenzen, seien sie subjektiv zunächst noch so unangenehm und ungewohnt, kennen, akzeptieren und artikulieren zu lernen[2]; sich darüber selbst zu akzeptieren, wertzuschätzen und zu lieben; vorerst existenziell bedrohliche Unterschiede zu und Trennungen von anderen akzeptieren zu lernen und sie nicht mit der Auflösung und Aufkündigung innerer Verbundenheit automatisch zu identifizieren; zu erleben, daß ich ein getrenntes Individuum bin und trotzdem mit anderen innerlich tief verbunden sein kann. Speziell auf Sexualität bezogen, bedeutet Bewältigung darüber hinaus die Integration aller Libidophasen, der oralen, analen und klitoralen - derart, daß ihre verschlingenden und bemächtigenden Momente nicht als bedrohlich erlebt werden, sondern, eingebettet in eine libidinöse Grundhaltung, als Bereicherung und Intensivierung zwischenmenschlicher Begegnung. Daß dies gelingen kann, berichten Psychotherapeutinnen, die mit lesbischen Paaren arbeiten: "Interestingly enough, as separation is allowed, couples often report the return of sexual intimacy to the relationship" (McCandlish 1982; 78).

---

[2] Um etwaigen Mißverständnissen vorzubeugen: Damit ist keineswegs eine divergente Realität verkleisternde Harmonie intendiert. Im Gegenteil, sind hier doch insbesondere jene Gefühle, Bedürfnisse und Grenzen angesprochen, die bislang meist, weil sozial inakzeptabel, abgespalten wurden, wie beispielsweise Wut, Aggression, Bedürfnis nach Macht, Autonomie oder Versorgtwerden, um nur einige zu nennen.

Literatur

Aardweg, Gerard J. M. van den, 1986: On the Origins and Treatment of Homosexuality. New York.

Adams, Mary Louise, 1991: Soviel Gummi, soviel Geschwätz - Lesben und Safe Sex - In: Rieder, Ines; Ruppelt, Patricia (Hrsg.): Frauen sprechen über Aids, S. 187 - 192. Frankfurt/M.

Adorno, Theodor W., 1951: Die Freudsche Theorie und die Struktur der faschistischen Propaganda. In: Dahmer, Helmut (Hrsg.), 1980: Analytische Sozialpsychologie. 1. Band, S. 318 - 342. Frankfurt/M.

Akkermann, Antke; Betzelt, Sigrid; Daniel, Gabriele, 1989a: Ohne Netz und doppelten Boden: Drahtseilakte lesbischen Lebens. In: beiträge zur feministischen theorie und praxis, 12. Jahrgang (1989), Heft 25/26: Nirgendwo und überall. Lesben, S. 111 - 119.

- 1989b: Nackte Tatsachen. Ergebnisse eines lesbischen Forschungsprojekts. Berlin (Selbstverlag).

Albro, Joyce C.; Tully, Carol, 1979: A Study of Lesbian Lifestyles in the Homosexual Micro-Culture and the Heterosexual Macro-Culture. In: Journal of Homosexuality, Vol. 4(4), S. 331 - 344.

Alic, Margaret, 1987: Hypatias Töchter. Der verleugnete Anteil der Frauen an der Naturwissenschaft. Zürich.

Alther, Lisa, 1988: Schlechter als morgen, besser als gestern. Reinbek.

Applegarth, Adrienne, 1988: Origins of Femininity and the Wish for a Child. In: Psychanalytic Inquiry (1988) Vol. 8, S. 160 - 176.

Ariès, Philippe, 1984²: Die unauflösliche Ehe. In: Ariès, Philippe; Béjin, André; Foucault, Michel; u.a.: Die Masken des Begehrens und die Metamorphosen der Sinnlichkeit. Zur Geschichte der Sexualität im Abendland, S. 176 - 196. Frankfurt/M.

Ariès, Philippe; Béjin, André; Foucault, Michel; u.a., 1984²: Die Masken des Begehrens und die Metamorphosen der Sinnlichkeit. Zur Geschichte der Sexualität im Abendland. Frankfurt/M.

Autorinnengruppe: Cornelie Gronemeyer, Ilse Kokula, Margret Müller, Anke Petersen, Ele Pilgram, Cordula Roemer, Anne Schmalbach, 1982: Zur Sexualitätsdebatte in der Frauenbewegung: Vom Zusammenhang von Politik, Unterdrückung der Frau und weiblicher Sexualität. In: Ästhetik und Kommunikation 40/41 "Sexualität", S. 55 - 64. Berlin.

Badinter, Elisabeth, 1988⁴: Die Mutterliebe. Geschichte eines Gefühls vom 17. Jahrhunderts bis heute. München.

Bake, Rita; Döring, Werner; Gröwer, Karin; Kammeier, Andrea; Piezonka, Beatrix; Reiling, Heidi; Riegler, Claudia; Wohlauf, Gabriele, 1983: Zur Stellung der Frauen im mittelalterlichen Handwerk. Schreibtischmythen und Realitäten. In: Feministische Studien, Heft 2 (1983): Barrieren/Maskeraden, S. 147 - 155.

Balint, Michael, 1936: Eros und Aphrodite. In: Ders., 1988: Die Urformen der Liebe und die Technik der Psychoanalyse, S. 69 - 82. München.

- 1937: Frühe Entwicklungsstadien des Ichs. Primäre Objektliebe. In: Ders., 1988: Die Urformen der Liebe und die Technik der Psychoanalyse, S. 83 - 102. München.

- 1938: Ich-Stärke, Ich-Pädagogik und 'Lernen'. In: Ders., 1988: Die Urformen der Liebe und die Technik der Psychoanalyse, S. 202 - 213. München.

- 1956: Perversion und Genitalität. In: Ders., 1988: Die Urformen der Liebe und die Technik der Psychoanalyse, S. 151 - 159. München.

Barz, Monika; Leistner, Herta; Wild, Ute, 1987: Hättest du gedacht, daß wir so viele sind? Lesbische Frauen in der Kirche. Stuttgart.

Beauvoir, Simone de, 1989: Das andere Geschlecht. Sitte und Sexus der Frau. Reinbek.

Beck, Ulrich; Beck-Gernsheim, Elisabeth, 1990: Das ganz normale Chaos der Liebe. Frankfurt/M.

Becker, Gabriele; Brackert, Helmut; Brauner, Sigrid; Tümmler, Angelika, 1977: Zum kulturellen Bild und zur realen Situation der Frau im Mittelalter und in der frühen Neuzeit. In: Becker, Gabriele; Bovenschen, Silvia; Brackert, Helmut; u. a.: Aus der Zeit der Verzweiflung. Zur Genese und Aktualität des Hexenbildes, S. 11 - 128. Frankfurt/M.

Becker, Howard S., 1981: Außenseiter. Zur Soziologie abweichenden Verhaltens. Frankfurt/M.

Becker, Ulrich; Flaig, Berthold, 1988: Das Haus (Hrsg.): Wohnwelten in Deutschland 2. Denkanstöße für zielgruppenorientiertes Marketing im Einrichtungssektor. Offenburg.

Becker-Schmidt, Regina, 1984: Probleme einer feministischen Theorie und Empirie in den Sozialwissenschaften. In: Zentraleinrichtung zur Förderung von Frauenstudien und Frauenforschung an der Freien Universität Berlin (Hrsg.): Methoden in der Frauenforschung. Symposium an der Freien Universität Berlin vom 30. 11. - 2. 12. 1983, S. 224 - 238. Frankfurt/M.

Becker-Schmidt, Regina; Knapp, Gudrun-Axeli, 1985: Arbeiterkinder gestern - Arbeiterkinder heute. Erziehungsansprüche und -probleme von Arbeiterinnen im intergenerativen Vergleich. Bonn.

Béjin, André, 1984[2]: Die Macht der Sexologen und die sexuelle Demokratie. In: Ariès, Philippe; Béjin, André; Foucault, Michel u.a.: Die Masken des Begehrens und die Metamorphosen der Sinnlichkeit. Zur Geschichte der Sexualität im Abendland, S. 253 - 272. Frankfurt/M.

Belotti, Elena Gianini, 1975: Was geschieht mit kleinen Mädchen? Über die zwangsweise Herausbildung der weiblichen Rolle in den ersten Lebensjahren durch die Gesellschaft. München.

Benjamin, Jessica, 1985: Herrschaft - Knechtschaft: Die Phantasie von der erotischen Unterwerfung. In: Snitow, Ann; Stansell, Christine; Thompson, Sharon (Hrsg.): Die Politik des Begehrens. Sexualität, Pornographie und neuer Puritanismus in den USA, S. 89 - 117. Berlin.

- 1990: Die Fesseln der Liebe. Psychoanalyse, Feminismus und das Problem der Macht. Basel, Frankfurt/M.

Benstock, Shari, 1987: Women of the Left Bank. Paris, 1900 - 1940. London.

Bertram, Hans, 1981: Sozialstruktur und Sozialisation. Zur mikroanalytischen Analyse von Chancenungleichheit. Darmstadt, Neuwied.

Bilden, Helga, 1980: Geschlechtsspezifische Sozialisation. In: Hurrelmann, Klaus; Ulich, Dieter (Hrsg.): Handbuch der Sozialisationsforschung, S. 777 - 812. Weinheim, Basel.

Bland, Lucy, 1983: Purity, Motherhood, Pleasure or Threat? Definitions of Female Sexuality 1900 - 1970s. In: Cartledge, Sue; Ryan, Joanna (Hrsg.): Sex & Love. New thoughts on old contradictions, S. 8 - 29. London.

Bleibtreu-Ehrenberg, Gisela, 1981: Homosexualität. Die Geschichte eines Vorurteils. Frankfurt/M.

Blumstein, Philip; Schwartz, Pepper; 1985: American Couples. Money - Work - Sex. New York.

Bock, Maren, 1989: Come Out - Gedanken zur politischen Identität. In: beiträge zur feministischen theorie und praxis, 12. Jahrgang (1989), Heft 25/26: Nirgendwo und überall. Lesben, S. 105 - 110.

Bock, Ulla, 1984: Einführung in die Diskussion der Methoden bzw. Methodologie in der Frauenforschung. In: Zentraleinrichtung zur Förderung von Frauenstudien und Frauenforschung an der Freien Universität Berlin (Hrsg.): Methoden in der Frauenforschung. Symposium an der Freien Universität Berlin vom 30. 11. - 2. 12. 1983, S. 16 - 28. Frankfurt/M.

Bolbrügge, Monika; Hermann, Sabine; Heuck, Sabine; Papen, Brigitte; Salzmann, Brigitte, 1989[4]: Von der Theorie zur Praxis. Erfahrungen und Ergebnisse aus dem Umgang mit einem feministischen Forschungsansatz. In: beiträge zur feministischen theorie und praxis, 7. Jahrgang (1984) Heft 11: Frauenforschung oder feministische Forschung?, S. 99 - 108.

Brenner, Ines; Morgenthal, Gisela, 1977: Sinnlicher Widerstand während der Ketzer- und Hexenverfolgung. Materialien und Interpretationen. In: Becker, Gabriele; Bovenschen, Silvia; Brackert, Helmut; u. a.: Aus der Zeit der Verzweiflung. Zur Genese und Aktualität des Hexenbildes, S. 188 - 239. Frankfurt/M.

Brigitte L., 1977: Meine Isolierung in der Provinz - Leserinnenbeitrag zu unserem Februar-Thema. In: Unsere kleine Zeitung 2/77, S. 4 - 5.

Brödner, Peter; Krüger, Detlef; Senf, Bernd, 1982: Der programmierte Kopf. Eine Sozialgeschichte der Datenverarbeitung. Berlin.

Brown, Judith C., 1988: Schändliche Leidenschaften. Das Leben einer lesbischen Nonne in Italien zur Zeit der Renaissance. Stuttgart.

Brunet, Odette; Lézine, Irene, 1966: I primi anni del bambino. Rom.

Bruhn-Güntner, Ingeborg, 1991: Eva im Nylonland. Die Lebensbedingungen der Frauen in den 50er Jahren. Hrsg.: Kreismuseum Prinzeßhof Itzehoe. Hamburg.

Bunch, Charlotte; Brown, Rita Mae, 1981[4]: Was jede Lesbierin wissen sollte. In: LAZ (Hrsg.): Frauenliebe. Texte aus der amerikanischen Lesbierinnenbewegung, S. 124 - 131. Berlin.

Burch, Beverly, 1982: Psychological Merger in Lesbian Couples: A Joint Ego Psychological and System Approach. In: Family Therapy, Vol.IX, No. 3, S. 201 - 208.

- 1992: Hindernisse auf dem Weg zur Intimität. Konflikte um Macht, Abhängigkeit und Fürsorge. In: Loulan, JoAnn; Nichols, Margaret; Streit, Monica u.a. (Hrsg.): Lesben Liebe Leidenschaft. Texte zur feministischen Psychologie und zu Liebesbeziehungen unter Frauen, S. 50 - 70. Berlin.

Busch, Alexandra, 1989a: Ladies of Fashion. Djuna Barnes, Natalie Barney und das Paris der 20er Jahre. Bielefeld.

- 1989b: Ein Milieu zwischen Welt und Halbwelt. Natalie Barney und ihr Salon, Paris 1902 - 1939. In: Feministische Studien, Nr. 2 (1989): Zwischen Tugend und Affären, S. 39 - 54.

Califia, Pat, 1979: Lesbian Sexuality. In: Journal of Homosexuality, Vol. 4(3), S. 255 - 266.

- 1989[3]: Sapphistrie. Das Buch der lesbischen Sexualität. Berlin.

Carter, B., 1985: Ms. interventions's guide to 'correct' feminist family therapy. In: Familiy Therapy Networker 9(6), S. 78 - 79. Zit. n.: Lerner, Harriet Goldhor, 1988: Women in Therapy, S. 282. Northvale, New Jersey, London.

Chalon. Jean, 1980: Portrait einer Verführerin. Die Biographie der Natalie Barney. Reinbek.

Chasseguet-Smirgel, Janine, 1974a: Freud widersprechende psychoanalytische Ansichten über die weiliche Sexualität. In: Dies. (Hrsg.): Psychoanalyse der weiblichen Sexualität, S. 46 - 67. Frankfurt/M.

- 1974b: Die weiblichen Schuldgefühle. Über einige spezifische Aspekte des weiblichen Ödipuskomplexes. In: Dies. (Hrsg.): Psychoanalyse der weiblichen Sexualität, S. 134 - 191. Frankfurt/M.

- 1976: Freud and Female Sexuality. The consideration of some blind spots in the exploration of the 'Dark Continent'. In: Int. J. Psycho-Anal. (1976) 57, S. 275 - 286.

245

Chodorow, Nancy, 1985: Das Erbe der Mütter. Psychoanalyse und Soziologie der Geschlechter. München.

Clower, Virginia L., 1977: Theoretical Implications in Current Views of Masturbation in Latency Girls. In: Blum, Harold P. (Hrsg.): Female Psychology. Contemporary Psychoanalytic Views, S. 109 - 125. New York.

Clunis, Merilee D.; Green, Dorsey G., 1988: Lesbian Couples. Seattle.

Das Fremdwörterbuch, 1974³. Mannheim, Wien, Zürich.

Davies, Nigel, 1987: Liebe, Lust und Leidenschaft. Kulturgeschichte der Sexualität. Reinbek.

Daviet, Jean Pierre, 1974: Die Gesellschaft und ihre Gruppen. In: Palmade, Guy (Hrsg.): Das bürgerliche Zeitalter. Fischer Weltgeschichte 27, S. 151 - 232. Franfurt/M.

De Cecco, John P.; Shively, Michael G., 1978: A Study of Perceptions of Rights and Needs in Interpersonal Conflicts in Homosexual Relationships. In: Journal of Homosexuality, Vol. 3(3), S. 205 - 216.

Dekker, Rudolf; Pol, Lotte van de, 1990: Frauen in Männerkleidern. Weibliche Transvestiten und ihre Geschichte. Berlin.

Deutsch, Helene, 1988²: Psychologie der Frau. Band 1. Eschborn.

Devereux, Georges, 1976: Angst und Methode in den Verhaltenswissenschaften. Frankfurt/M, Berlin, Wien.

Döblin, Alfred, 1982: Die beiden Freundinnen und ihr Giftmord. Reinbek.

Dornes, Martin, 1993: Der kompetente Säugling. Die präverbale Entwicklung des Menschen. Frankfurt/M.

Dröge, Annette, 1982: In dieser Gesellschaft überleben. Zur Alltagssituation lesbischer Frauen. Berlin.

Eagle, Morris N., 1988: Neuere Entwicklungen in der Psychoanalyse. Eine kritische Würdigung. München, Wien.

Eden, Gabriele; Woltereck, Britta, 1990: Lesbisches Leben zwischen Lust und Last. In: Dürmeier, Waltraud u.a. (Hrsg.): Wenn Frauen Frauen lieben ... und sich für Selbsthilfe-Therapie interessieren, S. 13 - 25. München.

Egidi, Karin; Bürger, Gislind, 1981: Das Gefühl der Befriedigung. Was Sexualforscher nicht erfassen können, sagen die Frauen selbst. Reinbek.

Eichenbaum, Luise; Orbach, Susie, 1988: Understanding Women. A new expanded version of Outside In ... Inside Out. London, New York, Victoria, Ontario, Auckland.

- 1989: Bitter und süß. Frauenfeindschaft - Frauenfreundschaft. Düsseldorf.

Eisenbud, Ruth-Jean, 1982: Early and Later Determinants of Lesbian Choice. In: The Psychoanalytic Review. Vol. 69, No. 1, Spring, S. 85 - 109.

- 1992: Die lesbische Objektwahl: Übertragungen auf die Theorie. In: Alpert, Judith (Hrsg.): Psychoanalyse der Frau jenseits von Freud, S. 226 - 246. Berlin, Heidelberg, New York, London, Paris, Tokyo, Hong Kong, Barcelona, Budapest.

Elias, Norbert, 1976a: Über den Prozeß der Zivilisation. Soziogenetische und psychogenetische Untersuchungen. 1. Band: Wandlungen des Verhaltens in den weltlichen Oberschichten des Abendlandes. Frankfurt/M.

- 1976b: Über den Prozeß der Zivilisation. Soziogenetische und psychogenetische Untersuchungen. 2. Band: Wandlungen der Gesellschaft. Entwurf zu einer Theorie der Zivilisation. Frankfurt/M.

Ennen, Edith, 1987³: Frauen im Mittelalter. München.

Faderman, Lillian, 1981: Surpassing the Love of Man. Romantic Friendship and Love between Women from the Renaissance to the Present. New York.

- 1985: The 'New' Gay Lesbians. In: Journal of Homosexuality, Vol. 10(3/4), Winter 1984, S. 85 -95.

Fast, Irene, 1991: Von der Einheit zur Differenz. Psychoanalyse der Geschlechtsidentität. Berlin, Heidelberg, New York, London, Paris, Tokyo, Hong Kong, Barcelona, Budapest.

Flandrin, Jean-Louis, 1984[2]: Das Geschlechtsleben der Eheleute in der alten Gesellschaft. Von der kirchlichen Lehre zum realen Verhalten. In: Ariès, Philippe; Béjin, André; Foucault, Michel; u.a.: Die Masken des Begehrens und die Metamorphosen der Sinnlichkeit. Zur Geschichte der Sexualität im Abendland, S. 147 - 164. Frankfurt/M.

Flessner, Heike; Knake-Werner, Heidi, 1989: Daten zur materiellen, sozialen und psychischen Situation von Familien in der BRD. In: Flessner, Heike; Friese, Marianne; Knake-Werner, Heidi; Landowicz, Edith; Schunter-Kleemann, Susanne; Senser-Joester, Barbara; Steinberg, Alma: Frauenunterdrückung und Familienverhältnisse, S. 121 - 150. Frankfurt/M.

Foucault, Michel, 1983: Sexualität und Wahrheit 1. Der Wille zum Wissen. Frankfurt/M.

- 1989a: Der Gebrauch der Lüste. Sexualität und Wahrheit 2. Frankfurt/M.

- 1989b: Die Sorge um sich. Sexualität und Wahrheit 3. Frankfurt/M.

Foster, Marion, 1988: Wenn die grauen Falter fliegen. Hamburg.

Frank-Rieser, Edith, 1985: Vermittelte Weiblichkeit. Psychoanalytische Notizen zur Ermöglichung und Verunmöglichung von Weiblichkeit in der frühen Mutter-(Vater-)Tochter-Beziehung. In: Frühmann, Renate (Hrsg.): Frauen und Therapie, S. 73 - 85. Paderborn.

Freud, Sigmund, 1901: Zur Psychopathologie des Alltagslebens. Über Vergessen, Versprechen, Vergreifen, Aberglauben und Irrtum. Frankfurt/M. (1980).

- 1905a: Der Witz und seine Beziehung zum Unbewußten. Frankfurt/M. (1981).

- 1905b: Drei Abhandlungen zur Sexualtheorie. In: Ders., 1979: Drei Abhandlungen zur Sexualtheorie und verwandte Schriften, S. 13 - 109. Frankfurt/M.

- 1905c: Bruchstück einer Hysterie-Analyse. Krankengeschichte der Dora. Frankfurt/M. (1981).

- 1910: Über einen besonderen Typus der Objektwahl beim Manne. In: Ders., 1988: Beiträge zur Psychologie des Liebeslebens. Und andere Schriften, S. 9 - 17. Frankfurt/M.

- 1911: Formulierungen über die zwei Prinzipien des psychischen Geschehens. In: Ders., 1978: Das Ich und das Es und andere metapsychologische Schriften, S. 11 - 17. Frankfurt/M.

- 1916/17: Vorlesungen zur Einführung in die Psychoanalyse, Frankfurt/M. (1988).

- 1920a: Jenseits des Lustprinzips, In: Ders., 1978: Das Ich und das Es und andere metapsychologische Schriften, S. 121 - 169. Frankfurt/M.

- 1920b: Über die Psychogenese eines Falles von weiblicher Homosexualität. In: Ders., 1988: Beiträge zur Psychologie des Liebeslebens. Und andere Schriften, S. 114 - 139. Frankfurt/M.

- 1921: Massenpsychologie und Ich-Analyse. In: Ders., 1967: Massenpsychologie und Ich-Analyse. Die Zukunft einer Illusion, S. 9 - 82. Frankfurt/M.

- 1924: Der Untergang des Ödipuskomplexes. In: Ders., 1988: Beiträge zur Psychologie des Liebeslebens. Und andere Schriften, S. 151 - 156. Frankfurt/M.

- 1925: Einige psychische Folgen des anatomischen Geschlechtsunterschieds. In: Ders., 1979: Drei Abhandlungen zur Sexualtheorie und verwandte Schriften, S. 159 - 168. Frankfurt/M.

- 1926: Hemmung, Symptom, und Angst, Frankfurt/M. (1991).

- 1931: Über die weibliche Sexualität. In: Ders., 1979: Drei Abhandlungen zur Sexualtheorie und verwandte Schriften, S. 169 - 186.

- 1933: Die Weiblichkeit. In: Ders.: Neue Folge der Vorlesungen zur Einführung in die Psychoanalyse, S. 91 - 110. Frankfurt/M. (1986).
- 1937: Die endliche und die unendliche Analyse. In: Ders.: Gesammelte Werke, Band 16, S. 59 - 99. Frankfurt/M.
- 1940: Abriß der Psychoanalyse. In: Ders., 1977: Abriß der Psychoanalyse. Das Unbehagen in der Kultur, S. 9 - 61. Frankfurt/M.

Frevert, Ute, 1986: Frauen-Geschichte. Zwischen Bürgerlicher Verbesserung und Neuer Weiblichkeit. Frankfurt/M.

Fritz, Ursula; Streit, Alexandra v., 1976: Psychosoziale Bedingungen weiblicher Homosexualität. Unveröffentlichte Diplomarbeit. Frankfurt/M.
- 1979: Über weibliche Homosexualität und ihre wissenschaftliche Untersuchung. In: Sigusch, Volkmar (Hrsg.): Sexualität und Medizin. Arbeiten aus der Abteilung für Sexualwissenschaft des Klinikums der Universität Frankfurt am Main, S. 315 - 340. Köln.

Fthenakis, Wassilios E., 1988: Väter. Band 1: Zur Psychologie der Vater-Kind-Beziehung. München

Fuchs, Eduard, 1985: Illustrierte Sittengeschichte in sechs Bänden. Frankfurt/M.

Galenson, Eleanor; Roiphe, Herman, 1977: Some Suggested Revisions concerning Early Female Development. In: Blum, Harold P. (Hrsg.): Female Psychology. Contemporary Psychoanalytic Views, S. 29 - 57. New York.

Gambaroff, Marina, 1983: Der Einfluß der frühen Mutter-Tochter-Beziehung auf die Entwicklung der weiblichen Sexualität. In: Dies., 1984: Utopie der Treue, S. 75 - 95. Reinbek.

Gay, Peter 1987: Die zarte Leidenschaft. Liebe im bürgerlichen Zeitalter. München.

Geiss, Imanuel, 1983: Geschichte griffbereit, Band 4: Begriffe. Die sachsystematische Dimension der Weltgeschichte. Reinbek.

Gerhard, Ute, 1978: Verhältnisse und Verhinderungen. Frauenarbeit, Familie und Rechte der Frauen im 19. Jahrhundert. Mit Dokumenten. Frankfurt/M.

Gilligan, Carol, 1985[2]: Die andere Stimme. Lebenskonflikte und Moral der Frau. München.

Gissrau, Barbara, 1988: Fesseln der Liebe. In: 10 Jahre Frauentherapiekongreß. Bestandsaufnahme. Dokumentation. Ottenstein 1987, S. 64 - 68. Essen.
- 1989: Wurzelsuche - Psychoanalytische Überlegungen zur lesbischen und heterosexuellen Identitätsbildung - Ein Vergleich. In: beiträge zur feministischen theorie und praxis, 12. Jahrgang (1989), Heft 25/26: Nirgendwo und überall. Lesben, S. 133 - 146.

Gitti, Erna; Lynda; Gabi, 1989: Prololesben. In: Brunnmüller, Monika; Probst, Sabine; Schmidt, Evamaria (Hrsg.): 2. & 3. Berliner Lesbenwoche. Dokumentation, S. 180 - 188. Berlin.

Goreau, Angeline, 1984[2]: Zwei Engländerinnen des 17. Jahrhunderts. Anmerkungen zu einer Anatomie der weiblichen Lust. In: Ariès, Philippe; Béjin, André, Foucault, Michel; u.a.: Die Masken des Begehrens und die Metamorphosen der Sinnlichkeit. Zur Geschichte der Sexualität im Abendland, S. 130 - 146. Frankfurt/M.

Göttert, Margit, 1989: Über die 'Wuth, Frauen zu lieben'. Die Entdeckung der lesbischen Frau. In: Feministische Studien, Heft 2 (1989): Zwischen Tugend und Affären, S. 23 - 38.
- 1992: Symposium 'Facetten deutschsprachiger Lesbenforschung' vom 25. - 27. Oktober 1991 in Berlin. In: Feministische Studien, Heft 1 (1992): Ansichten, S. 153 - 157.

Göttner-Abendroth, Heide, 1989[4]: Zur Methodologie von Frauenforschung am Beispiel Biographie. In: beiträge zur feministischen theorie und praxis, 7. Jahrgang. (1984) Heft 11: Frauenforschung oder feministische Forschung?, S. 35 - 39.

Green, Dorsey G., 1988: Interview with ... about 'Lesbian Couples'. In: off our backs, july 1988, S. 12 -13.

Greenspan, Stanley I., 1982: 'The Second Other': The Role of the Father in Early Personality Formation and the Dyadic-Phallic Phase of Development. In: Cath; Gurwitt; Ross (Hrsg.): Father and Child, S. 123 - 138. Boston.

Grof, Stanislav, 1985: Geburt, Tod und Transzendenz. Neue Dimensionen in der Psychologie. München.

Grossmann, Atina, 1985: Die 'Neue Frau' und die Rationalisierung der Sexualität in der Weimarer Republik. In: Snitow, Ann; Stansell, Christine; Thompson, Sharon (Hrsg.): Die Politik des Begehrens. Sexualität, Pornographie und neuer Puritanismus in den USA. Berlin.

Großmaß, Ruth, 1989: Feminismus im Schoß der Familie. Kritische Überlegungen zu Chodorow's 'Erbe der Mütter'. In: Großmaß, Ruth; Schmerl, Christiane (Hrsg.): Feministischer Kompaß, patriarchales Gepäck. Kritik konservativer Anteile in neueren feministischen Theorien, S. 172 - 210. Frankfurt/M., New York.

Grunberger, Béla, 1964: Beitrag zur Untersuchung des Narzißmus in der weiblichen Sexualität. In: Ders., 1988: Narziß und Anubis. Die Psychoanalyse jenseits der Triebtheorie, Band 1, S. 24 - 46. München, Wien.

- 1977: Der Orgasmus oder Von der Erotik zur Sexualität. In: Ders., 1988: Narziß und Anubis. Die Psychoanalyse jenseits der Triebtheorie. Band 1, S. 180 - 199. München, Wien.

- 1982: Vom Narzißmus zum Objekt. Frankfurt/M.

Gruppe WiderWillen Heidelberg (Hrsg.), 1992: WiderWillen. Sexueller Mißbrauch an Kindern. Heidelberg.

Hacker, Hanna, 1987: Frauen und Freundinnen. Studien zur 'weiblichen Homosexualität' am Beispiel Österreich 1870 - 1938. Weinheim, Basel.

- 1989: Lesbische Denkbewegungen. In: beiträge zur feministischen theorie und praxis, 12. Jahrgang (1989), Heft 25/26: Nirgendwo und überall. Lesben, S. 49 - 56.

Hagemann-White, Carol, 1978: Die Kontroverse um die Psychoanalyse in der Frauenbewegung. In: Psyche 8/78, S. 732 - 763.

- 1984: Sozialisation: Weiblich - männlich? Opladen.

Haller, Max, 1983: Theorie der Klassenbildung und sozialen Schichtung. Frankfurt/M., New York.

Hänsch, Ulrike, 1989: Von der Strafe zum Schweigen: Aspekte lesbischer Geschichte. In: beiträge zur feministischen theorie und praxis, 12. Jahrgang (1989), Heft 25/26: Nirgendwo und überall. Lesben, S. 11 - 17.

- 1990: Fragen und Thesen zu Grandiositäts- und Ohnmachtsgefühlen, zu Vorstellungen von Macht und 'Reinheit' in der Lesbenbewegung. In: beiträge zur feministischen theorie und praxis, 13. Jahrgang (1990), Heft 28: Femina Moralia, S. 93 - 99.

Hark, Sabine, 1987: Eine Frau ist eine Frau, ist eine Frau, ... Lesbische Fragen und Perspektiven für eine feministische Gesellschaftsanalyse und -theorie. In: beiträge zur feministischen theorie und praxis, 10. Jahrgang (1987), Heft 20: Der neue Charme der sexuellen Unterwerfung, S. 85 - 94.

- 1989: Eine Lesbe ist eine Lesbe, ist eine Lesbe ... oder? - Notizen zu Identität und Differenz. In: beiträge zur feministischen theorie und praxis, 12. Jahrgang (1989), Heft 25/26: Nirgendwo und überall. Lesben, S. 59 - 70.

Hartfiel, Günter; Hillmann, Karl-Heinz, 1982[3]: Wörterbuch der Soziologie. Stuttgart.

Heintz, Bettina; Honegger, Claudia, 1984: Zum Strukturwandel weiblicher Widerstandsformen im 19. Jahrhundert. In: Dies. (Hrsg.): Listen der Ohnmacht. Zur Sozialgeschichte weiblicher Widerstandsformen, S. 7 - 68. Frankfurt/M.

Hilsenbeck, Polina, 1990: Verbunden, Verwoben, Verkracht - Gruppendynamik in lesbischen Gemeinschaften. Eine Anregung zur Selbsthilfe. In: Dürmeier, Waltraud u.a. (Hrsg.): Wenn Frauen Frauen lieben ... und sich für Selbsthilfe-Therapie interessieren, S. 115 - 159. München.

Honegger, Claudia, 1978a: Vorwort. In: Dies. (Hrsg.): Die Hexen der Neuzeit. Studien zur Sozialgeschichte eines kulturellen Deutungsmusters, S. 15 - 19. Frankfurt/M.

- 1978b: Die Hexen der Neuzeit. Analysen zur Anderen Seite der okzidentalen Rationalisierung. In: Dies. (Hrsg.): Die Hexen der Neuzeit. Studien zur Sozialgeschichte eines kulturellen Deutungsmusters, S. 21 - 151. Frankfurt/M.

Hradil, Stefan, 1981[3]: Soziale Schichtung in der Bundesrepublik. München.

- 1987: Sozialstrukturanalyse in einer fortgeschrittenen Gesellschaft. Opladen.

Huber, Michaela; Rehling, Inge, 1989: Dein ist mein halbes Herz. Was Freundinnen einander bedeuten. Frankfurt/M.

Husmann, Gabriela, 1992: Zum Sexuellen am sexuellen Mißbrauch. Individuelle und gesellschaftliche Aspekte. In: Gruppe WiderWillen Heidelberg (Hrsg.): WiderWillen. Sexueller Mißbrauch an Kindern, S. 32 - 34. Heidelberg.

IHRSINN - eine radikalfeministische Zeitschrift, 1. Jahrgang (1990), Nr. 2: Unterschiede.

Jacobsen, Edith, 1978: Das Selbst und die Welt der Objekte. Frankfurt/M.

Jacoby, Jessica, 1985/86: Beitrag im Lesbenstich, Nr. 4/Jg. 7, zit. n.: Vorbereitungsgruppe Lesbenwoche (Hrsg.): 'mit allen sinnen leben' dokumentation der 1. berliner lesbenwoche 26.10. - 2.11. '85, S. 172 - 174. Berlin.

Janz, Ulrike, 1989: Wir sind da - aber kommen wir vor? In: Brunnmüller, Monika; Probst, Sabine; Schmidt, Evamaria (Hrsg.): 2. & 3. Berliner Lesbenwoche. Dokumentation, S. 156 - 163. Berlin.

- 1990: Ein Fehler ist ein Fehler, ist ein ... . In: IHRSINN - eine radikalfeministische Zeitschrift, 1. Jahrgang (1990), Nr. 2: Unterschiede, S. 14 - 17.

Jaspers, Karl, 1946[4]: Allgemeine Psychopathologie. Berlin, Heidelberg.

Joas, Hans, 1980: Praktische Intersubjektivität. Die Entwicklung des Werkes von G. H. Mead. Frankfurt/M.

Johnston, Jill, 1977[2]: Lesben Nation. Die feministische Lösung. Berlin.

Kassoff, Elizabeth, 1989: Nonmonogamy in the Lesbian Community. In: Women & Therapy, S. 167 - 182.

Kaye, Harvey E. et al., 1967: Homosexuality in Women. In: Arch. Gen. Psychiat. - Vol. 17, Nov. 1967, S. 626 - 634.

Kehoe, Monika, 1988: Lesbians Over 60. Speak for Themselves. In: Journal of Homosexuality, Vol. 16 (3/4).

Kitzinger, Celia, 1987: The Social Construction of Lesbianism. London, Newburry Park, Beverly Hills, New Delhi.

Kleeman, James A., 1977: Freud's view on Early Female Sexuality in the Light of Direct Child Observation. In: Blum, Harold P. (Hrsg.): Female Psychology. Contemporary Psychoanalytic Views, S. 3 - 27. New York.

Knodel, Hans; Bayrhuber, Horst (Hrsg.), 1983[19]: Linder Biologie. Stuttgart.

Kokula, Ilse, 1983: Formen lesbischer Subkultur. Vergesellschaftung und soziale Bewegung. Berlin.

- 1992[2]: Lesbisch leben von Weimar bis zur Nachkriegszeit. In: Verein der Freunde eines Schwulen Museums in Berlin e.V. (Hrsg.): Eldorado. Homosexuelle Frauen und Männer in Berlin 1850 - 1950. Geschichte, Alltag und Kultur, S. 149 - 161. Berlin.

Kornfeld, Ursula, 1990: Lesbische Paarbeziehungen - Auswirkungen von und Umgangsweise mit sexuellem Mißbrauch in der Kindheit. In: Dürrmeier, Waltraud u.a. (Hg.): Wenn Frauen Frauen lieben ... und sich für Selbsthilfe-Therapie interessieren, S. 164 - 184. München.

Kracauer, Siegfried, 1974[2]: Die Angestellten. Aus dem neuesten Deutschland. Frankfurt/M.

Krämer, Hans Leo, 1983: Soziale Schichtung. Einführung in die moderne Theoriediskussion. Frankfurt/M., Berlin, München.

Krestan, Jo-Ann; Bepko, Claudia S., 1980: The Problem of Fusion in Lesbian Relationship. In: Family Process, Inc., Vol. 19 No. 3, S. 277 - 289.

Krieger, Susan, 1983: The Mirror Dance. Identity in a Women's Community. Philadelphia.

Kriegeskorte, Michael, 1992: Werbung in Deutschland 1945 - 1965. Die Nachkriegszeit im Spiegel ihrer Anzeigen. Köln.

Krüger, Helga; Born, Claudia; Einemann, Beate; Heintze, Stine; Saifi, Helga, 1987: Privatsache Kind - Privatsache Beruf. '... und dann hab' ich ja noch Haushalt, Mann und Wäsche'. Zur Lebenssituation von Frauen mit kleinen Kindern in unserer Gesellschaft. Opladen.

Kurdek, Lawrence A., 1988: Perceived Social Support in Gays and Lesbians in Cohabitating Relationships. In: Journal of Personality and Social Psychology, Vol. 54, No. 3, S. 504 - 509.

Kurdek, Lawrence A.; Schmitt, J. Patrick, 1987: Perceived Emotional Support from Family and Friends in Members of Homosexual, Married and Heterosexual Cohabitating Couples. In: Journal of Homosexuality, Vol. 14(3/4), S. 57 - 68.

Lampl-de Groot, A., 1927: Zur Entwicklungsgeschichte des Ödipuskomplexes der Frau. In: Internationale Zeitschrift für Psychoanalyse, XIII,3, S. 269 - 282.

Laplanche, J.; Pontalis. J.-B., 1980[4]: Das Vokabular der Psychoanalyse. Erster Band. Frankfurt/M.

Lautmann, Rüdiger, 1977: Seminar: Gesellschaft und Homosexualität. Frankfurt/M.

Leeder, Elaine, 1988: Enmeshed in Pain: Counseling the Lesbian Battering Couple. In: Women & Therapy, Vol. 7(1) 1988, S. 81 - 99.

Lerner, Harriet G., 1980: Elterliche Fehlbenennung der weiblichen Genitalien als Faktor bei der Erzeugung von 'Penisneid' und Lernhemmungen. In: Psyche 12/80, S. 1092 - 1104.

- 1988: Women in Therapy. Northvale, New Jersey, London.

Lindenbaum, Joyce P., 1989: Das Zerbrechen einer Illusion: Das Problem Wettbewerb in lesbischen Beziehungen. In: beiträge zur feministischen theorie und praxis, 12. Jahrgang (1989), Heft 25/26: Nirgendwo und überall. Lesben, S. 121 - 132.

Lorber, Judith; Coser, Rose Laub; Rossi, Alice S.; Chodorow, Nancy, 1981: On the Reproduction of Mothering: A Methodological Debate. In: Signs: Journal of Women in Culture and Society, vol. 6 no. 3, S. 482 - 514.

Luhmann, Niklas, 1988[4]: Liebe als Passion. Zur Codierung von Intimität. Frankfurt/M.

Lützen, Karin, 1990: Was das Herz begehrt. Liebe und Freundschaft zwischen Frauen. Hamburg.

Lynch, Jean M.; Reilly, Mary Ellen, 1986: Role Relationships: Lesbian Perspectives. In: Journal of Homosexuality, Vol. 12(2), S. 53 - 69.

Mahler, Margaret S., unter Mitarbeit von Manuel Furer, 1986[4]: Symbiose und Individuation. Psychosen im frühen Kindesalter. Stuttgart.

Mahler, Margaret S.; Pine, Fred; Bergmann, Anni, 1988: Die psychische Geburt des Menschen. Symbiose und Individuation. Die Entwicklung des Kindes aus neuer Sicht. Frankfurt/M.

Marx, Karl, 1966: Thesen über Feuerbach. In: Fetscher, Iring (Hrsg.): Marx - Engels I. Studienausgabe: Philosophie, S. 139 - 141. Frankfurt/M.

Marx, Karl; Engels, Friedrich, 1966: Feuerbach, Gegensatz von materialistischer und idealistischer Anschauung (Einleitung). In: Fetscher, Iring (Hrsg.): Marx - Engels I. Studienausgabe: Philosophie, S. 82 - 138. Frankfurt/M.

- 1978[43]: Manifest der Kommunistischen Partei. Berlin.

Marx, Sabine, 1989: Lesbenpolitik. In: Brunnmüller, Monika; Probst, Sabine; Schmidt, Evamaria, (Hrsg.): 2. & 3. Berliner Lesbenwoche. Dokumentation, S. 148 - 156. Berlin.

Mayr-Kleffel, Verena, 1989: Die Zwickmühle - Frauen und Männer zwischen Familie und Beruf. In: Familienalltag. Ein Report des Deutschen Jugendinstituts, S. 54 - 81. Reinbek.

McCandlish, Barbara M., 1982: Therapeutic Issues with Lesbian Couples. In: Journal of Homosexuality, S. 71 - 78.

McDougall, Joyce, 1974: Über die weibliche Homosexualität. In: Chasseguet-Smirgel, Janine (Hrsg.): Psychoanalyse der weiblichen Sexualität, S. 233 - 292. Frankfurt/M.

- 1989: Das homosexuelle Dilemma. Eine Untersuchung zur weiblichen Homosexualität. In: Dies.: Plädoyer für eine gewisse Anormalität, S. 86 - 138. Frankfurt/M.

Mies, Maria, 1984: Die Debatte um die 'Methodischen Postulate zur Frauenforschung'. In: Zentraleinrichtung zur Förderung von Frauenstudien und Frauenforschung an der Freien Universität Berlin (Hrsg.): Methoden in der Frauenforschung. Symposium an der Freien Universität Berlin vom 30. 11. - 2. 12. 1983, S. 165 - 197. Frankfurt/M.

- 1989[4]a: Methodische Postulate zur Frauenforschung - dargestellt am Beispiel der Gewalt gegen Frauen. In: beiträge zur feministischen theorie und praxis, 7. Jahrgang (1984) Heft 11: Frauenforschung oder feministische Forschung?, S. 7 - 25.

- 1989[4]b: Frauenforschung oder feministische Forschung? Die Debatte um feministische Wissenschaft und Methodologie. In: beiträge zur feministischen theorie und praxis, 7. Jahrgang (1984) Heft 11: Frauenforschung oder feministische Forschung?, S. 40 - 60.

Millett, Kate, 1980: Sita. Ein schonungsloser Rückblick auf die Beziehung zweier Frauen. Reinbek.

Mitchell, Juliet, 1976: Psychoanalyse und Feminismus. Freud, Reich, Laing und die Frauenbewegung. Frankfurt/M.

Mitscherlich-Nielsen, Margarete, 1975: Psychoanalyse und weibliche Sexualität. In: Psyche 9/75, S. 769 - 788.

- 1978: Zur Psychoanalyse der Weiblichkeit. In: Psyche 8/78, S. 669 - 694.

Modelmog, Ilse, 1988: Keusches Verlangen. Zur Veränderung des Sexualverhaltens. In: Konnertz, Ursula (Hrsg.): Zeiten der Keuschheit. Ansätze feminstischer Vernunftkritik, Band 2, S. 71 - 98. Tübingen.

Müller, Ursula, 1984: Gibt es eine 'spezielle' Methode in der Frauenforschung? In: Zentraleinrichtung zur Förderung von Frauenstudien und Frauenforschung an der Freien Universität Berlin (Hrsg.): Methoden in der Frauenforschung. Symposium an der Freien Universität Berlin vom 30. 11. - 2. 12. 1983; S. 29 - 50. Frankfurt/M.

Nakane, Chie, 1985: Die Struktur der japanischen Gesellschaft. Frankfurt/M.

Newton, Esther, 1984: The Mythic Mannish Lesbian: Radclyffe Hall and the New Woman. In: Signs: Journal of Women in Culture and Society vol. 9 no. 4, S. 557 - 575.

252

Nichols, Margaret, 1983: The Treatment of Inhibited Sexual Desire (ISD) in Lesbian Couples. In: Women & Therapy, Vol. 1(4), Winter 1982, S. 49 - 66.

Niestroj, Brigitte. H. E., 1985: Moderne Individualität und gesellschaftliche Isolierung von Mutter und Kind. In: Feministische Studien, Heft 2 (1985): Konstruktionen des Weiblichen in den Sozialwissenschaften, S. 34 - 45.

Nuys-Henkelmann, Christian de, 1990: "Wenn die rote Sonne abends im Meer versinkt..." Die Sexualmoral der fünfziger Jahre. In: Bagel-Bohlan, Anja; Salewski, Michael (Hrsg.): Sexualmoral und Zeitgeist im 19. und 20. Jahrhundert, S. 107 - 145. Opladen.

Offenbach, Judith, 1981: Sonja. Eine Melancholie für Fortgeschrittene. Frankfurt/M.

Olivier, Christiane, 1988[9]: Jokastes Kinder. Die Psyche der Frau im Schatten der Mutter. Düsseldorf.

Paczensky, Susanne v., 1984: Verschwiegene Liebe. Lesbische Frauen in unserer Gesellschaft. Reinbek.

Pagenstecher, Lising, 1978: (Homosexuelles) Coming Out, ein lebenslanger Prozeß. In: Arbeitskreis München der Sektionsinitiative "Frauenforschung in den Sozialwissenschaften" (Hrsg.): Dokumentation der Tagung Frauenforschung in den Sozialwissenschaften, hektographiert, S. 1 - 16. München.

- 1983: Die Wiederherstellung der Normalität von Frauen-Beziehungen. In: Feministische Studien, Heft 1 (1983): Entwirrungen. Liebe aus der Sicht von Frauen, S. 70 - 84.

- 1990: Der blinde Fleck im Feminismus: Die Ignoranz der frauenwissenschaftlichen und frauenpolitischen Relevanz der lesbischen Existenzweise. In: beiträge zur feministischen theorie und praxis, 13. Jahrgang (1990) Heft 28: Femina Moralia, S. 127 - 134.

- 1992: Abschied von der liebgewordenen Heimat Diskriminierung. In: Unterschiede, 2. Jahrgang (1992), Nr. 5, S. 6 - 9.

Parke, R. D.; O'Leary, S. E., 1976: Family Interaction in the Newborn Period: Some Findings, some Observations and Some Unresolved Issues. In: Riegel, K. F.; Meacham, J. A. (Hrsg.): The Developing Individual in a Changing World. Vol. II: Social and Environmental Issues (Studies in the Social Sciences No. 24). S. 653 - 663. The Hague.

Pastre, Geneviève, 1984: Über die lesbische Liebe. Berlin.

Peiss, Kathy, 1985: Charity Girls und das Vergnügen der Großstadt. Historische Notizen über das sexuelle Verhalten der Arbeiterfrauen zwischen 1880 und 1920. In: Snitow, Ann; Stansell, Christine; Thompson, Sharon (Hrsg.): Die Politik des Begehrens. Sexualität, Pornographie und neuer Puritanismus in den USA, S. 21 - 37. Berlin.

Peplau, Letitia Anne, 1983: Research on Homosexual Couples: An Overview. In: Journal of Homosexuality, Vol. 8(2), S. 3 - 8.

Peplau, Letitia Anne; Padesky, Christine; Hamilton, Mykol, 1983: Satisfaction in Lesbian Relationships. In: Journal of Homosexuality, Vol. 8(2), S. 23 - 35.

Pollack, Michael, 1984[2]: Männliche Homosexualität - oder das Glück im Ghetto? In: Ariès, Philippe; Béjin, André; Foucault, Michel u.a.: Die Masken des Begehrens und die Metamorphosen der Sinnlichkeit, S. 55 - 79. Frankfurt/M.

Radicalesbians, 1981[4]: Frauen, die sich mit Frauen identifizieren. In: LAZ (Hrsg.): Frauenliebe. Texte aus der amerikanischen Lesbierinnenbewegung, S. 13 - 18. Berlin.

Raymond, Janice G., 1989: Zurück zur Politisierung des Lesbianismus. In: beiträge zur feministischen theorie und praxis, 12. Jahrgang (1989), Heft 25/26: Nirgendwo und überall. Lesben, S. 75 - 85.

- 1990[2]: Frauenfreundschaft. Philosophie der Zuneigung. München.

Rebelsky, F.; Hanks, C., 1971: Fathers' Verbal Interaction with Infants in the First Three Months of Life. In: Child Development 42, S. 63 - 68.

Reich, Wilhelm, 1977: Die sexuelle Revolution. Zur charakterlichen Selbststeuerung des Menschen. Frankfurt/M.

Reinberg, Brigitte; Roßbach, Edith, 1985: Stichprobe: Lesben. Erfahrungen lesbischer Frauen mit ihrer heterosexuellen Umwelt. Pfaffenweiler.

Rhode-Dachser, Christa, 1989: Unbewußte Phantasie und Mythenbildung in psychoanalytischen Theorien über die Differenz der Geschlechter. In: Psyche 3/89, S. 193 - 218.

- 1991: Expedition in den dunklen Kontinent. Weiblichkeit im Diskurs der Psychoanalyse. Berlin, Heidelberg, New York, London, Paris, Tokyo, Hong Kong, Barcelona, Budapest.

Rich, Adrienne, 1989: Zwangsheterosexualität und lesbische Existenz. In: List, Elisabeth; Studer, Herlinde (Hrsg.): Denkverhältnisse. Feminismus und Kritik, S. 244 - 278. Frankfurt/M.

Richter, Horst E., 1969²: Eltern, Kind und Neurose. Die Rolle des Kindes in der Familie. Reinbek.

Risman, Barbara; Schwartz, Pepper, 1988: Sociological Research on Male and Female Homosexuality. In: Ann. Rev. Sociol., 1988, 14, S. 125 - 147.

Roggenkamp, Viola, 1991: Die Krebshilfe und die Liebe. Das darf nicht sein. In: Die Zeit, Nr. 7 vom 8. 2. 1991.

Rosenbaum, Heidi, 1982: Formen der Familie. Untersuchungen zum Zusammenhang von Familienverhältnissen, Sozialstruktur und sozialem Wandel in der deutschen Gesellschaft des 19. Jahrhunderts. Frankfurt/M.

Ross, Michael W., 1983; Femininity, Masculinity, and Sexual Orientation: Some Cross-Cultural Comparisons. In: Journal of Homosexuality (1983), S. 27 - 36.

Rotmann, Michael, 1978: Über die Bedeutung des Vaters in der 'Wiederannäherungs-Phase'. In: Psyche 12/78, S. 1105 - 1147.

Ruben, Peter, 1981: Zum Verhältnis von Philosophie und Mathematik, Dialektik und Logik - dargestellt am Widerspruch. In: Ruben, Peter; Warnke, Camilla: Philosophische Schriften I, S. 31 - 52. Aarhus, Paris, Florenz.

Rubin, J. Z.; Provenzano, F. J.; Luria, Z., 1974: The Eye of the Beholder: Parents' Views on Sex of Newborns. In: American Journal of Orthopsychiatry 44, S. 512 - 519.

Rumpf, Mechthild, 1989: Spuren des Mütterlichen. Die widersprüchliche Bedeutung der Mutterrolle für die männliche Identitätsbildung in Kritischer Theorie und feministischer Wissenschaft. Frankfurt/M., Hannover.

Samasow, Magliane, 1986: Frauen werden nicht zu Lesben gemacht - Frauen sind Lesben oder: Was haben Lesben mit AKW's zu tun? In: Vorbereitungsgruppe Lesbenwoche (Hrsg.): 'mit allen sinnen leben' dokumentation der 1. berliner lesbenwoche 26.10 - 2.11. '85, S. 156 - 163. Berlin.

- 1989: Die Göttin und ihre Lesbe. In: Brunnmüller, Monika; Probst, Sabine; Schmidt, Evamaria (Hrsg.): 2. & 3. Berliner Lesbenwoche. Dokumentation, S. 76 - 92. Berlin.

Sargent, Mary Lee, 1988: Loving and Leaving Lesbians: Breaking Up and Starting Over. In: off our backs, april 1988, S. 18 - 19.

Schenk, Herrad, 1988²: Freie Liebe - wilde Ehe. Über die allmähliche Auflösung der Ehe durch die Liebe. München.

Schlesier, Renate, 1981: Konstruktionen der Weiblichkeit bei Sigmund Freud. Zum Problem von Entmythologisierung und Remythologisierung in der psychoanalytischen Theorie. Frankfurt/M.

Schlierkamp, Petra, 1992[2]: Die Garconne. In: Verein der Freunde eines Schwulen Museums in Berlin e.V. (Hrsg.): Eldorado. Homosexuelle Frauen und Männer in Berlin 1850 - 1950. Geschichte, Alltag und Kultur, S. 169 - 179. Berlin.

Schmauch, Ulrike, 1987: Anatomie und Schicksal. Zur Psychoanalyse der frühen Geschlechtersozialisation. Frankfurt/M.

Schmidt, Regine, 1989: Nähe und Distanz in Zweierbeziehungen. Unveröffentlichte Diplomarbeit. Heidelberg.

Schoppmann, Claudia, 1991: Nationalsozialistische Sexualpolitik und weibliche Homosexualität. Pfaffenweiler.

Schorsch, Eberhard, 1988: Die Theorie der Liebe in der Sexualwissenschaft. In: Ruprecht-Karls-Universität Heidelberg (Hrsg.): Sexualität. Vorträge im Wintersemester 1986/87, S. 112 - 121. Heidelberg.

Schumacher, Michaela, 1990: Liebe zwischen Menschen des beherrschten Geschlechts. Frauenbezogenes Lieben und Leben. In: Herrath, Frank; Sielert, Uwe (Hrsg.): Jugendsexualität. Zwischen Lust und Gewalt, S. 151 - 165. Wuppertal.

Schütze, Yvonne, 1988: Zur Veränderung im Eltern-Kind-Verhältnis seit der Nachkriegszeit. In: Nave-Herz, Rosemarie (Hrsg.): Wandel und Kontinuität der Familie in der Bundesrepublik Deutschland, S. 95 - 114. Stuttgart.

Schwarzer, Alice, 1977: Der 'kleine' Unterschied und seine großen Folgen. Frauen über sich - Beginn einer Befreiung. Frankfurt/M.

Segal, Lynne, 1989: Ist die Zukunft weiblich? Probleme des Feminismus heute. Frankfurt/M.

Seifert, Edith, 1987: 'Was will das Weib?' Zu Begehren und Lust bei Freud und Lacan. Weinheim, Berlin.

Sennett, Richard, 1985[3]: Verfall und Ende des öffentlichen Lebens. Die Tyrannei der Intimität. Frankfurt/M.

Shahar, Shulamith, 1985: Die Frau im Mittelalter. Frankfurt/M.

Shockley, Ann, 1982: Loving her. München.

Shorter, Edward, 1983: Die Geburt der modernen Familie. Reinbek.

Sichtermann, Barbara, 1982: 'Von einem Silbermesser zerteilt-' Über die Schwierigkeiten der Frauen, Objekte zu bilden und die Folgen dieser Schwierigkeiten für die Liebe. In: Dies., 1983: Weiblichkeit. Zur Politik des Privaten, S. 70 - 80. Berlin.

Sieder, Reinhard, 1987: Sozialgeschichte der Familie. Frankfurt/M.

Simon, William; Gagnon, John H., 1970: Sexuelle Außenseiter. Kollektive Formen sexueller Abweichungen. Reinbek.

Smith-Rosenberg, Carroll, 1984: 'Meine innig geliebte Freundin!' Beziehungen zwischen Frauen im 19. Jahrhundert. In: Heintz, Bettina; Honegger, Claudia (Hrsg.): Listen der Ohnmacht. Zur Sozialgeschichte weiblicher Widerstandsformen, S. 241 - 276. Frankfurt/M.

Spelke, E.; Zelazo, P.; Kagan, J. et al., 1973: Father Interaction and Separation Protest. In: Developmental Psychology 9, S. 83 - 90.

Sperr, Monika, 1983: Die Freundin. München.

Spitz, René A., 1973[3]: Die Entstehung der ersten Objektbeziehungen. Direkte Beobachtungen an Säuglingen während des ersten Lebensjahres. Stuttgart.

Steinbrecher, Sigrid, 1990: Die Macht der Impotenz. Ist männliche Unlust die Reaktion auf weibliche Lust? In: psychologie heute spezial: Frauen. Thema: Sexualität, S. 38 - 41.

Stern, Daniel N., 1991[2]: Tagebuch eines Babys. Was ein Kind sieht, spürt, fühlt und denkt. München.

Stoller, Robert J., 1968: The Sense of Femaleness. In: Psychoanalytic Quarterly (1968) Vol. 37, S. 42 - 55.

Storms, Michael D., 1981: A Theory of Erotic Orientation Development. In: Psychological Review (1981), Vol. 88, No. 4, S. 340 - 353.

Streit, Monica: 1989: 'Mir geht es schlecht - Du gibst mir nicht genug!' Über Symbiose, Opfermentalität und Masochismus in Beziehungen zwischen Frauen. In: Burgard, Roswitha; Rommelspacher, Birgit (Hrsg.): Leide*un*lust. Der Mythos vom weiblichen Masochismus, S. 154 - 182. Berlin.

- 1992: Auf der Suche nach dem Mysterium. Symbiotische Beziehungen zwischen Frauen. In: Loulan, JoAnn; Nichols, Margaret; Streit, Monica; u.a. (Hrsg.): Lesben Liebe Leidenschaft. Texte zur feministischen Psychologie und zu Liebesbeziehungen unter Frauen, S. 10 - 32. Berlin.

Stümke, Hans-Georg; Finkler, Rudi, 1981: Rosa Winkel, Rosa Listen. Homosexuelle und 'Gesundes Volksempfinden' von Auschwitz bis heute. Reinbek.

Tanner, Donna M., 1978: The Lesbian Couple. Lexington, Toronto.

Taylor, Gordon Rattray, 1977: Kulturgeschichte der Sexualität. Frankfurt/M.

Tessman, Lora Heims, 1982: A Note on the Father's Contribution to the Daugther's Ways of Loving and Working. In: Cath; Gurwitt; Ross (Hrsg.): Father and Child, S. 219 - 238. Boston.

Thomas, Keith, 1978: Die Hexen und ihre soziale Umwelt. In: Honegger, Claudia (Hrsg.): Die Hexen der Neuzeit. Studien zur Sozialgeschichte eines kulturellen Deutungsmusters, S. 256 - 308. Frankfurt/M.

Torok, Maria, 1974: Die Bedeutung des 'Penisneides' bei der Frau. In: Chasseguet-Smirgel, Janine (Hrsg.): Psychoanalyse der weiblichen Sexualität, S. 192 - 232. Frankfurt/ M.

Treusch-Dieter, Gerburg, 1985: Weiberdämmerung oder der Tag danach. Neuere Perspektiven der weiblichen Sexualität. In: Wulf, Christoph (Hrsg.): Lust und Liebe. Wandlungen der Sexualität, S. 313 - 347. München.

Trevor-Roper, Hugh R., 1978: Der europäische Hexenwahn des 16. und 17. Jahrhunderts. In: Honegger, Claudia (Hrsg.): Die Hexen der Neuzeit. Studien zur Sozialgeschichte eines kulturellen Deutungsmusters, S. 188 - 234. Frankfurt/M.

Verley, Patrick, 1974: Der liberale Kapitalismus auf seinem Höhepunkt (1850 - 1895). In: Palmade, Guy (Hrsg.): Das bürgerliche Zeitalter. Fischer Weltgeschichte 27, S. 69- 150. Frankfurt/M.

Vetere, Victoria A., 1983: The Role of Friendship in the Development and Maintenance of Lesbian Love Relationships. In: Journal of Homosexuality, Vol. 8(2), S. 51 - 65.

Vogel, Katharina, 1992[2]: Zum Selbstverständnis lesbischer Frauen in der Weimarer Republik. Eine Analyse der Zeitschrift 'Die Freundin' 1924 - 1933. In: Verein der Freunde eines Schwulen Museums in Berlin e.V. (Hrsg.): Eldorado. Homosexuelle Frauen und Männer in Berlin 1850 - 1950. Geschichte, Alltag und Kultur, S. 162 - 168. Berlin.

Wahl, Klaus; Stich, Jutta; Seidenspinner, Gerlinde, 1989: Das Innenleben der modernen Familie - Messungen auf schwierigem Terrain. In: Familienalltag. Ein Report des Deutschen Jugendinstituts, S. 24 - 53. Reinbek.

Waites, Elizabeth A., 1982: Female Self Representation and the Unconscious: A Reply to Amy Galen. In: The Psychoanalytic Review Vol. 69, No. 1, Spring 1982, S. 29 - 41.

Watzlawick, Paul; Beavin, Janet H.; Jackson, Don D., 1990[8]: Menschliche Kommunikation: Formen, Störungen Paradoxien. Bern, Stuttgart, Toronto.

Weber, Max, 1973[5]: Die 'Objektivität' sozialwissenschaftlicher Erkenntnis. In: Ders.: Soziologie
Universalgeschichtliche Analysen Politik. Stuttgart.
- 1981[6]a: Die protestantische Ethik I. Eine Aufsatzsammlung (Hrsg. von Johannes Winkelmann).
Gütersloh.
- 1981[6]b: Die protestantischen Sekten und der Geist des Kapitalismus. In: Ders.: Die protestantische Ethik I. Eine Aufsatzsammlung (Hrsg. von Johannes Winkelmann), S. 279 - 317. Gütersloh.
Weeks, Jeffrey, 1983: Coming Out. Homosexual Politics in Britain, from the Nineteenth Century
to the Present. London, Melbourne, New York.
Weiher, Katarina, 1991: Überlegungen und Ansätze zur Konzeption feministischer Beratung vor
dem Hintergrund weiblicher Lebensentwürfe. Unveröffentlichte Magisterarbeit. Heidelberg.
Weinraub, M.; Frankel, J., 1977: Sex Differenes in Parent-Infant Interaction during Free Play, De-
parture and Separation. In: Child Development 48, 1240 - 1249.
West, Celeste, 1992: Lesben-Knigge. Ein Ratgeber für alle Liebeslagen. Frankfurt/M.
Willi, Jürg, 1975: Die Zweierbeziehung. Spannungsursachen/Störungsmuster/Klärungsprozesse/
Lösungsmodelle. Analyse des unbewußten Zusammenspiels in Partnerwahl und Paarkon-
flikt: Das Kollusionskonzept. Reinbek.
Wilson, Elizabeth, 1983: I'll Climb the Stairway to Heaven: Lesbianism in the Seventies. In: Cart-
ledge, Sue; Ryan, Joanna (Hrsg.): Sex & Love. New thoughts on old contradictions, S. 180
- 195. London.
Wolff, Charlotte, 1973: Psychologie der Lesbischen Liebe. Eine empirische Studie der weiblichen
Homosexualität. Reinbek.
Woolf, Virginia, 1985: Die Fahrt zum Leuchtturm. Frankfurt/M.
Woltereck, Britta, 1990: Die gesellschaftliche Diskriminierung und ihre schmerzhaften Auswir-
kungen in und unter lesbischen Frauen. In: Dürrmeier, Waltraud, u.a. (Hrsg.): Wenn Frauen
Frauen lieben ... und sich für Selbsthilfe-Therapie interessieren, S. 69 - 95. München.
Zagermann, Peter, 1988: Eros und Thanatos. Psychoanalytische Untersuchungen zu einer Objekt-
beziehungstheorie der Triebe. Darmstadt.